GAODENG YUANXIAO JINGJI YU GUANLI HEXINKE JINGDIAN XILIE JIAOCAI

高等院校经济与管理核心课经典系列教材

GAODENG YUANXIAO
JINGJI YU GUANLI HEXINKE
JINGDIAN XILIE JIAOCAI

现代物流概论

XIANDAI WULIU GAILUN

（第三版） 夏春玉 / 主编

首都经济贸易大学出版社
Capital University of Economics and Business Press
·北 京·

出版总序

中国加入世界贸易组织不仅标志着我国成为当今全球最大、最具代表性的国际经济组织的成员，而且标志着我国在融入经济全球化、参与国际经济竞争方面又迈出了决定性的一步，使我国的改革开放和经济发展自此步入了一个崭新的阶段。

入世是一把双刃剑，机遇与挑战并存。

我们已经看到和将要看到的是，经济领域中的竞争会日趋激烈。

经济领域竞争的实质，是人才的竞争；而人才的培养，有赖于教育，尤其是培养高素质专业人才的高等教育。与严酷的现实相比，我们还缺乏一大批既熟悉现代市场经济运行规律和世贸组织规则，又精通专业知识，适应国际竞争需要的高级管理人才和专业人才。

教育是当代科技生产力发展的基础，是科学技术转化为现实生产力的条件，是培养高素质人才和劳动者的根本途径，也是实现管理思想、管理模式、管理手段现代化的重要因素。

《中共中央国务院关于深化教育改革全面推进素质教育的决定》指出："当今世界，科学技术突飞猛进，知识经济已见端倪，国际竞争日趋激烈。教育在综合国力的形成中处于基础地位，国力的强弱越来越取决于劳动者的素质，取决于各类人才的质量和数量，这对于培养和造就我国21世纪的一代新人提出了更加迫切的要求。"

中共中央和国务院的决定为高等教育的改革与发展确定了基本目标和方向。

教材是体现教学内容的知识载体，是进行教学的基本工具，更是培养人才的重要保证。

教材质量直接关系到教育质量，教育质量又直接关系到人才质量。因而，教材质量与人才质量密切相关。

正是由于教材质量在实施科教兴国的发展战略中具有十分重要的作用，我们在策划与组织编写这套教材的过程中倾注了大量的人力、物力和财力。

我们希望奉献给广大教师、学生、读者的是一套经得起专家论证和实践检验的经济与管理专业系列精品教材。

在策划和编写本套教材的过程中，我们贯彻了精品战略的指导思想，使之具有如下特点：

第一，以全面推进素质教育为着眼点，以教育部《普通高等教育教材建设与改革的意见》为指导，面向现代化，面向未来，面向经济全球一体化，充分考虑学科体系的完备性、系统性和科学性，以适应教学和教材改革的需要，满足培养高素质、创造型、复合型人才的需要，并力求教材在内容质量方面具有体系新、内容新、资料新、方法新的特点。

第二，在广泛调查研究的基础上，通过多所高等院校一批有着丰富教学经验的专家教授论证和推荐，优化选题，优选编者。参加本套教材论证和编写的专家教授分别来自北京大学、清华大学、中国人民大学、中国政法大学、对外经济贸易大学、首都经济贸易大学、东北财经大学、西南财经大学、中南财经政法大学、上海财经大学、武汉大学、北京工商大学、南开大学、天津财经大学、天津商学院、南京大学、华中科技大学、北京科技大学、厦门大学、复旦大学、四川大学、中央财经大学等二十余所国内著名或知名高等院校。

第三，在选择教材内容以及确定知识体系和编写体例时，注意素质教育和创新能力、实践能力的综合培养，为学生在基础理论、专业知识、业务能力以及综合素质的协调发展方面创造条件。在确定选题时，一方面根据教育部的指导性意见收入了各相关学科的专业主干课教材，以利于学生掌握各学科及各专业的基础理论、基本知识；另一方面又在充分学习和借鉴国外经典教材的基础上，编选了部分带有前沿性、创新性的专业教材，以利于中外高等教育在课程设置方面的接轨。

第四，考虑到培养复合型人才的实际需要，本套丛书突破了原有的较为狭隘的专业界限和学科界限，在经济学和管理学两大一级学科的统领下，广纳多个分支学科的基础课、专业基础课、专业主干课教材。这些分支学科和专业包括工商管理、金融学、人力资源管理、物流学、广告学、会计学、市场营销、电子商务、国际经济与贸易等。从纵向上看，各学科、各专业的教材自成体系，完整配套；从横向上看，各学科、各专业的教材体系又是开放式的，相互交叉，学科与专业之间没有明确的界限，以便于各院校、各专业根据自身的培养目标设置课程，交叉选用。

本套丛书自身也是开放式的。我们将根据学科发展的需要、教学改革的需要、专业设置和课程调整的需要，不断加以补充和完善。

本套教材不仅是一大批专家教授多年科研成果的总结和教学实践的总结，而且在编写体例上也有所突破和创新，希望它的问世能够对我国经济与管理人才的培养有所帮助。

出版者

前　言

（修订第三版）

在本书第三版出版之际，再次向所有使用过本书的同行、同学和各界读者表示衷心的感谢！本书第三版在保持了第二版教材基本框架的基础上，作了以下调整：(1)结合近年来物流理论与实践的发展对一些概念进行了调整，如第六章依据国家标准对物流企业的概念作出了新的界定；(2)对第二版教材中的大量数据和案例都进行了更新或替换，使教材的理论与物流实践联系更加紧密；(3)增加了一些物流前沿领域的问题，同时删减了一些相对过时的内容。本次修订，使《现代物流概论》较之前两版而言，文字阐述更加准确、理论观点更加科学、案例资料更加新颖、与物流实践的联系更为紧密，这更易于学生及相关读者对物流基本理论知识的理解与学习。

在本次修订中，夏春玉负责修订方案的总体设计、统稿和定稿工作，其他参与修订稿初稿写作的人员有：汪旭晖（第 1 章、第 6 章、第 10 章），任博华（第 5 章、第 8 章、第 9 章），李孟涛（第 3 章、第 7 章），卫丽华（第 2 章、第 4 章）。由于理论水平和涉猎物流实践活动的范围有限，本次修订难免还会存在一些不足之处，请各位读者和同仁不吝赐教！

2013 年 1 月

前　言

（修订第二版）

《现代物流概论》自2004年出版以来，先后被国内许多高校选用为物流及相关专业本科生、研究生的指定教材，并为不少学术界的朋友所引用。在本书再版之际，我首先要向所有使用过本书的同行、同学和各界读者表示衷心的感谢！

本书此次修订，主要出于以下几点原因：一是近几年国内外物流业正发生着迅猛变化，新的问题不断涌现，为物流理论与实践工作者提出了新的挑战，从而要求物流基础教材能够紧跟时代步伐，不断补充新鲜血液；二是我们在使用本书进行教学与研究的过程中，对书中的一些观点有了新的认识，并希望将这些新的思想融入到教材中，与更多的读者、同行们分享；三是在本教材发行两年多的时间里，我们得到了许多同行、读者的反馈信息，这些宝贵的建议也成为本书修订的基础。

本次修订，我们保持了初版教材的基本框架，并结合近年来国内外物流理论与实践的发展，对一些概念的提法进行了调整，对一些数据、案例进行了更新，并且增加了一些物流前沿领域的问题，同时删减了一些相对过时的内容，使得修订版《现代物流概论》的文字阐述更加准确、案例资料更加新颖、理论观点更加科学、与物流实践的联系更为紧密，也更易于学生对物流基本理论知识进行理解和把握。

在本次修订过程中，我们参考了许多国内外的最新研究成果，在此对这些研究成果的著（作）者们致以真诚的谢意！

由于理论水平和涉猎物流实践活动的范围有限，本次修订难免存在一些不足和错误之处，请各位读者和同仁不吝赐教！

2006年7月6日

前　言

20 世纪 80 年代初，我国从日本引进了“物流”概念，并对物流理论进行研究与应用，但是，这种研究与应用多侧重于传统的物资流通领域，并且多侧重于宏观层面，而对其他领域，特别是对其中的微观层面的物流问题，却没有给予足够的重视。20 世纪 90 年代后期，随着经济服务化和全球化进程的加快，以及市场竞争的日益激烈，物流在企业经营与国民经济中的地位与作用日益突出，物流理论研究与应用不断深入、广泛。重视物流、研究物流、学习与掌握现代物流理论与方法并提高物流效率，成为国民经济各部门、各领域、各企业的重要问题。在此时代背景下，首都经济贸易大学出版社策划和组织编写了本套“高等院校物流专业系列教材”，《现代物流概论》则是其中之一。

本书所说的现代物流（logistics）是指基于满足用户需求，以及成本与效益的考虑而进行的涉及生产、销售、消费全过程的物品及其信息的系统流动过程。本书在大量吸收、借鉴国内外最新研究成果的基础上，结合我国的物流实践，分别对现代物流基本概念与作用、物流活动要素、物流系统、物流管理、物流产业、物流企业与第三方物流、区域物流与行业物流、国际物流与物流产业国际化、物流政策及现代物流发展新趋势等现代物流的基本知识、基本理论进行了较为全面、系统的论述。纵观全书，主要有以下特点：

第一，体系完整，简明扼要。全书由 10 章内容组成，涵盖了现代物流的基本内容，因此，通过本书的学习，读者可以全面了解与掌握现代物流的基本知识与基本理论，也可为学习其他物流管理专业知识奠定坚实的基础。

第二，结构合理，内容新颖。全书的结构安排既考虑到了现代物流的知识体系，又考虑到了作为系列丛书之一的“分工与职责”，尽量做到重点突出，详略得当，逻辑严谨，并力求在内容上有所创新。例如，关于现代物流概念的来源、含义及其与传统物流概念区别的论述，关于现代物流地位与作用的论述，关于物流产业、物流企业与第三方物流的论述，关于区域物流与行业物流的论述，关于国际物流与物流产业国际化的论述，关于物流政策，以及现代物流发展新趋势的论述等等，都是本书的研究重点，也是本书的创新之处。

第三，言简意赅，文字流畅。本书除注重结构严谨与内容新颖外，还十分重视概念准确、语言简练、文字流畅、通俗易懂，以方便读者的学习与理解。

第四，资料翔实，论证充分。本书在阐述问题与观点时，十分重视各种文献与实证资料的占有与使用，力求观点明确、论据充分，同时注意规范研究与实证研究相结合，纵向历史研究与横向比较研究相结合，以提高观点、结论的可信度。

为了更好地学习、理解与掌握现代物流知识，建议读者在阅读、学习本书时，应以各章中的“学习目标”及“复习思考题”为“问题线索”，认真阅读各章的内容，搜寻“问题答案”，并对要点进行归纳，然后，对照各章章末“小结”内容，检验“要点归纳”的准确性，纠正偏差。为了深化对本书内容的理解，进一步扩展物流知识，读者可以进一步阅读各章的脚注书目或书后的参考文献。当然，对在校学生读者来说，除认真听课外，还应及时向任课老师请教有关疑难问题，也可以按老师的指导学习有关文献；有条件的读者，还可以到物流企业或相关机构进行实地调研，参加各种物流专题报告会及讲座，以加深对现代物流知识、物流理论的理解、消化，提高应用能力。

本书由东北财经大学夏春玉（前言、第1章、第5章、第7章、第9章），李健生（第3章、第4章、第6章），汪旭晖（第2章、第8、第10）共同编写。其中，各章“链接”由夏春玉完成，各章引言、学习目标、小结、案例分析与复习思考题由汪旭晖、李健生共同完成。夏春玉负责本书大纲的总体设计与全书的修改、总纂。

本书在编写过程中得到了日本北九州市立大学经济学部长晴山英夫教授的指导与帮助，首都经济贸易大学出版社的领导与同志为本书的出版付出了许多辛勤的劳动，在此一并表示感谢。

2003年10月26日

目　录

1 现代物流概述

学习目标

- 了解物流的产生与分类
- 掌握现代物流的概念、特点
- 了解传统物流概念向现代物流概念的转变
- 掌握现代物流与传统物流的区别
- 掌握物流的地位与作用
- 了解国内外物流的发展历程与现状
- 了解物流研究的学科属性以及理论体系
- 掌握物流研究的现状及发展趋势

1.1 引言

随着经济的发展,特别是经济全球化及企业竞争战略的变化,物流在企业经营乃至整个国民经济中的地位与作用越来越重要。一个国家现代物流发展水平的高低能充分反映出该国的综合实力和市场竞争能力。本章对现代物流的形成、现代物流与传统物流的区别、现代物流在国民经济中的地位和作用、各国物流发展历程以及物流理论研究的现状及发展趋势等物流基本知识进行了全面的阐述。

1.2 物流的概念与分类

1.2.1 物流概念的产生

我国于20世纪80年代初从日本引进了“物流”概念,当时,将“物流”解释为“物资资料或商品的实体运动过程”,是与商品的价值运动过程(简称“商流”)相对应的概念。这种定义或解释在我国理论界与实业界沿袭了很长一段时间,大多数人在物资或商品的实体流通意义上使用“物流”概念,在物资或商品的价值流通意义上使用“商流”概念。

那么,日本的“物流”概念又是如何产生的呢?据研究,物流概念大约于20世纪50年代被引进日本。其过程是:1956年10月至11月,日本生产性本部派出“流通技术考察团”前往美国进行考察,考察团回国后提出了“关于美国流通技术的考察报告”。在该报告中首次使用了“physical distribution”一词,并将其译成日文“物的流通”。1964年日本在“通产省产业结构审议会”中设立了“物的流通委员会”,并在1965年1月日本内阁制定的中期经济发展计划中涉及了“物的流通现代化”的内容,同年,日本运输省还以“现代化过程中的物的流通”为副标题发表了《运输白皮书》,进一步强调了“物的流通”的重要性。从此以后,“物的流通”问题引起了日本社会各界的广泛关注,“物的流通”用语也广为流传。后来,“物的流通”被简称为“物流”,成为各界普遍接受的用语①。

① [日]菊池康也:《物流管理论》,第1~2页,东京:税务经理协会,1997年版。

但是,日本并非是物流概念的发源地。学术界一般认为,美国营销学者阿奇·萧(A. W. Shaw)是全世界第一个使用物流概念的人,1915 年他在其题为《关于市场流通的若干问题》(Some Problems in Market Distribution)的论文中首次使用了物流概念。后来,美国另一位营销学者克拉克(F. E. Clerk)于 1924 年在其营销学著作《市场营销原理》(Principle of Marketing)中也使用了物流概念①。

1.2.2 物流的定义

1.2.2.1 美国的物流概念

由于物流概念起源于美国,因此,我们首先介绍美国对物流概念的定义。

自萧与克拉克提出物流概念以后,诸多美国学者与研究机构对其进行了重新界定。其中最有代表性的是康伯斯、阿罗特、斯马耶克与拉罗蒂等学者的定义,以及美国市场营销协会、美国物流管理协会的定义。

康伯斯认为,物流是指商品或服务由生产领域向消费领域的物理性移动过程。

阿罗特认为,物流是指根据营销策略将生产资料或消费品由生产或储存地向顾客需要地转移的订发货过程。

斯马耶克与拉罗蒂认为,物流是指为使生产目标与销售目标相一致而进行的各种必要的支援活动。也就是说,以适当的价格将适当数量的商品供应到适当场所的过程,为此,需要实现仓库选址、运输方法、储存方法及信息流通等的最佳组合②。

美国市场营销协会将其定义为对商品从生产时点到消费或使用时点转移、分类、保管过程的管理与控制。

美国最权威的物流学术研究组织——美国供应链管理专业协会(Council of Supply Chain Management Professionals, CSCMP)③,在不同时期对物流进行了不同的定义(见表 1-1)。

由此可见,美国学者与专业协会对物流概念的定义是不同的。前者的定义是“中性”的,即多侧重于对物流活动的客观性描述,并不涉及物流活动的目标或有效性问题;相反,美国两个专业协会对物流概念的定义则更强调物流活动的有效性,也就是说,将物流与物流管理未作区分,物流即物流管理。这一点是特别需要我国读者注意的。

---

① [日]谷本谷一:《物流、Logistics 的理论与实态》,第 12~14 页,东京:白桃书房,2000 年版。

② [日]菊池康也:《物流管理论》,第 6 页,东京:税务经理协会,1997 年版。

③ 该协会的前身是美国物资配送管理协会(National Council of Physical Distribution Management, NCPDM)及美国物流管理协会(Council of Logistics Management, CLM),2005 年 1 月 1 日改成现名。

表1-1　美国供应链管理专业协会及其前身在不同阶段对物流的定义

时间	对物流的定义描述	侧重点
1963年	物流管理是为了计划、执行和控制原材料、在制品库存及制成品从起源地到消费地的有效率的流动而进行的两种或多种活动的集成。这些活动可能包括但不仅限于:顾客服务、需求预测、交通、库存控制、物料搬运、订货处理、零件及服务支持、工厂及仓库选址、采购、包装、退货处理、废弃物回收、运输、仓储管理	从销售物流扩大到采购物流,侧重于对物流基本功能的集成的描述
1985年	物流是对货物、服务及相关信息从起源地到消费地的有效率、有效益的流动和储存进行计划、执行和控制,以满足顾客要求的过程。该过程包括进向(inbound)、去向(outbound)、内部和外部的移动以及以环境保护为目的的物料回收	以logistics代替了PDM,物流对象扩展到了服务和信息,强调有效率、有效益的流动
1998年	物流是供应链过程的一部分,是对货物、服务及相关信息从起源地到消费地的有效率、有效益的流动和储存进行计划、执行和控制,以满足顾客要求	强调物流是供应链的一部分
2002年	物流是供应链过程的一部分,是对货物、服务及相关信息从起源地到消费地的有效率、有效益的正向、反向流动和储存进行计划、执行和控制,以满足顾客要求	强调了正向的和反向的流动
2003年	物流管理是供应链管理的一部分,是对货物、服务及相关信息从起源地到消费地的有效率、有效益的正向、反向流动和储存进行的计划、执行和控制,以满足顾客要求	强调了物流管理,指出其是供应链管理的一部分

1.2.2.2　日本的物流概念

日本自20世纪50年代引进物流概念以后,学者、研究机构及政府部门对物流概念进行了诸多定义。在此,我们主要介绍几种较有代表性的定义。

日本流通问题专家原东京大学教授林周二、原早稻田大学教授阿保荣司认为,物流是指有形或无形商品及废弃物克服时空矛盾、连接供给者与需求者的物理性经济活动。具体包括运输、保管、包装、装卸等物的流通活动及与此有关的信息活动。

日本通运综合研究所对物流的定义是:物流是指商品由供应者向需求者的物理性转移,从而创造时间与空间价值的经济活动,包括包装、装卸、保管、库存管理、流通加工、运输、配送等各种活动①。

日本统计审议会流通统计分会将物流定义为有关"物"的物理性流动的所有经济活动,这些活动主要包括运输、通信活动。同时,这里所说的"物",既包括有形物,也包括无形物,其中的无形物主要是指信息。

日本产业结构审议会流通分会的定义是:物流是指有形及无形商品由供给者向需求者的实体流动过程,具体包括包装、装卸、运输、保管及信息等②。

由以上可知,日本各界对物流概念的定义多属"中性",即主要侧重于描述物流是一系列有关有形与无形商品从供给者到需求者的实体转移过程,并不涉及这一过程是否有效。因此,日本是将物流与物流管理相区别的,物流与物流管理具有不同的定义。有关物流管理的定义,我们将在以后的章节中进行详细说明。

1.2.2.3 我国的物流概念

由于我国的物流概念引自日本,长期以来,我国各界一直沿用日本的物流定义,很少有组织或机构对物流概念进行定义或规范,因此,直到2001年8月为止,关于物流概念的定义主要以研究者个人的定义为主。2001年8月1日,我国首次颁布并实施了《物流术语》国家标准,从此,我国开始出现了物流概念的机构定义,进而提高了物流定义的权威性。

《物流术语》国家标准将物流定义为:物品从供应地向接收地的实体流动中,根据实际需要,将运输、储存、装卸、搬运、包装、流通加工、配送、信息处理等基本功能有机结合起来实现用户要求的过程。我们认为,这个定义基本上是"中性"的,即没有强调物流的"有效性",也没有涉及对物流活动的"计划、执行或控制",因此,该定义预示着物流与物流管理的定义是不同的。事实也的确如此,在《物流术语》国家标准中,除物流的定义外,还另外规定了物流管理的定义。

综上所述,本书将物流概念整理为:物流是指伴随物品由供应地向需求地的转移而发生的运输、装卸、储存、包装、流通加工及其与上述活动相关的信息活动的集合系统。为了准确理解物流的定义,应把握以下几点:

第一,物流是一个系统,是各种物流构成要素的集成,运输、装卸、储存、包装、流通加工、物流信息是物流的基本构成要素,而不是完整的物流。

第二,定义中的"物品"不仅指最终产品,还包括生产所用原材料、零部件、半成品和伴随商品销售的包装容器、包装材料,以及生产和消费过程中所产生的废弃物。

---

① [日]菊池康也:《物流管理论》,第6页,东京:税务经理协会,1997年版。

② [日]谷本谷一:《物流、Logistics的理论与实态》,第13页,东京:白桃书房,2000年版。

第三，这里所说的“需求者”，除一般意义上的消费者外，还包括制造商、供应商、批发商、零售商等“中间需求者”。

第四，物流不是传统的“物资流通”的简称。在我国，长期存在“物资流通”这一用语，不过，这一用语是指传统的生产资料流通，主要是指生产资料从生产领域到消费领域的转移过程，虽然也包括物流活动，但更强调生产资料的所有权转移，即物资（生产资料的约定俗成用语）的“商流”①。

1.2.3 现代物流

随着经济的发展，特别是经济全球化及企业竞争战略的变化，物流在企业经营乃至整个国民经济中的地位与作用越来越重要，物流概念的内涵与外延随之发生了变化，物流英文用语也由“physical distribution”转变为“logistics”。其主要标志是，美国物流管理协会于1985年率先用“logistics”取代了“physical distribution”，其名称缩写由“NCPDM”改为“NCLM”，在此之后，日本也于1992年将“物的流通”改称为“logistics”，日本物流管理协会的英文名称也改为“Japanese Council Logistics Management”，简称JCLM。同时，日本没有将“logistics”译成相对应的日文，而直接使用“logistics”的日语读音“ロジスティックス”。值得注意的是，日本虽然出现了“ロジスティックス”一词，而且使用频率很高，至今却并未完全取代“物流”用语，“物流”与“ロジスティックス”同时并用，并被赋予了不同的内涵，前者多指“传统物流”，后者则指“现代物流”。

我国物流概念引进的较晚，而且长期以来物流也没有引起人们足够的重视，直到最近几年全社会才逐渐产生并增强了物流意识。从这个意义上讲，我国还没有来得及对物流概念进行严格的研讨，也没有“时间”发生物流概念的转变，全社会对物流概念的认识还基本停留在美、日等发达国家的传统物流概念阶段。

那么，现代物流的含义到底是什么？为什么传统物流概念要转变为现代物流概念？传统物流与现代物流究竟有什么区别？显然这些问题都等我们作出回答。

1.2.3.1 现代物流的含义

“logistics”②来源于法语“logistique”，即“宿营”，是有关军队移动、供应、宿营的军事用语，其含义是指军队的后勤保障，即将粮食、服装、军火等军需物资与人员，按时、按量、按质地补充到指定的地点。美国军队的“Logistics”部门在第二次世界大战期间发挥了重要作用，是导致太平洋战争胜利的重要因素。

---

① 夏春玉：《流通概论》，第250页，北京：中央广播电视大学出版社，2002年版。

② 为了研究问题的方便，本书将高频度地使用“物流”与“现代物流”的概念，而且也将并用这两个概念，除特别说明外，本书所指的“物流”，多指“现代物流”。

第二次世界大战后，特别是20世纪60年代，美国企业界进入了重视"经营战略"及"营销战略"的时代，"logistics"被引入企业界，出现了"商业 logistics"、"营销logistics"等概念。尤其是第二次世界大战中的一些军队"logistics"专家转入企业界对"logistics"概念在企业经营中的应用、推广发挥了很大作用。"logistics"由军事用语转变为经济用语后，其含义也发生了一些变化，存在着多种定义。

美国哈佛大学商学院教授J.L.赫斯凯特认为，现代物流是指对支持物品移动的各种活动进行的管理，以及通过创造物品的时间与空间价值以调节供给与需求。

R.H.巴尔教授认为，现代物流是指为向顾客提供适当的服务，而对原材料及产品从供应地到最终消费地的移动、保管及其有关的信息传递进行计划与控制。

P.科特勒教授认为，现代物流是指有关产品的生产及其向消费者手中转移的过程，所必需的物品、服务与信息流通的决策过程。

日本管理评论家小林裕认为，现代物流是指对从原材料的供应到产品转移至顾客手中的所有"物品流动"过程的综合管理。

日本物流专家汤浅和夫将现代物流定义为：为使库存适应市场销售的变化，通过对库存的有效调整从而保证顾客对商品或服务的可得性，同时避免缺货、过剩、积压等现象的发生而进行的有利于销售支援与总成本降低的一系列管理活动。

最有代表性的定义还属美国供应链管理专业协会的定义。该协会将其定义为：以满足顾客需求为目的，对原材料、半成品、成品以及与此相关的信息由产出地到消费地的有效且成本效果最佳的流动与保管进行计划、执行与控制。

从上述定义来看，现代物流具有以下特点：

(1)将向顾客提供的物流服务目标体现在现代物流的定义中，强调了物流顾客服务的重要性。

(2)现代物流的活动范围极其广泛，既包括原材料采购与供应阶段的物流，也包括生产阶段、销售阶段、退货阶段及废弃物处理阶段等整个生产、流通、消费过程的全部物流活动。

(3)现代物流不仅重视效率，更重视效果，即强调物流过程中的投入(成本)与产出(增加销售额或利润)之间的对比关系。

(4)现代物流不仅强调物流各构成要素的整体最佳，而且还强调物流活动与其他生产经营活动之间的整体最佳。

(5)现代物流更强调库存的一体化管理、信息管理及按需生产。

(6)现代物流强调生产、销售、物流是企业经营的三大支柱，并将物流视为与生产、营销相并列的企业经营战略之一。

但是，不论美国还是日本，对现代物流的定义都强调了物流活动的“有效性”，以及对物流活动的“计划、执行与控制”。按照我们的理解，这种定义实际上是对物流管理的定义，而不是对物流本身的定义。因此，根据各国观点，并结合我国的语言习惯，我们有必要尝试一种新的定义。

我们认为，现代物流是指基于满足顾客需求，以及对成本与效益的考虑而进行的涉及生产、销售、消费全过程的物品及其信息的系统流动过程。

1.2.3.2　物流概念的转变

为什么物流概念由“physical distribution”转变成了“logistics”？其原因主要有以下几方面：

(1)随着市场竞争的日益激烈，企业的利益空间越来越小，向被称为“黑暗大陆”的物流领域要利润成为所有企业的一种必然选择，而要实现物流的高效与低成本，仅仅关注某一经营过程(传统物流更重视生产与销售阶段的物流)的物流活动是不够的，还必须着眼于包括原材料的采购供应到生产、销售、退货等所有经营过程乃至消费过程(废弃物处理)的物流活动的高效与低成本，从而扩大了物流活动的边界，使传统物流概念很难适应新物流活动与物流事业的需要。

(2)为了提高物流效率并使物流成为增加销售、扩大利润的有力武器，仅仅考虑物流本身各构成要素的系统最佳是不够的，而必须把物流系统作为整个经营系统的一个重要组成部分来看待，进而谋求物流与生产、销售等整个经营系统的投入与产出最佳。因此，传统物流着重于追求物流系统本身最佳的理念已无法满足企业经营的需要。

(3)越来越多的经营实践证明，物流不仅仅是一个支出项目，也是一个能够创造价值的事业，即物流不仅是一个成本问题，也是一个收益问题。很多企业深深地体会到：企业是否能满足用户的需求，是否有竞争力，已经不仅仅取决于能否向用户提供质优价廉的产品，而且还取决于能否提供使顾客满意的物流服务。或者说，不是生产、销售决定物流，而是物流决定生产与销售。从这个意义上讲，物流已不再是企业经营活动的“后勤”，而是企业经营活动的“先锋”。

(4)竞争环境的变化，要求企业既不能片面追求物流的高效率，也不能片面追求不计成本与效益的“高服务”，而必须实现效率、成本与效益的均衡。这是现代物流的基本出发点或基本理念，是传统物流概念无法涵盖的。

(5)基于物流对生产、销售乃至整个经营活动的影响，使得物流不仅是竞争策略或手段，更是企业的竞争或经营战略。用现代物流概念取代传统物流概念更能体现物流作为竞争战略的经营理念。

案例

军事战争与 logistics

在历史上，因“logistics”而导致战争失败与胜利的例子很多。例如，素有战争天才之称的拿破仑也因缺乏强大的“logistics”能力而吃过败仗。拿破仑在 1812 年 5 月率领 60 万大军远征莫斯科时，虽然取得了一时的胜利，但是终因其后勤保障不得力而于当年 10 月 19 日兵败莫斯科。再比如，在第二次大战期间，美国军队极为重视“logistics”，并从各部门选拔出第一流的人才充实到“logistics”部门，该部门对驻扎在太平洋各岛屿上的日军战略布置进行了彻底的调查，据此进行了军事资源的最佳组合，对人员、武器装备、粮食等军需物资进行了全方位的计划与供应，从而取得了太平洋对日作战的最终胜利。不仅如此，在 1991 年的海湾战争期间，美国军队的“logistics”系统更显示出了巨大威力，从而使美国及其盟国军队只用了 4 天时间就胜利完成了对伊拉克的地面作战任务。当时，美军地面作战司令官舒尔茨克夫将军曾声称:“海湾战争的胜利实际上是 logistics(后勤保障)的胜利”①

(6)经济的全球化扩大了企业经营的空间范围，使企业的全球采购、全球销售更具有普遍性与可行性，进而扩大了企业的物流活动边界，也使“大物流”理念更具有现实意义。

(7)随着信息技术的进步与普及，物流与信息的关系更加密切。信息技术的发展不仅为提高物流效率提供了技术保障，而且在很大程度上改变了物流方式，高度信息化的物流是现代物流的重要标志。

(8)物流技术的不断革新，大大提升了物流活动的技术含量，物流用语的更新，用“logistics”替代“physical distribution”也是物流技术革新的重要体现与标志，同时也更能反映现代物流的特征。

(9)在网络化时代，很多人特别是年轻人习惯并愿意接受新的用语。在美国与日本的很多年轻人看来，传统的“physical distribution”已经成为陈旧用语，没有新意，他们不愿接受它，这一名词甚至使物流职业也缺乏应有的吸引力，因此，美日等发达国家在面临“人手不足”②的背景下，通过改变用语，提升传统物流职业的“形象”与“人气”，也

① ［日］菊池康也:《最新物流入门》，第 5 页，东京:税务经理协会，1996 年版。

② 例如，据日本官方与民间的有关调查表明，作为物流产业的一个重要职业的卡车司机相当短缺。1990 年日本缺少 17 万卡车司机，而到 2000 年大约有 40 万卡车司机的缺口，成为制约物流产业发展的重要因素。（详见［日］阿保荣司:《Logistics》，第 53 页，东京:中央经济社，1992 年版。）

是用"logistics"替代"physical distribution"的一个"技术"上的考虑。

1.2.3.3 传统物流与现代物流的区别

为了进一步准确理解现代物流的概念,现将传统物流与现代物流的区别整理如下。

链 接

传统物流与现代物流的区别

区别项目	传统物流	现代物流
范围与边界	重视销售物流与生产物流	强调供应、生产、销售、消费等全过程的'大物流'
系统概念	重视运输、储存、包装、装卸、流通加工、信息等构成要素的系统最佳	强调物流系统与其他经营系统的"大系统"最佳
性质与地位	企业或组织体的"后勤","内部事务";成本支出项目	企业或组织体的"先锋","外部事务";价值创造事业
目标与理念	效率与成本的均衡	效率、成本、服务与效益的均衡
服务对象	企业或组织体内部部门	企业或组织体外部顾客
功能定位	节约成本的"手段"与"策略"	扩大销售、增加利润的"战略"

资料来源:作者整理。

(1)传统物流强调物流是由运输、储存、包装、装卸、流通加工、物流信息等要素构成的系统,因此,谋求物流构成要素的系统最佳是传统物流管理追求的重要目标;但是,现代物流不仅强调物流系统本身的最佳,更强调物流系统与生产、销售等整个经营系统的协调与最佳。

(2)传统物流虽然也认为物流活动领域包括原材料供应物流、生产物流、销售物流、退货与废弃物物流,但是更强调销售物流与生产物流;而现代物流则进一步强化了"大物流"的理念。

(3)传统物流概念强调的是效率与成本观念,认为物流只是提高效率、节约成本的手段,因此,物流成本最小化是组织传统物流的重要甚至是唯一目标;而现代物流概念则强调的是效率、成本与效益的均衡,物流成本最小化不再是组织物流的重要目标。

(4)传统物流认为物流是"内部事务",只对组织体内部产生影响,其服务对象是组织内部的生产或销售部门;现代物流认为物流是"外部事务",其服务对象是组织体外的顾客,从而把满足顾客对物流的服务需求作为组织物流的首要目标。

(5)传统物流认为物流是企业等组织体的“后勤”,即从属于生产与销售,是后发的,从而是成本支出项目,因此,如何组织物流是节约成本的“手段”与“策略”;现代物流则认为物流是企业等组织体的“先锋”,是决定生产与销售的价值创造事业,因此,如何组织物流不仅是节约成本的“手段”与“策略”,更是扩大销售、增加利润的“战略”。

1.2.4 物流的分类

物流概念产生至今也不过百年的历史,但是,作为企业与国民经济重要组成部分的物流活动却是源远流长、与人类共生的。而且,以“物的流动”为本质特征的物流活动存在于各个领域,具有不同的表现形式,也有不同的种类与层次。因此,为了全面认识物流,有必要对物流进行分类,这也是进行物流研究的基本前提。通常,物流可以按以下五种分类方法进行分类。

1.2.4.1 空间范围别分类

空间范围别分类,就是按物流活动的空间范围将物流划分为国际物流、国内物流或国民经济物流、区域物流、城市物流、企业物流、农村物流等。国际物流是指跨越国境的物流,即国与国之间的物流;国内物流或国民经济物流是指发生在一国之内的物流,是存在于一国国民经济各个领域的物流;区域物流是指在一国之内的一定地理区域内所发生的物流,如东北区域物流、长江三角洲区域物流、珠江三角洲区域物流、沿海区域物流、内陆区域物流、东部或西部物流等等;城市物流是指在一个城市之内所发生的物流,如上海市物流、北京市物流、大连市物流等等;企业物流是指发生在一个企业内部或者由企业组织的物流。农村物流是指发生在农村内部、农村与城市之间的物流。

1.2.4.2 物流主体别分类

物流主体别分类,就是按物流活动的实施主体将物流划分为制造商物流、中间商物流、专业化物流、消费者物流。制造商物流是指由制造企业实施的物流,也称生产企业物流;中间商物流是指由批发商或零售商组织实施的物流,也叫流通企业物流;专业化物流是指由专业化物流组织或企业实施的物流,也叫第三方物流或第四方物流;消费者物流是指发生在消费者与消费者之间、消费者与生产或流通企业之间的物流,如消费者因搬家或邮寄包裹而发生的物流,以及消费者因退货或废旧物资的回收利用而发生的物流等等。

1.2.4.3 物流业种别分类

物流业种别分类,就是按专业化物流事业者的行业不同对物流进行分类。这里所说的“业种”是指行业的种类,如铁路运输行业、公路运输行业、水上运输行业等等。按照这种分类方法,物流可划分为铁路物流、公路物流、航运物流、航空物流、邮政物流等。本书将这几种物流统称为行业物流。

1.2.4.4 物流阶段别分类

物流阶段别分类,就是按物流在生产经营过程中所处的阶段不同将物流划分为供应物流、生产物流、销售物流、退货物流、回收物流、废弃物物流等。供应物流或采购物流(supply logistics)是指企业采购的原材料、零部件由供应商至厂内的物流;生产物流或厂内物流(production logistics),是指企业采购的原材料、零部件以及企业生产的半成品、成品在企业内部的物流;销售物流(distribution logistics)是指企业生产的产品由厂内(仓库或物流中心等)到需求者(用户)的物流;退货物流(rejection logistics)是指因退货而产生的物流;回收物流(returned logistics)是指企业在生产经营过程中产生的包装容器或包装材料的物流;废弃物物流(waste material logistics)是指企业在生产经营过程中产生的废弃物的物流。

1.2.4.5 物流客体别分类

物流客体别分类,就是按物流的对象物,即物品不同将物流划分为生产资料物流与消费品物流、散装货物流或包装货物流等。并且,根据需要,各类别物流也可作进一步的分类,如将生产资料物流进一步划分为金属材料物流、机电产品物流、化工产品物流、危险品物流等;将消费品物流进一步划分为加工食品物流、生鲜食品物流、纺织品物流、家电产品物流等。

链 接

物流的种类

分类标准或方法	物流种类或名称	其他名称
空间范围	国际物流、国内物流、区域物流、城市物流、企业物流、农村物流	—
物流主体	生产企业物流、流通企业物流、专业化物流、消费者物流	制造商物流、批发商物流、零售商物流、第三方物流、第四方物流
物流业种	铁路物流、公路物流、航运物流、航空物流、邮政物流	行业物流
物流阶段	供应物流、生产物流、销售物流、退货物流、回收物流、废弃物流	采购物流、厂内物流
物流客体	生产资料物流、消费品物流、散装货物流、包装货物流	—
其他	宏观物流、中观物流、微观物流	—

此外，出于研究与实践的需要，有时也从宏观、中观与微观的角度对物流进行分类，从而将物流划分为宏观物流、中观物流与微观物流。宏观物流主要是指国际物流与国民经济物流；中观物流主要指区域物流、城市物流及农村物流；微观物流一般指企业物流或法人组织物流。

1.3 物流的地位与作用

1.3.1 物流与企业经营

1.3.1.1 企业的价值创造过程

企业经营是一个价值创造过程，也是一个开发并满足顾客需求的过程。这一过程是由生产、营销、物流三个过程共同构成的。

生产过程的输出（成果）是产品，即以更低的成本生产更高质量的产品是生产过程的主要功能或任务。投入生产过程的各种资源体现为生产成本。

营销过程的输出（成果）是营销服务。这种服务的功能是开发、维持企业与市场之间的适当关系，即发现市场的潜在需求，并向用户或消费者宣传已开发或生产的产品，将产品销售给用户或消费者，稳定并发展企业与消费者之间进行长期交易的信用关系。

物流过程的输出（成果）是向顾客提供物流服务，即通过从原材料的采购供应到产品到达消费者手中的整个物流过程的统一管理，使顾客最经济地获得所需要的商品。

无论是生产过程还是营销与物流过程都要投入一定的资源，从而形成企业的生产成本、营销成本与物流成本，除此之外，企业还要投入其他基础费用，这些成本与费用共同构成企业的经营总成本。企业的目的就是通过顾客对上述三个过程成果的认知、评价、回报，以补偿企业的投入并获得剩余。企业能否获得补偿与剩余，主要取决于顾客对上述三项服务是否满意。

首先，顾客根据以往的经验或企业的宣传信息、销售人员的说明及其他方面的信息，对企业提供的产品的功能形成预期，并将预期与实际进行比较，如果实际功能高于或等于预期功能，顾客一般就会感到满意，否则，顾客将不满意。如果顾客对生产过程的成果不满意，顾客基本都不会购买企业的产品，从而使企业投入的所有资源（成本）都无法得到补偿（无收入），更无法获得利润。

然而，顾客对生产成果的认知评价，往往是通过对营销过程的认知评价来进行的，也就是说，如何向顾客表现、说明、宣传产品的功能与价格，将直接影响顾客对生产成果的认知与评价，即便生产成果在客观上是可以使顾客得到满意的，但是，如果不能进行有效且令顾客满意的营销活动，顾客一般也不会对生产成果感到满意，从而也不会购买企业的产品,企业也不会获得收入与利润。不仅如此,营销过程是否有效和令顾客满意,还直接影响到顾客与企业长期而稳定的交易关系。显然,顾客对企业的营销过程满意,不仅可以保持持续的交易,而且还会扩大交易量,从而增加企业的获利可能性。

但是,顾客对生产过程与营销过程的满意,并不是顾客对企业的最终评价或最终满意。因为,如何使满意的生产成果(产品功能)与营销成果(价格、销售方式等)在顾客期望的时间、地点,以其要求的批量安全、准确、经济地变成顾客的实际可得,还要取决于有效的物流服务。如果企业不能将生产成果与营销成果以适当的数量与批次,及时、准确、安全、经济地送达顾客期望的场所,那么,顾客就不会满意,从而不会购买企业的产品或服务,企业也不会获得利润。不仅如此,由于物流过程并不限于销售物流阶段,还涉及供应、生产、销售、退货等各个阶段,特别是供应与生产阶段的物流将直接影响到企业的生产成本与产品功能,因此,物流过程甚至还决定着生产过程。同时,随着市场竞争的日益激烈,物流服务越来越成为顾客评价、选择企业的重要标准,因此,物流过程还直接影响营销过程及其成果,不仅是企业促进销售的手段,而且也是稳定与扩大交易关系的手段(见图1-1)。

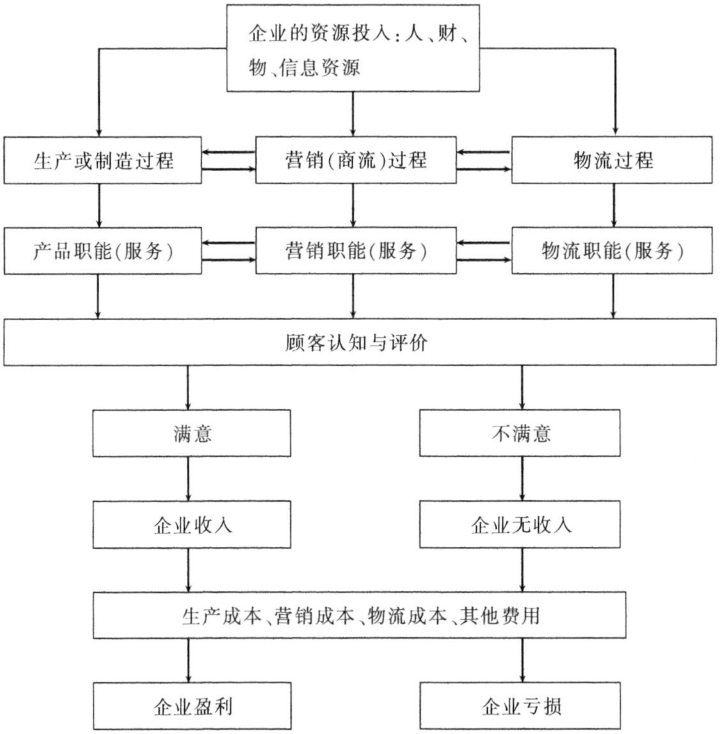

图1-1　企业的价值创造过程(顾客满意的创造过程)

1.3.1.2　物流在企业经营过程中的职能

(1)价值实现职能。物流的价值实现职能意味着企业的生产与营销成果要通过物流过程来实现,没有有效的物流过程,生产与营销成果无法让顾客获得,生产与营销成果不仅会为零,甚至会为负值。有效物流是指将生产与营销成果以适当的数量与批次,及时、准确、安全、经济地送达顾客期望的地点。物流的价值实现功能主要体现在企业的销售物流阶段。

(2)成本节约职能。物流成本是产品与服务成本的重要组成部分。一般来说,即使在发达国家,物流成本占产品最终价格的比重也在20%以上[①],因此,物流领域具有很大的降低成本的空间与潜力,而且物流成本的节约可以直接导致企业利润的增加,是企业的"第三利润源"。物流成本节约的职能体现在物流的各个阶段。

链　接

生产、营销、物流在价值创造过程中的作用

生产、营销、物流三个价值创造过程是相互制约、相互影响、互为前提的。生产决定营销与物流，反过来，营销与物流也决定生产。正是从这个意义上讲,在企业的价值创造过程中,生产、营销、物流之间不是简单的加法关系,而是乘法关系。生产、营销、物流中任何一个价值创造过程的中断,都会导致整个价值创造过程的中断。从实践来看,物流过程在企业价值创造过程中的作用日益突出,因为物流不仅决定着生产成本及产品功能,而且也是影响顾客是否选择企业产品的重要因素,从而直接影响到营销过程是否能够顺利实现。

(3)销售促进职能。随着市场竞争的日益激烈,企业的销售业绩不仅决定于产品、价格、营销渠道与营销方式,更取决于企业向顾客提供的物流服务,即取决于企业向顾客提供的可得性。顾客越来越重视企业的物流服务,物流成为顾客选择企业、维持交易关系的重要条件。因此,它也是企业扩大销售的重要手段。物流的销售促进职能主要体现在销售物流阶段。

(4)竞争战略职能。在经济全球化、快速化以及消费需求多样化的今天,企业面临

① [日] 阿保荣司:《Logistics》,第7页,东京:中央经济社,1992年版。

范围更大、速度更快、种类更多的生产要素组合与产品组合。特别是一些大型企业或跨国公司,不仅产品与服务的销售范围是全球化的,而且生产或原材料供应也是全球化的,这就要求企业必须在更大的范围内组织供应、生产、销售等阶段的物流,以获得产品、价格、服务等竞争优势,因此,物流已不仅仅是实现价值、降低成本、促进销售的手段,而且直接决定着产品、价格与销售,从而直接参与价值创造过程,是决定企业经营成败的战略问题。物流的战略职能体现在物流的各个阶段。

1.3.2 物流与国民经济发展

1.3.2.1 物流与国民经济成长

一般认为,一方面,物流(运输)需求是国民经济的派生需求,既随着国民经济的增长而增长,也随着国民经济的负增长而萧条,与国民经济发展具有很高的相关度(见表1-2)。另一方面,物流规模与发展速度也直接制约着国民经济的发展速度。这一结论得到了国内外经济发展实践的充分证明。20世纪80年代,在我国物流业特别是运输业制约国民经济发展的事实更为明显。

表1-2 我国国内生产总值与物流量、物流产值的变化

年份	国内生产总值		交通运输、仓储和邮政业增加值		货运量		货物周转量	
	绝对量(亿元)	增长率(%)	绝对量(亿元)	增长率(%)	绝对量(万吨)	增长率(%)	绝对量(亿吨公里)	增长率(%)
2000	99 214.6	—	6 161.0	—	1 358 682	—	44 321	—
2001	109 655.2	10.5	6 870.3	11.5	1 401 786	3.2	47 710	7.6
2002	120 332.7	9.7	7 492.9	9.1	1 483 447	5.8	50 686	6.2
2003	135 822.8	12.9	7 913.2	5.6	1 564 492	5.5	53 859	6.3
2004	159 878.3	17.7	9 304.4	17.6	1 706 412	9.1	69 445	28.9
2005	184 937.4	15.7	10 666.2	14.6	1 862 066	9.1	80 258	15.6
2006	216 314.4	17.0	12 183.0	14.2	2 037 060	9.4	88 840	10.7
2007	265 810.3	22.9	14 601.0	19.8	2 275 822	11.7	101 419	14.2
2008	314 045.4	18.1	16 362.5	12.1	2 585 937	13.6	110 300	8.8
2009	340 902.8	8.6	16 727.1	2.2	2 825 222	9.3	122 133	10.7
2010	401 202.0	17.7	18 968.5	13.4	3 241 807	14.7	141 837	16.1

资料来源:国家统计局:《中国统计年鉴》,北京:中国统计出版社,各年版。

物流对国民经济的影响包括两个方面：一是外部经济的，即对国民经济发展的正面影响或积极影响，具体体现在物流规模、速度、效率与质量，直接影响甚至决定国民经济发展的规模、速度、效率与质量；二是外部不经济的，即对国民经济发展的负面影响或消极影响，具体体现在物流所产生的交通拥挤、噪声等环境污染。

1.3.2.2 商品价格构成与物流成本

所谓物流成本是指为组织、实施、管理物流活动所发生的各种费用及其物资消耗的货币表现。由于物流活动不仅存在于商品销售领域，也存在于原材料的采购、生产制造领域，因此，在生产经营的各个阶段都存在着大量的物流活动，消耗着大量的物流资源，从而形成规模可观的物流成本，使物流成本成为影响商品价格高低的重要因素。当然，商品不同，其物流活动的规模与难易程度也不同，进而所消耗的物流资源和产生的物流成本也不同，但是，从总体上看，物流成本无疑是商品价格构成的重要组成部分。根据有关研究成果，假设商品的零售价格为 100 元，那么，制造成本（包括厂商的平均毛利）为 50 元，流通费用（包括中间商的平均毛利）大约为 50 元，其中，物流费用大约为 20 ~ 30 元。也就是说，在商品的零售价格中，有 20% ~30% 为物流成本。显然，不论是对经营者，还是对消费者，物流成本都具有重要意义。

从整个社会来看，物流成本也是国民经济总成本的重要组成部分，对国民经济的运行绩效产生重大影响。当然，经济发展水平不同，物流成本占国内总产值的比重也不同。一般来说，经济发展水平越高，全社会的物流管理水平就越高和越有效率，全社会的物流成本占 GDP 的比重就越低，从而意味着物流活动所消费的资源就越节约，国民经济运行绩效就越高；反之亦然。从世界范围来看，不同国家的物流成本占 GDP 的比重不尽相同，即发达国家的物流成本占 GDP 的比重低于发展中国家的物流成本占 GDP 的比重；同一国家或地区在不同时期，其物流成本占 GDP 的比重也不同，即随着经济发展水平的提高，物流成本占 CDP 的比重不断降低。例如，1980 年美国物流成本占 GDP 的比重为 15.7%，而 1990 年为 11.4%，1998 年为 10.6%。

1.3.2.3 物流与居民生活

物流不仅对企业经营与国民经济发展具有重要作用，而且对居民生活质量的提高也具有重要贡献。一方面，随着物流技术水平的提高和物流方式的创新，大大降低了消费者的成本负担，增加了消费者的福利，另一方面，它还极大地满足了消费者的准时、便利的物流需求，从而提高了消费者的生活质量。例如，低温冷藏物流系统以及快速、安全、方便的配送体系，不仅保证了商品的鲜度与质量，而且还大大节约了消费者的时间，方便了消费者的生活，成为现代消费者不可或缺的生活内容。

1.3.2.4 物流与外部不经济

随着物流规模的扩大，物流服务水平的提高，特别是准时、快捷式物流方式的普及，物流对交通、环境等的负面影响日益增大,物流不仅是经济上的“黑暗大陆”,而且也是环境上的“黑暗大陆”。人们不仅十分关注物流的经济功能,而且更关心物流的环境效应。因此,重视物流、改善物流,不仅是出于对经营与经济方面因素的考虑,更是出于对环境保护与可持续发展需要的考虑。许多国家分别从环境保护与可持续发展的高度来关注物流、发展物流,认为物流领域在缓解交通拥挤、减少污染、改善与保护环境方面具有巨大的潜力。物流对环境的外部性主要体现在以下几个方面:

(1)物流的发展,特别是公路物流的发展,对城市交通的压力越来越大,道路堵塞、拥挤和事故频发等等,成为困扰世界各国的难题之一。

(2)伴随着小批量、多批次物流方式的普及,汽车流量大大增加,噪声与大气污染日益严重。

(3)物流网点密度的不断增大,一方面,对城市建设、人文景观等产生了越来越大的负面影响;另一方面,也造成了地价的不断上升,从而增加了消费者的空间成本,挤压了消费者的生活空间。

(4)物流设施与设备的能源消耗,对人类的可持续发展构成了威胁。

1.3.3 物流与国际经济

1.3.3.1 物流与国际贸易

物流与国际贸易是相互依存、相互促进的。国际贸易是指世界各国或地区之间的商品、服务、技术等的交换活动,包括出口与进口两个方面。从一个国家或地区来看,这种交换活动就是该国的对外贸易;从世界范围来看,各国对外贸易的总和,则构成了国际贸易①。

由于国际分工的日益细化及比较利益的存在,任何国家都不能,也没必要包揽所有的专业化分工或从事所有商品及服务的生产,而必须参与国际分工,从事国际贸易。伴随国际贸易的发生,国际间商品、服务的空间流动也就必然发生,从而形成国与国之间的物流活动,即国际物流。显然,国际物流是伴随着国际贸易的产生而产生,并随着国际贸易的发展而发展,进而成为影响和制约国际贸易进一步发展的重要因素。也就是说,国际贸易是国际物流产生的前提,没有国际贸易就不会有国与国之间的物流,因此,国际贸易的规模、结构决定国际物流的规模与结构。同时,国际物流又是国际贸易的重要保障,没有国际物流,国际贸易也就无法最终实现;不仅如此,国际物流的速度、效率与质量也直接影响国际贸易的规模与效益,是开展与扩大国际贸易,发展国内经济的重要条件。

---

① 金真,唐浩:《现代物流》,第120页,北京:中国物资出版社,2002年版。

随着世界经济的发展和国际形势的变化，国际贸易也呈现出一些新的趋势和特点，从而对物流提出了更新、更高的要求①。

链　接

国际贸易的发展对物流的新要求

(1)质量要求。国际贸易的结构正在发生巨大变化，传统的初级产品、原材料贸易份额逐渐下降，而高附加价值、高科技含量、精加工产品的贸易份额不断上升。国际贸易商品结构的变化，对物流工作提出了更高的质量要求。同时，由于国际贸易需求的多样化、国际贸易地区的多元化，从而产生了多品种、小批量、大范围的物流需求，进而要求国际物流不断向优质、高效及多样化方向发展。

(2)效率要求。国际贸易活动的核心问题是合约的订立与履行，而国际贸易合约的履行，最终要由国际物流活动来保障。因此，没有高效的国际物流活动，国际贸易合约的履行就是一句空话。

(3)安全要求。随着国际贸易地区的扩大及国际贸易主体的多元化，国际贸易过程中的非安全隐患也日益增加，尤其在国际物流过程中往往存在政治、外交、气候、地理、战争及恐怖活动等方面的风险，因此，各贸易主体对国际物流的安全要求越来越高，从而要求国际物流组织者或承担者在选择物流方式、确定运输路线、组织国际物流活动时，必须充分考虑到上述风险因素，提高国际物流的安全性。

(4)经济要求。出于提高市场竞争力的考虑，国际物流需求者不仅对国际物流活动提出了更高的质量、效率、安全要求，而且也提出了更高的经济要求，即要求国际物流服务提供者提供更节约的国际物流服务。

---

① 金真，唐浩：《现代物流》，第121页，北京：中国物资出版社，2002年版。

1.3.3.2 物流与经济全球化

经济全球化最早由特莱·维于1985年提出，到目前为止，还没有一个统一的概念表述。根据我们的理解，经济全球化至少包括以下含义：

(1)国际贸易的全球化。这里所说的国际贸易是指国与国之间有关商品、服务、技术的进出口活动。可见，国际贸易本身就是两个以上国家或多国之间开展的交换活动，也可以说是多国籍的贸易活动。但是，国际分工的日益细化，特别是东西冷战的结束及传统社会主义国家的市场经济体制改革，大大扩大了国际贸易的国家范围。世界各国之间普遍开展了国际贸易，无论是国家还是企业，其贸易伙伴遍布全球，其商品与服务的市场范围也遍布全球，而不是少数国家或地区。

(2)资本输出(投资)的全球化。从历史上看，对外直接投资也是逐渐发展和扩大的。一般来说，在对外直接投资的初级阶段，主要是发达国家与发达国家之间的相互投资。在这一阶段，不论是投资地区还是投资领域都是十分有限的。在对外直接投资的中级阶段，除发达国家之间的相互投资外，还出现了发达国家对发展中国家的直接投资。在这一阶段，投资地区已扩大到发展中国家，投资领域也有所扩大，尤其是随着发展中国家对外开放的不断深化，以及国内产业的日益成熟和对外国投资管制的日益放松，外国投资的领域进一步扩大。在对外直接投资的高级阶段，除具有上述两个阶段的投资特征外，还出现了发展中国家之间的相互投资，甚至发展中国家对发达国家的投资。总之，资本输出的全球化是21世纪世界经济的重要特征。

(3)产品生产与销售网络的全球化。资本输出的重要载体是产品生产与销售网络的建立，因此，资本输出全球化的直接结果是产品生产与销售网络的全球化。一些跨国公司纷纷在世界范围内建立生产工厂和销售网络，从而导致商品生产与流通的全球化。

(4)原材料采购与供应的全球化。随着商品生产与销售网络的全球化，以及国际分工的进一步细化，许多跨国公司纷纷在全球范围内采购与供应原材料，建立了全球化的原材料采购系统，这样一来，不仅商品销售物流是全球化的，原材料供应物流也是全球化的。

(5)人力资源组织与开发的全球化。人力资源组织与开发的全球化，不仅包括传统意义上的劳务出口与进口，而且还包括跨国公司的人才本地化战略，以及在全球范围内组织与开发人力资源。

经济全球化，特别是国际贸易、商品生产、商品销售及原材料采购的全球化，必然带来物流的全球化，因此，经济全球化是物流全球化的前提，同样，物流全球化又是经济全球化的保障，没有物流的全球化，也就无法实现经济的全球化。从这个意义上讲，经济全球化与物流全球化相伴而生，相互促进，共同发展。

1.4 国内外物流的发展历程与现状

1.4.1 美国物流

美国是世界上最早提出物流概念的国家，也是物流管理研究与实践最先进的国家。从美国物流的发展历史来看，大致可以分为四个阶段①。

1.4.1.1 物流概念的产生与物流观念的启蒙阶段(1901～1949年)

早在1901年，约翰·克罗威尔(John Crowell)就在美国政府《农产品流通产业委员会报告》中首次提出了农产品的物流问题；1915年，阿奇·萧在《关于市场流通的若干问题》的论文中，论述了物流在经营战略中的作用；1924年，美国著名营销专家克拉克在《市场营销原理》一书中，将物流纳入到了市场营销的研究范畴之中。此外，1927年，拉尔夫·布索迪(Ralph Borsodi)在《流通时代》一书中，初次用"logistics"来称呼物流，为物流的概念化奠定了基础。在1941年到1945年的第二次世界大战期间，美国军事后勤活动的开展，为人们对综合物流的认识和发展提供了重要的实证依据，推动了战后对物流的研究以及实业界对物流的重视。1946年，美国正式成立了全美输送物流协会(American Society of Traffic Logistics)，这是美国第一个关于对专业输送者进行考查和认证的组织。总之，在这一时期，虽然人们对物流的重要性有所认识，但是，物流仍然被作为流通或营销的附属功能来看待。

1.4.1.2 物流理论体系的形成与实践推广阶段(1950～1978年)

进入20世纪50年代以后，随着世界经济环境的变化，美国现代市场营销的观念逐步形成，顾客服务成为企业经营管理的核心内容，物流的顾客服务职能日益突出，从而促进了物流的快速发展。1954年，美国波士顿工商会议所召开了第26次波士顿流通会议。在这次会议上，鲍尔·康伯斯提出，无论是学术界还是实业界都应该重视、研究物流，并从战略上来管理、发展物流。1956年，霍华德·莱维斯(Howard Lewis)等学者提出了物流成本的概念，主张从物流总成本的角度来评价各种运输手段的优缺点。1961年爱德华·斯马凯伊(Edward Smykay)、罗纳德·鲍尔索克斯(Ronald Bowersox)和弗兰克·莫斯曼(Frank Mossman)出版了《物流管理》一书，这是世界上第一部介绍物流管理的教科书。该书详细论述了物流系统及物流总成本的概念，为物流管理成为一门独立学科奠定了基础。

---

① 宋华，胡左浩：《现代物流与供应链管理》，第23～29页，北京：经济管理出版社，2000年版。

20世纪60年代初期,美国密西根州立大学以及俄亥俄州立大学分别在大学本科和研究生院开设了物流课程,成为世界上最早把物流管理教育纳入大学教育体系中的学校。此外,1960年,美国的Raytheon公司建立了最早的配送中心,结合航空运输系统为美国市场提供物流服务。1963年,美国成立了国家实物配送管理委员会(National Council of Physical Distribution Management)。

1962年,美国著名管理学家德鲁克在《财富》杂志上发表了题为"经济的黑暗大陆"一文,强调应当高度重视流通以及流通过程中的物流,从而对实业界和理论界产生了又一次的重大推动作用。在此背景下,1963年成立了美国物流管理协会,该协会将各方面的物流专家集中起来,开展物流管理教育与培训活动。

总之,从20世纪50年代到70年代,很多有关物流的论文、著作、杂志开始出现,有关物流管理研讨的会议也开始频繁召开,从而推动了物流理论的形成与物流实践的发展。

1.4.1.3 物流理论的成熟与物流管理现代化阶段(1978~1985年)

20世纪70年代末,美国的物流政策及物流规模与结构发生了很大变化。例如,1977~1978年美国制定了《航空规制缓和法》,加速了航空产业的竞争,从而对货主和运输业产生了巨大影响。1980年,美国通过了《汽车运输法案与铁路运输法案》,1984年,又通过了《海运法案》。这些法案进一步促进了运输市场的竞争,也扩大了物流服务供给者与需求者的选择空间,从而有力地推动了全社会物流合理化的开展。

在物流管理理论上,随着各种先进的物流管理方法的开发与应用,使人们逐渐认识到需要从企业经营的全过程来把握物流管理,而计算机技术的发展与普及,为物流管理提供了物质基础和手段。1984年,哥拉罕姆·西尔曼(Graham Scharmann)在《哈佛商业评论》上发表了题为"物流再认识"一文,指出现代物流对生产、营销和财务活动具有重大影响,因此,企业高层领导人应该从战略高度来重视物流。

从实践上看,进入20世纪80年代,美国物流管理的内容已由企业内部延伸到企业外部,其重点已经转移到对物流的战略研究上,企业开始超越现有的组织结构界限而注重外部关系,将供应商、分销商以及用户等纳入管理的范围,利用物流管理建立和发展与供应商及用户稳定、良好、双赢、互助的合作伙伴关系。电子数据交换(EDI)、准时制生产(JIT)、配送计划,以及其他物流技术的不断涌现和应用,为物流管理提供了强有力的技术支持。

1.4.1.4 物流理论、实践的纵深化发展阶段(1985年以后)

20世纪80年代中期以后,随着人们对物流管理认识的提高,经济环境、产业结构和科学技术的发展与变化,物流理论和物流实践开始向纵深发展。在理论上,人们越来越清楚地认识到物流与营销、生产是支撑企业竞争力的三大支柱。1985年,威廉姆·

哈里斯和斯托克·吉姆斯在密西根州立大学发表了题为“市场营销与物流的再结合——历史与未来的展望”的演讲,他们认为,从历史上看,物流近代化的重要标志是商物分离,但是随着1965年以西蒙为代表的顾客服务研究的兴起,在近20年的顾客服务研究中,人们逐渐认识到现代物流对创造需求的重要作用,因此,有必要强调营销与物流的再结合。这一主张揭示了现代物流的本质,也推动了物流顾客服务战略的研究。

从实践来看,进入20世纪90年代以来,电子计算机技术和物流软件的发展日益加快,从而进一步推动了现代物流的发展。特别是电子数据交换系统和专家系统的应用,对推动现代物流的发展发挥了重要作用,使美国的物流管理更加趋于智能化。此外,电子商务的发展,也促使现代物流上升到了前所未有的重要地位。据统计,2010年,美国电子商务的营业额达到了1760亿美元以上。电子商务是互联网络开放环境下的一种基于网络的电子交易、在线电子支付的新型商业运营方式。电子商务带来的这种交易方式的变革,使物流向信息化并进一步向网络化方向发展。

1.4.2 欧洲物流

1.4.2.1 传统物流阶段(20世纪40年代至50年代)

欧洲是引进“物流”概念较早的地区之一,而且也是较早地将现代技术用于物流管理的先锋。早在20世纪中期,欧洲各国为了降低产品成本,便开始重视企业范围内物流过程的信息传递,对传统的物料搬运进行变革,对企业内的物流进行必要的规划,以寻求物流合理化的途径。当时制造业(工厂)还处于加工车间模式,工厂内的物资由厂内设置的仓库提供。企业为了实现客户当月供货的服务要求,在内部实行严密的流程管理。这一时期的管理技术还相对落后:信息交换通过邮件,产品跟踪采用贴标签的方式,信息处理的软硬件平台是纸带穿孔式的计算机及相应的软件。这一阶段储存与运输是分离的,各自独立经营,可以说是欧洲物流的初级阶段。

1.4.2.2 物流快速发展阶段(20世纪60年代至70年代)

20世纪70年代是欧洲经济快速发展时期。随着商品生产和销售的进一步扩大,多家企业联合的企业集团和大公司的出现,成组技术(GT)被广泛采用,物流需求增多,客户期望实现当周供货或服务,工厂内部的物流已不能满足企业集团对物流的要求,因而形成了基于工厂集成的物流。仓库已不再是静止封闭的储存式设施,而是动态的物流配送中心。要求信息不只是凭订单,而主要是从配置中心的装运情况获取。这一时期信息交换采用电话方式,通过产品本身的标记(product tags)实现产品的跟踪,进行信息处理的硬件平台是小型计算机,企业(工厂)一般都使用自己开发的软件。

1.4.2.3 综合物流时代(20世纪80年代至90年代)

随着经济和流通的发展,欧洲各国许多不同类型的企业(厂商、批发商、零售商)也在不断地进行物流变革,建立物流系统。由于流通渠道中各经济主体都拥有不同的物流系统,必然会在各连接点处产生矛盾。为了解决这个问题,20 世纪 80 年代,欧洲开始探索一种新的联盟型或合作式的物流新体系,即综合物流管理。它的目的是实现最终消费者和最初供应商之间的物流与信息流的整合,即在商品流通过程中加强企业间的合作,改变原先各企业分散的物流管理方式,通过合作形式来实现原来不可能达到的物流效率,创造的成果由参与的企业共同分享。这一时期,欧洲的制造业已采用准时制生产(JIT),客户的物流服务需求已发展到当天供货或服务,因此,综合物流管理进一步得到加强,如组织好港、站、库的交叉与衔接、零售商管理控制总库存量、产品物流总量的分配、实现供应的合理化等。这一时期物流需求的信息直接从仓库出货获取,通过传真方式进行信息交换,产品跟踪采用条形码扫描,信息处理的软硬件平台是客户机/服务器模式和购买商品化的软件包。值得一提的是,这一时期欧洲第三方物流开始兴起。

进入 20 世纪 90 年代以来,欧洲一些跨国公司纷纷在国外,特别是在劳动力比较低廉的亚洲地区建立生产基地,故欧洲物流企业的需求信息直接从顾客消费地获取,采用在运输链上实现组装的方式,使库存量实现极小化。信息交换采用 EDI 系统,产品跟踪应用了射频标识技术(RF Tags),信息处理广泛采用了互联网和物流服务商提供的软件。目前,基于互联网和电子商务的电子物流正在欧洲兴起,以满足客户越来越苛刻的物流需求。

1.4.3 日本物流

在日本,自 20 世纪 50 年代末从美国引进物流概念以后,社会各界开始关注与重视物流,从而促进了物流在日本的发展。迄今为止,日本物流发展经过了以下几个阶段。

1.4.3.1 物流概念产生以前的时代(20 世纪 50 年代)

1955 年以前,日本还没有完整的物流概念,因此,1955 年以前的物流主要以运输为中心。这是因为当时的日本经济处于起飞期,市场需求旺盛,各产业的产出规模增长迅速,同时,由于分工的深化与市场范围不过扩大,无论是最终产品还是中间产品,进入市场流通的规模与范围都在不断膨胀,进而扩大了对运输的需求。面对运输需求的迅速膨胀,运输供给能力一度满足不了需求,从而使运输成为企业经营与经济发展的一个重要瓶颈。在这种背景下,如何增加或保证运输能力成为政府与企业所共同关注的重大课题。从政府的角度来看,主要是通过制定积极的产业政策或直接投资以提高全社会的运输供给能力;从企业的角度来说,为保证原材料与最终产品能够按计划运输,也积极地进行各种努力,有的自建运输系统,有的积极扩大库存,来降低运力不足而产生的风险;运输部门内部积极扩大投资,增加运输工具,改革运输方式,以提高运输供给能力。

总之,在整个20世纪50年代,运输是制约日本企业经营与社会经济发展的重要瓶颈,因此,重视运输、发展运输,从而使运输成为这个时代物流发展的基本特征。

1.4.3.2 物流系统化时代(20世纪60年代)

自1956年从美国引进物流概念以后,日本社会各界开始把物流作为一个系统来看待,也就是说,结束了物流即是运输与保管的时代。人们认识到,物流构成要素之间存在着费用或效益上的二律背反关系,片面追求某一要素的费用最低或效益最高,往往会使其他物流要素的费用增加或效益降低,因此,必须综合考虑各种物流要素的成本与效益情况,实现各物流要素的总费用最低或总效益最大。

这一时期,日本政府出台了一系列物流系统化政策,企业也开始着手物流系统化工作。为了实现物流的系统化,这一时期开始整合物流机构,将与物流活动有关的各个部门进行合并重组,组建新的物流机构,这是这一时期实现物流系统化的组织手段。同时,这一时期开始引进、开发新的物流工具与设备,以提高物流效率。但是,这一时期日本的物流系统化,还是侧重在组织硬件设施及设备方面的系统化。

另外,在这一时期人们进一步增强了物流成本意识,认为降低物流成本可以直接为企业增加效益,很多企业开始探讨物流成本核算与物流成本管理的方法。

1.4.3.3 物流合理化时代(20世纪70年代)

随着经济的发展,市场竞争的日益激烈,特别是1973年第一次石油危机以后,日本经济进入低速成长期。在这种背景下,一方面,企业生产规模的扩大受到了市场需求的限制,另一方面,能源价格的上涨使企业生产成本的控制越来越困难。因此,为了降低经营成本,提高效率,人们对物流活动寄予了更大的希望。如何实现物流的合理化是这一时代物流发展的主题。

物流合理化包括许多内容,既包括物流活动的合理化,也包括物流工具与设备的合理化。为了实现物流合理化,对运输、储存、包装、装卸、流通加工等物流要素进行了技术革新,各种运输方式的最佳组合、运输线路的合理规划、联合运输、共同运输,以及低温冷藏运输工具的开发、自动化仓库建设、新包装材料与包装方式的开发等物流技术的开发与应用,在20世纪70年代都十分旺盛,例如,1972年日本拥有立体自动化仓库688座,是当时世界各国拥有自动化仓库最多的国家。同时,制造商也进入由仓库向流通中心转变的时代,并在流通中心广泛采用了各种新的物流设备与工具。另外,一些大型批发与零售企业也开始建设功能完备的流通中心①。

为了推动全社会的物流合理化进程,日本政府开始积极制定和实施各种物流标准,

① [日]日经流通新闻编:《流通现代史》,第153页,东京:日本经济新闻社,1993年版。

完善物流基础设施,支持民间的各种物流合理化运动。例如,从1970年开始,日本政府与有关物流机关(日本铁路)制定了托盘及托盘化运输标准,并进行积极推广。1975年以后,托盘运输基本得到了普及[①]。

这一时期日本的物流合理化是在硬件与软件两个层面展开的。在硬件层面上,积极引进、开发新的物流技术与物流工具;在软件层面上,进一步建设与完善物流管理系统与物流信息系统。例如,作为物流管理系统重要组成部分的物流成本管理系统,在这一时期得到了进一步的完善。1975年,日本中小企业厅制定了《物流成本核算手册》,1977年,日本运输省制定了《物流成本核算统一标准》[②]。这两个标准对推进物流成本管理起到了很大的促进作用。从软件层面推进物流合理化的另一个重要表现就是,改革物流组织、建立物流管理组织、成立物流管理公司,同时,进一步完善物流信息系统,将物流系统与生产、销售系统进行有效的链接等。

1.4.3.4 物流高度化时代(20世纪80年代)

这里所说的高度化是针对消费高度化而言的,具体表现为消费的个性化与多样化。进入20世纪80年代以后,消费者个性化与多样化的需求日益突出,其主要标志是出现了适应这种需求变化的零售业态(便利店),而且发展迅速,成为流通领域新的增长点。便利店等零售业态以营业时间长(多为24小时营业)、品种丰富、更新周转快、库存少为特点满足了消费者个性化与多样化的需求。消费需求的高度化,要求生产的多品种、小批量和软性化,这就要求物流也必须是多品种、小批量、高频度的,即要求物流必须实现及时、准确的"准时制物流",而可以满足这种需求的物流则是公路物流。因此,在整个20世纪80年代,日本对公路物流的依存度不断提高,到1985年,公路物流的市场占有率(吨公里)达到47.4%,而到了20世纪80年代末则超过了50%。但是由此导致的交通堵塞、空气污染等物流外部不经济现象也日益突出。不仅如此,随着公路物流规模的不断扩大,又出现了司机不足等物流劳动力短缺问题。例如,1989年,日本共缺少卡车司机12.9万人,特别是六大重要城市的长途卡车运输司机更加短缺,平均1台卡车只有0.86位司机[③]。

为了缓解环境压力与劳动力短缺等问题,日本政府发出了由公路物流向其他物流方式转换,以及由"小规模、分散化"物流向"集约化"物流转换的呼吁,并制定了相应的鼓励政策。1989年日本制定并实施了《汽车货物运输事业法》及《货物运输代理事业

---

① [日]日经流通新闻编:《流通现代史》,第156页,东京:日本经济新闻社,1993年版。

② [日]日经流通新闻编:《流通现代史》,第157页,东京:日本经济新闻社,1993年版。

③ [日]国领英雄:《现代物流概论》,第20页,东京:成山堂书店,2002年版。

法》。这两部法律虽然仅是针对运输业的，但对整个物流的发展也产生了重大影响①。其基本精神是限制分散的、个别化的汽车货物运输业的盲目发展，同时鼓励向“集约化”物流方向转换。

1.4.3.5　现代物流或战略物流时代(20世纪90年代以后)

自20世纪90年代初日本受美国的影响，将物流概念由“physical distribution”转变为“logistics”，日本的物流观念与物流实践发生了重大转变。从观念上来看，日本企业与物流行业主要发生了以下变化：

第一，物流不仅是降低成本的“手段”，更是扩大销售、增加利润的“竞争战略”。

第二，物流不是生产的“下游”，而是生产的“上游”，即物流不再是生产之后的“后勤”，而是生产之前的“先锋”。

第三，组织物流的目标不仅是提高效率与降低成本，而是要实现效率、成本、服务与效益的均衡。

第四，物流合理化不取决于某一个企业的物流合理化，而取决于所有交易者整体物流的合理化。

第五，物流不仅要实现物流活动要素的系统最佳，更加致力于谋求物流系统与生产、销售等整个经营系统的最佳。

伴随物流观念的转变，日本各界特别是企业界开始积极构筑被称作“产销一体化”的物流体系，即建立供应商、厂商、流通企业、消费者相互协调与合作的物流体系。为此，积极推进物流信息化建设，开发与应用迅速、高效、开放、共享的物流信息系统。

同时，为了进一步提高物流的价值创造功能，许多企业纷纷将企业物流业务的全部或部分转包给专业化的物流公司，从而促进了物流产业的发展。日本政府也于1997年出台了一系列新的发展物流产业的政策措施。其基本目标是进一步完善物流基础设施，提高全社会的物流效率，降低物流成本，减轻环境压力。为此，日本政府提出了促进物流产业发展的三项基本原则，即物流事业者的“相互合作原则”、“促进竞争原则”和“满足多样化需求原则”②。

1.4.4　我国物流

自新中国成立以来，我国的物流发展大致分为以下三个阶段。

1.4.4.1　物流概念产生以前(20世纪80年代以前)

从新中国成立到1978年，中国一直实行高度集中的计划经济体制，生产企业的原

① [日]日经流通新闻编：《流通现代史》，第164页，东京：日本经济新闻社，1993年版。

② 国务院发展研究中心：《现代物流发展的国际趋势》，国研网，2002-09-09。

材料供应、生产、销售，流通企业的采购与销售，仓储、运输企业的经营管理，都是在严密的计划之下进行的，与物流相关的采购、运输、仓储、包装等各环节也都是分别开展的，没有物流的概念，更没有系统管理物流活动的思想与机制。

而自1979年中国实行改革开放政策以后，宏观经济环境发生了根本性变化。企业经营自主权逐步扩大，多种经济成分开始进入市场，商品流通体制、交通运输体制也发生了重大变化，政府逐步放开了对企业生产、物资、价格的管理。此后，工业企业开始自主决定其原材料的采购和产品的生产与销售；商贸流通企业开展了商品物流配送中心的试点工作；运输企业突破传统的经营观念，扩大了业务范围；货运代理企业作为托运人与承运人之间的桥梁与纽带，开办了代理货物托运、取货送货、订舱配载、联运服务等多项业务。

1.4.4.2 物流概念的引进与试验(20世纪80年代至90年代)

20世纪70年代末，以原国家物资总局为首，铁道部、交通部、国家经委综合运输研究所等单位共同组成的中国物资流通代表团参加了在日本举行的第三次国际物流会议，回国后撰写了考察报告，介绍了日本物流情况与大会内容。1981年，北京物资学院的王之泰教授在物资部的专业刊物《物资经济研究通讯》上发表了“物流浅谈”一文，首次较为完整地将物流概念引入中国。此后，“物流”用语开始见之于国内文献中，并作为“物的流通”、“物资流通”等的简称被广泛使用。

由于物流概念是由我国生产资料流通部门及其研究者们引进的，因此，无论是在理论研究还是在实践应用方面，都是以探讨生产资料流通领域的物流活动为主，而对其他领域的物流研究很少，也很少有所应用。不仅如此，这一时期的物流研究以及物流理论的应用，还主要侧重于宏观方面，很少对企业的微观物流进行研究与应用。同时，20世纪80年代中后期，伴随着中国经济体制改革的深化与改革重点的转移，物流理论的研究与实践，在经过一段时间后也开始逐渐地由热转冷。

1.4.4.3 物流研究与实践应用的复兴与发展(20世纪90年代以后)

1992年，我国正式确立建设社会主义市场经济的目标。20世纪90年代中期，在建设社会主义市场经济的大潮中，物流概念又一次被实业界和政府所关注。1996年，为满足保洁公司物流配送的需要而成立的宝供物流公司，标志我国物流企业——第三方物流的诞生。20世纪90年代末，海尔物流也应运而生，标志我国第一方物流的诞生。此后，中远物流、中外运物流、中海物流、华润物流、招商局物流等中国的物流“巨人”纷纷亮相，海外的物流企业如马士基物流、TNT物流、UPS物流、FedEx物流也竞相登陆，许多运输和仓储公司都挂上了物流公司的牌子，此时理论界对物流的功能和作用达成了共识。进入21世纪，我国各级政府也全力推进物流，在中国，物流的发展出现一片欣欣向荣的景象。

随着我国经济持续、稳定的发展，国家对物流基础设施的大力投入，以及各级政府对物流事业的鼎力支持，加上我国工业企业和商业企业对物流认识的逐渐深入，和物流理论界、实业界的推动，目前，我国物流正迎来一个大发展的时机。

1.5 现代物流研究

1.5.1 物流研究的起源与发展

1.5.1.1 物流研究的早期文献

如前面介绍，1901 年，美国学者约翰 · 克罗威尔（F. John Crowell）在美国政府《农产品流通产业委员会报告》中发表了"农产品流通费用及其影响因素"一文，文中提出了农产品的物流问题，这是物流研究的最早期的文献①。1915 年，美国营销学者阿奇 · 萧在其题为"关于市场流通的若干问题"的论文中首次使用了"物流"概念。1916 年，美国学者威尔德（L. D. H. Weld）在《农产品营销》（The Marketing of Farm Product）一书中对物流的职能进行了论述。他认为，生产的职能是创造"形态效用"，营销的职能是创造"所有权效用"，而物流的职能是创造"空间与时间效用"②。后来，美国另一位营销学者克拉克（F. E. Clerk），于 1924 年在其《市场营销原理》一书中，设立了专门的一章来研究物流问题。克拉克在该书中指出：流通用语有两种含义或两种用法，应该对这两个含义或用法加以区别。第一种含义的流通是指有关商品运输、储存等的商品实体的流通，即"物流"；第二种含义的流通是指有关商品所有权转移的营销活动，即"商流"③。

但是，早期的物流研究只是提出了物流问题，并对物流概念进行了简单的描述，认为物流就是运输、储存、包装等活动，研究重点侧重于物流的基本职能，而没有将物流作为一个系统来看待；在实践上对物流问题也没有引起足够重视，即使是在物流研究的发源地美国，在 20 世纪 50 年代以前也没有将物流作为一个系统来理解，对物流研究的重视程度远远低于对营销研究或商流研究的重视程度。这一时期有关物流的研究文献很少。

1.5.1.2 物流研究的活跃与发展

第二次世界大战特别是 20 世纪 50 年代以后，物流研究进入了一个新时代，无论是从研究范围还是从研究深度来看，都较以前有了很大的突破。

---

① ［日］阿保荣司：《现代物流》，第 1 页，东京：中央经济社，1992 年版。

② ［日］阿保荣司：《现代物流》，第 5 页，东京：中央经济社，1992 年版。

③ ［日］阿保荣司：《现代物流》，第 1 页，东京：中央经济社，1992 年版。

20世纪50年代以前，物流研究之所以没有取得很大的进展甚至陷入停滞，我们认为主要有两个原因：一是需求原因，二是研究手段或方法的原因。从需求原因来看，20世纪50年代以前，可以说是一个"生产经济"的时代，即面对商品短缺的卖方市场，如何提高生产效率，增大商品供给是企业经营与经济发展的主要问题；相对而言，流通特别是物流问题并不是很重要或迫切需要解决的问题，进而对物流理论的需求也就相对不足。从研究手段或方法来看，由于这一时期计算机还不发达，也不普及，因此，利用数量方法或定量分析来研究或解决企业经营或经济发展中的各种问题是很困难的，也很不现实，从而制约了物流研究的发展。

但是，进入20世纪50年代后期，美国经济开始出现萧条，企业利润也开始出现下降趋势，在企业界产生了通过开发新的成本控制体系来降低成本的需求，而如何降低物流成本引起了企业界特别的重视。而要降低物流成本，仅仅注重运输或储存中的某一个环节是不够的，必须要谋求所有物流环节的成本降低，但是在谋求所有物流环节成本降低的过程中，人们又发现各物流环节之间存在着"二律背反"关系，因此，要想降低物流成本，不仅需要降低所有物流环节的成本，更重要的是要降低物流总成本。于是，研究者们修正了对物流概念的传统认识，将物流作为一个系统来理解。关于物流"二律背反"关系的最早研究文献，是1956年莱文斯·霍华德（T. Lewis Howard）等人对航空运输问题的研究[①]。该研究的主要贡献是以"二律背反分析"为基础，提出了（物流）总成本分析法。应该说，这项研究成果对以后的物流研究产生了非常深远的影响，例如，物流系统理论、物流成本管理理论等都是以该研究成果为基础建立的。

继20世纪50年代以后，社会各界对物流问题的重视日益提高，物流研究也不断深化，特别是1962年美国著名管理学家德鲁克发表了著名的"流通是经济领域黑暗大陆"的论文以后，更进一步提高了人们对物流问题的重视，也促进了物流研究的发展。从此以后，物流研究进一步细化与深入，例如，将物流的职能进一步细化为"5R"，即"Right Product"（适当的商品）、"Right Place"（适当的场所）、"Right Time"（适当的时间）、"Right Condition"（适当的条件）、"Right Cost"（适当的价格）[②]。也就是说，物流的职能是以适当的条件、适当的价格，在适当的时间将适当的商品送到适当的场所。同时认为，物流不仅是实现营销目标的手段，而且还是创造交换的手段；不仅是企业的"成本中心"，也是企业的"利润中心"等等。

进入20世纪60年代以后，物流研究不仅在美国得到了快速发展，而且也在欧洲与

---

① ［日］阿保荣司：《现代物流》，第2页，东京：中央经济社，1992年版。

② ［日］阿保荣司：《现代物流》，第8页，东京：中央经济社，1992年版。

日本得到了普及与发展。例如,日本自20世纪50年代后期从美国引进物流概念以后,对物流问题的研究发展得很快,除大量介绍了美国的物流理论、物流观念、物流管理方法与技术外,也进行了许多富有特色的研究,到20世纪80年代以前基本上形成了日本物流研究的理论体系,如物流合理化与效率化理论、物流系统理论、物流标准化理论、物流组织理论、物流服务理论、物流成本管理理论、物流政策理论等等,特别是物流成本管理理论是日本物流研究的重要特色,也是对世界物流研究的重大贡献。

1.5.1.3 军事后勤理论的研究

除经济领域的物流研究外,事实上物流研究还起源于另一个领域,即军事后勤理论的研究。军事后勤理论的研究对经济领域物流研究的深化与发展作出了重大贡献,它甚至还被许多人看做是现代物流理论的起源。

从历史上看,军事后勤理论的研究要比经济领域的物流研究悠久得多。例如,我国早在古代就有"兵马未动,粮草先行"的军事作战原则。这里的"粮草"就是指武器、装备、弹药、食品、服装等军事作战所需要的各种"给养"或"原材料",而军事家认为,"粮草"供应是否充足、及时是决定战争胜负的关键因素。因此,如何组织供应"粮草"也是古代军事家们研究的重要课题,是古代军事理论的重要组成部分。

"兵马未动,粮草先行"的军事后勤理论,同样也受到国外军事家们的广泛重视。不过,这个理论的名称不是"粮草"而是"logistics"。在国外的军事家们看来,"logistics"是决定战争胜败的关键因素,因此,如何组织好"logistics",也是国外军事家们的重要研究课题和国外军事理论的重要研究内容。

从历史上看,无论是国内还是国外,对军事后勤(军事物流)的重视,远高于对经济或商业后勤(商业物流)的重视,从而军事物流理论的研究也远比商业物流理论的研究发达与成熟。而从物流研究的发展路径来看,军事后勤理论实际上也是商业物流理论,特别是现代物流理论的重要来源。

1.5.1.4 现代物流研究的兴起

如前面所述,二战后,"logistics"被从军事领域引入企业界。特别是进入20世纪80年代以后,随着军事后勤理论在商业领域的全面应用,使得传统物流研究的视野与领域进一步拓宽,研究内容进一步丰富,理论日臻完善,进入了一个新的现代物流研究时代,而其中,一个重要标志就是物流概念的转变,即由原来的"physical distribution"转变为"logistics"。

20世纪80年代开始,特别是在90年代以后,物流研究的重要特点是:不仅重视企业内部物流问题的研究,更重视企业间物流问题的研究,即"供应链"问题的研究;不仅重视物流效率问题的研究,更重视物流环境问题或物流与可持续发展的研究;不仅重视国内物流问题的研究,更重视国际物流问题的研究;不仅重视物流成本问题的研究,更重视物流服务问题的研究；不仅重视物流技术与方法的研究，更重视物流政策的研究，等等。

1.5.1.5 我国物流研究的历史

我国对物流问题的研究始于20世纪80年代初，而且始于传统的物资流通领域，其主要契机是从日本引进了“物流”概念。有关物流的早期文献多出现在原物资部以及各地物资部门或学会、高等学校与研究机构主办的有关专业期刊上。这一时期比较有代表性的专业期刊包括：原物资部主办的《物资经济研究通讯》、《物资管理》、《物资经济研究》；辽宁物资流通学会主办的《物资流通研究》；上海物资经济学会主办的《上海物资经济》；北京物资学院主办的《国外物资管理》等；该时期的主要出版物有：广西出版社翻译出版的《物流知识》（1982年）；新华出版社翻译出版的《物流浅论》（1983年）；中国物资出版社翻译出版的《物流手册》（1986年），以及由经济科学出版社出版的吴润涛、王之泰等人撰写的《物流学及其应用》（1987年）等。

这一时期我国对物流问题研究的主要特点是介绍国外有关物流方面的研究成果，介绍的范围包括日本、前苏联、东欧各国有关物流或物资供应方面的理论、技术与方法，并结合我国物资流通的实践进行了“嫁接”或“移植”式研究，其研究重点仍侧重于宏观物流体制问题及传统物资流通领域的配送问题。特别是对配送问题的研究，取得的相关成果较多，不仅有大量的有关物资配送的调查报告、经验总结与学术论文，而且还有若干有关配送方面的学术著作。当然，在物流成本管理、物流网络规划、物流技术及其应用等方面也有不少研究成果。但是，从总体上看，这一时期的物流研究还不系统，也不深入，基本上属于对国外物流理论的介绍阶段，而且对微观物流，特别是企业物流问题的研究还很少，结合我国实际情况的创新性研究成果不多。

不仅如此，由于这一时期我国处于经济体制改革的攻坚阶段，不论是实践界还是理论界，关注更多的是投资、财政、国企改革、金融、宏观经济管理等有关宏观经济体制方面的“大问题”、“大理论”，认为流通领域特别是物流领域是“小问题”、“小理论”，甚至不是什么理论问题，从而无法吸引各界的注意力，因此，这一时期不仅在实践上缺乏对物流研究的需求，而且从研究队伍与研究力量上也相对缺乏供给。在这种背景下，我国的物流研究在经过20世纪80年代初的短暂“繁荣”后，从20世纪80年代后期到20世纪90年代中期这10年期间，基本上处于“停滞或萧条”状态。

1.5.2 物流研究的学科属性及其理论体系

1.5.2.1 学科属性

学科属性是指某一学问、理论的科学归属问题，即回答某一学问或理论是自然科学、人文科学还是社会科学，或者是技术科学、经济科学还是管理科学的问题。

同样,物流研究的学科属性,也就是要回答物流研究是属于哪种或哪类科学的问题。

根据国内外物流研究的历史与现状,我们认为,从学科属性来看,目前的物流研究或物流理论既不是纯粹的自然科学,也不是纯粹的人文科学和社会科学,而是一个融自然科学、人文科学和社会科学于一体的综合性学科或交叉性学科,具体而言,物流研究或物流理论是融经济学、管理学、工学、技术学、社会学、法学等于一体的综合性学科。也就是说,在研究物流问题时,既要从经济学角度来研究,也要从管理学角度来研究;既要从工程学角度来研究,也要从技术学角度来研究;既要从社会学角度来研究,也要从法学角度来研究,等等。研究内容也涵盖了物流经济问题、物流管理问题、物流工程问题、物流技术问题、物流社会问题及物流法律与政策问题等。

1.5.2.2 理论体系

从现有的物流研究成果来看,物流研究或物流理论体系主要包括以下内容:

(1)物流经济理论:主要包括物流的概念、层次与分类、物流的产生与发展、物流在经济与社会发展中的地位与作用、物流规模与物流结构、物流专业化与物流产业、物流企业、物流市场竞争、物流国际化等问题。

(2)物流管理理论:这是目前物流研究的重点问题,也是物流理论体系的核心内容,主要包括物流管理的概念、分类与方法、物流管理的产生与发展、物流成本管理、物流作业管理、物流服务管理、物流组织管理、物流人事管理、物流经营管理、物流战略管理等问题。

(3)物流工程与技术理论:主要包括物流系统及其构成要素、物流系统设计、物流网络规划、物流标准、物流信息、物流技术、物流工程等问题。

(4)物流社会与政策理论:主要包括物流与社会发展、物流环境、绿色物流、物流政策等问题。

(5)物流发展史:主要包括国内外社会物流发展史、企业物流管理史、宏观物流管理史或物流政策史等问题。

(6)物流理论史:主要研究国内外物流理论发展史。

1.5.3 物流研究的现状与发展趋势

1.5.3.1 国外物流研究的现状与发展趋势

国外物流的研究起步较早,研究机构与研究队伍比较多,研究成果也相对比较丰富。从目前来看,国外物流研究的重点内容主要包括以下几个方面:

(1)供应链物流问题的研究。随着市场竞争的日益激烈,市场竞争的方式也发生了重大变化,即已由企业与企业之间的竞争,转变为由供应商、制造商、流通企业、专业化物流服务提供者、消费者组成的供应链之间的竞争。一个企业是否具有竞争优势,不仅取决于企业自身,更取决于它所在的供应链是否有竞争优势,而决定供应链有无竞争优势的关键,是供应链物流是否具有竞争优势。因此,如何组织、构建、管理供应链物流是企业所关心的重要课题之一,也是物流研究的重点课题。

(2)信息化或电子化物流问题的研究。无论是企业自身物流的合理化与效率化,还是供应链物流的合理化与效率化,都离不开快速、准确、高效的物流信息系统,而要实现这一目标,必须实现物流信息系统的电子化,从而建立一个自动化、智能化的电子化物流系统。因此,关于物流信息化,特别是电子化物流的解决方案是国外物流研究的重点领域。

(3)第三方物流服务系统问题的研究。第三方物流是指供货方与购货方以外的第三方提供的物流服务,也就是专业化的物流服务。第三方物流在国外物流服务市场上占有很大的比重,是全社会物流服务的主要提供者。第三方物流如何提高服务水平,如何为用户提供系统化的物流解决方案,是第三方物流企业生存与发展的关键,而由于用户物流服务需求不断提高,物流服务市场的竞争也日益激烈,因此,不断进行物流服务内容与物流服务方式的创新是所有第三方物流企业努力的目标,从而产生了对第三方物流服务理论的强大需求,进而刺激了第三方物流服务问题的研究。

(4)物流业绩综合评价体系的研究。物流不仅具有显著的经济效果,而且也有显著的社会效果与外部不经济。因此,如何正确地评价物流业绩,并以此为标准制定各种物流方案,也是国外物流研究的热点。物流业绩评价,主要是对物流产出的评价,包括物流量的计量标准问题、物流产值计算问题、物流成本核算问题、社会物流成本问题、物流污染问题等等。目前,国外在物流业绩综合评价体系的研究方面已取得了很大进展。

链　接

国外物流研究的发展趋势

从发展趋势来看,国外物流研究除继续深化前述各种问题的研究之外,还将在以下几个方面有所突破与发展:①第四方物流及第五方物流问题;②绿色物流理论研究;③电子商务与物流的有机结合问题;④低公害物流方式的开发问题;⑤智能化城市物流管理问题;⑥国际化物流问题等。

(5)城市物流问题的研究。由于城市是物流的高度密集区域，而随着城市经济的发展，特别是物流服务需求水平的不断提高，城市物流的外部不经济性越来越突出，因此，如何实现城市物流的效率化与合理化，是各国物流研究的一个重点问题，也是一个难点问题。20 世纪 90 年代以来，国外出现了许多有关城市物流研究的成果，从而也吸引了很多学者，包括城市规划学者、城市交通问题专家、环境问题专家，以及城市社会学者加入到了城市物流的研究队伍之中。

(6)各种物流方式的合理分工与有效合作问题的研究。随着全球环境压力的日益增大，各国又开始重新审视铁路、公路、水路等不同物流方式的优点与不足，重新提出了不同物流方式的合理分工问题，并积极探索各种物流方式有效合作的可行方案，以降低高公害物流方式的利用率，进而减少物流对环境的污染。

(7)物流环境问题的研究。由于对环境问题的重视，因此，国外对物流环境问题的研究成果很多，其研究重点主要集中在三个领域：一是物流与环境的关系，以及物流公害的主要形式及其来源；二是物流环境标准；三是物流环境防治体系与对策。

(8)物流政策问题的研究。物流不仅是一个经济、管理、技术与工程问题，也是一个社会与环境问题；不仅需要微观物流主体的努力，而且还需要社会公共机构的公开介入。社会公共机构对物流的公开介入的具体形式就是制定各种物流政策，包括有关物流的法律与各种经济或行政政策，而社会公共机构对物流的公开介入又不能破坏市场经济体制的基本框架，因此，在市场经济背景下，如何设计物流政策，也是国外物流研究的重要内容之一，包括物流政策的基本理论、物流政策体系设计等等。

1.5.3.2 我国物流研究的现状与发展趋势

进入 20 世纪 90 年代后期，我国物流研究又出现了一个新的高潮，主要表现在：研究领域或范围不断扩大，研究队伍迅速增加，研究成果急速膨胀。从近期来看，我国物流研究的重点主要集中在以下几个方面：

(1)物流基础理论的研究。在 20 世纪 80 年代研究成果的基础上，我国对物流基础理论的研究又跃上了一个新台阶。其主要表现是，在短短的几年时间内，我国出版了大量的有关物流或物流管理基础知识方面的著作、译著与教材，并涌现出大量的关于物流基础理论的论文。如徐寿波院士的“大物流论”（认为物流的内涵包括自然界物流、社会界物流和经济界物流，气流、雨雪、扶贫救灾物资、军需供应等等都属于物流范畴，但要把人流排除在外，因为人是活的，具有鲜明的个性，且不能被存储、装卸、包装、加工和配送）①；何明珂教授的“物流系统论”（从系统论的角度研究物流系统的结构、功能、

---

① 徐寿波：《关于物流科学理论的几个问题》，载于《北方交通大学学报（社会科学版）》，2002 年第 1 期，第 1～4 页。

要素、分析方法、系统原理等内容)[①];王宗喜教授的"物流场论"(认为物流系统是个场的概念,并运用物流矢量分析方法研究物流动量、物流通量、物流动量守恒规律、物流中心选址、物流合理分析、物流服务归属关系等问题)[②];汪鸣研究员的"物流复合产业论"(认为物流产业实质是一种渗透到几乎所有经济领域和企业经营活动的交叉与重合的产业形态,具有明显的复合性特征,应该按照复合产业特征来构建物流体系和管理物流产业)[③];朱道立教授的"融通仓论"(主张通过融通仓来为中小企业提供一体化物流服务,尤其是解决其质押贷款业务的外部约束问题,并能实现信用整合与再造的功能)[④];等等。

(2)物流管理体制的研究。尽管我国已经初步建立起市场经济体制,一些与市场经济体制相关的政府管理体制问题在理论与实践两个层面上都得到了一定程度的解决,但是,有关物流管理体制问题,仍然是经济体制改革中一个被忽视或遗忘的"角落",特别是宏观物流管理体制问题,不仅在实践上没有解决,而且在理论上也仍需进一步探讨。因此,有关我国物流管理体制存在问题的分析、国外物流管理体制的介绍与评价,以及如何改革或构建我国政府物流管理体制等问题,仍然吸引了不少研究者的注意力。

(3)物流中心或配送问题的研究。20世纪80年代,各界曾对物流配送问题展开了广泛的研究,而近几年又再度掀起了配送问题的研究热潮。但是,研究重点已由传统的物资流通领域转移到了目前的零售商业领域。因此,有关零售商业配送问题的研究十分抢眼,成果颇丰。与配送问题研究相关的,就是配送中心或物流中心问题的研究。对此,不仅是从经济学与管理学的角度来研究其运营问题,而且还从技术学、地理学、规划学的角度研究了其规划、布局、功能设计等问题。应该说,在配送中心或物流中心的研究方面,取得了相当可喜的研究成果。

(4)企业物流问题的研究。与20世纪80年代重点研究物流一般或宏观问题不同,20世纪90年代以后,更加重视企业物流问题的研究,并且,研究视角也是多维的:既从整个企业的经营成本角度来研究企业物流(成本)问题,也从市场营销渠道的角度来研究企业物流问题;既从降低成本策略的角度来研究企业物流问题,也从企业竞争战略的角度来研究企业物流问题。也就是说,这一时期对企业物流问题的研究,既包括传

---

① 何明珂:《物流系统论》,北京:高等教育出版社,2004年版。

② 王宗喜等:《物流矢量分析方法初探》,载于《物流技术》,2004年第9期,第1~3页。

③ 汪鸣,冯浩:《当前我国物流发展中的若干认识问题》,载于《中国物流与采购》,2003年第1期,第20~26页。

④ 罗齐,朱道立,陈伯铭:《第三方物流服务创新:融通仓及其运作模式初探》,载于《中国流通经济》,2002年第2期,第11~14页。

统物流的理念，也融入了现代物流的理念。

(5)供应链物流问题的研究。20世纪90年代后期的物流研究还有一个重要特点就是，在广泛、深入地进行物流基础理论研究的同时，还展开了许多关于现代物流问题的研究，如对供应链物流的研究就是典型代表。近几年，我国的许多物流研究者对供应链问题进行了积极的研究与探索，不仅发表了很多供应链方面的论文与案例分析，而且出版了很多相关著作与教材。与供应链物流问题相关的研究，以及物流信息系统的研究、物流标准化问题的研究等等，也是这一时期物流研究的重要成果。

(6)第三方物流问题的研究。我国对该问题的研究，大体包括两个方面：一是对第三方物流理论及国外第三方物流实践经验的介绍；二是结合我国实际，对第三方物流应用问题的研究。根据我们的检索，有关第三方物流方面的研究成果也很多。与第三方物流问题相关的研究还包括对物流服务问题的研究。

(7)物流规划与布局问题的研究。我国对物流规划与布局问题的研究主要涉及两个领域：一是物流基础设施的规划与布局，二是物流网点的规划与布局。但从现有的研究成果来看，更侧重于对物流网点规划与布局问题的研究。这部分研究成果又由两部分构成：一是有关物流网点，特别是物流中心或配送中心的规划与布局问题的研究（这部分研究实际上与前面的物流中心问题的研究是同时进行的）；二是有关区域物流、城市物流与物流园区规划问题的研究，尤其是关于城市物流规划及物流园区规划方面的研究，是该领域研究的重点。

(8)电子商务条件下物流问题的研究。这一问题的研究者主要分两部分：一是电子商务研究者，二是物流研究者。电子商务研究者关注的是物流系统如何支持电子商务的问题，而物流研究者关注的是如何实现电子商务与物流的有机结合，特别是电子化物流问题。

从目前来看，我国物流研究主要存在以下几点不足：①重复性研究多，而创新性研究成果少；②对物流经营管理问题，特别是物流成本核算、物流成本管理问题的研究相对比较薄弱；③对物流的外部不经济问题研究得不多；④在基础理论研究方面缺少高质量的、概括性的、体系化的研究成果；⑤对区域物流、行业物流特别是城市物流，研究成果较少；⑥对物流政策问题的研究不深入、不系统，缺乏可操作性；⑦对物流教育与人才培训问题的研究，缺乏实际内容。

1.6 小结

物流概念源于美国，营销学者萧首次使用了物流概念。各国对物流的定义有所差别。本书将物流定义为：物流是指伴随物品由供应地向需求地的转移而发生的运输、装

链　接

我国物流研究的发展趋势

从发展趋势来看，以下一些问题可能成为我国今后一段时期物流研究的重点课题：①供应链物流的具体实现方式与解决途径；②电子商务条件下的物流解决方案；③物流的外部不经济及其解决对策；④行业物流的分工与合作问题；⑤城市物流管理的效率化与合理化问题；⑥区域物流与物流国际化问题；⑦物流业绩的综合评价体系问题；⑧物流产业化与物流市场的竞争问题；⑨第三方物流或专业化物流企业的经营战略与服务标准问题；⑩物流成本核算与物流成本管理问题；⑪物流与经济社会的可持续发展或绿色物流问题；⑫物流政策理论与物流政策体系的设计问题；⑬物流教育与人才培训体系问题；⑭消费者物流问题；⑮物流及物流管理发展史；⑯物流理论发展史；等等。

卸、储存、包装、流通加工及其与上述活动相关的信息活动的集合系统。而现代物流是指基于满足顾客需求，以及对成本与效益的考虑而进行的涉及生产、销售、消费全过程的物品及其信息的系统流动过程。传统物流与现代物流在范围与边界、系统概念、性质与地位、目标与理念、服务对象、功能定位六大方面存在着明显区别。

物流分类可按照空间范围、物流主体、物流业种、物流阶段、物流客体五种标准进行。物流对企业经营、国民经济以及国际经济的发展都起着举足轻重的作用。不同国家的物流发展经历了不同的发展阶段。

物流理论是融经济学、管理学、工学、技术学、社会学、法学等于一体的综合性学科。从现有的物流研究成果来看，物流研究或物流理论体系主要包括以下内容：物流经济理论、物流管理理论、物流工程与技术理论、物流社会与政策理论、物流发展史、物流理论史。

目前，国外物流研究的重点内容主要包括以下几个方面：供应链物流问题的研究；信息化或电子化物流问题的研究；第三方物流服务系统问题的研究；物流业绩的综合评价体系的研究；城市物流问题的研究；各种物流方式的合理分工与有效合作问题的研究；物流环境问题的研究；物流政策问题的研究。

从近期来看，我国物流研究的重点主要集中在以下几个方面：物流基础理论的研究；物流管理体制的研究；物流中心或配送问题的研究；企业物流问题的研究；供应链物流问题的研究；第三方物流问题的研究；物流规划与布局问题的研究；电子商务条件下物流问题的研究。

案例分析

沃尔玛实际上是一家物流公司!

沃尔玛一直被很多专业人士称为“伪装成零售企业的物流企业”,这是因为它的“天天低价”,不仅来自于郊区选点和规模化采购,更来自于它在运营过程中的成本节约,尤其是在物流过程中的成本节约。

沃尔玛是最早通过“配送中心”将门店物流集中管理的零售商,即由配送中心送货到门店。由供应商将货物运送到指定的配送中心(这个过程被称为“入站物流”),再由沃尔玛自己的运输团队将配送中心的货物分发到零售门店(这被称为“出站物流”)。这种模式被称为“集中配送模式”,也叫“轴辐配送模式”。沃尔玛80%的货物,都是由配送中心集中发货的。而其主要竞争对手凯玛特,这一比例仅为50%,另一半由供应商直接配送。

在全球化扩张中,沃尔玛沿用了这一模式,只是会将部分配送中心和出站物流外包给第三方物流公司。经验表明,与供应商直供的物流体系相比,“集中配送模式”能更好地发挥规模效应,并通过信息化、电子化管理降低物流成本,缩短存货周期和加强货品控制。结果,沃尔玛的物流成本仅为销售额的1%~1.5%。其主要竞争对手凯玛特则一度高达8%~9%,西尔斯百货也达到5%。集中配送还使沃尔玛门店的仓库面积压缩了10%~25%,从而可以最大限度地增加零售面积。

但“集中配送模式”的发展要求配送中心的跟进。以沃尔玛为例,到2010年末,为支撑其在全美的3 804家门店以及在海外的4 557家门店,沃尔玛分别建立了123个和134个配送中心,美国本土609个山姆会员店还拥有25个单独配送中心。平均每32个门店拥有一个配送中心,每个配送中心可支撑15亿美元销售额。配送中心的面积一般在10万平方米左右,10倍于其标准零售店面;标准辐射半径约400公里;雇佣500~1 000名员工(含临时工);最多可服务75~100家门店。沃尔玛的“配送中心”并不像人们想象的那么大,这主要是由于它的“柔性存货管理”非常到位,进入配送中心的货物,通常可以在一到两天内运出,结果每一万平方米的配送中心面积,可支持10亿元人民币的销售额。在中国,即使是最高效的零售企业,10 000万平方米的配送中心也仅能支持7亿元销售额。

案例分析

1. 轴辐配送模式的初次升级:供应商控制

沃尔玛为进一步强化对物流体系的控制力,2005 年推出了物流体系重组计划 Remix 计划:采用更频繁和更小额的订单系统,以追求"零库存"的目标。由于频率高了,单批货量小了,结果供应商被迫放弃重卡而改用轻卡,将小批量货物先运送到沃尔玛指定的"第三方物流集散中心",在那里进行短时储存后,再由第三方物流改用重卡发送到沃尔玛的配送中心。

近年来,沃尔玛期望进一步加强入站物流的控制,和主要供应商沟通,期望他们能够将入站物流全部交给沃尔玛来做。沃尔玛给出的理由是"相比于供应商,沃尔玛的物流成本更低、更具规模效应,从而可以将节约出来的物流成本转移给消费者"。但更深层次的理由还在于如果供应商将入站物流也交给沃尔玛来做,则其对沃尔玛的依赖程度将进一步提高,沃尔玛对供应商信息的掌握也将更为充分,对于供应商的谈判能力将获得相应提升。

2. 轴辐配送模式再次升级:衍生价值创造

当集中配送已经成为一项核心竞争力时,它的价值还延伸到品牌营销、模式创新,乃至社会责任等多个层面,为企业创造更多衍生价值。

(1)品牌营销的立足点。卡特丽娜飓风后,沃尔玛是第一批将救灾物资运送到灾区的机构,比美国政府的救援队伍还快。也因此,美国政府将全美九个赈灾物资储备中心交给沃尔玛管理。而沃尔玛也充分利用这一点,以"高效物流"作为广告重心,强调因此为客户节约了成本。

(2)电子商务的"落脚点"。高效的物流,还成为沃尔玛在电子商务时代的有力竞争工具。沃尔玛认为,亚马逊的客户主要是那些对价格敏感度较弱,但更在乎网上购物便利度的人群。于是沃尔玛网店 Walmart. com 将目标客户锁定为那些对价格更敏感的人群,强调低价,并推出"网上下单、实体店就近取货"Site to Store 的服务,即客户在网上下单、付费后,沃尔玛网店免费送货至客户指定的门店。

这个模式具有双赢的效果:对于消费者来说,他可以同时享受网上购物的便利,又省去运费成本。而对于沃尔玛来说,它能够将在线销售体系与门店销售体系结合起来,从而最大限度发挥现有门店配送体系的优势,降低在线物流成本。推出这个服务后,2008 年沃尔玛关闭了网上商店的配送中心。目前,沃尔玛网上商店 40% 的订单都选择了就近门店取货的模式,而这些客户的人均消费额较那些只在店内购买商品的客户多 38%。所以,尽管沃尔玛的电子商务起步较晚,但成熟的配送网络为电子商务的发展奠定了坚实的基础。

案例分析

(3)绿色物流:社会责任的支点。高效的物流还是公司宣传可持续增长理念的重要支点。2009年以来能源价格持续攀升,沃尔玛趁势提出要做绿色物流的理念,即在物流全程实现绿色节能,包括将旗下货车车队改用混合动力,将仓储系统光源改为节能光源,将冷藏设施改用环保材料,以及通过更优化的流程设计来节约运输里程、减少油气耗用等。上述措施不仅是社会责任的宣传,对于沃尔玛自身节约能源成本也有重要意义,对于沃尔玛如此庞大的企业来说,1%的能源节约也将是一个巨大的数字。

3. 沃尔玛在中国:用物流体系PK家乐福

在中国,沃尔玛同样采用了"集中配送模式",已投入使用的配送中心有三个,分别在天津、深圳、嘉兴,目前在四川筹划建立第四个配送中心。在电子商务方面,沃尔玛选择了合作、参股、收购方式拓展中国市场,将合作目标锁定为那些已经在中国市场建立了物流体系优势的电子商务企业。继2010年底参股"京东商城"后,2011年1月公司开始与之探讨收购可能,谈判破裂后于2011年6月参股电子商务公司"一号店",目前已在北京、上海、广州建立仓储中心,可实现主要城区的次日送达。

更早进入中国的国际超市巨头家乐福,则采用了低固定成本扩张模式:由于建立配送中心会发生大额固定成本支出,一般来说,只有当销售额达到10亿元以上时,配送中心的规模效应才能发挥。为降低扩张风险,家乐福在进入新市场时通常采用"供应商直供模式"。在中国,家乐福同样是不建立自己的配送中心,而是依赖于供应商自身的物流体系,由供应商直接将货物运送到家乐福店。结果在竞争初期沃尔玛中国处于持续亏损中,而家乐福则一直在盈利。但从长期看,沃尔玛的优势开始显现,家乐福却负面消息不断,已关闭了中国多家店面,并计划剥离旗下"迪亚天天折扣超市"。

从以上分析不难发现,配送中心的发展成为沃尔玛成功的关键,并为其建立了长期优势。

资料来源:中国物流网,编者略作调整。

复习思考题

1. 物流概念是如何产生的?

2. 何谓现代物流？现代物流有哪些特点？
3. 现代物流与传统物流的区别是什么？
4. 简述物流的分类。
5. 简述物流对国民经济发展的作用。
6. 如何看待物流学的学科属性？
7. 物流理论体系主要包括哪些内容？
8. 我国物流研究的重点问题是什么？

2 物流活动要素

学习目标

- 了解运输、储存、包装、装卸、流通加工、物流信息、配送的概念与分类
- 掌握运输、储存、包装、装卸、流通加工、物流信息的功能
- 掌握各种运输方式的特点及优缺点
- 掌握运输合理化、储存合理化、包装合理化、装卸合理化、流通加工合理化的途径
- 了解物流信息平台的功能
- 掌握物流信息系统的设计原则
- 了解物流信息系统的开发过程

2.1 引言

物流活动构成要素主要包括运输、储存、包装、装卸、流通加工、配送、信息管理等七个方面。本章将对每一个要素的内涵、功能、分类、运作方式及其合理化途径进行细致的分析。通过本章的学习,学生能够对物流活动要素有一个系统的把握。

2.2 运输

2.2.1 运输的概念、功能与分类

2.2.1.1 运输的概念

运输是利用设备或工具,在不同地域范围内(如两个城市、两个工厂之间),完成以改变人和物的空间位移为目的的物流活动。

运输是物流的主要功能之一,也是物流的基本活动要素。物流是物品实体的物理性运动,这种运动不但改变了物品的时间状态,也改变了物品的空间状态。运输承担了改变物品空间状态的主要任务,是改变物品空间状态的主要手段;运输再配以搬运、配送等活动,就能圆满完成改变空间状态的全部任务。

2.2.1.2 运输的功能

运输的功能主要表现在以下三个方面:

(1)实现物品的空间位移。物品无论处于哪种形式,是材料、零部件、装配件、在制品,还是制成品,也不管它是在制造过程中,还是在流通过程中,运输都是必不可少的环节。运输的主要功能就是产品在价值链中的空间位移。

(2)创造“场所效用”。同种物品由于所处空间场所不同,其使用价值的实现程度也不同。所谓场所效用就是指由于改变场所而最大限度地提高物品的使用价值和产出投入比[①]。通过运输,可以把物品运到场所效用最高的地方,发挥物品的潜力,实现资源的最优配置。从这个意义上说,运输提高了物品的使用价值。

(3)物品储存。对物品进行临时储存是一个不太寻常的运输功能,即将运输车辆临时作为储存设施。在仓库空间有限的情况下,利用运输车辆储存不失为一种可行的

① 丁立言,等:《物流配送》,第15页,北京:清华大学出版社,2002年版。

选择[1]。

2.2.1.3 运输的分类

按照不同的标准可以将运输作如下划分：

(1)按运输设备或工具不同，可以将运输划分为公路运输、铁路运输、水运、航空运输和管道运输。

(2)按运输线路不同，可以将运输划分为干线运输、支线运输、城市运输和生产企业厂内运输。

(3)按照运输作用不同，可以将运输划分为集货运输和配货运输。

(4)按照运输地理范围不同，可将运输划分为市内运输、省际运输、国内运输以及国际运输。

(5)按照运输的协作程度不同，可以将运输划分为一般运输、联合运输和多式联运。

2.2.2 运输方式

2.2.2.1 单一的运输方式

(1)铁路运输(railway transportation)。铁路运输是使用铁路设备、设施运送旅客或物品的一种运输方式，主要承担长距离、大数量的货运，在没有水运条件的地区，几乎所有大批量货物的运输都是依靠铁路完成的。它是在干线运输中起主力运输作用的运输形式。铁路运输可分为车皮运输和集装箱运输[2]。

铁路运输的主要优点是速度快，运输不受自然条件限制，载运量大，运输成本较低。主要缺点是灵活性差，只能在固定线路上实现运输，需要与其他运输手段配合和衔接。铁路运输经济里程一般在200公里以上。

(2)公路运输(highway transportation)。公路运输是使用汽车或其他车辆(如人、畜力车)在公路上进行旅客或货物运输的一种方式[3]。公路运输主要承担近距离、小批量的货运；水运、铁路运输难以到达地区的长途、大批量货运；铁路、水运优势难以发挥的短途运输等。

公路运输的主要优点是灵活性强，公路建设期短，投资较低，易于因地制宜，对收到站设施要求不高，可以采取"门到门"的运输形式，即从发货者门口一直到收货者门口，而不需转运或反复装卸搬运。公路运输也可作为其他运输方式的衔接手段。但是公路

---

① 丁立言，等：《物流配送》，第51页，北京：清华大学出版社，2002年版。

② 刘志学：《现代物流手册》，第132～133页，北京：中国物资出版社，2001年版。

③ 王斌义：《现代物流实务》，第293页，北京：对外经济贸易大学出版社，2003年版。

运输也表现出不足之处,与铁路和水运比较,运输能力较小,不宜作长途运输,公路运输的经济半径,一般在200公里以内;易造成环境污染;易发生事故;消耗能量较多。

(3)水路运输(transportation by water)。水路运输是使用船舶运送客货的一种运输方式,在干线运输中起主力作用。水路运输的主要优点是成本低,能进行低成本、大批量、长距离的运输。但是,水运也有其显而易见的缺点,主要是运输速度慢,受港口、水位、季节、气候影响较大,一年中中断运输的时间较长,航行周期长,但目前国际贸易对水运的依赖性较强。水路运输主要有沿海、近海、远洋、内河等几种形式①。

(4)航空运输(airline transportation)。航空运输是使用飞机或其他航空器进行运输的一种方式,主要适合运载的货物有两类,一类是价值高、运费承担能力很强的货物,如贵重设备的零部件、高档产品等;另一类是紧急需要的物资,如抢险救灾物资等。

航空运输的主要优点是:速度快,时间效益好;安全性高,飞行标准、运输组织管理、机场、航空器都有国际统一的规范和章程;破损少,货物在物流中受到震动、撞击等的几率均小于其他运输方式;航线不受地形、地貌、山川、河流等障碍的限制,能够达到地面运输难以达到的地区。缺点是费用高,运输重量受限制。

(5)管道运输(pipe transportation)。管道运输是利用管道输送气体、液体和粉状固体的一种运输方式,其运输形式是靠物体在管道内顺着压力方向循序移动实现的,和其他运输方式的重要区别在于,管道设备是静止不动的。

管道运输的主要优点是:连续性强、消耗少;运输量大,定向性强;机械化程度高,运输费用低;不占用土地、管理简单方便、有利于环境保护;由于采用密封设备,在运输过程中可避免散失、丢失等损失,也不存在其他运输设备本身在运输过程中消耗动力所形成的无效运输问题。管道运输的缺点是:建设投资大,对运输货物有特定要求和限制,灵活性差。

2.2.2.2 多式联运

物流业的发展对交通运输提出了新的要求,只靠单一的运输方式已经不能满足顾客的要求,这就要求各种运输方式联合起来,实行“一票到底”的多式联运。从技术上讲,所有的基本运输方式之间都可以安排协调运输或多式联运。现在比较成熟的多式联运方式有驮背式运输(piggyback)、卡车渡运(fishyback)或火车渡运(trainship)及航空卡车运输(airtruck)等。

(1)驮背式运输。驮背式运输(或称公铁联运)是目前最著名的和使用最广泛的多式联运方式,将卡车拖车或集装箱装在铁路平板车上,由铁路承担城市间的长途运输,余下的城市间的运输由卡车来完成,这种运输方式非常适合城市间物品的配送,当配送

---

① 丁立言,等:《物流配送》,第52页,北京:清华大学出版社,2002年版。

中心或供应商在另一个比较远的城市时，可以采用这种运输方式，实现无中间环节的一次运输作业，完成运输任务。

（2）卡车渡运、火车渡运。这两种运输方式是使用水运进行长途运输，然后利用铁路或公路进行余下的运输。这两种运输方式主要用于国际货物运输。这类运输方式的另一种可选形式是“陆桥”，以美国为例，将货物从环太平洋地区装运到北美西海岸，装上铁路火车运往东海岸，然后重新装上船运往欧洲。陆桥运费是在远洋运输与铁路运输相结合的基础上利用单一费率计算的，它比个别费率计算的总成本要低。

（3）航空卡车运输。航空卡车运输是利用航空提供远途运输而余下的由公路来完成的运输方式。这种运输方式也适用于货物由大城市运往没有航空运输能力的小城市，但由于其运输费用比较高，所以一般只适用于较昂贵货物的运输。

2.2.3 运输合理化

2.2.3.1 运输合理化的意义

运费成本在物流成本中所占的比重最大。日本通产省对六大类货物物流成本的调查结果表明，运输成本占物流成本40%左右，如果将产品出厂包装费计入制造成本，则运输成本占物流成本的50%以上，因此，实现运输合理化对降低物流成本具有重要意义。运输合理化就是指在物流过程中，按照商品流通规律、交通运输条件、货物合理流向、市场供需情况，走最少的里程，经最少的环节，用最少的运力，花最少的费用，以最快的时间，把货物从生产地运到消费地，也就是用最少的劳动消耗，运输更多的货物，取得最佳的经济效益。

2.2.3.2 运输合理化的主要途径

（1）确定合理的运输距离。运输既然是物品在空间的移动，或称“移位”，那么，这个移动的距离，即运输里程的远近，就是决定其合理与否的最基本要素。因此，物流部门在组织货物运输时，首先要考虑运输距离，尽可能实现近产近销、就近运输，尽可能避免舍近求远，避免过远、迂回运输。

（2）确定合理的运输环节。围绕运输业务活动，还要进行装卸、搬运、包装等工作，多一道环节，就需要多花很多劳动。所以物流部门在调运物资时，对有条件直运的，尽可能组织直达、直拨运输，使物资不进入中转仓库，越过一切不必要的中间环节，由产地直运销地或用户，减少二次运输。在组织货物运输过程中，应按照物品的合理流向，选择最短的运输线路，避免迂回、倒流等不合理现象。

（3）确定合理的运输工具。要根据不同货物的特点，分别利用铁路、水运或汽车运输，选择最佳的运输线路。具体而言，根据货物的特点选择合理的运输工具可遵循以下原则：

其一,因量选车,即根据该次运输量的多少来选择运输工具,如果10吨货物,就应选择一个火车皮来进行运输。

其二,因距离选车,即根据距离的长短选择交通工具,如运程只有20km,却选择使用铁路运输,势必会增加运输环节和运输成本。

其三,因性选车,如需冷藏的物品,就要配备冷藏车;气体、油料等就要配备罐式特种车。

其四,因时选车,如急需保鲜的产品,只能选择航空运输,而不能为了节省成本而选择不合适的运输工具。

(4)确定合理的运输时间。对物流运输来说,时间是一个决定性的因素。运输不及时,容易失去销售机会,造成货物脱销或积压。所以,在物流过程中,必须特别强调运输时间,要抢时间、争速度,想方设法加快货物运输,尽量压缩待运期,使大批货物不要长期徘徊、停留在运输过程中。此外,物流运输部门平时还要及时对交通工具进行保养,禁止"病人"上路;加强运输人员交通法规、技术能力的培训,提高司运人员的素质,为物流运输准时提供基础条件。

(5)确定合理的运输费用。运输费用占物流费用的比重很大,它是运输经济效益的一项重要指标,也是组织合理运输的主要目的之一。一般来说,合理的运输费用就是:运输实际成本+合理收益率。因此,确定合理收益率是确定合理运输费用的关键。一般做法是,参考国家有关政策,特别是留意竞争对手开出的价格。

(6)改进运输技术水平,提高运输作业效率。现代物流运输离不开现代科技的支持,现代科学技术的应用可以实现物流各个环节的机械化、电子化、自动化和智能化作业,大大提高物流运输服务的技术水平,使运输的快速、直达、灵活的优越性得到进一步地发挥和完善。因此,发展现代运输新技术也是运输合理化的一个重要方面。此外还应努力提高车辆的运行率、装载率,减少空车行驶,缩短等待时间或装载时间,提高有效的工作时间,降低燃料消耗。

(7)加强各种运输方式的紧密协作,实行多式联运。铁路、水运、公路、航运等各种运输方式都有其各自的特征和适用范围,同时也存在各自的不足。所以在完成对实体产品从供方生产地到需方消费地的运输任务时,应根据任务具体的时间、地点方面的要求,将上述多种运输方式进行合理分工,配合协作,尽可能全面发挥各种运输方式的运输潜力,实行多式联运。

(8)合理安排运输与其他物流环节间的比例关系①。运输的合理化必须考虑包装、装卸等有关环节的配合及其制约因素。物流过程是一个统一的整体,无论哪个环节的组织或管理不当,都会造成对整个物流系统效率的降低,如装卸工作执行不利,会造成

① 陈利秋,等:《物流管理操典》,第250页,广州:广东经济出版社,2002年版。

停车(船)待运或下线困难的现象,这些都会影响运输的正常进行。所以在对运输的合理化管理中,还应强调对物流各环节生产衔接的合理安排,建立协调的比例关系。

运输合理化要考虑输送系统的基本特性。对城市之间、地区之间的长距离运输(干线输送),由于货物的批量大,对时间要求不很苛刻,因此,合理化的着眼点要考虑降低运输成本。对于地区内或城市内的短距离运输(端末输送),以向顾客配送为主要内容,批量小,应及时、正确地将货物运到,这种情况下的合理化目标应以提高物流的服务质量为主。

2.3 储存

2.3.1 储存的概念、功能与分类

2.3.1.1 储存的概念

储存(storing)即对物品(商品、货物、零部件等)的保存与管理,具体来说是在保证物品的品质和数量的前提下,依据一定的管理规则,在一定期间内把物品存放在一定的场所的活动①。在物流系统中,储存起着缓冲、调节和平衡的作用,是物流的一个中心环节。

2.3.1.2 储存的功能

自从人类社会生产有剩余产品以来,就有储存活动,从现代物流系统观点来看,储存具有以下的功能:

(1)供需调节功能。生产和消费不可能完全同步。像电风扇等季节性商品,其生产是均衡的,而消费是不均衡的;相反,像粮食等产品,生产节奏有间隔而消费则是连续的。这两种情况都产生了供需不平衡,这就需要有储存作为平衡环节加以调控,把生产和消费协调起来。

(2)价格调节功能。正是由于储存对供需的调节功能,物资才能取得自身的最高价值,取得理想的效益。这里仍以人米为例,如果不经过储存环节,直接把秋季集中产出的大米全部投放市场,大米的供给会大大超过需求,势必引发大米价格暴跌。同样,到了春夏季,如果大米的供给远远落后于需求的话,就会引发大米价格的暴涨。因此往往把秋季集中产出的大米储存起来,调节供需之间的平衡,最终起到稳定大米价格的功效。在这一过程中,储存起到了价格调节的功能。

(3) 调节货物运输能力的功能。各种运输工具的运量相差很大,船舶的运量大,海

---

① 宋华,等:《现代物流与供应链管理》,第214页,北京:经济管理出版社,2000年版。

运船一般是万吨以上,内河船也以百吨或千吨计。火车的运量较小,每节车皮能装30~60吨,一列火车的运量多达数千吨。汽车的运量最小,一般每车只有4~10吨。它们之间进行转运时,运输能力是很不匹配的,这种运力的差异可以通过储存来进行调节和衔接。

(4)配送和流通加工的功能。现代储存业务还向流通、销售、零部件供应等方向延伸,用来储存物品的仓库不仅具备储存保管货物的设施,而且增加了分拣、配送、捆包、流通加工信息处理等设置,这样既扩大了仓库的经营范围,提高了物资综合利用率,又促进了物流合理化,方便了消费者,提高了服务质量。

2.3.1.3 储存的分类

(1)按照储存的性质,可以将其分为生产储备、消费储备、流通储备和国家储备,其中生产储备又可以分为经常储备、保险储备和季节储备。

(2)按照储存的集中程度,又可以将其分为集中储存、分散储存和零库存。

(3)按照储存产品的种类来划分,可以将其分为原材料储存、半成品储存和产成品储存。

(4)按照仓储所有权划分,可以将其分为自有储存、公共储存和合同储存①。自有储存是企业通过自己拥有的仓库进行的储存;公共储存与自有储存正好相反,是由公共仓库向客户提供的储存,又称"第三方储存";合同储存是指在一定时期内,按照一定的合同约束而进行的物品储存,合同储存是从公共储存中延伸出来的一个分支,是通过一种长期互惠协议而安排的物品的储存。

(5)按照储存的目的,可将其分为投机性储存、定期性或周期性储存、额外储存或安全储存。投机性储存指企业持有某些库存的目的可能是为了投机,以期日后价格上涨,如对某些原材料的采购。定期性或周期性储存是指为了满足连续补货期间的平均需求而进行的储存。额外储存或安全储存是指为了防范需求和补货提前期的变动而建立的储存,额外储存或安全储存的保有量取决于需求波动的幅度和企业现货的供应水平②。

2.3.2 储存设施——仓库

仓库是储藏物品的场所的总称。一般使用建筑物作为仓库,但也有使用车辆、船舶、集装箱等设备,甚至直接利用地面或水面作为仓库。仓库的主要功能除了物品的储藏保管之外,还兼有供需调节、运输发送、流通加工、信用机构等其他的功能。

---

① 朱道立,等:《物流与供应链管理》,第145页,上海:复旦大学出版社,2001年版。

② [美]罗纳德·H.巴罗:《企业物流管理——供应链的规划、组织和控制》,第251页,北京:机械工业出版社,2002年版。

链 接

仓库的分类

分类项目	种类名称及其简要说明
按名称分类	营业仓库——仓库业者所有的对一般企业提供保管服务的仓库
	自用仓库——企业自己所有的主要从事内部物流业务的仓库
	国有仓库——国家或地方政府所有的仓库,如粮食仓库等
	其他——如保税仓库等
按储存形态分类	普通仓库——常温条件下的一般仓库
	冷藏仓库——具有冷却设备并具有隔热功能的仓库(一般在10℃以下)
	恒温仓库——能够调节温度、湿度的仓库(一般在10℃~20℃之间)
	露天仓库——露天堆码、保管的室外仓库
	仓储仓库——保管谷物、小麦、玉米等颗粒型物体的仓库,如储藏谷物的筒仓型仓库
	危险品仓库——保管危险品的仓库,如保管石油等液体的储油罐
	水上仓库——在划定水面保管木材的室外型仓库
	简易仓库——没有固定的建筑物,用帐篷等简易材料构成的仓库
按利用形态分类	储藏仓库——以储藏保管为主要功能的仓库
	流通仓库——同时具备储藏保管、配送、流通加工等功能的仓库
	专用仓库——专门保管煤炭、钢铁、谷物等某些特定物品的仓库
	专属仓库——只为某些特定用户办理业务的货物仓库
	保税仓库——依据关税法规专门保管尚未交纳进口关税物品的仓库
	其他——原材料仓库、零部件仓库、成品仓库、商品仓库等
按地理位置分类	港口仓库、车站仓库、机场仓库、市区仓库、郊区仓库等
按建筑物形态分类	平房仓库、多层仓库、地下仓库等
按所用建筑材料分类	钢架混凝土仓库、钢筋混凝土仓库、钢架挂瓦仓库、钢筋砂浆质仓库、木架砂浆质仓库,其他 (木质、砖质)仓库
按库内形态分类	地面型仓库——一般仅为平地面的仓库,多使用非货架型的保管设备
	货架型仓库——采用多层货架保管的仓库。在货架上放置货物或托盘,货物和托盘可在货架上滑动。货架分固定货架和移动货架,采用固定货架的仓库称为货架仓库,采用移动货架的仓库称为移动货架仓库
	自动化立体仓库——出入库用运送机械存放完成,用移动吊车等设备进行机械化、自动化作业的高层货架仓库
	斜坡道型仓库——在多层仓库的层与层之间设置升降坡道的仓库

资料来源:宋华,等:《现代物流与供应链管理》,第214页,北京:经济管理出版社,2000年版。

仓库可以从多个角度进行分类,下面从仓库名称、保管形态、利用形态、所在位置、建筑物形态、建筑物所用建筑材料和库内形态等七个角度,对仓库进行分类。

2.3.3 储存合理化

储存合理化是用最经济的办法实现储存的功能,其实质是保证储存功能实现的前提下,达到尽量少的投入。实现储存合理化的好处是:资金周转快、资本效益高、货损小、仓库吞吐能力增加、成本下降等,具体途径如下:

2.3.3.1 储存物品的 ABC 分析

ABC 分析是实施储存合理化的基础分析,在此基础上可以进一步解决各类的结构关系、储存量、重点管理、技术措施等合理化问题。ABC 分析就是把物品分为三类,例如,把占总数 10% 左右的高价值的商品定为 A 类;占总数 70% 左右的价格低的物品定为 C 类;A,C 之间的 20% 则为 B 类。在库存管理中应区别对待各类物品,A 类物品应在不发生缺货的条件下尽可能减少库存,实行小批量订货,每月盘点;C 类则可制定安全库存水平,进行一般管理,订货批量大,年终盘点;对 B 类则在两者之间,半年盘点一次。除按价值分类外,还可根据销售难易程度、缺货产生的后果(重要性)等因素进行 ABC 分类,或者综合几种因素进行分类。

2.3.3.2 追求经济规模,适度集中储存

适度集中储存是储存合理化的重要内容,所谓适度集中储存就是利用储存规模优势,以适度集中储存代替分散的小规模储存来实现合理化。如果储存过于分散,每一处的储存保证的对象有限,互相难以调剂,则需分别按其保证对象要求确定库存量。而集中储存易于调度调剂,集中储存总量可大大低于分散储存的总量。但是过分集中储存,又使储存点与用户之间距离拉长,储存总量虽降低,但运输距离拉长,运费支出加大,在途时间长,又迫使周转储备增加。所以,这里我们强调适度集中,以达到最优集中程度。适度集中储存是实现“零库存”的前提条件之一,能够在总储存费用及运输费用之间取得最优,此外还有其他一系列的好处:一是对单个用户的保证能力提高;二是有利于采用自动化、机械化方式;三是有利于形成一定批量的干线运输;四是有利于成为支线运输的始发站。

2.3.3.3 提高储存密度和仓容利用率

提高储存密度和仓容利用率的主要目的是减少储存设施的投资,提高单位存储面积的利用率,以降低成本、减少土地占用,也包括三类方法:一是采取高垛的方法,增加储存的高度,具体方法包括采用高层货架仓库、采用集装箱等,都可比一般堆存方法大大增加储存高度。二是缩小库内通道宽度以增加储存有效面积,具体方法有:采用窄巷道式通道,配以轨道式装卸车辆,以减少车辆运行宽度要求;采用侧叉车、推拉式叉车,

以减少叉车转弯所需的宽度。三是减少库内通道数量以增加储存有效面积，具体方法有采用密集型货架、采用可进车的可卸式货架、采用各种贯通式货架、采用不依靠通道的桥式吊车装卸技术等①。

2.3.3.4 建立有效的储存定位系统

储存定位的含义是被储物位置的确定。如果定位系统有效，能大大节约寻找、存放、取出货物的时间，节约不少物化劳动及活劳动，而且能防止差错，便于清点及实行订货点等的管理。储存定位系统可采取先进的计算机管理方式，也可采取一般人工管理方式。行之有效的方式主要有："四号定位"方式和电子计算机定位系统。"四号定位"方式主要是通过序号、架号、层号、位号这四位数字来确定存取位置的固定货位方法。采用这种方式，每一个货位都有一个组号，在物资入库时，按规划要求，对物资编号，记录在账卡上，提货时按四位数字的指示，很容易将货物拣选出来，有利于提高速度，减少差错。电子计算机定位系统，是利用电子计算机储存容量大、检索迅速的优势，在入库时，将存放货位输入计算机，出库时向计算机发出指令，并按计算机的指示人工或自动寻址，找到存放货进行拣选取货的方式。这种方式有利于提高仓库的储存能力②。

2.3.3.5 采取有效的监测清点方式

对储存物资数量和质量的监测是科学库存控制的重要方面。在实际工作中稍有差错，就会使账物不符，所以，必须及时、准确地掌握实际储存情况，经常与账卡核对。此外，经常的监测还有助于及时掌握被存物的质量状况。

2.3.3.6 运用现代储存养护技术

利用现代储存养护技术是储存合理化的重要方面。储存养护技术主要包括以下几种：

(1)气幕隔潮。一般仓库打开库门作业时，自然会形成空气交换的通道，由于作业的频繁，室外的潮湿空气会很快进入库内。在库门上方安装鼓风设施，使之在门口处形成一道气流，由于这道气流有较高压力和流速，在门口便形成了一道气墙，可有效阻止库内外空气交换，防止湿气浸入，而不能阻止人和设备出入。气幕还可起到保持室内温度的隔热作用。

(2)气调储存。气调储存主要是在储存过程中，通过调节和改变环境空气成分，抑制被储物的化学变化和生物变化，抑制害虫生存及微生物活动，从而达到保持被储物质量的目的。气调方法对于有新陈代谢作用的水果、蔬菜、粮食等物品的长期、保质、保鲜储存十分有效，此外，对防止生产资料在储存期的有害化学反应也很有效。一般来说，

---

① 王斌义：《现代物流实务》，第194页，北京：对外经济贸易大学出版社，2003年版。

② 裴少峰，等：《现代物流技术学》，第71页，广州：中山大学出版社，2001年版。

☞ 链 接

监测清点的有效方式

(1)"五五化"堆码。即储存物堆垛时,以"五"为基本计数单位,堆成总量为"五"的倍数的垛形,如梅花五、重迭五等,堆码后,有经验者可过目成数,大大加快了人工点数的速度,减少差错。

(2)光电识别系统。在货位上设置光电识别装置,该装置对被存物扫描,并将准确数目自动显示出来。这种方式不需人工清点就可以准确掌握实际库存数量。

(3)电子计算机监控系统。用电子计算机指示存取,可以防止人工存取容易出现的差错,如果在被存物上采用条码认寻技术,使识别计数和计算机联结,每存取一件物品时,识别装置自动识别条形码并将其输入计算机中,计算机会自动作出存取记录。这样,只需向计算机查询,就可了解所存物品的准确情况。

气调储存可以有多种选择方法,如可以在密封环境中更换调配好的气体,或充入某种成分的气体,或除去或降低某种成分的气体等。

(3)塑料薄膜封闭。塑料薄膜能隔水隔潮,用塑料薄膜封垛、封袋、封箱,可有效地造就封闭小环境,阻隔内外空气交换,完全隔绝水分。用这个办法可以对水泥、化工产品、钢材等作防水封装,以防变质和锈蚀;热缩性塑料薄膜在对托盘货物封装后再经热缩处理,则可基本排除封闭体内部的空气,塑料膜缩贴到被封装物上,不但可以有效与外部环境隔绝,而且还可起到紧固作用,防止塌垛、散垛①。

2.3.3.7 采用集装箱、集装袋、托盘等运储装备一体化的方式②

集装箱等集装设施的出现,也给储存带来了新观念,集装箱本身便是一个大仓库,不需要再有传统意义的库房,在物流过程中,自然也就省去了入库、验收、清点、堆垛、保管、出库等一系列储存作业,因而运用集装箱、集装袋、托盘等运储装备一体化的方式,对改变传统储存作业有很重要意义,是储存合理化的一种有效方式。

2.3.3.8 认真做好商品在库检查工作

认真做好商品在库检查工作对于维护储存商品安全有重要的作用。如果库存商品

---

① 刘志学:《现代物流手册》,第152页,北京:中国物资出版社,2001年版。

② 王斌义:《现代物流实务》,第198页,北京:对外经济贸易大学出版社,2003年版。

质量发生变化,而不能及时被发现并采取有效措施予以补救,就会造成重大损失。因此,对储存商品的质量情况,应进行定期或不定期的检查。

2.4 包装

2.4.1 包装的概念、功能与分类

2.4.1.1 包装的概念

包装(packaging)是物流系统的构成要素之一,是指在物流过程中保护产品,方便储运,促进销售,按一定技术方法采用容器、材料及辅助物等将物品包封并予以适当的装封标志的工作总称。简言之,包装是包装物及包装操作的总称。①

在现代物流概念形成以前,包装被天经地义地看成生产的终点。因而一直是生产领域的活动,包装的设计往往主要从生产终结的要求出发,因而常常不能满足流通的要求。现代物流研究理论认为,包装与物流的关系,比之与生产的关系要密切得多,其作为物流始点的意义比之作为生产终点的意义要大得多。因此,包装应进入物流系统之中,这是现代物流的一个新观念。

2.4.1.2 包装的基本功能

(1)防护功能。包装的防护功能有两方面的含义,一方面包装能够防止被包装物在流通过程中受到质量和数量上的损失,另一方面包装能够防止危害性内装物对与其接触的人、生物和环境造成的危害或污染。

(2)方便与效率提高功能。包装的方便与效率提高功能是指包装便于储运、装卸和保管处理,提高生产、搬运、运输、配送、保管等作业效率。经过适当包装的商品,包装件的外形符合一定的规格,这便于仓库存储的堆码叠放,提高仓库利用率和增加车船等运输工具的装卸能力,因此,能够较合理地利用物流空间;整齐规矩的包装件外形也便于运输搬运,为装卸活动提供方便,因此能提高装卸作业效率;包装件外表面的储运标志能方便商品的清点,减少货差,从而提高验收工作效率。总之,正确、适当的包装,可以缩短各流通环节的作业时间,加速商品流转速度,提高工作效率,降低商品的流通费用。

(3)促销功能。包装的促销功能是指包装能够促进商品的销售,加速商品的流转。包装使经生产工序生产出来的产品商品化,它能够与其所包装的物品一起创造价值。包装能诱导购买者产生购买动机,起连接商品与消费者的媒介作用。一方面,包装尤其

---

① 王斌义:《现代物流实务》,第137页,北京:对外经济贸易大学出版社,2003年版。

是特异包装的形状及构造,具有吸引顾客的魅力;另一方面,包装运用文字、图案、色彩等手段引起顾客的购买欲望,通过装潢艺术的特有语言,在瞬间引起消费者的注意,起到宣传介绍商品、推销商品的作用。

(4)信息传递功能。最明显的信息传递作用是识别包装的物品。信息通常包括制造厂、商品名称、容器类型、个数、通用的商品代码等数字。

在收货入库、拣选和出运查验的过程中,通常利用箱上的信息来识别商品。信息易识别是主要要求,同时,操作人员应能从各个方面、在合适的距离看到标签。物流包装能在收货、储存、取货、出运的各个过程中跟踪商品。

价格低廉的扫描设备和代码的标准化提高了跟踪能力和效率。物流包装提供有关装卸和防止货损的说明书。说明书为专门的商品装卸提出容器、温度限制、堆垛要求、潜在的环境要求等①。

一般而言,包装的四大基本功能是彼此联系、相辅相成的,它们通过包装容器被融为一体,并通过包装容器而共同发挥作用。

2.4.1.3 包装的分类

按不同的分类方法,可以将包装分为以下几类:

(1)按包装在流通中的作用划分,包装可分为商业包装和运输包装。商业包装是以促销为目的的包装,又称零售包装或消费者包装。其特点是外形美观,包装单位适于顾客的购买量,适于柜台陈列。运输包装是以保护储运过程中的商品为目的的包装。既要达到保护商品的目的,又要尽量降低包装费用②。

(2)按包装的通用性划分,包装可分为专用包装和通用包装。专用包装是根据被包装对象的特点专门设计、专门制造,只适于某种专门产品的包装,如水泥袋、蛋糕盒、可口可乐瓶等。通用包装是根据标准系列尺寸制造的包装容器,用以包装各种无特殊要求的产品。

(3)按照包装在不同层次的保护作用,包装可以分为逐个包装、内包装和外包装三种。逐个包装是交到使用者手中的最小包装,把物品的一部分或全部装进袋子或其他容器并予以密封的状态或技术。内包装,是将逐个包装的物品归并为1个或2个以上的较大单位置于中间容器中的状态和技术,包括为保护里面的物品,在中间容器里放入其他材料的状态和技术。外包装是指从运输作业角度考虑,为起到保护作用并且考虑输送搬运作业的方便,而将物品置于箱、袋等容器里之中的状态或技术,根据需要对容器有缓冲防震、固定、防温、防水的技术措施要求。

---

① 黄福华:《现代物流运作管理精要》,第259页,广州:广东旅游出版社,2002年版。

② 骆温平:《物流与供应链管理》,第227页,北京:电子工业出版社,2002年版。

(4)按照在贸易中有无特殊要求划分，包装可分为一般包装、中性包装和定牌包装。一般包装即普通包装，就是货主对包装没有任何特殊要求的包装；中性包装是指在商品的内外包装上不注明生产国别、产地、厂名、商标、牌号；定牌包装是指在商品的内外包装上不强调注明生产国别、产地、厂名，但是要注明指定商标或牌号。

(5)按照包装的耐压程度划分，包装可分为硬质包装、半硬质包装和软质包装。硬质包装的包装材料质地坚硬，能承受较大的挤压，如木箱、铁箱；半硬质包装的包装材料能承受一定的挤压，如纸箱等，软质包装的包装材料是软质的，受压后会变形，如麻袋、布袋等。

此外，按包装容器结构形式划分，可分为固定式包装和可拆卸折叠式包装；按包装容器的使用次数划分，可分为一次性包装和多次周转性包装；按包装技术分类，可分为防潮包装、防锈包装、防虫包装、防震包装和危险品包装等。

2.4.2 包装合理化的途径

2.4.2.1 包装轻薄化

由于包装只是起保护作用，对产品使用价值没有任何意义，因此在强度、寿命、成本相同的条件下，更轻、更薄、更短、更小的包装，可以提高装卸搬运的效率。而且，轻薄短小的包装一般价格比较便宜，如果是一次性包装，也可以减少废弃包装材料的数量。

2.4.2.2 包装模数化

确定包装基础尺寸的标准，即包装模数化。包装模数标准确定以后，各种进入流通领域的产品都按照模数规定的尺寸包装。模数化包装利于小包装的集合，利于集装箱及托盘装箱、装盘。包装模数还应与仓库设施、运输设施尺寸模数统一化，以利于运输与保管，提高作业效率。

2.4.2.3 包装机械化

过去包装主要依靠人力作业，进入大量生产、大量消费时代以后，包装机械化也就应运而生。包装机械化是指对装箱、封口、捆扎等外包装作业的机械化操作。包装机械化对于提高作业效率和包装现代化水平起着重要的作用，因此不断开发新型的包装机械是包装合理化的重要途径之一。

2.4.2.4 防止包装不足或包装过剩

由于包装强度不足、包装材料不足等因素所造成的商品在流通过程中的损耗不可低估。而包装强度设计过高，保护材料选择不当造成的包装过剩也会造成严重损失。据日本调查显示，发达国家包装过剩约在20%以上①。包装合理化的途径之一就是要防止包装不足以及包装过剩情况的出现。

---

① 王斌义：《现代物流实务》，第152页，北京：对外经济贸易大学出版社，2003年版。

2.4.2.5 包装绿色化

绿色包装是指无害、少污染的符合环保要求的各类包装物品，应符合“3R1D”标准[①]，即减量化（Reduce）、重复使用（Reuse）、再循环（Recycle）、可降解（Degradable）。也就是说，绿色包装应符合节省材料、资源和能源，废弃物可降解，不致污染环境，对人体健康无害等方面要求，绿色包装是包装合理化的发展主流。

案例

几个发达国家的“绿色包装”动态

欧美一些发达国家的消费者、政府和企业对包装的绿色化十分关注，同时也在生产和消费过程中采取了具体的措施。

(1)丹麦。丹麦对消费者进行了一项调查，目的是为了研究消费者对包装物的态度及商品包装的环境特性对他们的购物行为的影响。此项调查重点衡量购物行为能否被诸如减少包装物所带来的环境问题的方式影响，以及这种影响发生与否的原因。调查结果表明，绝大多数消费者非常关心商品包装物对环境的影响，从而影响了其购物行为。此项调查受到了企业和社会的关注。

(2)美国。在生产自然产品的过程中，化妆品公司不得不注意它们的产品包装。目前，大约已有200亿磅的塑料包装废弃物被填埋，并将在那里“与世长存”（因为不可降解）。据统计，在填埋场，约有20% ~30%的空间被塑料制品占据，80%的美国填埋场将在20年以内被填满。

一批企业，如Aphroderia，Naturals，Caswell—Massey，Bath and Body Works等等，已率先开始使用可重复使用的玻璃、铅、钢木、瓷、可循环使用铁、不褪色棉布、回收纸。

(3)加拿大。在越来越受众人关注的一系列环境议论中，必须送去坑埋的包装废弃物这一事项在加拿大的影响效果“显著”，尤其是从1990年国家包装化协议（National Protocol on Packing，NAPP）得以实施之后，人们对此的关注更是愈加广泛和深入。

有关部门综合社会责任和创新理论文化的概念来探索公司对当代环境所带来的压力的反应模式并开发一套公司运作模式以致力于减少包装浪费。研究表明，公司的不同反应取决于以下因素：公司规模、产品导向、环境事项的影响，以及外部政策（如NAPP）等。

资料来源：夏春玉，等：《绿色物流》，第232页，北京：中国物资出版社，2005年版。

---

① 王斌义：《现代物流实务》，第137页，北京：对外经济贸易大学出版社，2003年版。

2.5 装卸

2.5.1 装卸的概念、功能与分类

2.5.1.1 装卸的概念

所谓装卸(loading and unloading)是指随物品运输和保管而附带发生的作业。具体来说,它是指在物流过程中对物品进行装运卸货、搬运移送、堆垛拆垛、旋转取出、分拣配货等作业活动。装卸是物流系统的一个重要构成要素。运输能产生空间上的效用,保管能产生时间上的效用,而装卸本身并不产生新的效用和价值。虽然装卸本身不能创造出新的效用,但是在供应或采购物流、企业内物流、销售物流等整个供应链物流过程中,装卸作业所占的比重较大。装卸作业质量的好坏和效率的高低不仅影响物流成本,还与物品在装卸过程中的损坏、污染等造成的损失成本及保护物品的包装成本相关,并与是否能及时满足顾客的服务要求相关联。

现代装卸实质是由劳动者、装卸搬运设备设施、货物以及信息、管理等多项因素组成的作业系统。只有按照装卸作业本身的要求,在进行装卸作业的场合,合理配备各种机械设备和合理安排劳动力,才能使装卸搬运各个环节互相协调,紧密配合。

2.5.1.2 装卸的功能

(1)支持、保障功能。装卸的附属性不能理解成被动的,实际上,装卸对其他物流活动有一定决定性。装卸会影响其他物流活动的质量和速度,例如,装车不当,会引起运输过程中的损失;卸放不当,会引起货物转换成下一步运动的困难。许多物流活动在有效的装卸搬运支持下,才能实现高水平。

(2)衔接性功能。在任何其他物流活动互相过渡时,都是以装卸来衔接的,因而,装卸往往成为整个物流的“瓶颈”,是物流各功能之间能否形成有机联系和紧密衔接的关键,而这又是一个系统的关键。建立一个有效的物流系统,关键看这一衔接是否有效。

2.5.1.3 装卸的分类

(1) 按装卸施行的物流设施、设备对象分类,装卸可分为仓库装卸、铁路装卸、港口装卸、汽车装卸和飞机装卸等。仓库装卸配合出库、入库、维护保养等活动进行,并且以堆垛、上架、取货等操作为主。铁路装卸是对火车车皮的装进及卸出,特点是一次作业就实现一车皮的装进或卸出,很少有像仓库装卸时出现的整装零卸或零装整卸的情况。港口装卸包括码头前沿的装船,也包括后方的支持性装卸运,有的港口装卸还采用小船在码头与大船之间“过驳”的办法,因而其装卸的流程较为复杂,往往经过几次的装卸

及搬运作业才能最后实现船与陆地之间货物过渡的目的。汽车装卸一般一次装卸批量不大,由于汽车的灵活性,可以少或根本减去搬运活动,而直接、单纯利用装卸作业达到车与物流设施之间货物过渡的目的。

(2)按装卸的作业特点分类,装卸可分成连续装卸与间歇装卸两类。连续装卸主要是同种大批量散装或小件杂货通过连续输送机械,连续不断地进行作业,中间无停顿,货间无间隔。在装卸量较大、装卸对象固定、货物对象不易形成大包装的情况下适于采取这一方式。间歇装卸有较强的机动性,装卸地点可在较大范围内变动,主要适用于货流不固定的各种货物,尤其适于包装货物、大件货物,散粒货物也可采取间歇装卸。

(3)按装卸对象的集散程度分类,装卸还可分成散装货物装卸、单件货物装卸和集装货物装卸等。散装装卸是对煤炭、建材、矿石等大宗物资以及谷物、水泥、化肥、食糖等物资采用的装卸。单件货物装卸是人工单件、逐件的装卸搬运的方式。集装货物装卸是指将物资先行集装,再对集装件进行装卸的方式。

(4)按装卸作业手段分,装卸可分为人工装卸和机械化装卸。人工装卸是一种完全依靠人力和人工,使用无动力器械来完成装卸的方法。机械化装卸指以各种装卸搬运机械,采用多种操作方法来完成物资的装卸作业。机械化装卸是目前装卸的主流。

(5)按照被装物的主要运动形式分类,装卸还可分为垂直装卸和水平装卸两种形式。

(6)按装卸机械来分类,装卸有传送带装卸、吊车装卸、叉车装卸、各种其他装载机械的装卸等。

2.5.2 装卸合理化的途径

2.5.2.1 消除无效搬运

消除无效搬运,具体包括:提高搬运纯度,只搬运必要的物资,有些物资应去除杂质之后再搬运比较合理;避免过度包装,减少无效负荷;提高装载效率,充分发挥搬运机器的能力和装载空间;中空的物件可以填装其他小物品再进行搬运;减少倒搬次数,实际上,作业次数增多不仅浪费人力、物力,还会增加物品损坏的可能性。

2.5.2.2 提高搬运活性

放在仓库的物品都是待运物品,应使它们处在易于移动的状态(即“搬运活性”,指在装卸搬运作业的物资进行搬运装卸作业的方便性)①。物品放置时要有利于下次搬运,如装于容器内并有垫放物的物品较散放于地面的物品易于搬运。在装上时要考虑便于卸下,在入库时要考虑便于出库。另外,还要创造易于搬运的环境和使用易于搬运的包装。

---

① 陈利秋,等:《物流管理操典》,第230页,广州:广东经济出版社,2002年版。

2.5.2.3 利用重力作用,减少附加重量

在货物搬运、装卸和堆存时,应尽可能利用货物的自重,以节省能量和投资。如利用地形差进行装货,采用重力式货架堆货等。

在保证货物搬运、装卸和堆存安全的前提下,应尽可能减少附加工具的自重和货物的包装物重量。

2.5.2.4 合理利用机械

在以前,搬运机械大多在以下情况使用:超重物品;搬运量大、耗费人力多、人力难以操作的;粉体或液体的物料搬运;速度太快或距离太长,人力不能胜任时;装卸作业高度差太大,人力无法操作时。今后的发展方向是,即使在人可以操作的场合,为了提高生产率、安全性、服务性和作业的适应性等,也应将人力操作转由机械来实现,而人可以在更高级的工作中发挥作用。

2.5.2.5 保持物流的均衡顺畅

物品的处理量波动大时会使搬运作业变得困难,但是搬运作业受运输等其他环节的制约,其节奏不能完全自主决定,必须综合各方面因素妥善安排,使物流量尽量均衡,避免忙闲不均的现象。

2.5.2.6 集装单元化原则

将零放物体归整为统一格式的集装单元称为集装单元化。这对搬运作业的改善是至关重要的,集装单元化可以达到以下目的:由于搬运单位变大,可以发挥机械的效能,提高作业效率,搬运方便,灵活性好;负载大小均匀,有利于实行作业标准化;在作业过程中避免物品损伤,对保护被搬运的物品有利。应大力推行使用托盘和集装箱,推行将一定数量的货物汇集起来,成为一个大件货物以有利于机械搬运、运输、保管,形成单元货载系统。

2.5.2.7 立足全局,提高综合效果

在货物的流通过程中,应力求改善包装、装卸、运输、保管等各物流要素的效率,由于各物流要素间存在着效益背反(trade-off)的关系,如果分别独自进行,则物流系统总体效率不一定能够提高,因此,要从物流全局的观点来研究问题,以提高综合效果。

2.6 流通加工

2.6.1 流通加工的概念、功能和分类

2.6.1.1 流通加工的概念

所谓流通加工(distribution processing),是指在流通阶段进行的商品简单加工、组

装、再包装等作业活动[①]。比如,遵照顾客的订单要求,将食肉、鲜鱼进行分割或把量分得小一些;家具的喷涂、调整;家用电器的组装;衣料布品陈列前挂牌、上架;礼品的拼装等。简言之,在流通过程中辅助性的加工活动都称为流通加工。流通加工是生产加工在流通领域中的延伸,也可以看成是流通领域为了更好地服务,在职能方面的扩大。在理解流通加工概念时,应注意流通加工与一般的生产性加工的区别。二者虽然在加工方法、加工组织、生产管理方面是相同的,但在加工对象、加工程度方面差别很大,这些差别主要表现在以下方面[②]:

(1)流通加工的对象是进入流通过程的产品,它具有商品的属性,生产加工的对象不是最终产品,而是零部件、半成品。

(2)流通加工程度大多是简单加工,而不是复杂加工。流通加工是生产加工的一种辅助及补充,它绝不能取消或代替生产加工。

(3)生产加工的目的在于创造产品的价值及使用价值,流通加工则在于完善产品的使用价值,并不在于提高其价值。

(4)流通加工的组织者是商业或物资流通企业,它们能够密切结合流通的需要进行这种加工活动,而生产加工则由生产企业来完成。

2.6.1.2 流通加工的功能

(1)促进销售。这是流通加工的一个主要功能,通过流通加工环节可以使物品更满足顾客的需要和个性化的需求。

(2)提高加工设备的利用率[③]。专业化、社会化的流通加工会使加工数量增多,加工对象的范围得到扩大,从而可以充分发挥加工设备的潜力和利用率。

(3)提高原材料的利用率。流通加工集中下料可以优材优用,小材大用,合理套裁,具有明显的提高原材料利用率的功能。原材料的节省是利润的源泉,几乎所有的流通加工都能达到节省原材料的目的,只是加工方法和形式有所差别,节省的效果大小不同。

(4)提高被加工产品的质量。流通加工是专业化很强的加工,专业化加工单纯,有利于加工人员掌握作业技术,提高作业的熟练程度,从而提高加工质量。从流通加工中心的加工设备的水平来看,他们往往要高于分散加工。因而产品的加工质量也会高于分散加工。对于同样的产品,不同的加工质量,质量高的其经济效益要高于质量低的。

(5) 促进物流合理化。流通加工可以使得物品更加适应其他环节的物流作业要求,促进物流合理化。

---

① 中田信哉:《物流入门》,第54页,深圳:海天出版社,2001年版。

② 王斌义:《现代物流实务》,第155页,北京:对外经济贸易大学出版社,2003年版。

③ 崔介何,等:《浅议流通加工的经济效益》,载于《物资流通研究》,1999年第3期,第15页。

2.6.1.3 流通加工的分类

流通加工可分为以下类型①:

(1)为弥补生产领域加工不足而进行的深加工。许多产品在生产领域不能完全实现终极加工,而只是粗加工,需要在流通过程中不断加工完善,直到满足顾客的需求为止。例如,钢铁厂只能按照标准规格进行大规模生产,以保证产品有较强的通用性,而在以后一般还需要进行深加工。

(2)适应多样化需求的流通加工。生产部门的高效率、大批量生产往往不能完全满足客户多样化的需求。为了满足客户对产品多样化的需求,同时又保证社会高效率的大生产,将生产出来的单调产品进行多样化的改制加工,是流通加工中一种重要的加工形式。这种适应多样化需求的流通加工,减少了生产型用户的生产流程,使生产型用户可以集中力量从事较复杂的技术性较强的劳动,而不必将大量初级加工包揽下来,从而可以使生产技术密集程度提高。

(3)保护产品的加工。在物流过程中,直到用户投入使用前都存在对产品的保护问题,防止产品在运输过程中遭受损失,使产品使用价值能顺利实现。这种加工并不改变进入流通领域的"物"的外形和性质,它主要采取稳固、改装、冷冻、保鲜、涂油等方式。

(4)提高物流效率的加工。很多产品由于本身固有的形态使其难以进行物流操作,这就需要进行适当的流通加工来弥补。如鲜鱼装卸、储存操作的困难,过大设备搬运、装卸的困难,气体物运输、装卸的困难等等,通过适当的流通加工,如鲜鱼冷冻、过大设备解体、气体液化等可以使物流各环节易于操作,提高物流效率。这类加工往往改变"物"的物理状态,但并不改变其化学性质,并最终仍能恢复其原物理状态。

(5)促进销售的流通加工。这种加工是不改变"物"的本体,只进行简单改装的加工,起到促进销售的作用。比如,将过大包装或散装物分装成适合一次销售的小包装的分装加工;将原以保护产品为主的运输包装改换成以促进销售为主的装潢性包装,以起到吸引消费者、引导消费的作用;将零配件组装成用具、车辆以便于直接销售;将蔬菜、肉类洗净切块以满足消费者需求等。

(6)便于运输的流通加工。在干线运输或支线运输的结点处,设置流通加工环节,可以有效解决干线运输与末端运输和集货运输之间的衔接等问题,既可以在流通加工点与大生产企业之间形成大配送、也可在流通加工点将运输包装转换为销售包装,从而有效衔接不同目的的运输方式。

(7)以追求企业利润,提高经济效益为目的的流通加工。流通加工的一系列优点,

① 周全申:《现代物流技术与装备实务》,第304页,北京:中国物资出版社,2002年版。

可以形成一种“利润中心”的经营形态,这种类型的流通加工是经营的一环,在满足生产和消费要求的基础上取得利润,同时在市场和利润引导下使流通加工在各种领域中能有效地发展。

(8)生产—流通一体化的流通加工。依靠生产企业与流通企业的联合,或者生产企业向流通领域延伸,或者流通企业向生产领域延伸,形成合理分工、合理规划、合理组织、统筹进行的生产与流通加工结合的统一安排,这就是生产—流通一体化的流通加工。它可以促成产品结构及产业结构的调整,充分发挥企业集团的经济技术优势,是目前流通加工领域的新形式。

2.6.2 流通加工合理化

流通加工合理化的含义是实现流通加工的最优配置,不仅要避免各种不合理现象,而且应该使流通加工确有存在的价值并达到最优选择。为避免流通加工过程中的各种不合理现象,对是否设置流通加工环节,在什么地点设置,选择什么类型的流通加工,采用什么样的技术装备设施等,都需要作出正确抉择。目前,国内在进行流通加工合理化的考虑中已积累了一些经验,取得了一定成果。具体来看,流通加工合理化的途径包括以下几个方面①:

2.6.2.1 流通加工与配送相结合

这是将流通加工设置在配送点中,一方面按配送需要进行必要加工,另一方面流通加工本身又是配送业务流程中分货、拣货、配货的一环,加工后的产品直接投入配货作业。这就不需要单独设置一个加工的中间环节,使流通加工有别于独立的生产,而使流通加工与中转流通巧妙结合在一起。同时,由于流通加工在配送之前,可使配送服务水平大大提高。这是流通加工合理化的重要选择途径之一,在煤炭、水泥等产品的流通中已表现出较大的优势。

2.6.2.2 流通加工与配套相结合

在对配套要求较高的流通中,配套的主体来自各个生产单位,但是,完全配套有时无法全部依靠现有的生产单位,进行适当流通加工,可以有效促成配套,大大提高流通的桥梁与纽带的能力。

2.6.2.3 流通加工与合理运输结合

流通加工能有效衔接干线运输与支线运输,促进两种运输形式的合理化。一般来说,在支线运输转干线运输或干线运输转支线运输过程中本来需要必要的停顿时间,但利用流通加工可以不进行一般的支转干或干转支,而是按干线或支线运输合理的要求

---

① 王斌义:《现代物流实务》,第158页,北京:对外经济贸易大学出版社,2003年版。

进行适当的流通加工,从而大大提高运输效率及运输转载水平。

2.6.2.4 流通加工与合理商流相结合

通过流通加工有效促进销售,使商流合理化,也是流通加工合理化的方向之一。通过流通加工,提高配送效率,促进销售,是流通加工与合理商流相结合的一个成功的例证。此外,简单地改变包装,方便购买,或者通过组装加工解除用户使用前进行组装、调试的麻烦,都可以有效地促进商流。

2.6.2.5 流通加工与节约相结合

节约能源、节约设备、节约人力、节约消耗是流通加工合理化过程中需要考虑的四个重要因素。

对于流通加工合理化的最终判断,要看其是否最终实现了社会效益与企业效益的最优化。对流通加工企业而言,应把社会效益置于首位。如果片面追求企业微观效益,不适当地进行加工,甚至与生产企业争利,不仅有违流通加工的初衷,而且脱离了流通加工的范畴。

2.7 物流信息

2.7.1 物流信息的概念、功能与分类

2.7.1.1 物流信息的概念和特征

信息是能反映事物内在本质的外在表现,如图像、声音、文件、语言等,是事物内容、形式和发展变化的反映。物流信息就是物流活动的内容、形式、过程及发展变化的反映。过去多认为只是为了物流活动才利用信息,现在则恰恰相反:一切物流活动的组织都必须以信息为基础。只有掌握信息,物流活动才能开展。

与其他领域信息比较,物流信息的特征主要表现在以下几方面:

(1)物流信息量大,信息种类多。从采购到生产直至成品销售,既有资源信息、过程信息,也有历史信息。每次信息的处理活动,都涉及大批量的信息输入和输出问题。不仅作业系统内部各个环节有不同种类的信息,而且物流系统本身就使物流信息的分类、研究、筛选等难度增加。

(2)物流信息分布广。物流所及之处就是信息所及之处,而信息所及之处有时甚至超过物流的范围。

(3)物流信息动态性强。一方面,信息价值的衰减速度快,这就对信息管理的及时性提出了更高的要求;而另一方面,有些信息的传递路径很长(如工件信息),而这些具有传递性的信息也正是要求共享的信息,且共享程度与传递路径成正比。

（4）物流信息的一致性要求很强。尽管物流信息的产生、加工和应用在形式、时间、地点上不一致，但在信息交流中要保证信息的一致性，以便满足多方使用。

2.7.1.2 物流信息的功能

物流信息在物流活动中起着神经中枢的作用，其主要功能是：

（1）交易功能。交易系统是用于启动和记录个别的物流活动的最基本的层次。交易活动包括记录订货内容、安排存货任务、作业程序选择、装船、定价、开发票及消费者查询等。物流信息的交易功能就是记录物流活动的基本内容，其主要特征是程序化、规范化、交互式，强调整个信息系统的效率性和集成性。

（2）管理控制功能。物流服务的水平和质量，要依靠信息进行控制，应该建立完善的考核指标体系来对作业计划和绩效进行评价和鉴别，这里强调了信息的控制工作和加强控制力度的作用。

（3）决策分析功能。物流信息可以用来协助管理人员鉴别、评估和比较物流战略及策略上的可选方案。与管理控制不同，物流信息决策分析的主要精力集中在评估未来策略上的可选方案，并且，物流信息的决策分析趋向于更多地强调有效（effectiveness），而不是强调效率（efficiency）。

（4）制定战略计划功能。这一功能主要体现在信息支持上，即利用物流信息开发和提炼物流战略，强调了物流信息管理系统对战略定位所起的作用，这类决策往往是决策分析层次的延伸。

物流信息的功能参见图 2－1。

2.7.1.3 物流信息的分类

物流信息按不同的标准，可以有不同的分类。

（1）按信息在物流活动中所起的作用不同，可将物流信息分为订货信息、库存信息、生产指示信息、发货信息和物流管理信息。①订货信息是采购物流中最基本的信息，反映了企业对物资（原材料或相关商品）的品种、规格、数量、批量等的需求，是进行外部订货或补货作业的基本原始数据。②库存信息是物流活动进行库存分析的基本数据，反映了企业仓库中的库存商品结构、数量、状态等资料，是企业库存水平的集中表现，同时它也是企业库存作业中对滞销、畅销商品分析所需要的原始数据之一。③生产指示信息是指有关生产物流方面的相关数据。生产指示信息反映了企业的生产规模、水平、结构以及产品生产计划和为市场可提供物资的数量、产品在市场上的占有率等状况，是企业进行销售物流分析的基础。④发货信息是企业进行物流运输活动的基本数据。作为商品实物流动的信号，发货信息反映了企业销售物流的形态、规模、方向、状况水平等情况，是企业进行物流运输配送作业计划与安排的主要信息之一。⑤物流管理信息是物流活动中最重要的信息。通过对有关订货、库存、生产、发货信息从管理控制

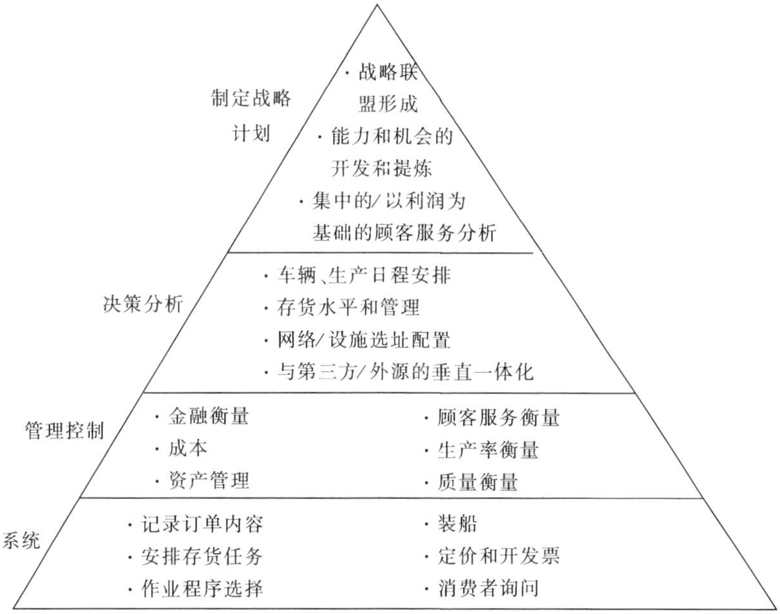

图 2-1 物流信息的 4 个功能层次

资料来源：[美]唐纳德·J.鲍尔索克斯，戴维·克劳斯著，林国龙，宋柏，沙梅译：《物流管理——供应链过程的一体化》，第 147 页，北京：机械工业出版社，1999 年版。

角度进行汇总、分析、统计、提炼，就得到了物流管理的相关信息，它是企业管理层进行物流活动具体安排的主要信息依据。

(2)按信息流的流程和范围不同，可将物流信息划分为企业内部的物流信息、企业间的物流信息和社会物流信息。①企业内部的物流信息主要包括企业内原材料、半成品、产成品物流以及生产过程物流和与之相关的物流成本核算所产生的物流信息。②企业间的物流信息主要包括企业间订货、收货、发货、中转、代理以及结算等活动所产生的物流信息。③社会物流信息是由企业共同参与，依靠物理平台或虚拟平台从事物流活动而产生的各类信息。具体的表现形式包括公共物流中心和公共物流信息平台发布、传输、交易的信息。以上三种信息流主要以物流及信息技术作为载体，通过与物流活动的高度融合推动和促进物流管理水平的提高。

(3)按信息的加工程度不同，可将物流信息分为原始信息和加工信息。①原始信息是指未加工的信息，是信息工作的基础，也是最有权威性的凭证性的信息，一旦有需要，可从原始信息中找到真正的依据。原始信息是加工信息可靠性的保证。②加工信息是对原始信息进行各种方式和各个层次处理后的信息。这种信息是原始信息的提炼、简化和综合，它可以大大缩小信息存量，并将信息整理成有使用价值的数据和资料。加工信息需要各种加工手段，如分类、汇编、汇总、精选、制档、制表、制音像资料、制文献资料、制数据库等。

2.7.2 物流信息平台

2.7.2.1 物流信息平台的含义及功能

物流信息平台是物流产业的重要组成部分，其对物流产业的发展起着基础性的支撑作用。所谓物流信息平台是 GPS，GIS 和电子商务等多种技术在经贸、交通运输、仓储、货运代理、联运、集装箱运输以及政府行业管理等物流相关领域的集成应用，是依托区域综合物流信息服务中心的一种重要的基础系统。

物流信息平台的功能包括基本功能和扩展功能两大部分[①]（见图 2－2）。

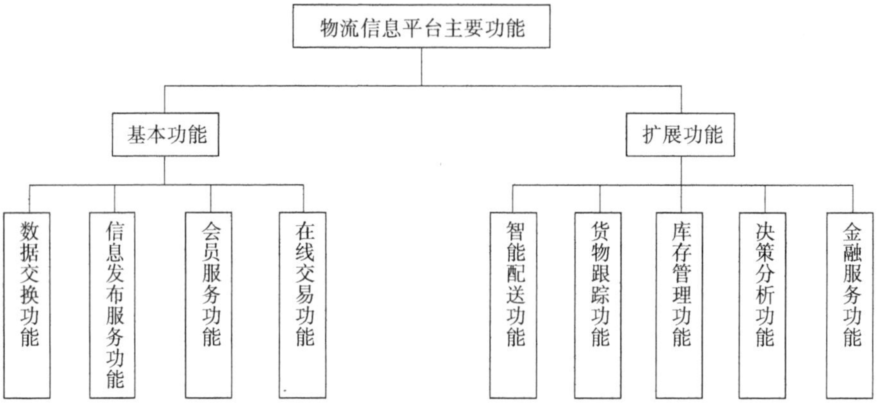

图 2－2 物流信息平台功能

（1）物流信息平台的基本功能。它包括：①数据交换功能。它主要指电子单证的翻译、转换和通信，包括网上报关、报检、许可证申请、结算、缴（退）税、客户与商家的业务往来等与信息平台连接的用户间的信息交换，这是信息平台的核心功能。②信息发

---

① 施先亮，等：《建设物流信息平台，促进现代物流发展》，载于《中国物流与采购》，2002 年第 13 期，第18 页。

布功能。该功能以 Web 站点的形式实现,企业只要通过 Internet 连接到信息平台 Web 站点上,就可以获取站点上提供的物流信息。这类信息主要包括水、陆运输价格、新闻和公告、政务指南、货源和运力、航班船期、空车配载、铁路车次、适箱货源、联盟会员、职业培训、政策法规等。③会员服务功能。它主要包括会员单证管理、会员的货物状态和位置跟踪、交易跟踪、交易统计、会员资信评估等,这一功能可以为注册会员提供的个性化服务。④在线交易功能。交易系统为供方和需方提供一个虚拟交易市场,双方可发布和查询供需信息,对自己感兴趣的信息可与发布者进一步洽谈,交易系统可以为双方进行交易撮合。

(2)物流信息平台的扩展功能。它主要包括:①智能配送功能。智能配送功能即利用物流中心的运输资源、商家的供货信息和消费者的购物信息,在建立数学模型和通过计算机进行数学规划的基础上,寻求最优化配送的解决方案,使配送成本最低。它主要可以解决路线的选择、配送的发送顺序、配送的车辆类型、客户限制的发送时间等问题。②货物跟踪功能。货物跟踪功能是指采用 GPS/GIS 系统跟踪货物的状态和位置,状态和位置数据存放在数据库中,用户可通过 Call Center 或 Web 站点获得跟踪信息。③库存管理功能。库存管理功能是指利用物流信息平台可以对整个供应链进行有效整合,使库存量能在满足客户服务的条件下达到最低库存。可解决的典型问题包括:下一轮生产周期应生产的产品数量,补充货物的最佳数量,补充货物的最低库存点(安全库存)。④决策分析功能。决策分析功能是指建立物流业务的数学模型,通过对已有数据的分析,协助管理人员鉴别、评估和比较物流战略和策略上的可选方案。典型分析包括车辆日程安排、设施选址、顾客服务分析。⑤金融服务功能。金融服务功能是指在相关法律法规的建立和网络安全技术进一步完善后,可通过物流信息平台网络实现金融服务,如保险、银行、税务、外汇服务等。在此类业务中,信息平台起着信息传递的作用,具体业务在相关部门内部处理,处理结果通过信息平台返回客户。

2.7.2.2 物流信息平台的结构

物流信息平台涉及客户、物流代理中心(业务)、库区、运输,包括仓储管理系统、运输管理系统、代理管理系统(调度系统)、客户管理系统、财务管埋系统和系统管理等各子系统,其结构如图 2-3 所示。

2.7.3 物流信息系统

2.7.3.1 物流信息系统的含义及结构

物流信息系统是根据物流管理运作的需要,在管理信息系统(MIS)基础上形成的物流系统信息资源管理、协调系统,它来源于物流系统,反过来又作用于物流系统,使物流系统可以高效率化、高效益化运作。

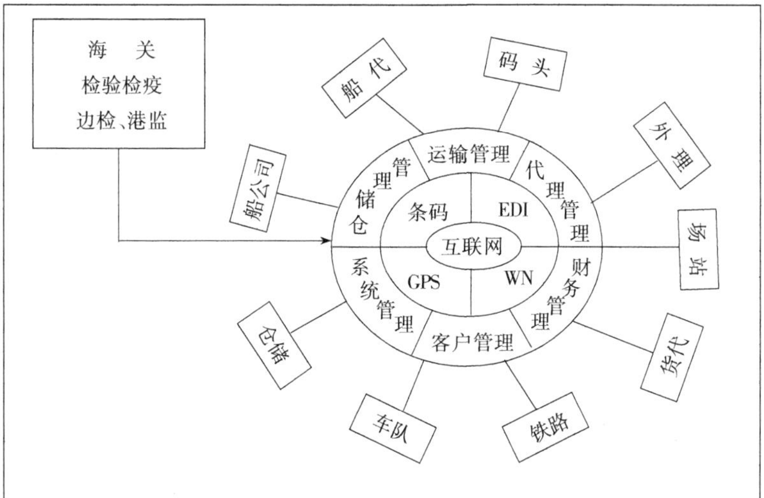

图 2-3　物流信息平台结构图

依据不同的职能,物流管理信息系统的结构层次由低至高可以分为数据层、业务层、运作层、控制层和计划层。数据层的主要职能是将收集、加工的物流信息以数据库的形式加以存储,如零售前台数据的扫描和储存。业务层的主要职能是对合同、票据、报表等进行日常处理。运作层的主要职能是进行车辆运输路径选择、仓库作业计划、库存管理等涉及当前运行的短期决策。控制层的主要职能是建立物流系统的特征值体系,制定评价标准,建立控制与评价模型,根据运行信息监测物流系统的状况。计划层的主要职能是建立各种物流系统分析模型,辅助高层管理人员制定物流战略计划①。

2.7.3.2　物流信息系统设计原则

设计物流管理信息系统时必须遵循以下原则:

(1)完整性原则。物流的不同层次通过信息流紧密地结合起来,在物流系统中,存在对物流信息进行采集、传输、存储、处理、显示和分析的信息系统。物流信息管理要保证系统开发的完整性,制定出相应的管理规范,例如,开发文档的管理规范、数据格式规范及报表文件规范等,以保证系统开发和操作的完整和可持续性。

(2)可靠性原则。系统在正常情况下是可靠运行的,实际上就是要求系统的准确性和稳定性。系统的准确性依赖于物流信息的精确性和及时性,物流信息必须精确、及时地反映企业当前的状况和定期活动,以衡量顾客订货和存货水平。

① 夏春玉:《流通概论》, 第 268 页,北京:中央广播电视大学出版社,2002 年版。

(3)经济性原则。软件开发费用必须在保证质量的情况下尽量压缩。一个经济、实用的物流信息系统必须层次结构分明,不同层次上的部门和人员,需要的可能是不同类型的信息。

(4)借助最先进的科学技术的原则。电子数据交换、互联网技术、现代通信技术及条码技术等,使信息传递速度大大高于传统的方法,实现不同企业之间信息的实时传递。

(5) 借助外部咨询原则。建设信息系统是一种创新,为达到最佳效果,企业需要依靠外部咨询力量,聘请资深的管理咨询顾问指导和参与信息系统实施的全过程,使其在业务流程重组、建模、实施技术路线、实施计划以及效果评估等多方面发挥积极的作用。

2.7.3.3　物流信息系统规划与开发

(1)物流信息系统规划。建立信息系统,不是单项数据处理的简单组合,必须要有系统规划,这是范围广、协调性强、人机结合紧密的系统工程。它是系统开发的最重要的环节,有了好的规划,就可以按照数据处理系统进行分析和设计。系统总体规划可分4步走:一是定义管理目标,即确定不同层次的不同管理要求与目标,各个局部目标应该服务和服从于组织总体管理目标。二是定义管理功能,即确定在管理工作中会出现的主要的活动和决策。三是定义数据分类,即在定义管理功能的基础上,同时把数据按照支持一个或多个管理功能的标准进行分类。四是定义信息结构,即确定信息系统各个部分及其相互数据之间的关系,导出各个独立性较强的模块,确定模块实现的优先关系,也就是划分功能子系统[①]。

(2)物流信息系统的开发过程。物流信息系统的开发过程包括:①物流信息系统调研。对现有的物流信息管理方法、管理系统和信息流程等有关情况进行现场调查,作出相关的调研报告,指出物流信息系统设计的目标以及达到目标的可行性。②物流信息系统逻辑设计。在系统调研的基础上,从整体和全局高度构建物流信息系统的逻辑模型,对各种模型进行择优筛选,确定最佳方案。③物流信息系统物理设计。以构建好的逻辑模型为框架,利用各种编程语言实现逻辑模型中的各个功能的模块。④物流信息系统实施。必须在交付系统正式试用之前对系统进行严谨的测试,包括各个独立模块的测试和集成测试、单机和网络用户的测试等。⑤物流信息系统的维护与评价。信息系统运行一段时间后,根据环境变化和要求,必须作相关的修正与完善,并对系统作出客观、公正的评价。

① 崔介何:《电子商务与物流》,第80页,北京:中国物资出版社,2002年版。

2.8 配送

2.8.1 配送的概念与特征

2.8.1.1 配送的概念

配送(delivery),处于现代物流的末端,是现代物流的一个重要构成要素,并且在企业的物流系统中占有重要地位①。在中国《物流术语》国标中,配送被定义为:在经济合理区域范围内,根据用户要求,对物品进行拣选、加工、包装、分割、组配等作业,并按时送达指定地点的物流活动。

配送的实质是送货,但它不是简单地送货。从配送的实施过程上来看,配送包括两个方面的活动:"配"是对货物进行集中、拣选、包装、加工、组配、配备和配置;"送"是以各种不同的方式将货物送达至指定地点或用户手中。可见,现代意义上的配送不同于一般性的运送或运输,是建立在备货和配货基础上的满足客户灵活需要的送货活动,是一种以社会分工为基础的、综合的、现代化的送货活动。并且,现代物流中的配送,同时也是一种资源配置的方式,通过"配"和"送"的有机结合来低成本、高效率地满足用户的需求。

一般来讲,配送的基本业务流程如下:①按照用户的商品需求组织进货;②对购进的商品进行储存;③对一些物品进行分拣、加工和包装;④根据用户的订货品种、时间组织配货,并放置于一个特定的地点;⑤按计划日期装车和送货。

2.8.1.2 配送的特征

具体说来,配送具有以下特点:

(1)配送是按用户的需求来组织商品组配与送货的。配送处于"二次运输"或"末端运输"的位置,与一般的运输相比,配送更直接地面向并靠近用户。因此,一般来讲,配送是按照用户或下属门店(分店)的要求来开展的。

(2)配送是一种特殊的送货形式。也就是说,配送不是一般的送货,也不是一般的运输和输送。配送往往处于运输或输送的后端,并且不是传统意义上的那种从工厂到用户的直达式的送货,现代配送往往是一种"中转"型的送货,并且配送的功能是多样化的,除了"运"、"送"之外,还要从事大量的分货、加工、包装、配货、配装等工作。现代化配送在规模、水平、速度、效率、质量等方面远远超过一般的送货形式,如在商品组配

---

① 过去在物流要素的划分中往往将配送归于运输的范畴下,随着现代物流的发展,配送已经成为企业开发"第三利润源泉"、提高物流服务水平的一个重要手段,因此,我们这里将配送从运输中独立出来,作为物流的一个重要构成要素加以介绍。

前要及时了解用户的订货要求,预先掌握用户的需求动态以便及时备货,配送的全过程要有现代化技术和装备作保证等。

(3)配送是一个综合性的物流运动。如上所述,配送不是单纯性的、消极性的送货活动,配送是一项有计划的活动,并且是一种综合性的物流运动。随着经济全球化、现代物流技术的进步以及连锁经营的发展,配送的空间和范围也有了很大的拓展,如美国的沃尔玛利用 GPS 在全球范围内组织配送。配送的范围越是扩大,越是体现了其作为一种综合性物流运动整合资源的作用。

2.8.2 配送的类型

2.8.2.1 企业内部配送、企业之间的配送和企业对消费者的配送

依据配送主体和配送服务对象的不同及其相互关系,配送可以分为三种类型:

(1)企业内部配送。企业内部配送大体有三种情况:一是大型企业内部配送,由于其原材料采购量大,为了控制成本,减少采购费用,有效地运用资金,由企业总部统一进货,统一库存,统一向各分厂或车间配送;二是企业在消费地建若干个配送中心,在配送中心集中的核心地区建物流基地,各生产工厂的产品先批量地运往物流基地,在物流基地经过大致分类后,再运给周围的配送中心,然后再从配送中心配送至终端客户;三是连锁型企业内部配送,由连锁企业统一进货,加工后定点、定时、定量地向各连锁商店配送。

(2)企业之间配送。企业对企业的配送一般有两种类型:一种是专业物流企业或第三方物流企业受生产企业的委托开展的配送,即将生产企业的产品或半成品配送给该生产企业指定的企业;另一种类型是生产企业的配套生产企业,按该生产企业的数量、品种、时间、地点等方面的要求,将自己的产品供给该生产企业的各分厂或车间生产线的配送。

(3)企业对消费者配送。随着经济服务化的发展,企业直销有了很大发展,企业向消费者直接展开的配送活动越来越多,如商品送货到门、报纸投递、净菜配送到家等。这种由生产企业或销售方直接将商品送至消费者手中的物流活动被称为末端物流,而在我国经济快速发展的背景下,末端物流在我国有着极为广阔的发展空间。

2.8.2.2 配送中心配送、仓库配送、商业门店配送和厂矿企业配送

依据配送出发地不同,配送可以分为以下四种类型:

(1)配送中心配送。配送中心配送是指由配送中心作为组织者发起的配送。一般来讲,配送中心的设施、设备比较齐全,经营规模也比较大,组织的专业化、现代化程度比较高。目前在发达国家配送中心配送已经成为货物配送的主要形式,其发展代表了未来配送发展的方向,在现代物流中发挥了关键作用。

(2)仓库配送。仓库配送是一种以传统的仓库为据点而实施的配送形式,正如前面所述,这种形式的配送是仓库业者拓展其物流功能的结果。这种配送往往是针对原

有设施进行技术改造来实现的，因此，同配送中心配送相比，其配送能力、经营规模和服务范围等相对要差一些。不过，很多配送中心是由传统的仓库转型发展而来的，所以，在物流体系发展起步阶段可以选择这种配送形式。

（3）商业门店配送。商业门店配送是以商店为起点组织的配送活动，往往指一些从事销售活动的商店为自己或外部的零售网点进行商品配送，用以满足客户的零星需要。或者这种商店专门面向中小零售企业从事配送活动，即进行社会化的共同配送，在形式上代替了过去的批发市场的功能。之所以叫做商业门店配送，只不过是其以商店的形态存在而不是以配送中心的形态存在。

（4）厂矿企业配送。这种配送是以工矿企业成品库为起点开展的配送活动，其实施条件是生产企业产品的需求量较大，品种、规格和质量等要求相对稳定，同下游企业之间形成了协作配套关系。在此基础上，厂矿企业才有条件自行组织配送，并把其当做一种“利润源泉”开发方式。

2.8.2.3 单品种大批量配送、多品种小批量配送和配套配送

依据配送商品的种类和数量不同，配送可以划分为如下三种类型：

（1）单品种大批量配送。单品种大批量配送是指由于用户的需求是持续而大量的，单独一个品种或几个品种的货物就可以达到批量标准进行专业化配送，而不用同其他产品混装，如煤炭的配送。

（2）多品种小批量配送。多品种小批量配送是一种高水平、高标准的配送活动，在这种配送方式下，要按照用户的要求，将所需要的各种物品或商品选好、配齐，少量而多次地运抵客户指定的地点，如对连锁门店的商品配送。

（3）配套配送。配套配送是按照生产企业或建设单位的要求，将其所需要的多种物资（配套产品）配备齐全后直接运送到生产厂或建设工地的一种配送形式，这种配送有利于生产企业集中精力促进生产和工程的进度，如外部协作企业向某企业进行的零部件配送。

2.8.2.4 专业性独立配送、综合性配送和共同配送

依据配送组织形态不同，配送可以划分为三种基本类型：

（1）专业性独立配送。专业性独立配送是将产品根据性质进行分类，并由各专业配送组织进行独立的配送。如生产资料配送、食品配送和服装配送等。这种配送可以充分发挥专业化配送组织的优势来满足客户的需求。

（2）综合性配送。综合性配送是指将许多种相关的产品汇集起来由专业配送组织进行配送。与专业性独立配送相比较而言，综合配送的配送品种多，可以为用户提供比较全面的物流服务。

（3）共同配送。共同配送是指由一个或多个配送组织向若干个企业进行统一配送

的形式,实施配送的组织或机构可以由这些企业联合建立或者向外寻求协作。共同配送是物流社会化、共同化发展的体现,发展这种形式的配送可以促进物流活动的分工与协作,推动物流结构的调整和物流资源的优化配置。

此外,按照时间和数量差别,可将配送业务分为定时配送、定量配送、定时与定量配送、即时配送、定时和定路线配送等。定时配送、定量配送、定时与定量配送都是根据事先与用户达成的协议,按照规定的时间或数量进行物品配送。即时配送是根据用户提出的时间、数量和品种要求,及时地进行配送的形式。定时与定路线则是按照规定的时间表和路线进行的配送。这几种配送形式各有优劣,在实际应用时需要根据实际情况及用户的要求来进行选择。

2.8.3 配送中心及其分类

2.8.3.1 配送中心的含义

我国的《物流术语》国家标准将配送中心(distribution center)定义为:从事配送业务的物流场所或组织,应基本符合下列要求:主要为特定的用户服务;配送功能健全;完善的信息网络;辐射范围小;多品种、小批量;以配送为主,储存为辅。

配送中心在中国是新生事物,20世纪80年代中后期,我国物资系统开始搞生产资料配送,取得了较好的效果。商业系统配送中心的建设是在1992年在政府组织推动下开始进行试点的,目前配送中心的发展出现了一个高潮。从1995年开始,行业性、社会性的共同配送中心也在政府有关部门的统一规划下开始筹建。正如前面配送发展介绍中所述,现代的配送中心与普通的仓库和传统的批发、储运企业相比,已经存在质的不同。仓库仅是储存商品,而配送中心绝不是被动地接受委托存放商品,它还起到集配作用,具有多样化功能。和传统的批发、储运企业相比,配送中心在服务内容上由商流、物流分离发展到商流、物流、信息流的有机结合;在流通环节上由经过多个流通环节发展到由一个中心完成流通全过程;在经销方式上由层层买断发展到代理制;在工商关系上由临时的、随机的关系发展到长期的、固定化的关系。

2.8.3.2 配送中心的分类

(1)按功能多少,可以把配送中心分为多功能配送中心与单功能配送中心。配送中心具有采购、加工、分拣、配组、仓储和运输等多种功能,但是,除了配送是任何配送中心都应具备的功能外,其他功能并非每一个配送中心都必须具备。倘若配送中心各种功能都比较齐全的话,我们称之为多功能配送中心;反之,如果某一配送中心以某一种功能为主,兼有少量其他功能,我们则称之为单功能型配送中心。按照核心功能的不同,单功能型配送中心又分为转送型、储存型、分销型和加工型四种主要类型。

(2)按商品种类多少,可以把配送中心分为综合型配送中心与专业型配送中心。

所谓综合型配送中心即是指那些配送多种货物或商品的配送中心，比如，配送商品既有日常用工业品，又有鲜活食品、副食品等。所谓专业型配送中心则是指那些专门配送某一类商品的配送中心，比如水果配送中心、食品配送中心、香蕉配送中心等。由上可见，前一种配送中心的配送商品具有"全"的特点，而后者则具有"专"的特点。

(3)按辐射范围大小，可以把配送中心分为区域型配送中心与城市型配送中心。区域型配送中心是指辐射范围跨省、市甚至全国的配送中心，其配送规模较大，主要是向城市配送中心进行配送，而很少向商店直接配送。城市型配送中心则是以所在城市为配送范围的配送中心，一般直接配送至各个连锁店铺。

(4)按机能的不同，可以把配送中心分为转送模式、分销模式、储存模式和加工模式四种类型。转送模式的配送中心(Transfer Center，TC)的主要功能是传送，不具备商品保管、在库管理等机能，而主要进行商品的周转、分拣等作业，这种模式的配送中心一般与供货商关系密切，货源充足，商品在配送中心的储存时间较短，储存量亦很少。分销模式的配送中心(Distribution Center，DC)拥有商品保管、在库管理等管理性机能，同时又可从事商品周转、分拣和配送等业务，这种模式的配送中心一般设立在口岸或中心城市，以便对腹地和周边进行分拨或分销。通常情况下，分销型配送中心遵循"勤进快出"的原则，大批量进货，然后分装或组配，及时地分送到各客户货位或直接装载，一般不具有长期储存商品的功能。储存模式的配送中心(Stock Center，SC)兼有储存和配送双重功能，并以商品的储存、保管机能为主，商品在配送中心的储存时间比转送模式要长，这种模式的配送中心拥有较大规模的仓储设施，具有很强的储存功能，从而可以把零售店铺的商品储存时间和空间减至最低程度。加工模式的配送中心(Process Center，PC)将大批采购来的半成品(多为生鲜食品)进行加工、解冻、分割、包装，然后分送各分店或用户，此类配送中心的主要功能是对产品进行清洗、整理、包装、再生产，以保证其上市即可出售并消费。

(5)按组织模式及经营主体的不同，可以将配送中心分为自营型配送中心、代理型配送中心和共同配送型配送中心三种。自营型配送中心指企业通过独立组建自行经营配送中心，实现对内部各部门、厂、店的物品配送。这种配送模式往往被一些大型连锁企业或企业集团所采用。代理型配送中心又叫中介型配送中心，是指从事配送业务的企业，通过与上游厂商建立广泛的代理或买断关系，与下游企业或零售店铺形成稳定的配送关系，在此基础上开展广泛的社会化配送，一些企业的配送业务由该类配送中心代理，自身并不经营配送业务。共同配送型配送中心则指多家企业共同组建或参与只由一家公司所独立进行的配送作业，以互惠互利为原则，实现整体的配送合理化。

(6)按经营权限划分，配送中心可分为物流模式的配送中心、授权模式的配送中心和配销模式的配送中心三种。物流模式的配送中心只进行物流作业，商品经营决策或者说商流的任务由相关部门来完成,如实施自营配送的连锁企业,商流工作由连锁总部的商品部负责,配送中心只负责配送和相关物流作业。授权模式的配送中心指一些企业或连锁总部将商品采购权及定价权授予配送中心,企业或连锁总部则保留商品组合、批发销售及业务监管的权力。配销模式的配送中心作为相对独立的利润中心,不仅负责商品采购及商品配送的作业,而且也可以向用户直接批发销售商品。

2.9 小结

物流活动构成要素主要包括运输、储存、包装、装卸、流通加工、信息管理等六个方面。

运输是物流活动的首要构成要素,其功能为实现物品的空间位移、创造场所效用、物品储存。按运输工具不同,可将运输方式划分为铁路运输、公路运输、水路运输、航空运输、管道运输、磁悬浮列车六种基本方式。另外,由于这六种运输方式在运载工具、线路设施、营运方式及技术经济特征等方面各不相同,有各自不同的适用范围,因此,又出现了把各种运输方式联合起来,实行"一票到底"的多式联运。运输合理化的主要途径包括:确定合理的运输距离;确定合理的运输环节;确定合理的运输工具;确定合理的运输时间;确定合理的运输费用;改进运输技术水平,提高运输作业效率;加强各种运输方式的紧密协作,实行多式联运;合理安排运输与其他物流环节间的比例关系等。

储存的功能包括供需调节功能、价格调节功能、调节货物运输能力的功能、配送和流通加工的功能。仓库是储藏物品的场所的总称。储存合理化途径包括:进行储存物的 ABC 分析;在形成了一定的社会总规模前提下,追求经济规模,适当集中储存;提高储存密度,提高仓容利用率;建立有效的储存定位系统;采取有效的监测清点方式;运用现代储存养护技术;采用集装箱、集装袋、托盘等运储装备一体化的方式;认真做好商品在库检查工作等。

包装是包装物及包装操作的总称,基本功能包括防护功能、方便与效率提高功能、促销功能、信息传递功能。包装合理化的途径包括:包装轻薄化;包装模数化;包装机械化;防止包装不足或包装过剩;包装绿色化。

装卸具有支持、保障与衔接性功能。装卸合理化的途径包括:消除无效搬运;提高搬运活性;利用重力作用,减少附加重量;合理利用机械;保持物流的均衡顺畅;集装单元化原则;立足全局,提高综合效果等。

流通加工与一般的生产性加工存在区别。流通加工的功能包括促进销售、提高加工设备的利用率、提高原材料的利用率、提高被加工产品的质量、促进物流合理化等。流通加工的合理化的途径包括:流通加工与配送相结合;流通加工与配套相结合;流通加工与合理运输结合;流通加工与合理商流相结合;流通加工与节约相结合等。

物流信息在物流活动中起着神经中枢的作用，其主要功能包括交易功能、管理控制功能、决策分析功能、制定战略计划功能。物流信息，按信息在物流活动中所起的作用不同，可分为订货信息、库存信息、生产指示信息、发货信息、物流管理信息；按信息流的流程和范围不同，可分为企业内部的物流信息、企业间的物流信息和社会物流信息；按信息的加工程度不同，可分为原始信息和加工信息。物流信息平台是物流产业的重要组成部分，其功能包括基本功能和扩展功能两大部分。物流管理信息系统的结构层次由低至高可以分为数据层、业务层、运用层、控制层和计划层。设计物流管理信息系统时必须遵循以下原则：完整性原则；可靠性原则；经济性原则；借助最先进的科学技术的原则；借助外部咨询原则等。物流信息系统规划可分 4 步走：一是定义管理目标；二是定义管理功能；三是定义数据分类；四是定义信息结构。物流信息系统的开发过程包括物流信息系统调研、物流信息系统逻辑设计、物流信息系统物理设计、物流信息系统实施、物流信息系统的维护与评价几个阶段。现代物流信息技术主要包括：条形码、EDI、人工智能（AI）/专家系统、射频技术、GIS 和 GPS。

配送是现代物流的一个重要构成要素，其在社会乃至企业的物流系统中占有重要的地位。配送业务可以由不同的主体来实施，其中专业化的配送中心发挥着重要的功能，依照不同的标准，现代配送中心可以分为若干种类别。

案例分析

SAP 助海尔物流信息系统建设

为了与国际接轨，建立起高效、迅速的现代物流系统，海尔采用了 SAP 公司的 ERP 系统和 BBP 系统（原材料网上采购系统），对企业进行流程改造。经过近两年的实践，海尔的现代物流管理系统不仅很好地提高了物流效率，而且将海尔的电子商务平台扩展到了包含客户和供应商在内的整个供应链管理，极大地推动了海尔电子商务的发展。

1. 需求分析

海尔集团认为，现代企业运作的驱动力只有一个：订单。没有订单，现代企业就不可能运作。围绕订单而进行的采购、设计、制造、销售等一系列工作，最重要的一个流程就是物流。离开物流的支持，企业的采购与制造、销售等行为就会带有一定的盲目性和不可预知性，而建立高效、迅速的现代物流系统，是建立企业最核心竞争力的保障。海尔需要这样的一套信息系统，使其能够在物流方面一只手抓住用户的需求，另一只手抓住可以满足用户需求的全球供应链。海尔实施信息化管理的目的主要有以下两个方面：

案例分析

(1)现代物流区别于传统物流的主要特征是速度,而海尔物流信息化建设需要以订单信息流为中心,使供应链上的信息同步传递,实现以速度取胜。

(2)海尔物流需要以信息技术为基础,能够向客户提供竞争对手所不能给予的增值服务,使海尔顺利实现从企业物流向物流企业的转变。

2. 解决方案

海尔采用了 SAP 公司提供的 ERP 系统和 BBP 系统,组建自己的物流管理系统。

3. 系统构成

海尔物流的 ERP 系统共包括五大模块 MM(物料管理)、PP(制造与计划)、SD(销售与订单管理)、FI/CO(财务管理与成本管理)。

ERP 实施后,打破了原有的“信息孤岛”,使信息同步而集成,提高了信息的实时性与准确性,加快了对供应链的响应速度。如原来订单由客户下达传递到供应商需要 10 天以上的时间,而且准确率低,实施 ERP 后不但订单可在 1 天内完成“客户——商流——工厂计划——仓库——采购——供应商”的过程,而且准确率极高。

另外,对于每笔收货,扫描系统能够自动检验采购订单,防止暗箱收货,而财务在收货的同时自动生成入库凭证,使财务人员从繁重的记账工作中解放出来,发挥出真正的财务管理与财务监督职能,而且效率与准确性均大大提高。

4. 经验总结

(1)海尔选择了 SAP/R3 成熟的 ERP 系统,而不是请软件公司根据海尔物流的现状进行开发,主要目的是借助于成熟的先进流程提升自己的管理水平。

(2)实施“一把手”工程与全员参与,有效推进信息系统的执行。海尔物流所有信息化的建设均是基于流程的优化,提高对客户的响应速度来进行的,所以应用面涉及海尔物流内部与外部很多部门,有时打破旧的管理办法,推行新流程的阻力非常巨大。海尔物流的信息化建设一直是部门一把手亲自抓的工作,亲自在现场发现问题,亲自推动,保证了信息化实施的效果。如在 ERP 上线初期,数据不准确成为困扰系统正常运转的瓶颈,它牵扯到企业的基础管理工作与长期工作习惯的改变,物流推进部门部长发现问题后,亲自推动,制定出有效的管理模式,不但提高了系统的执行率,而且规范并提升了企业的基础管理(BOM 的准确率、现场管理),保证了信息系统作用的发挥。

案例分析

(3)培训工作同步进行,保证信息系统的实施效果。由于信息化工作的不断推进,原有的手工管理变为计算机操作,这对物流的基层工作者如保管员、司机、年纪较大的采购员等均是挑战。在实施ERP信息系统时,海尔物流开展了全员培训,并对相关操作人员进行了严格的技能考试,考试通过后才能获得上岗证书。物流信息中心也开通了内部培训的网站,详细介绍了系统的基础知识、业务操作指导书,并对操作问题进行了答疑,保证了信息化的效果。

目前海尔已实现了即时采购、即时配送和即时分拨物流的同步流程。100%的采购订单由网上下达,提高了劳动效率,以信息代替了库存商品。

海尔的物流系统不仅实现了“零库存”、“零距离”和“零营运资本”,而且整合了内部资源,协同了供货商,提高了企业效益和生产力,方便了使用者。

资料来源:电子商务实践网,www. zk. fm365. com。

复习思考题

1. 简述物流各活动要素的主要功能。
2. 比较各种运输方式的优缺点。
3. 运输合理化途径有哪些?
4. 储存合理化途径有哪些?
5. 包装合理化途径有哪些?
6. 装卸合理化途径有哪些?
7. 流通加工合理化的途径有哪些?
8. 物流信息平台的功能是什么?
9. 物流信息系统的设计原则有哪些?
10. 简述物流信息系统开发过程。

3 物流系统

学习目标

- 了解系统的基本思想
- 了解物流系统概念的内涵
- 掌握物流系统的要素构成
- 掌握物流系统的发展目标
- 了解物流系统的设计原则
- 掌握物流系统的分析过程
- 了解物流系统的评价指标

3.1 引言

“系统”(system)一词来源于古希腊语,有“共同”和“给以位置”的含义。在人类社会中,任何事物都是以“系统”的形式存在的。用系统观点来研究物流活动是现代物流管理的核心问题。物流系统作为社会经济系统的一个重要组成部分,是一个具有地域跨度和时间跨度的系统。物流系统有广义和狭义之分,无论是对宏观层面的社会经济发展而言,还是对微观层面的企业经营和管理而言,现代物流系统都发挥着重要的作用。本章将分别对物流系统概念及其构成要素、物流系统的目标和发展演变、物流系统设计、物流系统分析和评价等内容加以介绍。

3.2 物流系统的概念与目标

3.2.1 物流系统的概念

物流系统(logistics system)是指在一定的时间和空间里,由所需位移的物资、包装设备、装卸搬运机械、运输工具、仓储设施、人员和通信联系等若干相互制约的动态要素所构成的具有特定功能的有机整体。我们可以从以下几个层面把握这一概念的内涵:

第一,物流系统作为社会经济系统的重要组成部分,是一个具有地域跨度和时间跨度的“大跨度”系统,也是一个由人和作为劳动手段的设备、工具所组成的“人—机系统”。

第二,物流系统有广义和狭义之分,广义的物流系统包括体制、制度和政策法规等内容,因此,可以将广义的物流系统称为物流体系①。

第三,物流系统又可以分为若干个相互动态联系的子系统,如包装系统、装卸系统、运输系统、储存系统、流通加工系统、回收复用系统、物流信息系统等。

第四,随着计算机网络技术和自动化、智能化设备在物流领域的不断应用,物流系统也从要素简单组合迅速向自动化、智能化管理演变。

第五,物流系统是一个具有满足社会需要、适应环境能力的动态系统。随着系统内外环境的变化,物流系统需要不断地修改、完善甚至重新设计。

物流系统的示意图,如图 3-1 所示。

---

① 现代物流体系指的就是这个广义上理解的物流系统,即“扩大了”的物流系统,本书将采用“物流体系”和“物流系统”双重描述,前者侧重于广义或宏观层面,后者侧重于狭义或微观层面。

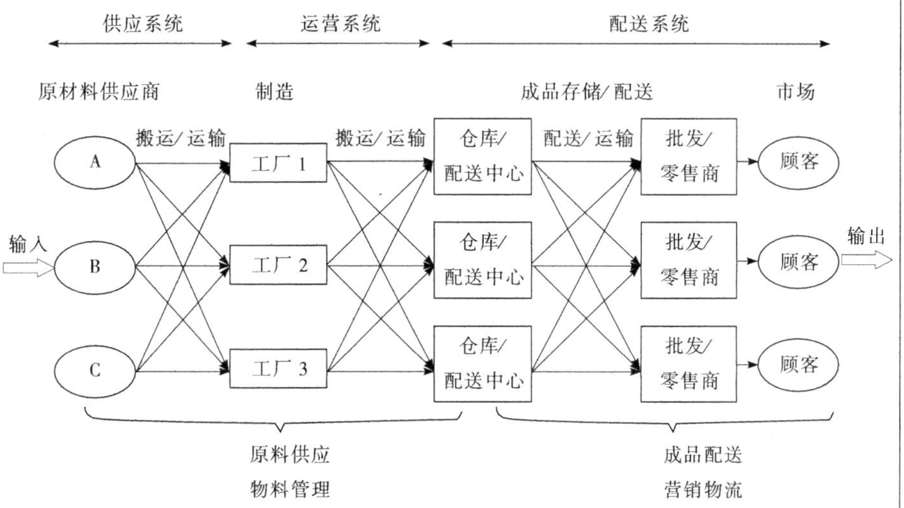

图 3-1　物流系统示意图

3.2.2　物流系统的构成要素

物流系统的构成要素包括一般要素、物质基础要素、功能要素和支撑要素等。

3.2.2.1　物流系统的一般要素

物流系统的一般要素是指人、财、物三要素。

(1)"人"是物流的主要要素,也是最能动的要素。提高人的素质,是建立一个合理化的物流系统并使它有效运转的根本所在。

(2)"财"是指物流活动中不可缺少的资金。物流服务本身也需要以货币为媒介,物流系统的建设也需要大量的资本投入,因此,没有资金也就无法开展物流。

(3)"物"是指物流系统的劳动对象、劳动工具与劳动手段,包括原材料、成品、半成品、能源、动力等各种实物,以及各种物流设施、工具、消耗材料(燃料、保护材料)等。

3.2.2.2　物流系统的物质基础要素

物流系统的物质基础要素主要有:

(1)物流设施:包括物流站、货场、物流中心、仓库、物流线路、建筑、公路、铁路、港口等。

(2)物流装备:包括仓库货架、进出库设备、加工设备、运输设备、装卸机械等。

(3)物流工具:包括包装工具、维护保养工具、办公设备等。

(4)信息设施:包括通信设备及线路、传真设备、计算机及网络设备等。

(5)组织及管理:它是物流网络的“软件”,起着联结、调运、运筹、协调、指挥各要素的作用,以保障物流系统目标的实现。

3.2.2.3 物流系统的功能要素

物流系统的功能要素是指物流系统所具有的基本能力,这些基本能力的有效组合、联结便形成了物流的总功能。一般认为物流系统的功能要素有运输、储存保管、包装、装卸搬运、流通加工、配送、物流信息服务等,具体可划分为以下几个层次:

(1)基本物流环节:如门到门运输、储存保管、配送等,这些要素分别解决了供给者及需要者之间场所和时间的分离,其主要功能是创造“场所效用”及“时间效用”,在物流系统中处于主要功能要素的地位。

(2)商务附加价值:伴随物流发生的订货、结算、单证处理、财务服务等,如有些物流中心或配送中心兼具一些商流功能,这些功能为企业增加了商务附加价值。

(3)劳动服务价值:如包装、装卸搬运、流通加工(加标签)、分拨等,这些功能追加了商品的价值。

(4)信息服务价值:即对内或对外的各种物流信息服务,这些信息也同样创造价值。

(5)物流控制系统:即对物流过程的动态管理和控制,通过管理和控制为物流总成本的降低和服务水平的提高创造条件。

3.2.2.4 物流系统的支撑要素

物流系统的建立需要许多支撑手段,以协调与其他系统的关系。这些要素主要包括:

(1)体制和制度:体制、制度决定了物流系统的结构、组织、领导、管理方式及系统的地位、范畴等,是物流系统的重要保障,有了这个支撑条件,物流系统在国民经济中的地位才能得以确立。

(2)法律和规章:物流系统的运行往往涉及许多权益问题,一方面,法律、规章限制和规范了物流的活动,使它能与更大的系统相协调;另一方面,法律、规章也给物流提供了保障,合同的执行、权益的划分、责任的确定等都需要靠法律、规章来维系。

(3)行政和命令:物流系统和一般系统的不同之处在于,物流系统关系到国家军事、经济命脉,所以,在非常时期,行政、命令等手段也常常是支持物流系统正常运转的重要支持要素。

(4)标准化系统:保证物流环节协调运行,是物流系统与其他系统在技术上实现联结的重要支撑条件。

3.2.3 物流系统的目标

任何社会物流体系的构筑均有其发展目标,正如前面所述,物流体系是扩大的物流系统,因此,现代物流体系的发展目标包括宏观和微观两个层面:在宏观层面上,形成完善的物流体系,使其有利于社会经济的发展和人民的生活和工作;在微观层面上,使企业的物流活动合理化,并使企业间的物流活动有效衔接起来,在降低总成本的同时保障服务的及时性。应该说,一个国家或地区物流体系的建立,需要有宏观及微观两个方面的推动力,二者缺一不可。

3.2.3.1 宏观目标

从宏观层面上讲,现代物流体系的发展要实现以下几个目标:

(1)物流基础设施布局合理,功能完善。现代物流的发展离不开物流基础设施和物流信息系统两大平台的支撑,一个国家、地区或者是经济区域,在现代物流的发展中应该进行合理的基础设施布局规划,以完善的基础设施功能和信息水平保障现代物流的发展,进而形成一个协调有序、快速便捷的物流系统。

(2)体制、制度健全,政策法规完善。现代物流体系的建设,需要不断改进、完善相关体制和制度构成因素,并建立完善的政策法规系统,如统一的物流术语标准、各种货运规则、相关鼓励政策等,这是现代物流健康发展的重要保障。

(3)高效快捷,降低社会物流成本。作为前两个目标的结果,现代物流发展的核心目标就是在实现高效快捷的社会化物流服务的同时,努力降低全社会的物流成本。

(4)加强不同物流方式的协作,提高物流的便利性。作为一个“大系统”,社会物流系统需要不断走向优化协调(如铁路、公路、海运、航空等运输方式的协调),从而打破传统的分立割据格局,实现社会物流的便利性。

(5)减少物流对生态环境的影响。物流同样会给环境带来影响,如噪声、大气污染、交通拥挤等,因此,降低物流对环境的影响,已成为现代物流体系发展的一个重要目标。近年来,绿色营销、绿色物流在一些国家的兴起,正是这一发展趋势的体现。

3.2.3.2 微观目标

从微观层面上讲,企业物流系统的发展要实现以下几个目标:

(1)服务目标。现代物流直接联结着生产与再生产、生产与消费,因此服务性成为现代物流的一个重要属性。现代物流同样要以用户为中心,坚持“客户导向”的观念,向客户提供“准时、保质、保量、低成本”的综合服务。并且,专业化物流服务商正是以提高物流服务水平,来扩大业务范围和增加物流收入的。

(2)快速、及时目标。快速、及时和便捷性是服务性的延伸,是用户的期望,同时也是社会发展进步的要求。现代流通的本质是通过高效优质的流通服务加速流通循环,通过社会再生产的不断循环推动社会的进步。随着社会大生产的发展,对物流的快速、及时的需求越来越强烈,在物流领域采取诸如直达物流、联合一贯运输、高速公路、时间表系统等管理方式和技术,就是这一目标的体现,其本质就是“力求用时间去消灭空间”。

(3)降低成本目标。不断降低物流成本是现代物流发展的永恒规律,专业化物流服务正是通过降低服务对象的流通成本,来协助客户开发“第三利润源泉”。并且,在保障服务的前提下,采取各种手段尽可能地降低成本,成了现代物流创新经营的重要突破点。

(4)规模化目标。同生产领域追求“规模经济”效应一样,现代物流同样追求物流的规模化和集约化,进而减少资源消耗。在物流领域以分散或集中等不同方式建立物流系统,提高物流集约化程度,就是规模化目标的体现。

(5)库存调节目标。库存调节目标包括确定库存方式、库存数量、库存结构、库存分布等目标。现代物流的发展,要求企业改变在传统物流形态下像水库一样的仓库储存,要使物资像河流中的水一样在企业之间进行有效流动,努力实现企业的零库存管理。

3.2.4 物流系统的发展演变

物流系统不是永恒不变的,随着经济的不断发展,物流系统也会不断发生变化,而且,在不同时期,物流系统的发展与经济发展、消费生活和环境共生有着不同的联系。我们以物流系统与上述三种因素的关系为识别和判定依据,对物流系统的发展演变加以说明。

物流系统Ⅰ:工业革命以后,人类生产力得到了极大提高,世界经济的发展开始进入了高速成长期。在发达国家工业化过程中,很长一段时期内,物流被看做是与大规模生产和大规模分销相对应的末端或辅助活动,企业里的物流是分散在组织中的一系列互不协调的、零散的活动。在这一时期,经济发展是主题,人们认为企业物流活动乃至于整个物流系统只是服务于这一主题的,物流并不会对环境及人们的健康产生危害。

物流系统Ⅱ:随着经济的不断发展,特别是第二次世界大战以后的较长一段时间,人们拥有的物质财富得到了极大丰富,对企业的分销及销售服务也提出了更高要求。随着西方管理科学的重心从生产领域逐渐转移到非生产领域,人们开始将企业内部的运输、储存、库存控制、物料搬运和订货处理等物流活动集成起来加以协调管理,并且出

链 接

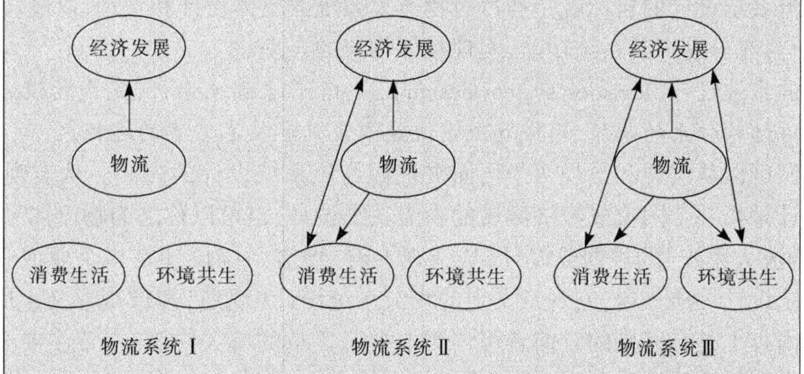

物流系统的演进示意图

现了物流社会化和服务化趋势。这时的企业物流和物流系统,不仅要满足经济发展,还要满足消费生活的需求。

物流系统Ⅲ:到了20世纪70年代,随着经济的发展,人们开始更多地关注经济发展与环境协调问题。一些发达国家开始开发和应用诸如清洁生产、环保材料等来降低工业生产对环境的影响,并致力于循环经济的发展,以减少资源消耗①。进入21世纪以后,人类面对越来越多的资源和生态难题,更加重视环境保护问题。因此,企业物流活动乃至于整个社会物流体系的构筑,不但要有利于经济发展,有利于消费生活,更要关注与环境的共生。

构建环保型或者生态型的物流系统对社会的可持续发展至关重要。由于世界上各个国家所处的经济发展水平和阶段的差别,所以很难用一个统一的标准来判定每个国家的物流系统。总体来说,发达国家由于环保意识强并积极地采取措施,因此,其物流系统的建设开始走向了与环境相协调的发展道路,而包括我国在内的绝大多数发展中国家,其物流系统建设总体上说还处于发展演变的第二阶段,还需要在宏观和微观层面上进行不懈的努力。

---

① 其基本含义是指通过废弃物或废旧物资的循环再利用来发展经济,其目标是使生产和消费过程中投入的自然资源最少,向环境排放的废弃物最少,对环境的危害和破坏最小,即实现低投入、高效率和低排放的经济发展。

3.3 物流系统的设计

物流系统设计的目标就是通过对物流大系统的整体设计和管理，以最佳的结构、最好的配合，充分发挥其系统功能，实现整体物流的合理化。

物流系统设计（logistics system design），是指经过系统分析，完成物流系统硬件结构和软件结构体系的构想，形成物流系统组织设计和技术方案的过程。

我们可以从宏观和微观两个层面来把握物流系统设计的内涵。从宏观上看，物流系统设计是指一个国家或经济区域的物流系统设计，也可以称之为物流体系规划，这是一个"物流大系统"的规划或设计；从微观上看，物流系统设计是指企业或企业之间的物流系统设计。应该说，宏观意义上的物流系统设计（规划）和微观意义上的物流系统设计在内容上是有区别的。前者可参照本书第 7 章的有关内容，本章主要介绍微观层面上的企业物流系统设计。

企业进行物流系统设计，首先要进行物流系统的组织设计，然后再进行物流系统技术设计，物流系统组织设计是物流系统技术设计的前提，它确定了技术设计的纲领和基本要求。关于物流系统组织设计，可详见本书第 4 章的有关内容。下面仅就物流系统设计的原则、目标、程序等加以介绍。

3.3.1 物流系统设计原则

物流系统由诸多要素组成，各要素之间以及物流系统与外部环境之间是相互影响、相互作用的，因此，在进行物流系统设计时，必须坚持下面的原则。

3.3.1.1 内部环境与外部环境相结合的原则

一个企业的物流系统，不仅受到企业内部各种因素的作用，如企业规模、产品特征、员工素质、管理组织等，而且还受到社会经济环境、市场状态和供应条件等外部环境因素的影响。物流产品的社会需要量、供应量、运输量和资金拥有量等方面制约着物流系统活动，并与其他社会、经济、政策以及科学技术等因素，共同构成了一种复杂的社会环境关系。因此，在进行设计时，要充分考虑外部环境因素，并将其和企业自身特征相结合，使企业的物流系统保持足够的开放性。

3.3.1.2 管理整合、组织整合和运作整合的原则

管理整合是指管理决策和信息处理的整合设计；组织整合是指组织架构的整合设计；运作整合是指业务流程的整合设计。一个完善的物流系统设计，应该体现在管理、组织和运作三个层面的整合上，这一原则同时也是考核一个物流系统设计水平的重要标准。

☞ 链 接

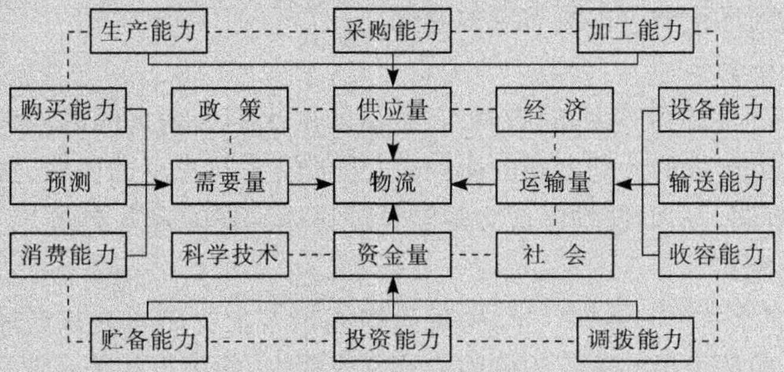

物流系统与外部环境的关系图

3.3.1.3 局部效益与整体效益相结合的原则

物流系统设计总的原则是追求整体效益最佳。因此,在设计时要注意的是:有时从部门来看不是最经济的,但从整体来看是最好的;有时从物流子系统的局部效益来看是不经济的,但从物流系统的整体效益来看是最好的。

3.3.1.4 当前利益与长远利益相结合的原则

在进行方案的优选时,既要考虑当前利益,又要考虑长远利益。一般来说,物流系统设计方案的选择要兼顾当前和长远的利益。如果采用的方案对当前和长远都有利,这样的方案当然最为理想,如果对当前不利而对长远有利,要通过全面分析再作结论。

3.3.2 物流系统设计目标

企业的物流系统设计具有双重目标,即管理目标和经营目标。管理目标主要体现在战略方面,即追求对企业战略的贡献;经营目标主要体现在追求营运的高效率和高效益上。除了实现成本降低和服务优化这一核心目标外,一般来讲,企业的物流系统设计,还应该努力实现以下几个方面的目标:

3.3.2.1 过程优化

通过信息化手段的应用,实施动态管理,加快过程与过程之间的衔接,同时优化并缩短整个产、供、销过程,尽可能满足客户的服务需求,从而使企业得到最大的效益。

3.3.2.2 计划准确

企业的销售计划、生产计划、采购计划的制定要改变盲目、缺乏信息共享、缺乏实效性的缺陷，理顺整个物流系统的计划流程，形成以市场终端需求(订单)为牵引的计划机制，从而做到迅速响应市场需求的变化。

3.3.2.3 管理协调

一是商流管理和物流管理的协调；二是不同层次的计划之间的协调，如战略级的、战术级的、还有运作级的计划之间的协调；三是部门之间管理的协调，如采购、生产、销售部门之间的协调。从而使物流成为推动管理目标实现的有力支撑点。

3.3.2.4 配合紧密

为了提高物流系统的运行效率，要提高物流相关企业之间的数据标准化与共享程度，从而提高对前端市场的需求预测能力和反应能力，使物流相关企业之间能够紧密配合，实时跟踪市场的动态变化。

3.3.3 物流系统设计程序①

同其他系统设计一样，物流系统设计有既定的组织程序，不过，由于设计的系统有不同的应用范围，因此，其设计程序也不同。如企业之间的物流系统与企业内部的物流系统，其范围是不同的，因而，其设计程序也有很大差别。一般来讲，物流系统设计过程可以分为四个阶段：可行性分析与项目规划阶段、搜集和分析数据阶段、物流系统方案设计阶段、提供建议与方案实施阶段和运行与更新阶段。

3.3.3.1 可行性分析与项目规划阶段

(1)可行性分析。可行性分析主要是指针对需要进行物流系统设计或改进的企业，进行全方位的诊断分析，然后再进行项目规划。其中，可行性分析包括对企业物流现状的分析、物流发展机会的分析和物流成本效益分析，这些分析决定了企业应该或者适合建立什么样的物流系统，是下一步项目计划的基础工作。

第一，企业物流现状分析。包括针对企业内部、外部、竞争以及技术进行的分析评估等。其中，内部分析主要是检查企业的所有物流环节，不但要重新审视作业环节的合理性，还要评估决策过程的科学性，并重新确立或度量有关客户服务或绩效考核的指标等。外部分析与评价是对供应商、客户和消费者的外在关系的分析，这些因素构成了企业物流经营的外部环境，因此要着重对市场发展趋势、企业自身以及竞争对手的能力加以分析和评价。技术评价与分析是对物流各个环节的关键技术与能力的评价和分析，需要考虑现行技术与最先进技术的差距，新技术的应用潜力等。

---

① 骆温平：《物流与供应链管理》，第296~302页，北京：电子工业出版社，2002年版。

第二，物流发展机会分析。现状分析的目的，就是要找到或发现改进的机会，即通过对当前的物流过程与实践进行评价，确定具有改进潜力的事项。例如，现行预测技术是否先进？订单是怎样下达并处理的？有关运输、仓库运作等决策是如何支持的？等等。

第三，物流成本效益分析。物流效益包括服务的改进和成本降低，其中服务改进包括货物的可得性、服务质量与服务能力的提高，服务的提高可以增加现有用户的忠诚度并吸引新的客户加盟。同样，服务的改进是在成本增加的基础上实现的，还是在成本降低的基础上实现的，这是企业必须权衡的。随着先进物流技术的不断应用，服务改进与成本降低的矛盾并非不可以调和，相反，这一对比分析结果将成为后面项目设计的关键依据。

(2)项目规划。在可行性分析有了结果之后，则可以考虑进行项目的规划。项目的规划主要包括以下几个方面的内容：

其一，总体目标。总体目标包括物流系统设计或改进的成本与服务期望，即以总成本为约束条件，在总成本的预算内设计能够给客户带来最高服务水平的目标，并且，这一目标必须是可度量的。

其二，约束条件。约束条件表明了在潜在机会分析的基础上，企业对物流系统的修正范围作出的限制。这是因为，不同企业所拥有的资源和能力是不同的，必须根据自身的实际情况，在一定约束条件下找到问题的解决方案。

其三，衡量标准。在项目计划中，还要制定相应的衡量标准，最终用来评价项目的成功与否。

其四，分析方法。明确了上述内容之后，就要选择分析的技术，对分析技术的选择必须考虑评估项目的问题与所需的信息。

其五，工作计划。在上述工作的基础上，还要制定一个工作计划，并明确完成计划所需要的时间和资源。

3.3.3.2 搜集和分析数据阶段

(1)搜集数据。物流系统的设计需要大量的数据支持，能否搜集到这些数据并进行科学的分析是进行物流系统设计的关键所在。一般来讲，这项工作分以下几个步骤：

第一，确定数据分析方法。方法决定了工作内容，只有在确定了要采用什么样的数据分析方法以后，才可以有效地组织、整理数据。事先确定分析方法，就是要避免无序地、杂乱无章地收集数据，降低后期分析的难度。此外，不同的分析方法对数据量及数据组织的要求都不一样，有些分析方法还要求先行建立相关模型。

第二，给出基本假设。任何物流系统的设计都是面向企业未来发展的，因此，其适用性不应该仅仅停留在现状上，还要放眼未来。通过给出一些有根据的假设，如市场、产品的变化，企业产品的发展趋势，竞争对手的发展趋势，需购置的设备由于技术进步或其他原因被淘汰的可能性等，在设计中来识别和预防处理一些将来可能出现的问题。

第三，确定各类数据来源。即确定各类数据都在什么地方，可以通过哪些途径收集。如对于企业自身的销售量、客户分布以及运输量之类的数据可以从企业的历史记录中获得；整个市场的分布、运输线路的分布、相关政策的技术要求等数据，则要通过专业咨询机构或其他途径来获得；对于竞争对手的一些数据，有些可以在公布出来的材料中获得，有些可以通过购买或咨询的方式获得。

第四，收集数据。待有关前期的准备工作就绪以后，便进入到收集数据并整理分析阶段了。这一阶段花费的时间可能较长，而且往往容易出错。因此，收集的数据应该注意其有效性、代表性和适用性。

(2)分析数据。收集完数据以后，或者可以与收集数据同步，开始进行数据的分析工作，在分析数据阶段，主要任务包括以下几个方面：

其一，定义所分析的问题。在确定了一些问题的可接受范围以后，可以减少数据分析的复杂性，缩短数据分析时间。

其二，基本结果检验。利用各种手段分析数据，然后将结果和过去的数据相比较，对那些有较大变化的数据要特别注意，检查是否存在错误。

其三，结果比较。对分析结果进行评价，检查开始所确定的问题是否得到了合理的解释，如果没有，查找原因并对各分析结果作出相应调整。

3.3.3.3 物流系统方案设计阶段

在数据收集和分析结束以后，利用分析的结果以及确立的基本思路，依照前面所介绍的设计原则和要求，从全局出发进行物流系统的方案设计。需要说明的是，方案设计是一个持续的甚至是反复的过程，在设计过程中，可能要针对某些问题进行新一轮的调查或数据搜集工作。当然，所设计的方案不是唯一的。

3.3.3.4 提供建议与方案实施阶段

在第三步结束以后，可以提交物流系统设计方案并提出相关建议，包括：

(1)向管理层推荐两到三个最佳方案。要说明这几个方案优于其他方案的地方，并对这几个方案也作出一些比较，说明各自侧重点的不同，分析优劣点分别在什么地方。

(2)对推荐的几个方案进行成本评估。从中长期发展的角度对几个方案进行成本评估，这是因为某一方案可能要求的前期投资比较大，但该方案可能会使企业的物流系统在同行中保持较长时间的技术优势。

(3)进行风险分析。即判断市场可能产生哪些变动，这些变动对所推荐的方案影响有多大。

(4)灵敏度分析。即对提出的几个备选方案进行灵敏度分析，通过假设某些数据发生改变来检测最佳方案是否还是最佳，如果需要加以调整，要弄清楚调整的幅度与发生了改变的数据之间的关系是怎样的。

3.3.3.5 运行与改进阶段

选择最佳方案并投入实施之后，物流系统设计并没有就此完成，还要试运行并观察一段时间，发现问题及时改进，或者进行必要的系统更新，直至运行状况良好，达到预期的目的并产生良好的效益。

3.4 物流系统分析与评价

3.4.1 物流系统分析的概念、特点与作用

3.4.1.1 物流系统分析的概念

物流系统设计与物流系统分析是紧密联系的，而且往往并行运作。物流系统设计以分析为前提，分析是为了更好的设计或改进。在前一节物流系统设计程序中已经运用了一些分析手段，不过物流系统分析将是企业管理过程中不断进行的活动。这是因为，随着企业经营的不断扩展，企业需要不断改进或完善它的物流系统，而要进行改进或完善，势必要进行相应的分析活动。

所谓物流系统分析(logistics system analysis)，是指从物流系统的最优出发，在选定系统目标和准则的基础上，利用科学的分析工具和方法，分析构成系统的各级子系统的功能和相互关系，以及系统同环境的相互影响，并对解决问题的各种可行方案进行优化分析和综合评价的过程。

我们可以从以下几个层面把握这一概念的内涵：

(1)物流系统分析以系统的整体最优化为核心目标，其目的就是要找到最优方案或改进措施，为决策者提供决策支持。

(2)物流系统分析强调科学的手段应用，使物流系统中各种问题的分析均能符合逻辑的原则和事物的发展规律。

(3)物流系统分析的出发点主要是以成本、效率、环境为侧重点，协调各子系统和功能要素之间的关系。

(4)通过物流系统分析，使待开发或待完善的物流系统在一定的条件下，其潜力得到充分挖掘，从而实现物流系统设计的目标。

3.4.1.2 物流系统分析的特点[①]

(1)以整体为目标。构成物流系统的每一个要素不是孤立存在的，各要素之间相互影响、相互制约。如在物流系统的设计中，既要考虑需求因素，又要考虑运输、储存、

① 丁立言，张铎：《物流基础》，第39页，北京：清华大学出版社，2000年版。

设备选型等因素；在选择厂（库）址时，既要考虑造价因素，又要考虑运输、能源消耗、环境污染、资源供给等因素。在一个系统中，处于各个层次的子系统都具有特定的功能及目标，只有彼此分工协作，才能实现系统整体的共同目标。因此，只研究改善某些局部问题而忽略其他分系统是物流系统分析的最大忌讳。

（2）以特定问题为对象。物流系统分析的目的是寻求解决特定问题的最佳策略，因此这一活动的开展具有很强的针对性。物流系统中的许多问题都含有不确定因素，而物流系统分析就是针对这些不确定因素，研究解决问题的各种方案及其可能产生的结果。需要注意的是，不同的物流系统分析所解决的问题会有所不同，即使对同一个物流系统，由于所要解决的问题不同，也要进行不同的分析，制定不同的求解方法。所以，物流系统分析必须以求得解决特定问题的最佳方案为重点。

（3）运用定量方法。物流系统分析要借助于科学的方法或工具，在许多复杂的情况下，需要有精确可靠的数字和资料作为科学决断的依据，有些情况下利用数字模型有困难，还要借助于结构模型解析法或计算机模型，切忌单凭想象、经验和直觉作主观臆断。

（4）凭借价值判断。在进行物流系统分析时，势必要对某些事物作某种程度的预测，或者用过去发生的事实作样本，以推断未来可能出现的趋势或倾向。由于所提供的资料有许多是不确定的变量，而客观环境又会发生各种变化，因此，在进行物流系统分析时，还要凭借各种价值观念进行判断和选优。

3.4.1.3 物流系统分析的作用

物流系统是多种不同功能要素的集合，各要素相互联系、相互作用，形成众多的功能模块和各级子系统，从而使整个系统呈现多层次结构特征。不论从系统的外部或内部、设计新系统或是改造现有系统的视角出发，物流系统分析都是非常重要的。物流系统分析的作用主要表现在以下几个方面：

（1）物流系统分析在物流系统新建立过程中，发挥着承上启下的作用，如在前面介绍的物流系统设计程序中，系统分析是一个必要的中间环节。

（2）物流系统分析是系统设计或改进的前提，只有在系统分析的基础上才能确定系统设计或改进方案，并据此进一步对系统进行详细设计。

（3）经常对物流系统进行系统分析，可以了解物流系统各部分的内在联系，把握物流系统行为的内在规律性，从而为决策者的最后决策提供科学依据。

（4）由于物流系统中存在着诸多不确定因素或相互矛盾的因素，只有通过系统分析，才能避免经营或管理上的重大失误以及经济上的重大损失。

3.4.2 物流系统分析过程[①]

物流系统分析活动的开展,也要有一个大致的程序,如图 3-2 所示:

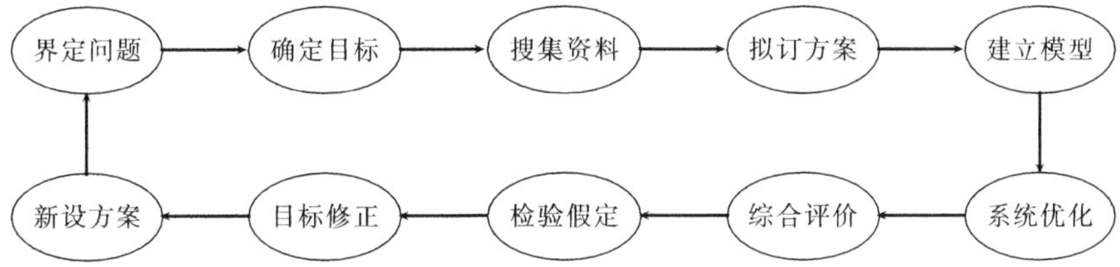

图 3-2 物流系统分析过程示意图

3.4.2.1 界定问题与确定目标

如前所述,物流系统分析是以特定问题为对象的,因为外部环境的变化和系统自身的发展,会使企业经常面对一些新问题。因此,在进行系统分析之前,首先要明确所要研究问题的性质,划定问题的范围。只有对所产生的问题进行清楚的界定,如问题要素间的相互关系以及同环境的关系等,物流系统分析才能有可靠的起点。物流系统分析是为了解决问题而进行的,为了解决问题,还要确定出具体的目标,这是因为物流系统分析是针对所提出的具体目标而展开的。由于系统功能的实现是靠多方面因素来保证的,因此,系统目标也必然有若干个。在多目标情况下,要考虑各项目标的协调,防止发生抵触或顾此失彼,同时还要注意目标的整体性、可行性和经济性。

3.4.2.2 收集资料与拟订方案

在明确问题与目标之后,就可以着手进行相关资料的收集并拟订分析大纲(方案)。资料收集是一个基础性的工作,拟订方案或建立模型,都必须有资料作为依据,后期方案的可行性论证更需要有精确可靠的数据。因此,物流系统分析准备工作做得如何,关键看资料收集。收集资料通常多借助于调查、实验、观察、记录及引用外国资料等方式。在有了翔实资料的前提下,拟订并提出系统分析方案。

3.4.2.3 建立模型与系统优化

建立模型的目的就是通过模型的确立找出说明系统功能的主要因素及其相互关

① 丁立言,张铎:《物流系统工程》,第 32~33 页,北京:清华大学出版社,2000 年版。

系。系统分析模型主要有图式模型、模拟模型、数字模型。通过相关模型的建立,可确认影响系统功能和目标的主要因素及其影响程度,进而确认这些因素的相关程度,从而找到总目标和分目标的达成途径及其约束条件。建立模型并进行相关分析和预测之后,还要针对这一结果提出若干解决问题的方案,并运用最优化的理论和方法,对若干方案及其应用模型进行仿真和优化计算,求出几个替代解。

3.4.2.4 综合评价与检验假定

根据最优化所得到的有关解答,利用相关技术手段,在考虑前提条件、假定条件和约束条件后,对前面提出的各个方案进行定量和定性的综合分析,进一步将所有因素综合考虑并加以研究,显示出每一项方案的利弊得失和成本效益,从而得出综合结论。之后,可以在不同的假定下对各种可行方案进行比较,并以试验、抽样、试行等方式鉴定所得结论,直至得到满意的答案。

3.4.2.5 目标修正与新设方案

一般来讲,物流系统分析在到达第四步找到满意的答案就可以停止了。不过,对于复杂的物流系统,物流系统分析并非进行一次就可完成,为完善修订方案,有时需要根据分析结果对提出的目标进行再探讨,甚至重新界定问题范围后再作系统分析。一旦有了重新开始的必要,物流系统分析就会又开始新一轮的循环。

3.4.3 物流系统评价

3.4.3.1 物流系统评价的概念

所谓物流系统评价(logistics system evaluation),是指依据一定的评价标准,对物流系统设计方案在实施之前或之后进行评估分析,用来优选或改进方案,以实现物流系统的发展目标。

如前所述,在对物流系统进行分析、识别或界定问题、提出多种问题解决方案之后,还要对这些方案进行评价。也就是说,要根据物流系统目标、物流系统功能评价标准以及环境对物流系统的要求,详细比较这些方案的优劣,进而从中选出一个最佳方案付诸实施。一些物流系统方案付诸实施后,为了及时发现问题,需要经常对实施过程和结果进行跟踪评价,必要时采取措施使物流系统方案进一步完善。另外,为了总结经验、吸取教训以提高工作质量,有必要在物流系统方案实施阶段结束后进行回顾评价。有些物流系统在使用多年后,为了更新改造,或为了建造新物流系统也需要进行评价。可见,物流系统评价是根据企业物流管理的需要而经常进行的,且与物流系统分析、物流系统设计相辅相成。

3.4.3.2 物流系统评价的特征

一般来说,物流系统评价具有如下特征:

(1)物流系统评价要判定出物流系统各方案是否达到了预定的各项性能指标,在各种内外条件的约束下,能否实现物流系统的预定目标。

(2)物流系统评价还要按照预定的评价指标体系评出参评方案的优劣,为决策即选择实施方案打下基础。

(3)物流系统评价不仅在选择实施之前对物流系统方案进行评价,而且还对实施过程中的方案进行跟踪评价,对实施完成后的物流系统进行回顾评价,对已投入运行的物流系统进行运行现状评价。

(4)由于物流系统结构的差异性,相应物流系统评价的对象、标准、考虑的因素、使用的方法、评价过程和步骤也有差异。

3.4.3.3 物流系统评价的标准及其选择

衡量一个物流系统或一个物流系统设计方案的好坏要有一套评价标准,即评价指标。常用的物流系统评价指标主要有:投资、成本、费用、收益、利润、投资回收期、资源消耗、产品或服务的质量、效用、环境保护等,以上指标主要是针对企业物流系统而言的,如果将社会物流系统即广义的物流系统的评价指标(如政策性指标)包括进来,则这些指标的全体构成了物流系统的评价指标体系。

链 接

物流系统评价指标体系

指标分类	具体指标
政策性指标	政府的方针、政策、法令以及法律约束和发展规划等要求
技术性指标	产品或服务的性能、寿命、可靠性、安全性等
经济性指标	成本、效益、建设周期、投资回收期等
社会性指标	社会福利、社会节约、综合发展等
环保性指标	废物排放量、污染程度、生态环境平衡等
资源性指标	配货比率、安全库存、供货商数量等
时间性指标	平均库存时间、平均配货周期、产销周期等

一个物流系统大都包含着政治、经济、技术和生态环境等诸方面的因素,为了使物流系统评价过程条理化,必须首先建立一个评价指标体系。在进行物流系统评价指标体系的选择时,应该注意以下几个问题:

(1)由于物流系统评价的因素很多,所以在选择评价指标时,要根据实际情况,选择那些主要的、能够反映物流系统或物流系统设计方案优劣的因素来进行评价。

(2)评价要素的主次之分因物流系统而异,对于不同的物流系统,一些要素的主次地位可能是不同的,如某一评价因素对一个物流系统来说是主要的,而对另一个物流系统来说可能就是次要的。

(3)物流系统评价因素确定之后,就要把这些因素量化成评价指标体系,并使用统一的尺度。

(4)所确定的指标体系必须将物流系统内相互制约的复杂因素之间的关系层次化、条理化,并能够区分它们各自对评价结果的影响程度。

3.5 小结

系统是由相互作用和相互依赖的若干组成部分结合成的具有特定功能的有机整体,而且,这个整体又是它所从属的更大系统的组成部分。它具有集合性、关联性、整体性、层次性、目的性和动态适应性等特征。依据不同的分类标准,系统可以划分为不同的类型。

物流系统作为社会经济系统的一个重要组成部分,是指在一定的时间和空间内,由所需位移的物资、包装设备、装卸搬运机械、运输工具、仓储设施、人员和通信联系等若干相互制约的动态要素所构成的具有特定功能的有机整体。

物流系统的构成要素主要有一般要素、物质基础要素、功能要素和支撑要素。

随着经济的不断发展,物流系统是不断发展演变的,在不同的时期,物流系统的发展与经济发展、消费生活和环境共生有着不同的联系,构建环保型或者生态型的物流系统对社会的可持续发展至关重要。

现代物流体系的发展目标包括了宏观和微观两个层面,一个国家或地区物流体系的建立,需要有宏观及微观两个方面的推动,二者缺一不可。由于发展起步较晚和一些历史的原因,我国物流系统建设还存在着诸多问题。

物流系统设计是指经过系统分析,完成物流系统硬件结构和软件结构体系的构想,形成物流系统组织设计和技术方案的过程。对物流系统设计,我们可以从宏观和微观两个层面来把握,宏观上可以理解为是一个国家或经济区域的物流系统设计,也可以称之为物流体系规划,这是一个"物流大系统"的规划或设计;微观上可以理解为企业物流系统设计。

物流系统分析与评价对物流系统的设计与改进具有重要作用。物流系统分析是指从物流系统的最优出发,在选定系统目标和准则的基础上,利用科学的分析工具和方法，分析构成系统的各级子系统的功能和相互关系，以及系统同环境的相互影响，并对解决问题的各种可行方案进行优化分析和综合评价的过程。物流系统评价是指依据一定的评价标准，对物流系统设计方案在实施之前或之后进行评估分析，用来优选或改进方案，以实现物流系统的发展目标。

案例分析

重整物流系统

1. 案例背景

Laura Ashley 公司总部位于英国，主要生产妇女和儿童时装、窗帘布艺和室内装潢纤维、墙纸、亚麻制品以及一些装饰附件。公司在产品设计和开发方面始终保持着行业领先地位。不过，公司目前的物流系统中包含过多的承运人，非常复杂，但是系统却效率低下，费用也十分高昂，从而导致公司出现利润年年下降的趋势。公司发现自己对这个庞大的系统似乎已经开始失去控制，因此，决定重组物流系统。

2. 系统重组

劳拉是公司的物流总监，她最近一直在思考公司的物流系统重组问题。上个月，德国一位客户订购一种畅销的商品，可是公司在德国的这种商品已经脱销了，新的供应品几个月以后才能运到。与此同时，公司在英国的仓库中这种商品却有大量积压。目前，公司有 5 个大型仓库，8 个重要的承运人和 10 个互不相连的管理系统。顾客从订货开始到得到货物需要等待漫长的时间，而公司也没有得到什么益处，一方面存在大量的存货，另一方面却有大量的缺货，还常常得为了防止一些意想不到的需求问题而保留更高的存货，以弥补不确定性，维持顾客服务。

劳拉认识到公司有必要重新对其现有的设施布局进行分析。通过调查和研究，公司决定在英国只保留一个仓库，其余的全部关闭。这个仓库位于 Newtown，靠近英国的制造工厂。仓库的设施是一个世界性的“处理中心”，作为公司的物流中心，为全球的客户提供服务。虽然这种单一的仓库会导致运输成本提高，但是这种成本的增加能够通过效率的提高得到弥补，即随机的需求能够在整个市场领域内分担，从而使得效率大大提高，而存货却大量下降。事实上，在实际运作当中，由于交叉装运的总量减少了，单一中心系统还降低了运输成本。举例来说，从英国仓库直接装运、发送到零售店，产品只需一次装卸和运输，而不需要在许多不同的地点进行多次装卸与运输。

除了仓库的调整之外，劳拉决定将全部的内部物流作业都交给 Federal

案例分析

Express 的分支机构 Business Logistics 来完成，该公司的任务是重新构造、改善和管理 Laura Ashley 供应链上的物流和信息流的每一方面。公司采用了先进的信息系统和通信设备，能够监督和控制世界范围内的存货，同时 Federal Express 的全球运输网络将确保货物及时抵达目的地。

通过系统的重新整合，劳拉现在已经不再将目标仅仅局限于降低成本了，她为公司重新设置了新的目标：保证 24～48 小时之内向世界上任何地方的商店供货。公司还计划开展邮购业务，在 48 小时内将货物递送到世界上任何地点的最终顾客手中。公司的新系统将使这项计划成为可能，而且做到有利可图！

资料来源：何明珂：《物流系统论》，北京：高等教育出版社，2004 年版。

复习思考题

1. 谈一谈你对物流系统这一概念的理解。
2. 物流系统的构筑都有哪些发展目标？
3. 我国的物流系统建设存在哪些问题？
4. 物流系统设计要实现哪些目标？
5. 简述物流系统分析的过程。
6. 物流系统评价指标的选择应注意哪些问题？

4 物流管理

学习目标

- 了解物流管理的四个发展阶段
- 掌握物流管理的原则
- 掌握物流作业管理的基本内容
- 了解物流系统化的发展历程
- 掌握物流标准化的基本原则
- 掌握物流合理化的基本原则
- 了解物流管理组织的发展演变

4.1 引言

近几年来，随着电子商务的发展，现代物流在我国得到了蓬勃发展。然而，与发达国家相比，我国的物流管理水平还比较低，因此，加强物流管理、降低物流成本、提高服务水平是我国企业和各级政府相关部门的一项重大任务。本章将分别对物流管理的含义、物流管理的发展演变、物流管理的目标与原则、物流管理的基本内容等进行介绍，并针对物流管理思想与方法、物流管理组织等问题展开详细论述。

4.2 物流管理概述

4.2.1 物流管理的定义

根据中华人民共和国国家标准《物流术语》中的定义，物流管理(logistics management)是指为以最低的物流成本达到用户所满意的服务水平，对物流活动进行的计划、组织、协调与控制。

我们应该从以下几个层面来理解物流管理的概念：

第一，物流管理既要实现最低化的成本管理，又要确保客户对物流服务质量的满意，可见，成本和服务是物流管理的侧重点。

第二，对物流活动进行的计划、组织、协调与控制，是指对物流构成要素的管理，因此，物流管理不仅仅是对单个构成要素的管理，而且也是对所有要素的一个动态的、全要素、全过程的管理。

第三，因为物流要素之间存在冲突性，如多批次的交货能够降低客户的储存压力，但却会增加企业的运输成本，物流管理就是要通过有效的计划、组织、协调和控制等手段，合理地组织各种要素，实现整体最优。

4.2.2 物流管理的目标与原则

4.2.2.1 物流管理目标

与一般的企业管理不同，由于现代物流管理是供应链的管理，因此，其管理超出了传统的单个企业的边界。无论是对个别企业而言，还是对供应链上的企业群体而言，现代物流管理有着相对意义上的内在和外在双重目标。

现代物流管理的外在目标主要表现在以下几个方面:

(1)现代物流管理以实现客户满意为第一目标。这里的客户不仅仅指物品的需求方,还可以指物流服务的接受方,即物流业务的委托方。

(2)现代物流管理以整体最优为目的。这里的整体最优可以理解为供应链最优或行业的最优,而不是部分最优或部门最优。

(3)现代物流管理重视效率,更重视效果。比如,在确保整体最优的基础上充分重视环保、公害、交通等因素,积极发展符合21世纪发展潮流的绿色物流。

现代物流管理的内在目标主要表现在两个方面:

(1)在管理层面上表现为对运输、储存、装卸、库存、配送、信息等基本功能要素实施优化管理,处理好物流要素的"二律背反"问题,实现物流要素的系统最佳。

(2)在管理中心上表现为注重物流的效率化和效果化,以较低的成本和优良的顾客服务完成商品实体从供应地到消费地的运动。

4.2.2.2 物流管理原则

(1)在总体上,坚持物流合理化的原则,这是物流管理的最根本原则。所谓物流合理化,就是在兼顾成本与服务的前提下,对物流系统的构成要素进行调整改进,实现物流系统整体优化的过程。

(2)在宏观上,除了完善支撑要素建设外,现代物流管理更强调政府以及有关专业组织的规划和指导的原则。事实上,宏观物流发展需要科学的规划和指引,这一点应该被纳入到现代物流管理的原则中并加以重视。

(3)在微观上,除了实现供应链的整体最优管理目标外,现代物流管理更在服务的专业化和增值化发展等层面上有了新的要求。现代物流管理的永恒主题是成本和服务,即在努力削减物流成本的基础上,努力提升物流增值性服务。

(4)在服务上,具体表现为7R原则,即适合的质量(right quality)、适合的数量(right quantity)、适合的时间(right time)、适合的地点(right place)、优良的印象(right Impression)、适当的价格(right price)和适合的商品(right commodity)。

4.3 物流管理的基本内容①

物流管理涉及多个层面的内容,我们可以从不同角度(如物流活动要素、物流系统要素和物流活动的职能等方面),对物流管理的内容加以分类,如表4-1所示。

---

① 参见夏春玉:《流通概论》,第261~269页,北京:中央广播电视大学出版社,2002年版。

表 4-1 不同的物流管理的内容

划分角度	具体内容
对物流活动要素的管理	运输管理、储存管理、包装管理、装卸搬运管理、流通加工管理、配送管理等
对物流系统要素的管理	人的管理、物的管理、财的管理、设备管理、信息管理等
对物流活动的职能管理	计划管理、质量管理、技术管理、成本管理、服务管理等

一般来讲,物流活动主要是指物流的各种作业活动,因此,对物流活动要素的管理也就是对物流作业的管理。物流作业管理构成了现代物流管理的基础,其他层面的物流管理都是围绕作业管理展开的,或者说是在作业管理基础上进行的延伸。当然,有些管理是和企业的其他领域的管理同时进行的,如人力资源管理等。因此,作业管理、成本管理和服务管理是最基本的物流管理。

4.3.1 物流作业管理

4.3.1.1 运输管理

运输的本质是指人或物的空间位移,是最重要的物流要素。运输可以创造地点或场所效用,是社会再生产的必要条件,是开发物流"第三利润源泉"的主要空间。

从广义上讲,运输包含了配送,因为配送也是物品的位移,所有的物品位移都是运输。两者的区别是,配送强调了"配货"的内涵,专指短距离、小批量的运输。因此,可以说运输是整体,配送则是其中的一部分。

运输管理要注重考虑运输费用、运输时间、运输环节、运输频度、运输能力以及货物的安全性、适用性和到货的准时性等因素,在这些因素中以哪种因素为重点,必须根据不同的运输需要来确定。一般来讲,运费和时间是选择运输方式最为重要的考察因素,但在进行具体选择时,应从运输需要的不同角度进行综合考虑和权衡。

运输管理的本质就是选择恰当的运输方式,努力以最低的成本将货物及时地送达目的地。但运输服务与运输成本之间、运输成本与其他物流成本之间存在着"二律背反"问题,所以,运输管理并不是仅仅以成本管理为中心,而应当以物流总成本为依据,作出合理的安排,尽量避免发生诸如空驶、对流运输、迂回运输、重复运输、倒流运输、超限运输等不合理现象,并采取系列化的手段进行合理化运输,如进行科学的配载计划,尽可能提高运输工具的实载率,使用特种工具和技术,发展社会化的运输体系,尽量采用直达运输等。

☞ 链 接

"二律背反"的解释

"二律背反"是康德在其《纯粹理性批判》中提出的命题,他把人的认识能力分为感性、知性和理性,其中,前两者是人所能认识到的现象世界,而理性是人的认识能力不能认识到的"彼岸世界"。但是人的理性却非要带着人去认识那个"彼岸世界",所以这种认识必定是有限、相对的。这也就导致了同一个事物同时存在着两个相互对立的答案,康德将这种矛盾称为"二律背反"。

"二律背反"与我们平时说的"一分为二"具有一致性。只不过一个是微观层面上的,一个是宏观层面上的。"二律背反"或者说"效益背反"的意思在企业实践中可以简单地理解为:企业为追求某一功能的利益必然会损害到另一功能要素的收益,因此,企业在实际决策中,要注意平衡这两方面的矛盾。这种原理在物流学里很普遍,它存在于物流系统与其构成的各要素之间,如效益(服务)和成本之间的关系。

物流企业的经营通常有这样几种:第一种,提高物流成本,提高服务水平;第二种,保持物流成本,提高服务水平;第三种,降低物流成本,提高服务水平。现在大部分物流企业做的是第一种,目标是从第二种过渡到第三种。

物流企业都想最大限度地降低物流成本,并最大限度地提高物流服务水平,这两者之间是相互矛盾和相互制约的,因此几乎必定是背向运行的。要同时满足这两个目标,在现实中是很难实现的,因为降低了物流成本,一般会导致物流服务水平的降低,而高服务水平常常是建立在较高的成本基础上的。

降低成本必须从整体效益上考虑。提高配送效率,必然要提高对运输、仓储的投入;要保证及时供货,必然保有足够库存,造成资金的占用。这是一种矛盾,但需要统一。它要求有一个优化的理念,有一个整体的意识。

4.3.1.2 储存管理

同运输一样，储存也是物流的一个主要功能要素。储存可以产生时间效用，以克服商品生产和消费之间的时间差，特别是随着现代流通的发展，储存已经由过去的仅着眼于简单保管的被动观点转变为着眼于现代流通的主动观点，即储存的场所（仓库或配送中心）越来越多地发挥着集货、分类、检验、理货、流通加工和配送等功能。

储存作业管理主要由接货、保管、发货的管理构成，其中保管是储存管理的重点内容。

储存管理主要是积极采用现代储存保管技术，如采用有效的储存定位系统和监测清点方法，利用集装箱、集装袋、托盘等运储装备以及有关自动化作业系统提高储存效率。当然，随着现代经济的发展，储存并不一定是企业的必然选择，企业可以实施供应链管理，变革企业物流作业流程，采取虚拟库存和虚拟仓库等方式努力实现“零库存”。

4.3.1.3 包装管理

包装是指物品在运输、保管、交易、消费时，为保持物品的价值、性状，使用适当的材料、容器对物品进行包封、保管的技术和物品被保护的状态。包装是生产的终点，同时又是物流的起点。包装作为物流系统的功能要素之一，与其他功能要素有着十分密切的联系，可以说，包装贯穿着物流过程的始终，并在商品流通中发挥着重要的作用。包装不仅仅对物流意义重大，而且对商品的销售意义也十分重大。

包装管理应该适应企业物流作业、商品保护、形象展示和促进销售的需要，用科学的方法确定最优包装组合，并尽可能适应时代发展潮流。比如，推动包装的机械化、大型化和集装化发展，开发新型包装材料和包装器具，尽量使用可回收或绿色环保的包装材料等。

4.3.1.4 装卸搬运管理

装卸和搬运是紧密连接的两个物流作业活动，装卸改变物品的存放状态，而搬运则改变物品的空间位置。装卸搬运的作业手段除其自身外，辅助手段主要有堆垛、取货、理货分类或与之相关的作业。

装卸和搬运在物流运作的时间和成本占用上均较多，同时由于装卸和搬运往往需要接触货物，如不慎很容易造成物品破损、散失、损耗、混淆等，所以，装卸搬运管理主要是在加强物品保护和防损的前提下运用高效的机具加快作业速度，以加快物流速度，使得装卸搬运作为衔接性的物流作业活动充分发挥其功能。

4.3.1.5 流通加工管理

流通加工是在物品从生产领域向消费领域流动的过程中，为了促进销售、维护产品质量和提高物流效率而对物品进行的简单加工。流通加工同样创造产品的附加价值，在商品流通中起着“桥梁和纽带”的作用。只是因为流通加工比较简单并且是发生在物流领域,所以人们把它归入物流的范畴。

在现代物流的要素构成中,流通加工的重要性已经越来越大,这主要是因为:流通加工可以弥补生产领域加工的不足;可以满足顾客越来越多的个性化需求;可以进一步加强对商品的保护,促进商品的销售;可以通过集中加工,提高材料的利用率;可以使得物品更加适应其他环节的物流作业要求,从而提高物流效率。

流通加工的管理侧重在两个层面,一个是加工中心自身的管理,如选址、加工方式和程度的确定以及加工作业管理和加工成本控制等;另一个是加工与运输、储存、搬运、配送等物流作业环节的作业整合问题。由于目前许多配送中心肩负着流通加工的职能,因此,流通加工已经成为一些配送中心的重要作业内容。

4.3.1.6 配送管理

配送管理是围绕配送活动展开的有关管理活动。从广义上讲,配送管理包括了诸如配送中心的选址和优化布局、配送机械(车辆)的合理配置与调度以及配送作业流程的制定与优化等内容。从狭义上讲,配送管理主要是指配送作业管理,这是因为前两种管理活动更多地体现在前期的决策上,而后者则更多地体现在日常管理上。我们这里所说的配送管理,指的是后者即配送作业管理。

配送活动一般由配送中心开展,一般来说,配送中心开展配送,要执行如下作业流程:进货—进货验收—入库—存放—标示包装—分类—出货检查—装货—送货。因此,配送管理也就体现在以配送中心为主导的进货入库作业管理、在库保管作业管理、加工作业管理、理货作业管理和配货作业管理。

(1)进货入库作业管理。进货入库作业主要包括收货、检验和入库三个流程。收货是指总部的进货指令向供货厂商发出后,配送中心对运送的货物进行接收。收货检验工作一定要慎之又慎,因为一旦商品入库,配送中心就要担负起商品完整的责任。

(2)在库保管作业管理。商品在库保管的主要目的是加强商品养护,确保商品质量安全,同时还要加强储位合理化工作和储存商品的数量管理工作。商品储位可根据商品属性、周转率、理货单位等因素来确定,储存商品的数量管理则需依靠健全的商品账务制度和盘点制度。商品储位合理与否、商品数量管理精确与否将直接影响商品配送作业的效率。

(3)加工作业管理。加工作业管理主要是指对即将配送的产品或半成品按销售要求进行再加工,包括:①分割加工,如对大尺寸产品按不同用途进行切割;②分装加工,如将散装或大包装的产品按零售要求进行重新包装;③分选加工,如对农副产品按质量、规格进行分选,并分别包装;④促销包装,如促销赠品搭配;⑤贴标加工,如粘贴价格标签,印制条形码。加工作业完成后,商品即进入可配送状态。

(4)理货作业管理。理货作业是配货作业最主要的前置工作。配送中心接到配送指示后,应及时组织理货作业人员,按照出货优先顺序、储位区域别、配送车辆趟次别、门店别、先进先出等方法和原则,把配货商品整理出来,经复核人员确认无误后,放置到暂存区,准备装货上车。

(5)配货作业管理。配送作业过程包括计划、实施和评价三个阶段。

第一,制定配送计划。配送计划是根据配送的要求,事先做好全局筹划并对有关职能部门的任务进行安排和布置。全局筹划主要包括:制定配送中心计划,规划配送区域,规定配送服务水平等。制定具体的配送计划,应考虑以下几个要素:各用户的远近及订货要求,如品种、规格、数量及送货时间、地点等;配送的性质和特点以及由此决定的运输方式、车辆种类;现有库存的保证能力;现时的交通条件。在充分考虑这些要素的基础上,决定配送时间,选定配送车辆,规定装车货物的比例和最佳配送路线、配送频率。

第二,配送计划的实施。配送计划制定后,需要进一步组织落实,完成配送任务。首先应做好准备工作。配送计划确定后,将到货时间、品种、规格、数量以及车辆型号通知各门店做好接车准备;同时向各职能部门,如仓储、分货包装、运输及财务等部门下达配送任务,各部门做好配送准备。然后,组织配送发运。理货部门按要求将各门店所需的各种货物进行分货及配货,然后进行适当的包装并详细标明门店名称、地址、送达时间以及货物明细情况,按计划将各门店货物组合、装车,运输部门按指定的路线运送各门店,完成配送工作。如果门店有退货、调货的要求,则应将退调商品随车带回,并完成有关单证手续。

第三,配送作业的评价。配送作业的评价主要包括对配送费用管理、配送效率管理、司机劳务管理等的评价。

4.3.2 物流成本管理

4.3.2.1 物流成本的概念

物流成本(logistics cost)是指物品在空间位移(含静止)过程中所耗费的各种劳动和物化劳动的货币表现。具体地说,它是物品在前面介绍的各种物流作业流程中所支出的人力、财力和物力的总和。加强对物流成本的管理,对降低物流成本、提高物流活动的经济效益具有非常重要的意义。

所谓物流成本管理不是管理物流成本,而是通过成本去管理物流,可以说是以成本为手段的物流管理,通过对物流活动的管理降低物流费用。因此,要深入理解物流成本及其管理,还需要从以下几个层面加以把握:

(1)物流成本的削减对提高经济效益具有显著效果。如果企业的销售额为100亿元,物流成本为10亿元,收益为10亿元;若物流成本下降1亿元,企业就可以增加1亿元的收益。换句话说,企业降低1亿元的物流成本,相当于企业增加10亿元的销售额带来的效益。事实上,这种现象是客观存在的。因此,物流成本的下降会给企业带来极大的效益,特别是随着微利化竞争时代的到来,物流领域降低成本的潜力已成为企业的“第三利润源泉”。

(2)物流成本管理要以相应的核算体系为基础。由于物流成本是分散在企业的各个管理职能部门的,因此一直没有纳入到企业常规管理的范畴,相应地也就没有建立起相关的会计制度,致使物流的许多成本项目总是和其他的成本项目混在一起。当然,物流成本管理不仅仅是财务核算和管理的问题。理论上虽然主张各种物流成本项目的独立核算,但在实际管理中,不可能为了建立物流成本的独立核算系统而破坏其他若干成熟的财务会计核算系统。在企业的物流管理进入到第三阶段,即集成化物流管理(ILM)阶段后,企业才开始把物流组织确定为企业组织结构的一个重要组成部分,纷纷建立相对独立的物流部门,并将物流成本管理纳入到一个独立的核算体系中,从而使物流成本管理有了明确的责任主体。即便如此,物流部门向企业高层管理人员报告的物流成本也只不过是“冰山一角”,这是因为虽然企业的物流部门作出了独立的会计核算,但也只是计算一下物流成本是多少而已,就是说,计算物流成本的目的,只是单纯地想了解物流费用,还没有达到利用物流成本的阶段。这一时期的物流成本管理还没有超出财务会计的范围。尽管如此,完整的物流成本核算对加强企业的物流成本管理还是极具意义的。准确地计算物流成本,不但可以了解物流成本的大小及其在生产成本中所处的地位,提高企业内部对物流重要性的认识,还可以根据物流成本的分布状况发现物流活动中存在的问题,进而明确物流活动中不合理环节的责任者。此外,还可以根据物流成本计算结果,制定物流计划,调整物流活动并评价物流活动效果,以便通过统一管理和系统优化降低物流费用。

(3)现代物流成本管理超越了单个部门或企业的边界。降低物流成本的问题不能只靠物流部门去解决,还必须与生产和销售部门甚至企业外部的协作单位共同研究解决,处理好各项作业环节之间的“二律背反”问题,并努力将物流成本数据变成企业基本的、共享的管理数据。同时,企业应该在流程变革的基础上加强物流信息化建设,建立起完整的供应链进行连接,推动物流管理向供应链管理(SCM)方向发展。现代物流的成本管理要求从流通全过程来降低物流成本,并通过实现供应链管理、提高对客户的物流服务来削减成本。这要求企业必须构筑现代信息系统、采取效率化的配送或者将物流业务外包给专业的物流服务商。

4.3.2.2 物流成本的分类

在进行物流成本计算时,首先应确定计算口径,即从哪个角度来计算物流成本,因

☞ 链　接

物流成本的"冰山一角"

日本早稻田大学西泽修教授在研究物流成本问题时提出了"物流冰山"这一比喻,他认为企业的全部物流成本好比一座海上的冰山,大部分物流成本是被混杂在其他费用之中的,而能单独列出计算的只是其中很小的一部分,这部分可见的成本往往被人们误解为物流成本的全部,其实只不过是浮在水面上的、能被人所见的"冰山一角"而已,而大部分混杂在其他费用之中的物流成本,即潜在海面下面的物流成本"冰山"却没有被发现。

此,必须对物流成本进行科学的分类。物流成本可以从以下三个方面进行分类,如表4－2所示。

表4－2　物流成本分类一览表

按照物流的范围分类	分为供应物流费、企业内物流费、销售物流费、回收物流费和废弃物物流费等五种
按照费用的支付形态分类	分为本企业支付的物流费和其他企业支付的物流费。本企业支付的物流费又可以分为企业本身的物流费和委托物流费,其中,企业本身物流费又分为材料费、人工费、公益费、维护费、一般经费和特别经费
按照物流的功能分类	分为物品流通费(包装费、运输费、保管费、装卸搬运费、流通加工费和配送费)、信息流通费和物流管理费

4.3.2.3　物流成本的合理化管理

凡是能够降低成本、提高物流效率的物流优化管理,都可以认为是物流成本的合理化管理。物流成本的合理化管理应该遵循以下管理流程:

(1)做好物流成本的预测和计划。成本预测是对成本指标、计划指标事先进行测算平衡,寻求降低物流成本的有关技术经济措施,以指导成本计划的制定,而物流成本计划是成本控制的主要依据。

(2)强化物流成本计算。在计划开始执行后,对产生的生产耗费进行归纳,并以适当方法进行计算。

(3)采取适当手段进行物流成本控制。对日常的物流成本支出,采取各种方法进行严格的控制和管理,使物流成本减到最低限度,以达到预期的物流成本目标。

(4)进行科学的物流成本分析。对计算结果进行分析,检查和考核成本计划的完成情况,找出影响成本升降的主客观因素,总结经验,发现问题。

(5)及时向决策部门反馈物流成本信息。收集有关数据和资料并提供给决策部门,使其掌握情况,加强成本控制,保证规定目标的实现。

(6)进行物流成本决策。根据信息反馈的结果,采用能以最少耗费获得最大效果的最优方案,以指导今后的工作,更好的进入物流管理的下一个循环过程。

4.3.3 物流服务管理

现代物流管理以顾客满意为第一目标,应打破"物流的管理就是成本管理"这一传统认识,重新认识和评价对物流服务的管理。现代物流强调服务功能,是坚持以顾客需求为导向的具体表现,同时,物流服务作为顾客服务的一个重要的组成部分,在现代分销中发挥着极其重要的作用,主要表现在以下几个方面:

4.3.3.1 物流服务方式的选择对降低流通成本具有重要意义

这里说的物流服务不仅仅指企业向外提供的服务,还包括企业享受的来自外部的物流服务。这是因为企业低成本的实现往往涉及商品生产、流通的全过程,除了生产原材料、零部件、人力成本等各种有形影响因素外,物流服务方式等软性要素的选择对成本也具有相当大的影响。所以,企业"物流冰山"的消融,不仅仅需要企业自身的努力,还需要外部企业的合作。

4.3.3.2 物流服务水平已经构成企业的一项重要的竞争能力

不管是企业自行组织物流服务,还是将其外包出去由专业的物流服务商去完成,其目的只有一个,就是向客户提供高质量的物流服务。随着中国流通格局的变革,零售商对商品流通渠道的控制力越来越强,从而使一些企业特别是制造企业纷纷向零售终端市场寻找控制力,在这一过程中物流服务体系的建设发挥了重要作用,并成为一些企业的竞争能力。

4.3.3.3 物流服务水平对企业的经营绩效影响重大

决定物流服务水准是构筑企业物流系统的前提条件,因此,物流已经开始成为大多数企业经营战略中的重要一环。现代信息革命的发展为企业发展高效物流服务提供了条件和手段,一些企业在流程再造的同时纷纷开始进行企业物流系统的改造,同时,这一改造也为企业管理带来了变革,而这一变革对于企业降低成本提高绩效具有革命意义。

4.3.3.4 物流服务是联结供应商、厂商、批发商和零售商的重要手段

美国营销专家菲利普·科特勒在《市场营销原理》一书中指出:随着现代社会经济全球化、网络化的发展,现代企业的竞争不是单个企业间的竞争,而是一种网络间的竞争;现代企业的竞争优势不是单一企业的优势,而是一种网络优势。因此,企业经营网络的构造是当今竞争战略的主要内容,物流服务作为一种特有的服务方式,一方面以商品为媒介,打破了供应商、厂商、批发商和零售商之间的隔阂,有效地推动商品从生产到消费全过程的顺利流动;另一方面,物流服务通过自身特有的系统设施(POS,EOS,VAN 等)不断将商品销售、在库等重要信息反馈给流通中的所有企业,并通过知识、技巧等经营资源的蓄积,使整个流通过程能不断协调地适应市场变化,进而创造出一个超越单个企业的供应链价值。

既然物流服务对于提高企业的经营绩效如此重要,那么就应将其纳入到企业的经营发展战略规划中去,并进行科学、合理的物流服务战略分析和策划。首先,向顾客收集有关物流服务信息,并在此基础上确定企业的物流服务要素,包括服务的主要内容和具体指标等。其次,要根据不同顾客群体的需要制定相应的物流服务组合。最后,建立起相应的决策流程,并实施相应的动态管理。

作为提供专业化物流服务的物流企业,服务更是其生存之本,服务管理不但要面向委托方,还要面向委托方的最终客户。因此,还需要将客户关系管理(CRM)纳入到企业的服务管理发展规划中。

4.4 物流管理思想与方法

随着经济的不断发展,为了适应环境转变并提高企业的竞争实力,企业的物流管理思想和手段也发生了根本性的变化,主要表现在以下几个方面:一是由分散管理向集中管理转变,使得物流成为企业利润开发的第三源泉;二是由操作型管理逐步向决策型管理转变,物流已不再是附属于生产和销售过程的单纯的操作活动;三是由封闭型管理逐步向开放型管理转变,供应链管理已成为大势所趋;四是电子化、信息化、智能化的管理手段逐步得到广泛应用,使得现代物流的主导性越来越明显。可以说,系统化、标准化、合理化以及信息化等物流管理思想与方法的应用,在上述转变的过程中发挥了重要作用。

4.4.1 系统化管理

4.4.1.1 物流系统化管理及其内涵

物流系统化管理(logistics systematize management),是指为了实现既定的物流系统

☞ 链 接

物流企业在制定物流服务战略时应注意的问题

(1)企业不应当只站在供给的角度考虑物流服务水平，而应全方位把握顾客的要求，从供应链组织的角度去统筹安排物流服务。

(2)不同的顾客，所需的物流服务也不同。对于自行组织物流服务的企业，应当将物流服务确定为企业的核心服务并进行系统化的流程开发。

(3)企业的物流服务应与顾客的特点、层次相符合。

(4)企业在确定物流服务水平时，应考虑如何创造自己的特色，以便超过竞争对手，也就是说要采取差别化的物流服务战略。

(5)经过一段时间后，企业要对其物流服务水平进行评估和改进。

目标，提高向消费者或用户供应商品的效率和服务水平，对物流系统进行计划、组织、指挥、监督和调节的活动。

物流系统性的内涵是同一性、协调性和整合性，物流系统化管理就是要在提高物流功能要素的协同效率的同时，保障对客户的服务质量。我们可以从以下几个方面对物流"系统性"的内涵及"系统化"管理的必要性加以认知。

(1)物流本身就是一个独立的系统，不是运输或保管等单一功能，只有众多的功能要素整体合理化、机械化和智能化，才能真正在降低成本的同时提高服务水平。

(2)物流各功能要素之间是相互联系、相互制约的，有时甚至是相互矛盾的，因此，必须在整体上加以协调，用系统化的思想加以整合、提升。

(3)随着物流管理理论的发展和新技术的不断应用，使得物流越来越成为跨越企业边界的综合性活动，无论是内在管理还是外围条件，都要求物流的系统性和整体性。

(4)在物流管理的全过程中，始终贯穿着大量的物流信息，如何将这些信息搜集并处理好，使之服务于物流管理并将各个子系统有机地联系起来，需要一个信息集成系统来完成。

物流系统化能有力地促进物流活动的合理化,否则物流管理的滞后,不仅有碍于物流系统目标的实现,而且会对生产和营销行为产生负面影响。

4.4.1.2 物流系统化管理的发展

20世纪50年代至60年代,物流活动被人们认为是建立在纯粹功能基础上的后勤工作,其作用是为生产和销售提供便利和支持。当时,企业对物流系统化根本没有考虑,即使是早期把计算机应用到定量化技术上时,人们的注意力仍集中在改善诸如订货处理、预测、存货控制、运输等特定物流功能的表现上。在后来的发展中,随着有关学科的理论不断地被应用到物流研究与管理中来,信息化管理手段的不断应用以及企业物流管理组织架构的不断调整,物流的系统化管理才开始被提上日程。

物流系统化管理的大发展得益于20世纪80年代开始的以美国为代表的物流复兴运动的推动,这一运动经过80年代初到90年代末大约20年时间的发展,推动并促进了现代物流概念的形成,并使得物流系统化管理有了飞跃性发展,具体体现在以下五个方面:

(1)企业物流管理的组织演变。自20世纪50年代末开始,美国的一些企业有了专门的物流管理组织,到了80年代以后发生了一系列演变(见下一节内容),这一演变推进了物流系统化管理的步伐,并保障了物流系统化成果。

(2)交通运输管理的管制放松。20世纪80年代以后,一些交通运输法案如《斯泰格斯铁路法》等的陆续出台,促进了美国运输体系的变革,打破了传统的管制局限,使得运输业更接近于自由市场体系,大大地降低了社会运输成本,从而在宏观层面上促进了物流大系统的发展。

(3)质量管理观念的创新。随着全面质量管理(TQM)在美国各个行业的普遍推广,厂商开始认识到交货及时的重要性,并将其纳入到"零缺陷"的服务质量管理范畴中去。于是,人们开始从追求纯效率转到追求效率与服务的均衡上来,这使得物流系统化管理有了新的内涵。

(4)信息技术与手段的应用。自20世纪80年代开始,条形码技术、电子数据交换(EDI)以及MRP,ERP等技术与系统被陆续应用到物流领域,特别是POS,QR,ECR,CRM等相关系统的应用,使人们对物流的系统性有了更高的要求。

(5)战略联盟与合作思想的应用。20世纪80年代至90年代,发展物流战略联盟和合作的思想已经成为美国物流实践的基础。一方面,物流服务商陆续组织起各种联合形式,一些企业开始从外部寻求物流服务,专业化物流服务有了较快发展;另一方面,一些企业的物流管理开始跨出单个企业的边界,供应链管理开始形成,从而使物流系统化管理开始走向更高的发展层次。

4.4.2 标准化管理

4.4.2.1 物流标准化管理及其特点

物流标准化管理(logistics standardization management),是指对物流设施和工程、物流机械和器具、物流工作和服务等物流活动规定统一的标准,并对这些标准加以实施的整个过程。

物流标准化管理是物流管理的重要手段,是物流合理化的重要内容,同时也是实现物流现代化的基础。物流标准化管理对物流成本、效率有重大决定作用,如托盘标准化、集装箱标准化、运输工具的标准化等。开展物流标准化管理,有利于加快物流系统的建设与整合步伐,提高物流的作业效率,并实现与物流以外系统的连接及与国际市场接轨。

物流标准化管理的特点主要有:

(1)物流标准化涉及面较为广泛,涉及的部门多,其对象不像一般标准化系统那样简单,标准化管理工作难度大。

(2)物流标准具有非常强的国际性,随着世界经济全球化进程的加快,国际物流活动日益增加,在制定物流标准时,要充分考虑与国际标准接轨。

(3)物流标准系统属于二次系统,组成物流大系统的各子系统在归入物流系统之前就已经制定了自身的标准。因此,物流标准的制定并非要打破既有系统重新建设标准化体系,而是要从整个系统出发,充分协调各子系统的标准。

4.4.2.2 物流标准化的基本原则

(1)要确定标准化的基点。要形成整个物流体系的标准化,必须在局部中寻找一个共同的基点,并使这个基点贯穿物流全过程,在此基础上形成物流标准化工作的核心。依据物流是“物之流动”的特性可以确认,集装系统是使物流过程连贯而建立标准化体系的基点。

(2)要实现物流系统各子系统的配合性。配合性是建立物流标准化体系必须体现的要求,是衡量物流系统标准化体系成败的重要标志。应以物流系统为出发点,研究各子系统与物流相关领域中技术标准与工作标准的配合性,按配合性要求统一整个物流系统的标准。

(3)要注意物流与环境的发展关系。现代物流正向着大型化方向发展,在进行物流标准化规划时,必须将物流对环境的影响(如噪音、废气等)放在标准化的重要位置上。

(4)要由权威的组织来牵头制定和推行。物流标准化的制定由于涉及众多层面,在贯彻执行中要求层层推进,因此,其制定和推行需要由权威的组织来牵头。国际标准化组织(ISO)是全世界标准化的权威机构,已经制定了许多物流标准,一些国家(如英国和韩国),则由自己的标准化协会制定了本国的物流标准。

4.4.2.3 物流标准化的种类

依照内容和性质的不同,物流标准化可以分为三类:

(1)物流系统标准化。物流系统标准化就是制定出在整个系统中各子系统共同使用的标准,包括基础编码标准化、专业计量单位标准化、物流基础模数尺寸标准化、集装模数尺寸标准化、物流专业名词标准化、物流单据(票证)标准化、物流标志和识别标准化、物流成本核算标准化、统计标准化等。

(2)物流技术标准化。物流技术主要包括装备、材料、信息管理等技术,具体包括运输工具标准化、仓库技术标准化、站场技术标准化、作业车辆标准化、传输机具标准化、包装材料及技术标准化、信息管理标准化等。

(3)管理组织工作标准化。管理组织工作标准化主要指为实现物流活动而要进行的计划、管理等组织工作,包括对各项物流活动制定统一要求和规范化规定,明确划分各岗位的职责范围、权利和义务、工作方法、核查督导等方面的标准化。

4.4.2.4 我国的物流标准化体系建设

由于现代物流在我国刚刚起步,人们的认识还有待于进一步提高。长期以来,我国一直没有专门负责物流标准化体系建设的组织,全国各行各业的标准化管理均由国家质量监督检验检疫总局负责。该总局内设有两个与标准化管理相关的委员会,一个是全国标准化管理委员会,另一个是全国认证认可监督管理委员会,两个委员会均由国务院授权负责我国的标准化及认证工作。

在过去的发展中,我国也制定了一系列与物流相关的标准,主要有:物流术语国家标准、电子数据交换国家标准(交通运输行业)、条码国家标准目录、托盘国家标准目录、集装箱国家标准目录、包装单元货物国家标准目录、集装单元运输应用国家标准目录、集装单元运输主要相关国家标准目录、工业搬运车辆国家标准、仓储机械国家标准、输送机械国家标准、起重运输机械国家标准等。这些标准的制定,曾经为规范我国物流的发展发挥了一定作用,不过,由于制定主体的不同且推出年份已久,随着近几年物流产业的迅速发展,有些标准已经落后于现代物流发展的需要。

近年来,由于现代物流的发展及各界的不断呼吁,我国成立了全国物流标准化委员会,负责物流标准的制定与实施。可以说,目前我国物流的标准化体系还没有完全建立起来,随着现代物流产业的发展,我国物流的标准化程度还有待进一步提高,特别是在大系统的配合性方面还需努力。因此,当务之急,应尽快研究制定出适合我国相关领域建设需要并且能够与国际接轨的物流标准化体系。针对当前物流标准化中存在的问题和国际物流标准化的发展方向,应该加快标准化建设步伐,在做好物流用语、计量标准、技术标准、数据传输标准、物流作业和服务标准等基础标准的同时,加强标准化的组织协调工作；在对各种与物流活动相关的国家标准、行业标准进行深入研究的基础上，全面梳理现行标准；对已经落后于物流发展需要的标准应予淘汰，并代之以新型标准；对部分不符合实际需要的标准，进行修订完善；对尚未制定的标准，要抓紧时间制定，以使各种相关的技术标准协调一致，与国际标准接轨，提高货物和相关信息的流转效率。

4.4.3 合理化管理

4.4.3.1 物流合理化管理及其意义

物流合理化管理(logistics rationalization management)，是指在兼顾成本与服务的前提下，对物流系统的构成要素及其经营活动进行调整改进，使得物流系统不断走向整体优化的动态管理过程。

物流合理化管理的主体既可以是政府，也可以是企业。物流合理化包括物流结构的合理化、物流运动的优质化和物流体制的科学化三个方面。物流结构的合理化是指物流系统的合理化架构，物流运动的优质化是指物流的各项作业的合理化，物流体制的科学化是指物流管理体制的科学化及政策法规的完善化。物流合理化管理过程被人们喻为“挖掘企业脚下的金矿”，其意义表现在以下几个方面：

(1)降低物流费用、减少产品成本。物流费用在产品成本中占有相当比重，我国物流成本的下降还有较大的空间。降低物流费用、减少产品成本是物流对企业的首要贡献，而开展物流合理化管理，可以提高企业的物流作业效率，减少运输费用及仓储包装费用，从而达到降低成本的目的。

(2)缩短生产周期、加快资金周转。物流系统的改善对缩短原材料周期起决定作用：一方面，可以有效地加快资金周转，提高资金的使用效率；另一方面，生产周期缩短可以更好地适应市场的变化，提高企业的核心竞争能力。

(3)压缩库存、减少流动资金的占用。一些企业的流动资金主要是被材料费占用的，库存物资的减少将对减少流动资金起显著作用。通过各种控制策略和控制方法使企业的原材料、中间在制品和成品库存在满足生产、销售要求的前提下降至最低，是物流合理化管理的一个重要目标。

(4)提高企业的管理水平。“只要看物流状况，就能判断企业的管理水平”，物流合理化管理将直接推动企业管理水平的提高，加快企业对市场的反应速度，甚至引发企业的管理变革。

4.4.3.2 物流合理化的基本原则①

在物流系统成本降低、效益和效率提高的前提下，物流合理化管理可以采取任何有

① 参见李苏剑，等：《企业物流管理理论与案例》，第25～27页，北京：机械工业出版社，2003年版。

利于上述目标实现的措施。不过,物流合理化改进仍要坚持一些基本原则,坚持这些原则,可以使我们少走弯路,见表4－3。

表4－3　物流合理化基本原则一览表

物流合理化原则	内容及侧重点
系统化原则	物流合理化的第一原则,要把系统化和整体化放在首要位置来考虑,见前面"系统化管理"介绍
标准化原则	坚持使用国际标准或国家标准,保持物流系统的开放性和可接入性,见前面"标准化管理"介绍
柔性化原则	与生产的柔性化发展相对应,满足客户个性化需求,如配送中心小批量、多品种的柔性配送服务
共同化原则	配送共同化、物流资源利用共同化、物流设施与设备利用共同化及物流管理共同化等,减少重复建设和环境承载压力
优先化原则	优先考虑将彼此之间物流量大的设施布置得近一些,在物流系统规划和设计上或者在某些业务操作上,要充分体现这一原则
近距离原则	尽量缩短物料流动或运输的距离,如一些企业的联合厂房设计和一些地区的园区化生产布局等
零库存原则	追求库存最小的原则,要通过供应链管理和各种管理的改进使企业各种库存降到最低限度
集装化原则	使用标准化托盘、料箱、料架等工位器具,提高作业机械化和自动化水平等
信息化原则	提高自动化与计算机应用水平,建立并完善物流信息管理系统,并努力向智能化自动管理阶段迈进
环保化原则	注重环境保护,物流系统规划、设计、改造要符合可持续发展原则和绿色制造要求,与其他系统相互协调

4.4.3.3　物流合理化的基本思路及途径

物流合理化的开展,应坚持以下基本思路:一是通过改进管理体制和政策法规的完善,改善物流系统的支撑要素;二是通过物流的系统化和现代化,提高物流系统的自身素质;三是通过提高战略层级推动企业物流的一体化发展,改善物流系统的内部作业流程;四是通过物流的专业化、社会化、共同化发展,改善物流系统的外部环境。

尽管我国的物流市场规模正在逐步扩大,但和发达国家相比较,物流合理化程度还不高,我国的物流合理化发展还有很长的一段路要走。推进物流合理化,需要由政府引导、企业努力。具体来说,为了推进我国物流合理化,需要从以下几个方面作出努力:

(1)加强宏观物流体系的布局规划,推进物流系统化。物流系统化是物流合理化的前提。物流系统作为一个涵盖范围广泛的开放系统,其运行是通过各个子系统有效运作和密切协调来实现的。广义的物流系统即物流体系包括了物质基础、体制、制度和政策等内容,所以,物流系统化的发展绝不仅仅是企业的任务,政府应该发挥主导作用,推动宏观物流体系的布局和规划的合理化。我国政府主导的宏观层面物流系统化的推进,应该从以下两个方面着手:一是加速创造现代物流发展的宏观环境,包括政策规划、立法、财政、人才培养等方面的支持;二是加快构筑良好的物流基础设施体系,因为物流基础设施体系是支持全部物流活动高效、稳定运行的一个大平台,其发展建设相对经济的发展要有一定的超前性。

(2)积极推动物流标准化的发展。正如前文所述,物流标准化工作是物流合理化的重要内容,加快物流标准化发展步伐已经成为我国目前物流工作中的一项十分紧迫的任务。因此,应在全国物流标准化委员会的统一领导下,加快我国物流标准化体系的制定和实施。

(3)大力发展电子商务,并促进物流的电子化发展。电子商务引发了新的"流通革命",对物流服务的发展也起到了至关重要的推动作用,这是因为电子商务的发展为物流过程的延伸提供了条件,并进一步提高了物流信息化程度与反应速度。所以,电子商务和现代物流的发展是相互促进的。同样,大力发展电子商务,并促进物流的电子化发展,对于中国物流合理化发展的意义相当重大。

(4)推进物流社会化和共同化的发展。随着现代物流的不断发展和延伸,呈现了物流社会化和共同化的发展趋势。物流社会化是建立在物流专业化发展的基础上的,物流社会化发展隐含了专业化的发展前提,而物流共同化是在物流社会化基础上的一种延伸。物流社会化和共同化同样也是物流合理化的发展方向,因此,我国应该大力推进物流社会化和共同化的发展。

(5)加快物流产业化发展,加大物流服务市场的培育力度。物流产业化的发展,是物流合理化的一项内容。在物流产业构成中,物流服务业及其市场的培育是重中之重,因为物流服务业的发展水平代表了一个国家和地区的物流发展水平。物流服务市场的培育,其重点就是促进专业化的物流服务企业的成长。

4.4.4 信息化管理

4.4.4.1 物流信息化及其发展

物流系统的不同子系统和不同层次之间是通过信息流紧密地联系在一起的,因此,对物流信息进行采集、传输、存储、处理、显示和分析变得十分重要。物流信息管理是借助物流信息管理系统来实现的。

物流信息管理(logistics information management),是指对物流作业系统以及与物流相联系的各种信息进行的有序管理。物流信息管理实现的主要手段是各种信息化手段的不断开发与应用。

物流信息化是物流现代化的基础，自动化与信息化的有效结合则是现代物流的主要特征。物流信息化表现为物流信息搜集的数据库化和代码化、物流信息处理的电子化和计算机化、物流信息传递的标准化和实时化、物流信息储存的数字化和物流信息交换的商品化等。在电子商务时代，信息已经成为商流、物流、资金流的媒介，物流业务更加依赖于可以共享的信息，物流信息化是电子商务的必然要求。

不仅如此，随着大量人工智能系统的应用，现代物流管理的智能化发展特征也越来越明显。物流智能化是物流自动化和物流信息化的一种高层次应用，旨在解决物流作业过程中大量的运筹和决策问题，如库存水平的确定、运输路径的选择、自动导向车的运行轨迹和作业控制、自动分拣机的运行、物流配送中心的经营管理决策支持等。在物流自动化的发展进程中，物流智能化（如专家系统、机器人应用等）是不可回避的技术问题。

物流信息化是在20世纪80年代后期开始的信息技术革新的推动下不断发展的。条形码技术、数据库技术、电子数据交换、电子订货系统、快速反应系统、企业物料需求计划、企业资源计划技术等在物流系统中的应用，推动了物流信息化的发展。特别是近年来伴随着信息革命兴起的国际互联网、电子商务等的迅猛发展，使物流信息化有了更加丰富的内涵。

可见，物流信息化的发展是一个渐进的过程，并且，这一过程也仅仅只有20余年的时间。在电子商务的条件下，物流信息化发展历程可以分为三个阶段，发达国家的物流信息化已经走到了第三阶段，而我国大多数企业的物流信息化水平还处在上述第一发展阶段，只有极少数的企业已经发展到了第二阶段并正在向第三阶段积极迈进。①

现代信息技术在物流领域的广泛应用，不仅提高了物流运作的效率和精确性，更为重要的是，以现代信息技术为基础的企业管理革命和商业革命对物流产业的发展有着直接的推动作用，使得现代物流产业在经济地位、运行模式、组织形式、系统结构、竞争格局和管理手段等方面产生了一系列深刻的变化，具体表现在以下几个方面：

（1）在信息革命的推动下，物流不再是末端，其先导性被越来越多的人所认同，现代物流产业获得了快速发展。

（2）在信息技术的支持下，电子商务与现代物流并行发展，互相支援，并呈现出越来越明显的融合趋势。

（3）现代信息技术的发展及其在经济活动中的广泛应用，直接推动了物流产业组

① 参见夏春玉：《流通概论》，第269页，北京：中央广播电视大学出版社，2002年版。

☞ 链 接

电子商务条件下的物流信息化发展阶段及其管理特征[①]

第一阶段	第二阶段	第三阶段
①建立自己的网页，显示自己的物流服务网络； ②提供物流服务内容及其他信息； ③提供库存、货运跟踪信息，但不是实时的	①提供实时的库存信息； ②自动提示委托人及其客户关于意外情况的发生； ③与客户系统相连，能了解整个渠道的物流情况	①使用先进的应用系统，委托人与物流企业建立紧密的合作关系； ②生成各种合同，并根据合同要求安排货运； ③能够进行自动结算
这一阶段物流信息管理呈现静态特征，企业可以将这一管理工作外包出去	这一阶段物流信息管理实现了动态实时化管理，企业通过供应链连接形成网络化管理	这一阶段物流信息管理实现了电子商务化，企业物流信息管理的增值性加大

织的发展和创新，并使物流产业组织呈现出信息密集度不断提升的特征。

(4)在现代信息技术的支持下，物流的主体从工商企业转向物流企业，专业化物流企业之间的竞争成为物流市场竞争的焦点。

(5)现代信息技术使信息传递和共享能够穿越企业的组织边界，从而导致物流活动的范围从个别环节转向整个供应链系统，拓展了物流系统的内涵。

(6)在信息技术的支持下，物流管理水平的评价从对物流设施管理的评价转为对物流信息管理的评价，以现代信息技术为支撑的快速响应能力将是未来物流企业的核心竞争能力。

(7)随着信息技术的不断发展，企业的物流信息化正向着信息采集的在线化、信息存储的大型化、信息传输的网络化、信息处理的智能化以及信息输出的图形化方向发展。

4.4.4.2 物流信息化引发的管理变革

物流信息化的发展相应地引发了企业管理的变革，并且，这一变革影响了企业经营管理的各个方面。归纳起来而言，物流信息化引发的管理变革对企业发展的促进意义表现在以下几个方面：

---

① 参见夏春玉:《流通概论》，第269页，北京:中央广播电视大学出版社，2002年版。

(1)使企业实施全新的供应链管理成为可能。这是物流信息化引发的管理变革带给企业的最重要的影响。企业借助计算机网络技术和各种信息管理系统,实现了与它的下游顾客和上游供应商之间的有效连接,并通过物流、信息流和知识流的交流,重新定义并建立了新型的顾客关系。同时,信息网络的发展也使得企业打破了过去时空的局限,能够在全球范围内选择自己的供应商,进行全球化的供应链管理,从而构筑全新的供应链条并形成新的竞争优势。

(2)改变了企业产品的存在形式和流通方式。过去,企业要保留相当数量的库存来确保生产和营销活动的顺利进行,同时一些服务的提供也必须是面对面地来进行。现在,由于采用了现代信息管理技术,使企业的供应链管理水平得以提高,通过业务流程的再造及新的技术手段的应用,使企业的"零库存"管理成为可能。企业的仓库由过去"蓄水"的"水库"变成了流动的"河流";同时,越来越多的产品流通开始采取"网上销售、网下配送"的方式来进行。

(3)改善了渠道质量,使企业具有了及时决策的能力。企业利用网络与经销商协作,建立能够实时反应的订货和库存状况的信息管理系统(如VMI系统),通过这一信息管理系统,企业可以获知经销商的销售实时或及时信息,在这一信息反馈的前提下,企业可以进行连续库存补充和销售指导。这种及时决策的能力,可提高企业销售渠道的效率,从而提高顾客的满意度。

4.4.4.3 我国企业物流信息化的发展途径及应注意的问题

应该说,物流的信息化及其管理水平代表了现代物流的发展水平,在我国,推动企业物流的信息化将是一个艰巨的系统工程。这是因为物流信息化的发展不仅仅是个别企业的事情,而且是一个宏观系统和微观系统协调发展的过程。具体来说,在宏观系统上政府要努力构建物流基础设施平台和物流信息平台,为企业发展现代物流提供载体和操作平台;在微观系统上,企业要应对电子商务革命的浪潮,努力实现自身的"E"化,并通过供应链的有效衔接构筑自身的微观物流信息循环系统。

从降低企业物流成本和提高效率的角度来看,企业物流信息化的趋势是:客户导向的供应链全程管理体系;建设(或利用)多功能的综合物流服务中心和高效、系统的综合运输配送网络;建立对物品流通全程的监控体系。

我国企业要实现物流信息化,进而推动物流管理水平的提高,需要特别关注以下几个方面的问题:

(1)企业高层领导高度重视,并有专业人才支持。物流信息化建设是一项系统工程,涉及面广,不仅要投入大量的人力和物力,还涉及企业的组织结构、管理体制、工作方法和工作基础等一系列重大问题。从某种意义上讲,物流信息化的建设是企业的一次创新和变革。因此,相关发展规划的制定和落实必须有企业高层领导的主导推动和专业技术人员的支持。

(2)重视开发企业物流信息资源。企业物流信息资源的开发是物流信息化建设的核心任务,也是物流信息化的出发点和归宿点。信息采集的深度和标准化管理的程度决定了企业物流信息化的水平,而能否依赖有效的信息系统,使企业得到尽可能完整的决策数据并对市场变化进行快速反应,则是评判企业物流信息资源开发水平的重要标准。

(3)建立企业物流信息系统和决策支持系统。建立企业物流信息系统是企业进行现代物流管理的基础,也是构筑企业管理信息系统的一个重要组成部分。而如何设计一个优秀的、能够充分体现企业物流管理需求的信息系统,也就成了企业管理过程中的一件大事。同时,建立相应的物流决策支持系统,也是物流信息化的另一个重要内容。

(4)推动物流信息的网络化发展。中国信息基础设施的建设和逐步完善,将为企业借助现代通信技术与计算机数据处理技术发展网络化信息系统提供良好的外部条件。随着电子商务在企业经营中的不断应用,企业通过战略联盟或虚拟经营等手段,正在与关联伙伴或企业、顾客间形成越来越复杂的组织网络,而信息网络化则为企业的这一发展提供了保障和动力。

4.5 物流管理组织

4.5.1 物流管理组织的职能

物流管理组织(logistics management organization),是指企业中一个以物流管理中枢部门为核心,分工协作地履行物流管理各项职能的组织体系。

随着企业物流管理活动的发展及其重要性的不断提高,企业越来越重视物流管理组织的构建。几十年来,随着企业的发展,物流组织的形式不断革新,其职能也在不断发生变化。虽然企业各不相同,但其物流管理组织的职能却具有共性,一般而言,可以将其分为两个层面:一是基本业务管埋;二是系统协调。

基本业务管理是指对企业物流活动计划的制定及调整实施、执行评价等,主要包括:编制各种物流计划,预测物流量,分析、设计和改进物流系统,编织物流预算方案并进行物流成本分析,控制和调整实际的物流业务活动,物流思想宣传,物流人才的选择和培养等。

从以上基本业务管理的内容来看,物流管理组织(部门)的主要职能是:分析和评价物流系统现状,发现问题后及时优化调整设计方案,制订物流计划并实施控制,保障物流活动服务于生产和营销。

此外,物流组织还肩负着系统协调的职能。企业的物流管理与其他管理具有交叉性,物流活动把企业的供应商、采购、生产制造、销售活动乃至售后服务联结在一起,并贯穿了整个供应链过程,因此,与其他部门之间的系统协调是物流组织的一项重要职能。

总之,物流管理组织既要管好“自身”,又要处理好和“别人”的关系。

4.5.2 物流管理组织的演变①

近几十年来,随着经济的发展,企业的物流组织形式在不断革新,以美国为代表的发达国家的企业的物流管理组织发展基本经历了以下过程:从 20 世纪 50 年代以前的功能分散,到 50 年代以后出现简单功能集合的物流管理组织,到物流功能独立并逐渐走向集中的组织形式的出现,再到过程一体化物流组织形式的出现,最后到供应过程管理为导向的信息一体化水平组织形式的出现。其演变历程,如图 4－1 所示。

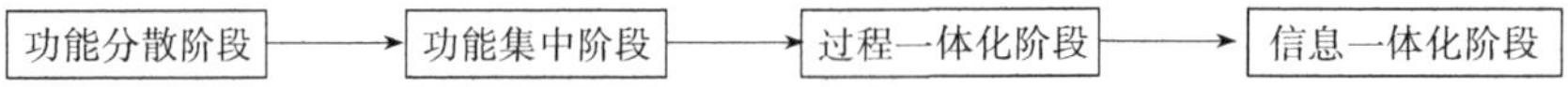

图 4－1 物流管理组织的演变

4.5.2.1 功能分散阶段

20 世纪 50 年代前,物流的功能只是局限在便利和支持工作方面,因此,传统的物流是分散的、个体化的、孤立的。在分散管理中,物流系统没有统一计划,缺乏统一协调,相互间信息沟通少,各部分独立运转。同样,物流管理的组织也是分散的、多层次的,且融合在企业的其他部门中,甚至可以说物流的组织责任遍布整个工厂的各个部门。这种分散或分割导致了物流方面的工作缺少跨职能的协调,从而导致重复和浪费,信息经常被扭曲和延迟,权利界限和责任常常是模糊的。

形成这样的组织格局的原因有很多方面,最主要的是当时企业管理的重心还在生产领域,人们认为物流仅仅是辅助性的末端服务。因此,这一阶段的企业可以说是有物流运作但却无集中管理,与其说物流管理是分散的还不如说是物流无真正的管理,相应也就无所谓物流管理组织了,所有的组织基本上是围绕生产和销售进行设计的。

4.5.2.2 功能集中阶段

20 世纪 50 年代以后,物流的功能开始走向集中,驱动物流功能走向集中的动机在

① 参见[美]唐纳德・J. 鲍尔索克斯,戴维・克劳斯著,林国龙,等译:《物流管理——供应链过程的一体化》,第 455 ~ 464 页,北京:机械工业出版社,1999 年版。

于经理们认识到将物流功能归集于一个组织,有利于对总成本的控制。最早的改进方式是:将两个或多个物流功能在运作上进行归组,而对总体上的组织层次不作重大改变,如在市场营销领域,围绕加强客户服务进行运输、库存、配送等的集中,在生产制造领域,集中原料或零件采购等物料管理。但这种围绕特定领域进行有限集中的物流组织改变,并不能实现对库存的直接负责。

到了20世纪60年代晚期和70年代早期,当一些企业获得统一的物流运作经验和成本利益时,物流的各项功能开始被单独挑选出来,并被集中到相对独立的组织里进行管理,这时物流管理组织才开始了真正意义上的组织创新。不过,这一时期的物流集中管理,只是实现了物资配送或者物料管理的组织一体化,企业的管理视角或注意力仍然在特定功能的绩效上,还没有实现将物流管理综合进一体化的系统中,主要限制因素是缺少跨功能的物流信息系统。

到了20世纪80年代,美国物流走上了复兴之路,在信息技术的支持下,基于企业物流信息管理系统的一体化物流组织开始出现。在这一阶段,企业内部的物流功能逐步从核心业务部门中剥离出来成为独立的职能部门,企业内部的物流活动和运作逐步统一到专业化的职能部门。一些企业将物流系统作为一个整体,统一计划、统一控制,如出现供应物流一体化、生产物流一体化、销售物流一体化等。

4.5.2.3 过程一体化阶段

20世纪80年代后期,厂商们认识并检验到了物流能力在创造客户价值的过程中所扮演的角色,于是物流组织的重点开始由功能集中转移到过程上来,并加快了功能一体化和信息一体化的改革步伐。将物流管理的焦点集中到过程上是一个认识的升华,因为物流管理的中心不是如何去组织个别的功能,而是如何管理好整个物流的过程。因此,将物流作为过程来管理,要求组织的所有努力必须集中于对客户的增值方面,进而将物流作为系统过程的一个组成部分,从而给予组织以相应的要求,甚至一些企业将自身的物流功能分离出来,交由运作效率更高的专业化物流企业来承担。这一管理视角的转移,大大减轻了将功能集聚到无所不包的组织单元中去的压力。并且,要求物流组织的努力要集中到新产品开发和客户订货的产生、完成及发送上。物流组织面向过程的这一整合趋势扩展了物流运作的潜力和影响。

在上述转变过程中,信息技术发挥了重要的作用,并直接推动了物流过程一体化的发展。这是因为,使用信息技术来协调或指挥整体任务的完成,可以使工作本身的责任分散到整个组织,从而迎合了一体化所要求的物流与生产和营销的融合。比如,侧重于功能集合的物流管理将精力集中在运输和库存等方面,而一体化的物流管理则将运输、库存、新产品开发、柔性的制造和客户服务整合起来。这一整合要求将传统的组织结构分割,然后借助信息技术的支撑来重新组合。正如前面所介绍的,信息化管理推动了企业管理的变革，而物流信息化同样推动了物流组织方式的演变。

4.5.2.4 信息一体化阶段

20 世纪 90 年代以来，网络通信技术的迅速发展为信息快速传递和企业之间的信息共享创造了更为畅通的渠道。在网络通信技术的支持下，各种信息能够到达企业管理和运营的每一个作业层次，并能够支持企业生产、营销、信息管理等活动与物流活动在空间上的分离。于是，物流工作的完成不再需要将功能归组或集合进一个正式的组织单位完成，物流工作的责任将由决策者在组织上加以定位，如自行管理或外包出去。在信息共享的基础上，从原材料供应到商品到达最终客户的全部物流过程就成为一个透明的“管道”，对这一过程的优化和功能集合就成为提高物流效率的必然选择，其结果是形成了以供应链为基础的物流信息一体化的新型物流组织，并且，这个组织甚至可以带有一定的虚拟性①。值得注意的是，这种新型物流组织是建立在全面掌握物流信息基础之上的，它向整个供应链提供全程物流服务，其运作的核心是物流信息和以此为基础制定的全程物流解决方案。可以说，目前这一物流管理组织方式正在被广大企业所接受，并成为现代物流发展的一个趋势。

4.5.3 物流管理组织的设计

4.5.3.1 企业物流管理组织设计应考虑的因素②

企业物流管理组织设计一定要从企业的实际出发，综合考虑企业规模、行业和生产经营特点、企业组织形态及管理水平等多种因素。在企业进行物流管理组织的调整时，还要考虑适应企业经营方式变革和企业内部管理向集约化转换的需要。具体说来，企业在进行物流管理组织设计或调整时，要综合考虑以下因素：

（1）企业所属类型因素。不同类型的企业，有着不同的物流管理要求，因而物流管理组织结构设计也会有所不同。对于原材料生产型的企业，由于其产品种类少并需要大批量装卸和运输，因此，一般要成立正式的物流管理部门与之适应，甚至成立专业公司来开展经营。对于开展连锁经营的零售企业，一般要成立专门的配送中心，负责针对各门店的配送管理。对于提供专业化物流服务的物流企业，则要根据其经营特点来设计管理组织。

（2）企业的战略因素。企业组织的设计应该与企业的战略紧密配合，组织结构应当服从于企业战略的要求。这是因为，企业组织是帮助企业管理者实现管理目标的保

---

① 如物流联盟，在组织和功能上虽然是分割的，但通过信息协调却能形成整合能力，使用者需要时即可获得，不再需要时即可抛弃。

② 参见崔介何：《企业物流》，第 33～34 页，北京：中国物资出版社，2002 年版。

证，目标源于战略，如果一个企业的战略发生了重大调整，毫无疑问，组织的结构就需要进行相应的变动以适应和支持新的战略。

（3）企业的规模因素。企业规模的大小决定了企业的组织结构，企业甚至要调整组织结构来适应规模的发展壮大。对于较大规模的企业，其组织设计应倾向于具有更高程度的专业化，并呈现横向、纵向的分化；而小型企业的组织结构就显得简单，一般只需两三个纵向层次。企业物流管理组织设计，也要依据企业规模及其物流业务量的大小来考虑部门的设置。

（4）企业的技术因素。正如本章前面所述，随着物流信息化的不断发展，企业的物流管理要求一定的技术与之相对应。同样，管理组织与技术状况也有着一定的相关性，先进的流程及管理组织要求有先进的技术与之相对应，一定的技术水平也要求有相应的组织与之相协调。因此，进行组织设计时不可忽视技术对组织结构提出的要求。

（5）企业环境的因素。企业环境也是组织结构设计的一个主要影响力量，而组织设立的目的就是要推动企业组织资源去能动地适应外部环境。一般来讲，较稳定的企业环境，采用机械式组织更为有效；而动态的、不确定的环境，则应采取有机式组织。目前市场竞争越来越激烈，在这种环境下，企业的物流组织设计还要充分体现出“柔性”，以适应外部环境的变化。

4.5.3.2 企业物流管理组织设计的原则

要保证一个管理组织正常有效地运行，组织设计必须科学合理，因此，在进行组织设计时，既要遵循管理组织设计的一般原则（如精简、统一、自主、高效的原则），又要考虑企业物流组织特有的一些原则（如物流合理化原则）。物流管理组织作为物流系统的一个组成部分，其设计同样也要坚持物流系统设计的原则。除此之外，在进行企业物流管理组织设计时，还应考虑以下基本原则：

（1）系统优化与标准化的原则。物流管理组织设计要与物流系统目标相协调，以利于系统最优化目标的实现，并且，还要坚持一定的标准，以达到组织设计的科学性和先进性。

（2）分工协作与服务的原则。物流管理组织设计要坚持以过程管理为导向，部门之间要处理好分工协作的关系，本着服务于生产、销售和客户的原则，支持业务流程的开展。

（3）集权和分权相结合的原则。要依照企业的规模和业务类型等因素，处理好集权和分权的关系，既要避免管得过死，又要避免无序混乱的现象发生。

（4）稳定性和适应性相结合的原则。组织不能经常变化，因此，组织的设计要求一定的稳定性，这是因为组织一旦建立起来，就要以其稳定性和适应性来支持企业对外部环境变化的适应。

(5)精简有效与责、权、利分明的原则。这是组织设计的最起码要求,也是物流管理组织的一项重要原则,有些企业甚至用内部市场化的办法体现这一原则。

4.5.3.3 企业物流管理组织设计的思路

如前所述,企业物流管理组织设计首先应考虑企业的所属类型因素,一是物流企业的组织设计;二是其他类别企业的物流管理组织设计。也就是说,一个是企业的组织设计问题,一个是企业中的物流组织设计问题,两者的性质是不同的。

物流企业的组织设计要从企业的整体角度来考虑。物流企业内部的组织机构基本上可划分为业务经营部门、职能管理部门和行政事务部门,而各部门的进一步划分则因企业的具体情况不同而有所不同。在管理形式上,可根据企业的实际情况分别选择直线制、职能制、直线职能制、事业部制和矩阵式等组织形式。一般来讲,物流企业的组织机构设置应该服从各自经营管理活动的需要,根据经营分工、经营对象的技术复杂程度及其品种、经营操作的物质技术装配先进程度、经营的规模等具体因素加以权衡。

企业物流管理组织的设计,要根据企业所处的行业及企业的经营情况来决定。一般来讲,物流管理组织大体有五种基本形式。①

(1)非专业型的物流管理组织结构。非专业型的物流管理组织结构的模式如图4-2所示。在这种物流管理组织结构中,物流管理在机构上是不存在的,只是在活动中存在。这是没有物流管理专门机构的物流管理组织,物流业务人员分属于生产或销售部门,物流合理化的计划、方案以及企业物流体制效率化的任务都由生产、销售部门的管理人员兼管。这是物流管理组织的最初形式。在这种形式下,只有生产、销售等部门和物流以外的现场部门给予协助、合作,才能妥善地开展物流工作。

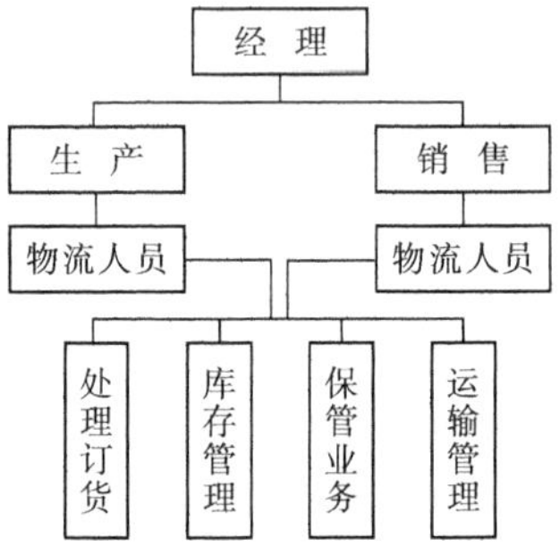

图 4-2 非专业型物流管理组织结构

① 胡怀邦,等:《现代物流管理学》,第254~256页,广州:中山大学出版社,2001年版。

（2）直线型物流管理组织结构。直线型物流管理组织结构的模式如图4－3所示。在这种物流管理组织结构中，企业以独立的形式设置物流管理部门，并安排在全企业物流总管的地位上，与生产销售部门并列，统一指挥各个执行物流职能的分支机构，以物流改善作为推动物流工作的中心。这种形式于直线型经营管理组织形式的企业比较适用。

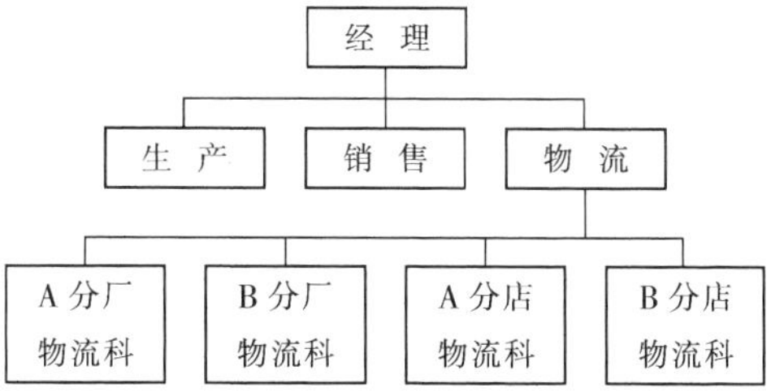

图4–3　直线型物流管理组织结构

（3）直线职能型物流管理组织结构。直线职能型物流管理组织结构的模式如图4－4所示。在这种组织形式中，物流系统机能（装卸、包装、输送、保管）仍保持原状，由生产或销售部门的物流现场人员承担；而整个企业物流问题的综合分析、计划和推进企业物流合理化工作，是由专门的管理人员负责的。

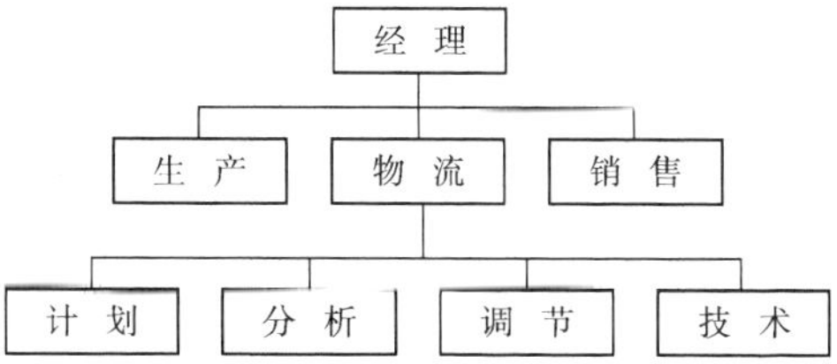

图4–4　直线职能型物流管理组织结构

（4）事业部型的物流管理组织结构。事业部型的物流管理组织结构的模式如图4－5所示。这种结构主要应用在规模较大、实行分权的事业部型组织形式的企业中，以事业部门的产品为中心组织物流活动，使物流人员结合在一起发挥作用，或者专门组织物流人员的活动。这种结构把围绕产品发生的整个物流活动一体化,而这种一体化不仅包括产品物流,而且包括资材供应、库存管理、商品配送等许多方面。在这里,真正的总物流——从原材料供应一直到将产品送达消费者的整个过程,都依靠一个物流管理机构进行管理。

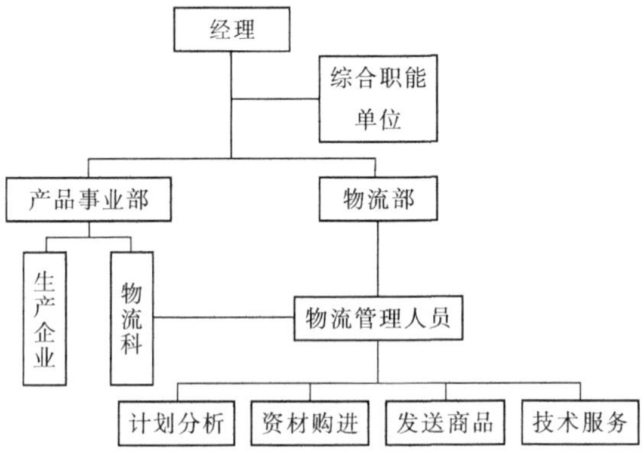

图 4-5　事业部型物流管理组织结构

(5)物流子公司——物流管理组织结构的新形式。20 世纪 60 年代后期,出现了物流管理组织的一种新的形式——物流子公司。这种管理组织形式是把公司或企业的物流管理的一部分或全部分离出来,由一个具有法人资格的独立的企业,实行社会化、专业化经营。有人认为,物流子公司是物流发展道路上出现的一种商业企业,可称为物流管理公司。

日本早稻田大学教授中西先生对建立物流子公司的基本目的有过如下表述:"物流分公司是根据商业与物流分离体制建立起来的,是站在整个企业的观点,以物流管理效率化和降低费用作为第一目标的。"物流子公司作为物流管理组织的一种形式,和上述几种非独立化的属于企业内的物流管理组织相比,具有下述优点:①采取物流子公司的组织形式,会使物流费用明确化,从而改变了人们对物流的看法,提高了对物流成本核算的认识,有利于加强物流管理。②物流子公司作为独立于企业之外的物流管理组织,具有法人资格,能够进行以利润为中心的管理,有利于物流效率的提高。③采取物流子公司的组织形式,不仅能摆脱企业内轻视物流工作的陈腐观念,而且大大地改变了物流业务的地位,从而有利于调动物流工作人员的积极性;同时,物流子公司对物流业务的专门化和统一的指挥,也便于加强对物流人员的劳务管理。④建立物流子公司,能开拓物流业务新领域。如前所述,从属于一个公司或企业的物流管理机构,它的活动领域只限于本公司内部;而物流子公司是独立的物流业者,其业务领域是不受这种限制的,可以实行社会经营,承担许多企业、公司的物流业务。这一点是公司内部物流部门所不具备的重要长处。

但是,物流子公司这种组织形式也不是十全十美的,它的缺点主要是:物流管理业务独立化之后,子公司与原有企业成为主顾关系,二者之间的抗衡、竞争和矛盾会使原有企业不愿接受子公司提出的物流合理化建议,从而不利于原有企业物流合理化的推进。如果物流子公司不和原有企业彻底脱钩,也会因原有企业转嫁损失、物流不合理以及由于对原有企业的依赖而无法自主经营,这些都会影响物流管理组织的有效性。

要发挥物流子公司的优势,使之有效地开展活动,最重要的就是要解决好自主经营和扩大业务的问题。因此,物流子公司必须做到:

第一,作为物流子公司,必须实行独立核算、自负盈亏。如果物流子公司只是为了支援总公司的生产而作为销售部门的物流职能而存在,而没有企业的独立核算性质,那么就失去了子公司的意义。建立子公司如果是总公司物流合理化的需要,就应该在提供廉价而优质服务的同时获得适当的利润,而要有利润就必须拥有自主经营的权力。

第二,物流子公司作为独立的物流业者要成长和发展,就必须实行社会化经营,扩大业务领域。为此,一方面要满足总公司的需要;另一方面要面向社会开拓新的业务,谋求打进物流专业者的现有市场。与此相联系,物流子公司必须注重物流技术的开发与研究以及改进管理,同时应发展横向联合,实现共同繁荣。

上面介绍了几种现代企业物流管理组织结构的形式,各企业应根据自身发展的实际情况,选择有效的物流管理组织。但是,从国外物流管理组织的实践来看,把物流管理组织作为专业分权机构,作为独立核算的事业部门制度,实行以利润为中心的经济责任制,是物流机构的理想目标,发展物流子公司是物流管理组织的方向。

4.6 小结

物流管理是指为以最低的物流成本达到用户所满意的服务水平,对物流活动进行的计划、组织、协调与控制。现代物流管理是供应链的管理,其管理超出了传统的单个企业的边界。

物流管理涉及多个层面的内容,如作业管理、成本管理、服务管理和信息管理等,其中物流作业管理构成了现代物流管理的基础,其他层面的物流管理都是围绕作业管理展开的,或者说是在作业管理基础上进行的延伸。

随着经济的不断发展,企业的物流管理思想和手段也发生了根本性的变化,系统化、标准化、合理化以及信息化等物流管理思想与方法的应用,在现代物流发展的过程中发挥了重要作用。物流系统性的内涵是同一性、协调性和整合性,物流系统化是物流合理化的重要前提。物流标准化管理是物流管理的重要手段,是物流合理化的重要内容,同时也是实现物流现代化的基础。物流合理化对于降低物流费用、减少产品成本,缩短生产周期、加快资金周转,压缩库存、减少流动资金的占用和提高企业的管理水平有着重要的意义。物流信息化是现代物流的重要特征,并且,随着大量人工智能系统的应用,现代物流管理的智能化特征也越来越明显。现代信息技术在物流领域的广泛应用,不仅提高了物流运作的效率和精确性,更为重要的是,使得现代物流产业在观念、运行模式、组织形式、系统结构、竞争格局和管理手段等方面产生了一系列深刻的变化。

随着经济的发展,企业的物流组织形式在不断革新,从 20 世纪 50 年代以前的功能分散和 50 年代以后出现简单功能集合的物流管理组织开始,到物流功能独立并走向集中的组织形式,再到过程一体化物流组织形式,直到当今以供应过程管理为导向的信息一体化的水平组织形式。

案例分析

耐克公司的物流管理

耐克公司 20 世纪 70 年代初期成立后,在短短的 10 年内便一跃成为美国最大的鞋业公司,除运动鞋外,还开始生产包括童鞋、非运动休闲用鞋、旅游鞋、工作鞋和运动服装等在内的一系列产品,建立起拥有自己品牌的运动商品王国,成为运动商品的国际性大公司。耐克的成功,除了品牌经营、广告宣传因素外,其先进、高效的物流系统,也是必不可少的因素之一。

耐克经营的运动鞋及服装是季节性很强的产品,如果没有良好的物流服务,就不能保持其竞争优势,因此耐克公司非常注重其物流系统的建设,跟踪国际先进的物流技术的发展,及时对其系统进行改进,可以说其物流系统是一个国际领先的、高效的货物配送系统。

首先,耐克在全球布局物流网络以快速响应市场需求。

公司在美国有三个配送中心,其中在孟菲斯有两个。在田纳西州孟菲斯市的耐克配送中心,运行于 1983 年,是当地最大的自有配送中心。作为扩张的一部分,耐克建立了三层货架的仓库,并安装了新的自动补货系统,使得耐克能够保证在用户发出订单后 48 小时内发出货物。耐克公司在亚太地区生产出的产品,通过海运经西海岸送达美国本土,再利用火车经其铁路专用线运到孟菲斯,最后运抵耐克的配送中心。所有的帽子、衬衫等产品都从孟菲

案例分析

斯发送到美国各地。每天都要发送35万到50万单位的衣物。当销量进一步增大时,耐克迅速对其物流管理进行了改变,采用了实时的仓库管理系统,并使用手持式和车载式无线数据交换器,使得无纸化分拣作业成为可能,增加了吞吐能力和库存控制能力,同时还尽力从自动化中获取效益而不会产生废弃物。设备升级后配送中心吞吐能力提高了一倍多,从每8小时的10万件提高到了25万件,设计最高日工作量为75万件。而且,这套系统能非常容易地处理任何尺寸和形状的货物。随着效率的提高,生产能力从40~45装运单位提高到了每工作小时73装运单位。订单精确率也提高到了99.8%。

除在美国外,耐克在欧洲也加强物流系统建设。耐克在欧洲原有20多个仓库,分别位于20多个国家。这些仓库之间是相互独立的,这使得耐克的客户服务无法做到非常细致。另外,各国家的仓库只为本国的消费进行准备,也使得其供货灵活性大打折扣。经过分析,耐克决定关闭其所有的仓库,只在比利时的Meerhout建造一个配送中心,负责在整个欧洲和中东的配送供给。因为这里是一港口城市,交通比较便利,并且在地理上也位于欧洲中心。Meerhout配送中心于1994年开始运营,配送中心有着一流的物流设施、物流软件、及RF数据通信,从而使其能将其产品迅速地运往欧洲各地。

在亚洲,耐克巩固在日本的配送基础,设计了世界上最先进的配送中心,这种设施可以满足未来七年销售量增长的需要。耐克在中国运输方式主要是公路运输,在中国境内生产的产品委托第三方物流公司以公路货运的方式运往设在中国主要城市的耐克公司办事处的仓库。各个代理公司自备车辆,到耐克公司当地的办事处仓库提货,运往自己的仓库,再运往代理公司的各个店铺。

其次,使用电子商务物流方案,部分物流业务外包。

耐克在选择物流合作伙伴时总是选择有经验的、国际专业性的、可以信任的服务商。在2000年初,耐克开始在其电子商务网站www.nike.com上进行直接到消费者的产品销售,并且扩展了提供产品详细信息和店铺位置的功能,这部分销售的物流业务,由UPS环球物流给予实现。UPS环球物流除及时送货外,还附加进行存货管理、回程管理和一个客户呼叫中心的管理。消费者在呼叫耐克客户服务中心的时候,实际上是在同UPS电话中心的职员通话,这些职员将这些订单以电子数据方式转移到UPS的配送中心,配送中心存储了大量的耐克鞋及其他体育用品,每隔一个小时完成一批订货,并将这些NIKE用品装上卡车运到航空枢纽。这样,耐克公司不仅省下了人头开支,而且加速了资金周转。

案例分析

耐克在美国的另一个物流合作伙伴是 MENLO 公司。该公司是一家从事全方位合同物流服务的大型公司,其业务范围包括货物运输、仓储、分拨及综合物流的策划与管理。该公司年运输批次达到 200 万,运量相当于 110 亿磅,并拥有 800 万平方英尺的仓储设施,业务活动遍及美国 50 个州及加拿大、拉丁美洲、欧洲和太平洋周边地区,耐克在日本的合作伙伴——岩井是一个综合性的贸易公司,是全球 500 强之一,公司每年的贸易额高达 715 亿美元。它主要负责日本地区耐克商品的生产、销售和物流业务。这些大型的物流公司帮助耐克完成了迅捷的客户服务。

无论从工作效率和服务水平上说,耐克的物流系统都是非常先进高效的。其战略目标就是一个消费地域由一个大型配送中心来服务,尽量取得规模化效益。耐克还非常注意物流技术的进步,积极采用先进的科技手段和科学的管理方法,来降低成本和提高工作效率。

资料来源:中国物流网,编者略作调整。

复习思考题

1. 物流管理要实现哪些目标?
2. 如何看待物流的成本管理?
3. 物流服务发挥着哪些作用?
4. 为什么要重视物流系统化发展?
5. 物流合理化有哪些意义?
6. 分析现代信息技术对现代物流发展的贡献。
7. 物流管理组织设计需考虑哪些因素?

5 物流产业

学习目标

- 掌握物流产业的概念及物流产业的分类
- 掌握物流产业规模、物流产业结构、物流产业绩效的内涵
- 了解我国物流产业规模、物流产业结构、物流产业绩效的现状
- 了解物流产业的发展环境
- 掌握我国物流产业存在的问题及发展机遇
- 掌握我国物流产业的发展对策

5.1 引言

物流产业在商品流通领域发挥了重要作用，一个国家物流产业规模的大小,不仅是经济发展规模的直接结果,也是经济发展水平、市场化程度的重要体现。本章将对物流产业的地位、物流产业的规模、结构与绩效、物流产业的发展环境等作一全面阐述,并在此基础上,分析我国物流产业发展的机遇与存在的主要问题,提出我国物流产业的发展对策。

5.2 物流产业的地位

5.2.1 物流产业的界定与分类

5.2.1.1 物流产业的定义

物流产业是指以物流活动或各种物流支援活动为经营内容的赢利性事业。为了准确理解物流产业的概念,必须明确以下两点:

(1)物流产业不等于物流活动或物流业务。物流产业是专业化与社会化的物流活动或物流业务,物流产业的事业内容是组织与组织之间有关物流或各种物流支援活动的交易活动,而不是组织内部的物流活动或物流业务。例如,不论是生产企业还是流通企业,都存在大量的物流活动或物流业务,但是,这些物流活动或物流业务本身不是物流产业,只有将这些物流活动或物流业务独立化、社会化为一种经营业务,才能称其为物流产业。

(2)物流产业不等于物流企业。物流企业是以物流活动或物流支援活动为事业内容的经营个体,也是物流产业的主体,而物流产业是物流企业的集合,即一组物流企业群;物流企业是微观概念,物流产业是宏观概念。

由此可见,物流产业的构成要素是:①必须以赢利为目的;②必须有独立的组织;③必须从事专业化和社会化的物流活动或物流支援活动。

物流、物流产业与物流企业的关系,如图 5－1 所示。

5.2.1.2 物流产业的分类

随着物流活动在国民经济中的地位与作用的日益突出,物流产业的规模也不断扩大,发展速度日益加快,同时,由于社会分工的不断细化,物流产业的内部分工也日益细化,物流产业的内涵与外延不断扩大,从而使物流产业逐渐发展为一个种类繁多、体系

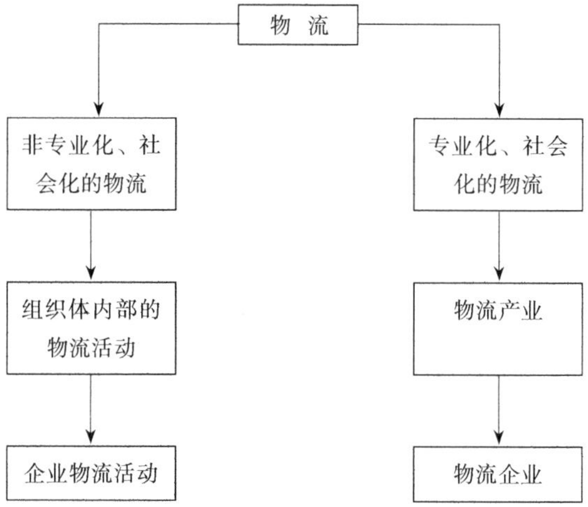

图 5－1　物流、物流产业与物流企业的关系

庞大的产业门类。为了全面、准确地认识和研究各种物流产业的特点与功能，探索物流产业发展规律，有必要从不同的角度对物流产业进行分类。物流产业的分类方法很多，通常可按如下方式对物流产业进行分类。

(1)按物流系统的构成要素进行分类。这是最常见的分类方法，按此分类方法进行分类，可将物流产业划分为运输业、仓储业、包装业、装卸业、流通加工业、物流信息业。但是，由于装卸与流通加工活动同运输或仓储活动具有高度相关性，也是运输或仓储活动的附属活动，因此，在各国的物流产业分类中，并没有独立的装卸产业，也很少有独立的流通加工产业；此外，在各国的物流产业分类中，也没有独立的包装业，而是将其划归为工业，即包装工业。当然，随着经济信息化程度的提高，物流信息在物流中的地位与作用也日益重要，从而促进了以专门从事物流信息的生产、销售为主要事业的物流信息产业的发展。从理论上讲，物流信息产业既可以划归为物流产业，也可以划归为信息产业。但是，目前多数国家仍将物流信息产业划归为信息产业。由此可见，虽然从理论上讲，物流产业可以按物流构成要素进行分类，但是，在现实的产业分类中，特别是经济统计中，多数国家仅将物流产业划分为运输业和仓储业。

(2)按物流产业主体进行分类。按物流产业主体分类，就是按专业化物流事业者的不同，对物流产业进行分类。这里所说的物流产业主体主要包括铁路、公路、水运、航空、邮政等。在这种分类方法下，可将物流产业划分为铁路物流业、公路物流业、航运物流业、航空物流业、邮政物流业等。

(3)按物流客体进行分类。按物流客体进行分类，就是按物流的对象物，即物品的不同而进行的分类。按照这种分类方法，物流产业可以划分为生产资料物流业与消费品物流业。生产资料物流业可进一步划分为金属材料物流业、机电产品物流业、化工产品物流业、危险品物流业等；消费品物流业可进一步划分为加工食品物流业、生鲜食品物流业、纺织品物流业、家电产品物流业，等等。

(4)按物流经营方式进行分类。按物流经营方式进行分类，就是按物流经营主体是否拥有物流设施与工具对物流产业进行分类。按照这种分类方法，可将物流产业划分为自营物流业与物流代理业。自营物流业是指物流经营主体利用自有物流设施与物流工具开展的物流经营事业；而物流代理业是指物流经营主体利用他人物流设施与物流工具开展的物流经营事业，如各种货运代理业等。

链 接

物流产业分类

分类方法或标准	物流产业种类
物流要素	运输业、仓储业、包装业、装卸业、流通加工业、物流信息业
物流产业主体	铁路物流业、公路物流业、航运物流业、航空物流业、邮政物流业
物流客体	生产资料物流业、消费品物流业
物流经营方式	自营物流业、物流代理业

5.2.2 物流产业的规模、结构与绩效

5.2.2.1 物流产业规模

物流产业规模是指一个国家或地区在一定时期内物流产业的产值、就业人数、资产、企业数，以及所完成的物流量的大小或多少。一般来说，物流产业规模的大小，首先决定于该国或该地区的经济规模，即经济规模越大，物流产业规模也就越大；其次，物流产业规模的大小也取决于该国或该地区的专业化分工或市场化程度，即专业化分工越精细或市场化程度越高，物流产业规模也就越大；再次，物流产业规模还取决于专业化物流企业的服务质量与经营管理水平的高低，即物流企业的服务质量与经营管理水平越高，组织或企业物流活动的外部化率也就越高，从而物流产业规模也就越大。因此，物流产业规模的大小，不仅是经济发展规模的直接结果，也是经济发展水平、市场化程度的重要体现。

（1）产值规模。从理论上讲，物流产业的产值规模应该包括与物流活动密切相关的各种产业的产值总和，但是，从各国的产业分类及国民经济统计的实际情况来看，一般只将运输业与仓储业的产值作为物流产业的产值。尽管这是一个不全面的物流产值概念，但是，由于运输与仓储业毕竟是最基本的，从而也是最主要的物流活动，因此，运输与仓储业的产值规模大致可以反映物流产业的产值规模，如表5－1所示。

表5－1　我国运输与仓储业的产值规模及其占GDP的比重

年份	国内生产总值		运输和仓储业增加值*		
	绝对量（亿元）	比重（%）	绝对量（亿元）	占第三产业比重（%）	占全部产业比重（%）
1996	71 176.6	100.0	3 782.2	16.2	5.3
1997	78 973.0	100.0	4 148.6	15.4	5.3
1998	84 402.3	100.0	4 660.9	15.2	5.5
1999	89 677.1	100.0	5 175.2	15.3	5.8
2000	99 214.6	100.0	6 161.0	15.9	6.2
2001	109 655.2	100.0	6 870.3	15.5	6.3
2002	120 332.7	100.0	7 492.9	15.0	6.2
2003	135 822.8	100.0	7 913.2	14.1	5.8
2004	159 878.3	100.0	9 304.4	14.4	5.8
2005	184 937.4	100.0	10 666.2	14.2	5.8
2006	216 314.4	100.0	12 183.0	13.8	5.6
2007	265 810.3	100.0	14 601.0	13.1	5.5
2008	314 045.4	100.0	16 362.5	12.5	5.2
2009	340 902.8	100.0	16 727.1	11.3	4.9
2010	401 202.0	100.0	18 968.5	11.0	4.7

注：*该运输仓储业增加值包括邮政业。

资料来源：国家统计局：《中国统计年鉴》，北京：中国统计出版社，2011年版。

由表5－1可知，2010年我国运输与仓储业（包括邮政业）的产值规模为18 969.5亿元人民币，约占当年GDP的4.7%。21世纪以来，年均增长率高达17%。但是，从动态上来看，运输与仓储业（包括邮政业）占GDP的比重则处于下降趋势，即从1996年的5.3%下降到2010年的4.7%，其间只有1998年至2002年略有回升。我们认为，之所以出现上述情况，可能有以下几个原因：①我国的物流产业化程度还很低，大多数企业的物流活动还处于内部化阶段;②近10年来,我国第二产业中的工业,第三产业中的邮电通信业、金融保险业、房地产业、社会服务业、科学研究与技术服务业始终保持较高的增长速度,是拉动国民经济增长的主要因素,相对而言,运输与仓储业的发展速度既低于整个国民经济的发展速度,也低于第三产业的发展速度;③由于产业分类或统计分类的原因,使一些现代物流产业没有纳入运输与仓储业的统计范围之内;④由于20世纪80年代以来我国加大了运输业的投资力度,从而大大提高了运输业的供给能力,也极大地缓解了运输瓶颈,甚至出现了结构性的运力供给过剩,运输市场的竞争也日益激烈,因此,进入20世纪90年代以来,运输与仓储业的发展速度开始减缓。尽管如此,运输与仓储业仍然是国民经济中举足轻重的产业。

(2)就业规模。与其他产业一样,就业人数或劳动力规模也是衡量物流产业规模大小的重要标志。物流产业吸纳多少劳动力,不仅是一个经济问题,更是一个社会问题。从社会角度来看,物流产业吸纳的就业人数的多少,是衡量物流产业在增加就业机会、提高就业率、增大国民福利等方面贡献大小的重要标志。我国运输与仓储、邮政业规模及其所占比重的变化,如表5-2所示。

表5-2 我国运输与仓储、邮政业就业规模及其所占比重的变化

年份	全部产业就业量		运输与仓储、邮政业就业量*	
	绝对量（万人）	比重（%）	绝对量（万人）	占全部产业就业比重（%）
2003	10 969.7	100.0	636.5	5.8
2004	11 098.9	100.0	631.8	5.7
2005	11 404.0	100.0	613.9	5.4
2006	11 713.2	100.0	612.7	5.2
2007	12 024.4	100.0	623.1	5.2
2008	12 192.5	100.0	627.3	5.1
2009	12 573.0	100.0	634.4	5.0
2010	13 051.5	100.0	631.1	4.8

注:*该表中的就业量均指城镇单位就业人员数。

资料来源:国家统计局:《中国统计年鉴》,北京:中国统计出版社,2005年版。

由表5-2可知,我国2010年运输与仓储、邮政业的城镇单位就业人数为631.1万人,占城镇单位就业总人数的4.8%,是国民经济单位各行业中吸纳就业人口较多的行业。

(3)物流业务量。物流业务量也是衡量物流产业规模大小的重要标志。这里所说的物流业务量是指由专业化物流事业者,即物流企业所完成的物流业务量。从理论上讲,物流业务量也有多种指标,但我们通常用货运量及货物周转量来表示物流业务量。我国近年来的货运量及货物周转量,如表 5 -3 所示。

表 5 -3　我国近年来的货运量及货物周转量

年份	货运量		货物周转量	
	绝对量(万吨)	增长率(%)	绝对量(亿吨公里)	增长率(%)
2004	1 706 412		69445	
2005	1 862 066	9.1	80 258	15.6
2006	2 037 060	9.4	88 840	10.7
2007	2 275 822	11.7	101 419	14.2
2008	2 585 937	13.6	110 300	8.8
2009	2 825 222	9.3	122 133	10.7
2010	3 241 807	14.7	141 837	16.1

资料来源:国家统计局:《中国统计年鉴》,北京:中国统计出版社,2011 年版。

由表 5 -3 可知,2010 年我国的货运量高达 3 241 806.69 万吨,货物周转量为 141 837.423亿吨公里。从动态上看,无论是货运量还是货物周转量都是逐渐增长的,但是货物周转量的增长速度明显高于货运量的增长速度。这说明,随着市场经济体制改革的不断深入,经济市场化程度的日益提高,不仅进入流通领域的商品量不断增长,而且流通范围也不断扩大。对外贸易的发展,尤其成为导致货物周转量增长高于货运量增长的重要原因。也就是说,随着市场化程度的提高与经济全球化进程的加快,物流需求量也将越来越大,从而为物流产业的发展提供了更大的空间。

5.2.2.2　物流产业结构

物流产业结构是指物流产业内部构成及其比例关系,包括各种物流产业的产值、就业、物流量构成,以及物流产业的地区构成、企业或市场的竞争结构,等等。研究物流产业结构,对认识物流产业发展规律,把握物流产业的发展趋势,制定物流产业政策,促进物流市场竞争,指导物流企业开展有效经营等,具有重要意义。

(1)物流业务量的构成。由于我国还没有物流产业产值构成的统计,因此,我们无法全面分析不同物流产业的产值构成,而只能通过不同物流产业的物流业务量构成来间接地分析不同物流产业的地位及发展趋势。我国的货运量及货物周转量的构成,以及我国货运量、货物周转量构成的变化,分别如表 5 -4、表 5 -5 所示。

表 5－4　我国货运量及货物周转量的构成(2010 年)

		合计	铁路	公路	水运	民用航空	管道
货运量	绝对量(万吨)	3 241 806.7	364 270.8	2 448 052.0	378 949.0	563.0	49 971.9
	构成(%)	100.0	11.2	75.5	11.7	0.02	1.5
货物周转量	绝对量(亿吨公里)	141 837.4	27 644.1	43 389.7	68 427.5	178.9	2 197.2
	构成(%)	100.0	19.5	30.6	48.2	0.1	1.5

资料来源:国家统计局:《中国统计年鉴》,北京:中国统计出版社,2011 年版。

表 5－5　我国货运量、货物周转量的构成的变化　(%)

年份	合计		铁路		公路		水运		民用航空		管道输油(气)量	
	货运量	货物周转量	货运量	货物周转量	货运量	货物周转量	货运量	货物周转量	货运量	货物周转量	货运量	货物周转量
1996	100.0	100.0	13.2	35.8	75.8	13.7	9.8	48.8	0.01	0.07	1.2	1.6
1997	100.0	100.0	13.5	34.6	76.4	13.7	8.9	50.1	0.01	0.08	1.3	1.5
1998	100.0	100.0	13.0	33.0	77.0	14.4	8.6	51.0	0.01	0.09	1.4	1.6
1999	100.0	100.0	13.0	31.8	76.6	14.1	8.9	52.4	0.01	0.10	1.6	1.6
2000	100.0	100.0	13.1	31.1	76.5	13.8	9.0	53.6	0.01	0.11	1.4	1.4
2001	100.0	100.0	13.8	30.8	75.4	13.3	9.5	54.5	0.01	0.09	1.4	1.4
2002	100.0	100.0	13.8	30.9	75.3	13.4	9.6	54.3	0.01	0.10	1.4	1.4
2003	100.0	100.0	14.3	32.0	74.1	13.2	10.1	53.3	0.01	0.11	1.4	1.4
2004	100.0	100.0	14.6	27.8	73.0	11.3	11.0	59.7	0.02	0.10	1.5	1.2
2005	100.0	100.0	14.5	25.8	72.1	10.8	11.8	61.9	0.02	0.10	1.7	1.4
2006	100.0	100.0	14.2	24.7	72.0	11.0	12.2	62.5	0.02	0.11	1.6	1.8
2007	100.0	100.0	13.8	23.5	72.0	11.2	12.4	63.4	0.02	0.11	1.8	1.8
2008	100.0	100.0	12.8	22.8	74.1	29.8	11.4	45.6	0.02	0.11	1.7	1.8
2009	100.0	100.0	11.8	20.7	75.3	30.5	11.3	47.1	0.02	0.10	1.6	1.7
2010	100.0	100.0	11.2	19.5	75.5	30.6	11.7	48.2	0.02	0.13	1.5	1.6

资料来源:国家统计局:《中国统计年鉴》,北京:中国统计出版社,2011 年版。

由表 5－4、5－5 可知,2010 年我国公路物流约承担了 75.5% 的货运量,铁路物流和水运物流各承担了 11.2% 和 11.7% 的货运量,可见,公路、铁路、水运是货运量的主要承担者,三者共承担了 98.4% 的货运量。但是,从货物周转量来看,水运物流完成的货物周转量最多,占 48.2%,其次是公路物流,占 30.6%,而铁路物流则完成了 19.5%,

三者共完成了98.3%的货物周转量。这说明，水运物流是长距离运输的主要承担者，这与水运物流的量大、安全、低成本特征相适应。从动态上看，铁路物流的货运量与货物周转量所占比重基本处于下降趋势，相反，公路物流有所增长，而航空物流则基本保持稳定。

(2)地区结构。地区结构也是物流产业结构的重要内容。通过对物流产业地区结构的分析，可以了解物流产业的地区特征，从而对制定区域物流产业发展政策，促进不同地区物流产业的均衡发展具有重要意义。从我国的实际情况来看，各地区物流产业的发展很不平衡，即经济较为发展的东部沿海地区，物流产业较为发达，而中西部地区的物流产业则相对落后，如表5－6所示。

由表5－6可知，2010年东部沿海10省区的物流产值为10 672.91亿元，占全部物流产值的49.7%，中部11省区的物流产值为8 031.44亿元，占全国物流产值的37.4%，而西部10省区的物流产值为2 789.68亿元，占全国物流产值的13.6%。其中，山东省的物流产值最高，为1 971亿元，占全国物流产值的9.2%。其次是广东省与江苏省，其物流产值分别为1 825.29亿元与1 768.3亿元，分别占全国物流产值的8.5%与8.2%。

表5－6　我国2010年各地区物流业产值与就业情况

	GDP		物流业产值		全部就业量		物流产业就业量*	
	绝对量（亿元）	构成（%）	绝对量（亿元）	构成（%）	绝对量（万人）	构成（%）	绝对量（万人）	构成（%）
全　国	437 041.99	100.0	21 494.03	100.0	76 105.00	100.0	726.77	100.0
东部沿海地区	230 093.68	52.6	10 672.91	49.7	27 780.81	36.5	338.93	46.6
北　京	14 113.58	3.2	712.01	3.3	1 317.66	1.7	58.56	8.1
天　津	9 224.46	2.1	585.37	2.7	520.78	0.7	12.82	1.8
辽　宁	18 457.27	4.2	926.8	4.3	2 238.09	2.9	33.75	4.6
山　东	39 169.92	9.0	1 971.0	9.2	5 654.67	7.4	37.68	5.2
江　苏	41 425.48	9.5	1 768.3	8.2	4 731.73	6.2	36.91	5.1
上　海	17 165.98	3.9	834.4	3.9	924.72	1.2	37.87	5.2
浙　江	27 722.31	6.3	1 076.7	5.0	3 989.18	5.2	32.08	4.4
福　建	14 737.12	3.4	871.2	4.1	2 181.32	2.9	19.55	2.7
广　东	46 013.06	10.5	1 825.3	8.5	5 776.93	7.6	64.92	8.9
海　南	2 064.50	0.5	101.9	0.5	445.72	0.6	4.78	0.7
中部地区	146 781.67	33.6	8 031.44	37.4	31 896.01	41.9	260.38	35.8

续表

	GDP		物流业产值		全部就业量		物流产业就业量*	
	绝对量（亿元）	构成（%）	绝对量（亿元）	构成（%）	绝对量（万人）	构成（%）	绝对量（万人）	构成（%）
黑龙江	10 368.60	2.4	469.3	2.2	1 743.39	2.3	28.24	3.9
吉　林	8 667.58	2.0	373.9	1.7	1 248.67	1.6	16.99	2.3
内蒙古	11 672.00	2.7	875.6	4.1	1 184.68	1.6	19.53	2.7
山　西	9 200.86	2.1	654.1	3.0	1 665.08	2.2	23.51	3.2
河　北	20 394.26	4.7	1 745.9	8.1	3 790.19	5.0	30.40	4.2
河　南	23 092.36	5.3	873.3	4.1	6 041.56	7.9	31.31	4.3
安　徽	12 359.33	2.8	527.0	2.5	3 846.76	5.1	18.06	2.5
江　西	9 451.26	2.2	446.2	2.1	2 306.09	3.0	17.75	2.4
湖　北	15 967.61	3.7	753.6	3.5	3 116.52	4.1	28.28	3.9
湖　南	16 037.96	3.7	832.3	3.9	4 007.75	5.3	25.40	3.5
广　西	9 569.85	2.2	480.2	2.2	2 945.34	3.9	20.92	2.9
西部地区	60 166.64	13.8	2 789.68	13.0	17 157.61	22.5	127.46	17.5
重　庆	7 925.58	1.8	389.6	1.8	1 912.13	2.5	16.37	2.3
四　川	17 185.48	3.9	573.8	2.7	4 997.61	6.6	27.21	3.7
贵　州	4 602.16	1.1	480.3	2.2	2 402.17	3.2	11.70	1.6
云　南	7 224.18	1.7	193.3	0.9	2 814.11	3.7	16.29	2.2
西　藏	507.46	0.1	22.1	0.1	175.03	0.2	1.04	0.1
陕　西	10 123.48	2.3	474.6	2.2	1 952.03	2.6	23.76	3.3
甘　肃	4 120.75	0.9	227.2	1.1	1 431.86	1.9	11.36	1.6
青　海	1 350.43	0.3	61.3	0.3	294.10	0.4	3.90	0.5
宁　夏	1 689.65	0.4	145.2	0.7	325.98	0.4	3.45	0.5
新　疆	5 437.47	1.2	222.5	1.0	852.59	1.1	12.39	1.7

注：* 该物流产业就业量指交通运输、邮电通信业就业人员数。

资料来源：国家统计局：《中国统计年鉴》，北京：中国统计出版社，2011 年版。

从各地区的物流产业就业情况来看，东部沿海 10 省区物流产业就业量为 338.9 万人，占全国物流产业就业量的 38.1%，而中部 11 省区物流产业就业量为 902.6 万人，占全国物流产业就业量的44.3%，西部10省区物流产业就业量为358.0万人，占全国物流产业就业量的17.6%。也就是说，东部沿海地区虽然创造了较高的物流产值，但是，物流产业所吸纳的劳动力并不多。这说明，东部沿海省区物流产业的劳动效率要明显高于中西部地区。

如表5－7所示，从各地区物流业产值占该地区GDP的比重来看，全国平均为4.9%，东部沿海地区为4.6%，中部地区为5.5%，西部地区为4.6%，也就是说，各地区物流产业规模与发达程度是与该地区的经济规模与发达程度相适应的，即经济规模越大，物流产业规模也越大，物流业产值占GDP的比重也越高；相反，经济规模越小，物流产值规模也越小，物流业产值占GDP的比重也越低。

表5－7　我国2010年各地区物流业产值、就业占GDP、就业总量的比重*

	GDP（亿元）	物流业产值（亿元）	占GDP的比重（%）	全部就业量（万人）	物流业就业量（万人）	占全部就业量的比重（%）
全　国	437 041.99	21 494.03	4.9	76 105.00	726.77	1.0
东部沿海地区	230 093.68	10 672.91	4.6	27 780.81	338.93	1.2
北　京	14 113.58	712.01	5.0	1 317.66	58.56	4.4
天　津	9 224.46	585.37	6.3	520.78	12.82	2.5
辽　宁	18 457.27	926.81	5.0	2 238.09	33.75	1.5
山　东	39 169.92	1 971.00	5.0	5 654.67	37.68	0.7
江　苏	41 425.48	1 768.30	4.3	4 731.73	36.91	0.8
上　海	17 165.98	834.40	4.9	924.72	37.87	4.1
浙　江	27 722.31	1 076.67	3.9	3 989.18	32.08	0.8
福　建	14 737.12	871.16	5.9	2 181.32	19.55	0.9
广　东	46 013.06	1 825.29	4.0	5 776.93	64.92	1.1
海　南	2 064.50	101.90	4.9	445.72	4.78	1.1
中部地区	146 781.67	8 031.44	5.5	31 896.01	260.38	0.8
黑龙江	10 368.60	469.31	4.5	1 743.4	28.2	1.6
吉　林	8 667.58	373.93	4.3	1 248.7	17.0	1.4
内蒙古	11 672.00	875.61	7.5	1 184.7	19.5	1.6
河　北	20 394.26	1 745.91	8.6	3 790.2	30.4	0.8
山　西	9 200.86	654.08	7.1	1 665.1	23.5	1.4

续表

	GDP（亿元）	物流业产值（亿元）	占 GDP 的比重（%）	全部就业量（万人）	物流业就业量（万人）	占全部就业量的比重（%）
河　南	23 092.36	873.30	3.8	6 041.6	31.3	0.5
湖　北	15 967.61	753.61	4.7	3 116.5	28.3	0.9
湖　南	16 037.96	832.28	5.2	4 007.7	25.4	0.6
安　徽	12 359.33	527.02	4.3	3 846.8	18.1	0.5
广　西	9 569.85	480.17	5.0	2 945.3	20.9	0.7
江　西	9 451.26	446.22	4.7	2 306.1	17.7	0.8
西部地区	60 166.64	2 789.68	4.6	17 157.6	127.5	0.7
重　庆	7 925.58	389.55	4.9	1 912.1	16.4	0.9
四　川	17 185.48	573.75	3.3	4 997.6	27.2	0.5
贵　州	4 602.16	480.32	10.4	2 402.2	11.7	0.5
云　南	7 224.18	193.26	2.7	2 814.11	16.29	0.6
西　藏	507.46	22.12	4.4	175.03	1.04	0.6
陕　西	10 123.48	474.60	4.7	1 952.03	23.76	1.2
甘　肃	4 120.75	227.18	5.5	1 431.86	11.36	0.8
青　海	1 350.43	61.26	4.5	294.10	3.90	1.3
宁　夏	1 689.65	145.17	8.6	325.98	3.45	1.1
新　疆	5 437.47	222.47	4.1	852.59	12.39	1.5

注：* 各地区 GDP、就业人数及运输与仓储邮电通信产值、就业人数之和与全国 GDP、就业人数及运输仓储邮电业产值、就业人数不一致（见统计年鉴），此处数字为各地区数目的加总数。

资料来源：国家统计局：《中国统计年鉴》，北京：中国统计出版社，2011 年版。

从各地区物流产业吸纳的就业量占该地区全部就业量的比重来看，全国平均为 1%，东部沿海地区为 1.2%，中部地区为 0.8%，西部地区为 0.7%。这就是说，地区经济规模越大，物流产值规模也越大，物流产业吸纳的就业量也越大。

因此我们认为，判断一个地区的物流产业是否发达，不仅要看该地区物流产业产值规模与就业规模的大小，还要看该地区物流业产值比重与就业比重的高低。综合各种因素，我们可以得出以下两点结论：

第一，各地区物流产业的发展规模与发达程度决定于各地区的经济规模与发达程度。因此，从总体上看，我国东部沿海地区物流产业规模大于中西部地区物流产业规模，东部沿海地区物流产业的发达程度高于中西部地区。

第二，各地区物流产业产值规模与就业规模的大小决定于各地区的产业结构与产品结构。一些以能源、初级产品及“重厚长大”产品为主要产业的地区，其物流规模也较大，物流产业相对也较发达，例如，山西、内蒙古、辽宁等省区就属于此类地区。另外，一些加工工业较为发达，以及拥有重要贸易口岸的地区，其物流规模也较大，物流产业也较为发达，例如，天津、上海、广东、福建、北京、山东、江苏、浙江等省区就属于此类地区。

(3)就业结构。物流产业的就业结构是指物流产业就业总量的内部构成，包括物流产业就业量的地区、行业、企业等。

关于物流产业就业量的地区构成，我们已在前面的地区结构分析中有所论述，其基本结论是：我国东部沿海地区的物流产业就业量为338.9万人，占全国物流产业的就业量的46.6%，占全国全部产业就业量的1.2%；中部地区物流产业就业量为260.3万人，占全国物流产业就业量的35.8%，占全国全部产业就业量的0.8%；西部地区物流产业就业量为127.6万人，占全国物流产业就业量的17.5%，占全国全部产业就业量的0.7%。

由于没有不同物流行业就业人数的统计资料，因此，只能用不同物流行业的“职工人数”统计资料来分析不同物流行业的就业构成。由表5-8可知，2008年我国铁路、道路、城市公共交通、水运、航空、管道、仓储、装卸搬运和其他运输服务业的职工总数为539万人，其中铁路运输业的职工人数最多，为173.3万人，占32.1%，其次是道路运输业，为152.8万人，占28.3%，城市公共交通运输业有职工94.7万人，占17.6%，三者合计为420.8万人，占78%。

从企业构成来看（见表5-8），国有物流企业共有职工353.8万人，占65.6%，城镇集体单位共有职工20.8万人，占3.9%，其他所有制企业共有职工164.5万人，占30.5%。可见，从物流产业就业量的企业构成来看，绝大部分职工在国有物流企业就业，国有职工比重达60%以上，特别是铁路运输业，国有职工比重高达94.9%，即使是仓储业，国有职工比重也高达67.5%。相反，国有职工比例较低的行业是装卸搬运和其他运输服务业为32.6%。从这一点来看，我国物流产业的国有化程度还相当高。

表 5-8　我国运输与仓储业企业职工人数构成(2008 年)

	合计		国有企业		集体企业		其他企业	
	绝对量(万人)	构成(%)	绝对量(万人)	构成(%)	绝对量(万人)	构成(%)	绝对量(万人)	构成(%)
铁路运输业	173.3	32.1	164.4	94.9	2.8	1.6	6.1	3.5
道路运输业	152.8	28.3	94.3	61.7	7.3	4.8	51.2	33.5
城市公共交通业	94.7	17.6	39.7	41.9	2.0	2.2	53.0	55.9
水上运输业	43.5	8.1	18.8	43.1	2.9	6.6	21.9	50.2
航空运输业	25.3	4.7	12.0	47.5	0	0.0	13.3	52.4
管道运输业	2.0	0.4	1.3	64.5	0	0.0	0.7	34.7
装卸搬运和其他运输服务业	25.0	4.6	8.2	32.6	5.0	20.2	11.8	47.2
仓储业	22.4	4.2	15.1	67.5	0.7	3.3	6.5	29.2
合计	539.0	100.0	353.8	65.6	20.8	3.9	164.5	30.5

资料来源:国家统计局:《中国统计年鉴》,北京:中国统计出版社,2009 年版。

5.2.2.3　物流产业绩效

物流产业绩效是指物流产业的产值、收入、利润等产出与人、财、物等物流资源的投入之比。衡量物流产业绩效大小或高低的指标有很多,如人均产值、人均利润、资金利润率、资金周转速度、费用水平、资产负债率、工资水平等。物流产业的绩效既受企业制度、经营方式、管理水平、设施设备及技术水平等微观经营因素的影响,也受市场规模、竞争结构、经济环境、产业政策、市场化程度等宏观因素的制约。因此,对物流产业绩效的分析,是一项复杂而有重大意义的工作。但是,由于统计资料的限制,我们无法全面分析我国物流产业的绩效情况,而只能通过劳动效率(人均物流产值)、人均工资等指标,对我国物流产业绩效进行简单的分析。

(1)物流产业的劳动效率。物流产业的劳动效率是指在单位时间内(一般为一年)该行业人均产值或人均营业收入。本书将使用人均产值来表示物流产业的劳动效率。显然,物流产业劳动效率越高,意味着物流产业的绩效水平也越高,反之,亦然。

由表 5-9 可知,2010 年我国运输与仓储业的人均产值为 30.06 万元,高于建筑业(21.08 万元),与住宿和餐饮业接近(38.56 万元),低于批发与零售业(66.80 万元)、金融业(44.63 万元)与房地产业(105.45 万元)。从总体上看,运输与仓储业的劳动效率在国民经济行业中处于中偏下的水平。

表 5－9　我国运输与仓储业与其他行业人均产值比较*　　万元/人·年

年份	运输与仓储业	建筑业	批发与零售业	金融业	住宿和餐饮业	房地产业
2003	12.43	8.98	17.78	14.12	18.16	51.34
2004	14.73	10.34	21.23	15.15	20.69	53.77
2005	17.38	11.19	25.67	16.94	23.15	58.13
2006	19.88	12.55	32.05	22.04	26.06	67.36
2007	23.43	14.56	41.31	31.66	29.86	82.96
2008	26.09	17.47	50.90	35.60	34.24	85.35
2009	26.37	19.02	55.65	39.57	35.22	97.71
2010	30.06	21.08	66.80	44.63	38.56	105.45

注：* 该表中的就业人数为城镇单位就业人数。

资料来源：国家统计局：《中国统计年鉴》，北京：中国统计出版社，2011 年版。

从动态来看，运输与仓储业的劳动效率是持续增长的，由 1991 年的 0.9 万元增长到 2000 年的 2.7 万元，其增长速度在国民经济各行业中也属中等偏上的水平。

(2)物流产业的人均工资。一般来说，各产业的人均工资水平与该产业的劳动效率成正相关，即工资水平由劳动效率来决定，劳动效率越高，其人均工资也就越高。因此，人均工资水平的高低也是劳动效率高低的直接表现。从这个意义上讲，物流产业的平均工资也是衡量物流产业绩效的重要指标。

2008 年，我国物流产业平均工资为 32 041 元/人·年，其中航空运输业的平均工资水平最高，为 76 331 元/人·年，而道路运输业的平均工资最低，仅为 21 334 元/人·年。从行业比较来看，物流产业也属于高收入产业，其平均工资不仅高于各产业平均工资水平(10 870 元/人·年)，而且也高于制造业、建筑业、批发零售业、政府部门、教育文化、农林牧业等大多数产业的平均工资水平，但低于金融保险业。详见表 5－10、表 5－11。

表 5－10　我国运输与仓储业职工平均工资(2008 年年底)　　元/人·年

铁路运输业	道路运输业	城市公共交通业	水上运输业	航空运输业	管道运输业	装卸搬运其他服务运输业	仓储业	平均
37 163	21 334	24 446	46 492	76 331	45 842	34 101	25 361	32 041

资料来源：国家统计局：《中国统计年鉴》，北京：中国统计出版社，2009 年版。

表 5-11　我国主要行业职工平均工资比较　　元/人·年

年份	运输与仓储业	制造业	建筑业	批发与零售业	金融保险业	公共管理和社会组织	教育文化	农林牧业	行业平均
2003	15 753	12 671	11 328	10 894	20 780	15 355	14 189	6 884	13 969
2004	18 071	14 251	12 578	13 012	24 299	17 372	16 085	7 497	15 920
2005	20 911	15 934	14 112	15 256	29 229	20 234	18 259	8 207	18 200
2006	24 111	18 225	16 164	17 796	35 495	22 546	20 918	9 269	20 856
2007	27 903	21 144	18 482	21 074	44 011	27 731	25 908	10 847	24 721
2008	32 041	24 404	21 223	25 818	53 897	32 296	29 831	12 560	28 898
2009	35 315	26 810	24 161	29 139	60 398	35 326	34 543	14 356	32 244
2010	40 466	30 916	27 529	33 635	70 146	38 242	38 968	16 717	36 539

资料来源:国家统计局:《中国统计年鉴》,北京:中国统计出版社,2011 年版。

5.3　物流产业的发展环境

5.3.1　经济服务化

经济服务化是 21 世纪世界经济的重要发展趋势,同时也对物流提出了更多、更高的需求,从而也是物流产业发展所面临的重要环境。

产业结构演进的一般规律是,随着经济发展与人均收入的提高,产业结构依次由以第一产业、第二产业为主向以第三次产业为主转变。因此,第三产业比重的高低成为衡量经济发展水平高低的一个重要标志。例如,2006 年美国第三产业的产值比重高达 76.7%,日本第三产业的产值比重为 68.1%,英国第三产业的产值比重为 72.8%①,而我国 2006 年第三产业的产值比重为 40.94%,2008 年为 41.82%,2011 年为 43.10%。从动态来看,第三产业产值比重也是随着国内生产总值与国民收入的提高而不断提高的,这一结论得到了各国经济发展的经验证明。一些研究者也对这一现象进行了理论上的描述,其基本结论是:不同收入水平下,第三产业产值比重是不同的,而且随着人均 GDP 的提高而不断提高。

同样,作为第三产业主要构成部分的物流产业,也是随着经济服务化程度的提高而

① 数据来源:世界统计年鉴,2008 年版。

不断提高的。例如,作为物流产业重要组成部分的运输与仓储业(包括邮政业),其增加值由2001年的6870.3亿元,增加到2010年的18968.5亿元,但是占国内生产总值(GDP)的比重却由2001年的6.2%下降到2010年的4.7%。同时,从第三产业的内部构成来看,其产值比重也由2001年的15.5%下降到2010年的11.0%。但是,从实物指标来看,运输业的发展速度是相当惊人的,从而可以间接地推测出运输业在国民经济中的地位是日益提高的。

显然,经济服务化意味着分工的日益细化,从而使越来越多原本是组织体内部的经济活动外化为一个独立的经营活动或产业。经济活动的外部化不仅表现在最终消费者家庭经济活动(消费活动)的外部化,也表现在其他经济组织,特别是企业将原来属于"内部"的经济活动外部化。例如,将物流业务外部化就是经济服务化的一个重要体现。物流外包、第三方物流或第四方物流的兴起就是经济服务化的具体产物。当然,随着经济活动外部化范围与深度的日益扩大与深化,也使各类组织对外部化经济活动,即服务经济的依存度越来越高,同时,对外部化经济活动的需求量也不断扩大,对外部化经济活动的需求标准也越来越高。

不仅如此,经济服务化过程还进一步强化了组织与个人的服务观念。人们对服务的预期越来越高,不仅要求外部化的经济活动要提供高质量的服务,而且还要求没有外部化的经济活动也要提供高质量的服务。例如,用户或消费者不仅要求价廉物美的产品,还渴望得到及时、便利、安全、迅速、准确、少污染的物流服务,从而使物流服务本身,不论是"内部化"还是"外部化"的,都成为用户需求的重要内容。这就要求不论是企业自身向顾客提供物流服务,还是通过专业化的第三方提供物流服务,都必须是高质量的,而且是让顾客满意的。

因此,经济服务化具有双重意义,一是促使企业必须重视物流,尽力提高物流服务水平,因为如果不如此,就无法获得顾客的满意,从而也无法获得竞争优势;二是为物流产业的发展提供了良好的契机与空间,因为人们越来越渴望得到优质而高效的物流服务,不论是哪一个企业,物流服务都不再是可有可无的东西,而是决定竞争成败的重要因素。显然,物流服务需求的产生为物流产业的发展提供了肥沃的土壤。

5.3.2 消费需求的变化

随着经济的发展与收入水平的提高,不仅导致了消费结构的变化,而且也导致了消费观念、消费方式的变化,从而导致了消费需求的日益多样化与个性化,进而对物流产生了新的需求。消费需求的变化主要体现在以下几个方面:

5.3.2.1 收入水平的变化

显然,收入水平是影响消费需求变化的最直接、最根本的因素。因为收入水平的提

案例

日本的"宅急便"

"宅急便"是日语,可直译为"门对门的快递运输"。日本"宅急便"产业是经济服务化催生的一种新兴物流产业。日本的"宅急便"诞生于1976年,之后,其增长速度直线上升,并持续20多年,其业务量大大超过传统邮政包裹与铁路包裹的总和,已成长为一个令企业与最终消费者高度依赖的物流产业,甚至成为日本社会的一种经济文化。日本"宅急便"公司很多,比较著名的有:佐川"宅急便"、黑猫"宅急便"、和平鸽"宅急便"等。

高首先意味着消费需求的增加,从而扩大对物流服务的需求量;其次,消费者收入水平的提高,还将改变消费者的需求结构、消费方式与消费观念。改革开放以来,我国消费者的收入水平迅速提高(见表5-12),从而对物流消费需求总量与结构,进而对物流需求量与结构产生了很大影响。可以预计,随着我国经济的高速增长,消费者的收入水平将进一步提高,消费与物流需求规模将进一步扩大,消费与物流结构也将进一步发生变化。

表5-12 我国居民收入水平的变化 (指数:1978年=100)

年份		1978	1990	2000	2005	2006	2007	2008	2009	2010
城市居民	绝对数(元)	343.4	1 510.2	6 280.0	10 493.0	11 759.5	13 785.8	15 780.8	17 174.7	19 109.4
	指数	100.0	198.1	383.7	607.4	670.7	752.5	815.7	895.4	965.2
农村居民	绝对数(元)	133.6	686.3	2 253.4	3 254.9	3 587.0	4 140.4	4 760.6	5 153.2	5 919.0
	指数	100.0	311.2	483.4	624.5	670.7	734.4	793.2	860.6	954.4

资料来源:国家统计局:《中国统计年鉴》,北京:中国统计出版社,2011年版。

5.3.2.2 消费结构的变化

消费结构变化的一个基本规律是,随着收入水平的提高,消费者用于食品及其他生活必需品的支出会相对降低,即恩格尔系数①会越来越低。恩格尔系数的不断降低是世界各国消费结构变化的共同规律,我国的恩格尔系数也同样具有不断下降的趋势

① 恩格尔系数是指消费者用于食品的支出占消费者总支出的比率,是衡量消费结构的重要指标。各国的经验证明,消费者的收入水平越高,恩格尔系数越低。

(见表 5 - 13)。例如,1980 年我国城镇及农村人口的恩格尔系数分别为 56.9 与 61.8,到 2010 年则分别下降到 35.7 与 41.1。

表 5 - 13　我国恩格尔系数的变化

年份	1980	1990	2000	2005	2006	2007	2008	2009	2010
城镇(%)	56.9	54.2	39.4	36.7	35.8	36.3	37.9	36.5	35.7
农村(%)	61.8	58.8	49.1	45.5	43.0	43.1	43.7	41.0	41.1

资料来源:国家统计局:《中国统计年鉴》,北京:中国统计出版社,2011 年版。

消费结构的变化,不仅要求生产结构要发生相应的变化,而且也要求流通结构,特别是零售商业结构发生相应的变化。而生产结构与零售商业结构的变化,最终必然导致物流结构的变化,从而使物流方式、物流技术以及物流服务水平与内容发生相应的变化。

5.3.2.3　人口结构的变化

世界人口结构变化的共同趋势是,高龄人口、就业人口、受教育人口、单身人口、城市人口及郊区人口的比率逐渐提高。人口结构的变化也会对生产结构,特别是消费结构的变化产生直接的影响,从而对物流方式与物流服务需求产生影响。例如,随着高龄人口的增长,零售商业的店铺选址就必然要更多地考虑高龄消费者的购物便利,以及如何建立与完善适合高龄消费者需求的商品配送体系等问题,从而要求物流方式要进行相应的变革。再比如,随着就业人口与受教育人口的不断增加,消费者用于购物的时间也越来越少,对商品结构、商品鲜度、店铺选址、营业时间、配送方式等要求也越来越“苛刻”,从而要求物流方式也要进行相应的变革。同样,人口结构其他方面的变化,也会直接或间接地影响物流的变化。

我国人口结构变化情况可参见表 5 - 14。

表 5 - 14　我国人口结构的变化

年份	城市人口(%)	65 岁及以上人口(%)	每 10 万人中受高等教育人口(人)	文盲率(%)	就业人口(%)	家庭规模(人数)
1953	13.3	4.41				4.3
1964	18.3	3.56	416	33.6		4.4
1982	20.9	4.91	615	22.8	45.3	4.4
1990	26.4	5.57	1422	15.9	57.6	4.0
2000	36.2	6.96	3611	6.7	58.5	3.4
2010	49.7	8.87	8930	4.1	58.5	3.1

资料来源:国家统计局:《中国统计年鉴》,北京:中国统计出版社,2011 年版。

5.3.2.4 消费观念与生活方式的变化

随着经济、技术与社会的发展,消费者消费观念与生活方式的变化也是极为显著的,体现在生活的许多方面。例如,信用消费倾向日趋明显;消费者的主权意识与环保意识日益增强;个性化、多样化消费已成为潮流。同时,由于消费的多样化,以及商品平均品质的普遍提高,消费者的价格意识也逐渐增强。更为重要的是,现代消费者的消费易变性十分突出,对商品或服务的需求变化速度加快。这些变化对物流的影响是广泛而深刻的,要求企业提供的物流服务必须是准确、迅速、安全、及时、低成本并且少污染的。因此,小批量、多频次、准时制物流体系成为企业适应消费需求变化的理想的物流模式。

5.3.2.5 购物方式的变化

随着信息技术的不断进步与普及,特别是电子计算机与网络技术的发展,催生了新的商业模式——电子商务。电子商务的出现,为消费者购物提供了极大的便利,也改变了消费者的购物方式。但是,要使电子商务能够得以顺利运营,必须有一个网络健全、迅速而高效的商品配送系统。因此,电子商务的出现与发展,必然对物流服务提出更高的要求,进而导致物流的变革。

5.3.3 竞争结构与竞争战略的变化

这里所说的竞争结构是指市场竞争结构,包括产业竞争结构、企业竞争结构,以及产品或服务竞争结构。产业竞争结构是指具有竞争关系的不同产业之间的竞争结构;企业竞争结构是指那些生产或经营同类或相近且具有替代关系商品的不同企业之间的竞争结构;产品或服务竞争结构是指同类、相近且有替代关系的商品之间的竞争结构。但是,对物流产业影响较大而且直接的是产业竞争结构与企业竞争结构。

从产业竞争结构来看,有传统产业与现代产业的竞争、资本或技术密集产业与劳动密集产业的竞争,以及具有相同资本、技术与劳动力密集程度的不同产业之间的竞争。之所以存在产业之间的竞争,是因为不论是传统产业与现代产业、资本或技术密集产业与劳动密集产业,还是具有相同资本、技术与劳动力密集程度的不同产业,都有可能向市场提供相同、相近且具有替代关系的商品或服务。例如,服装类商品就存在着广泛的不同产业之间的竞争,因为服装商品既可以由劳动密集型服装产业(表现为该类企业的集合)来提供,也可以由资本或技术密集型服装产业来提供。从世界范围来看,产业竞争结构显现出以下变化趋势:一是在许多领域,现代产业或资本、技术密集型产业的竞争优势日益明显,且有替代传统产业或劳动密集型产业的趋势;二是产业竞争已不仅限于一个国家或某一个地区范围内,而是全球范围的,例如,一些国家的传统产业已逐渐转移到其他具有比较优势的国家;三是在某些领域,特别是一些承载着传统文化的产业，反倒具有竞争优势；四是很多传统产业正在利用现代技术进行改造，从而兼具传统与现代的双重优势；五是新兴产业产生的速度加快，同时，其市场寿命周期也在缩短；六是不同产业之间不仅存在竞争，而且存在着广泛的合作关系。

不论是哪种产业，其竞争优势不仅表现在产品的功能、价格方面，而且更体现在服务方面，特别是物流服务是各种产业是否具有竞争优势的重要方面。因此，一个基本的事实是，进入20世纪90年代以来，许多产业都在物流方式的创新、物流服务水平的提高及其差别化方面进行积极的努力，加强不同产业之间物流资源的共享与合作，甚至投资于物流产业，致力于专业化的物流服务事业。这一趋势，近年在我国尤为明显，可谓“百舸争流皆物流”，不论传统的商业、物资与储运等“正宗派物流”行业，还是铁路、公路、航空、水运、邮政等“近亲派物流”行业都对发展物流产业表现出了极大的兴趣，同时，更有一些诸如制造、建筑、不动产、外贸、金融等“物流族外派”行业也对投资物流产业表现出了积极的态度。这种变化预示着我国未来物流产业内部的竞争将会日益激烈。

竞争结构变化的另一个重要层面是企业竞争结构的变化。近年来，我国企业竞争结构主要呈现以下几个方面的变化：一是竞争主体的变化；二是竞争战略与手段的变化；三是竞争程度的变化。

从竞争主体来看，随着改革开放的深入，特别是中国加入世贸组织之后，竞争主体日益多元化。不仅有国有企业与民营企业的竞争、大企业与中小企业之间的竞争、中资与外资企业特别是大型跨国企业的竞争，还有国有企业之间、民营企业之间、大型企业之间、中小企业之间、外资企业之间的竞争。不仅如此，个别企业之间的竞争更有逐渐向企业联盟或联合体之间的竞争转变的趋势。例如，包括供应商、厂商、批发商、物流供应商、零售商甚至消费者在内的各种形式的战略联盟组织发展十分迅速，也成为一个新兴的市场竞争主体，从而在很大程度上改变了传统企业的组织结构、经营战略与经营模式。这些战略联盟组织内部的一个重要联结纽带就是物流，其重要经营战略之一就是构建一个涉及所有交易者或合作者在内的庞大的物流系统。

从竞争程度来看，除个别行政垄断或自然垄断行业外，几乎所有行业都是开放性的，而且是进退自由的，即使是行政或自然垄断行业，也引入了竞争机制，而不再是独家经营。这种近乎自由进入的市场条件，加剧了企业竞争的激烈程度，特别是一些进入与退出障碍相对较小的行业，其竞争程度更加激烈。企业竞争日益激烈的直接表现就是商品价格与毛利率不断下降，“价格大战”、“促销大战”成为企业无法绕行的“鬼门关”。企业为了生存与发展，或者为了具备进行价格与促销竞争的资本，只有对生产经营过程的每一个环节重新“过滤”与“榨取”才有可能“挤出水分”，降低成本。而几乎所有企业都共同发现了物流是暗藏成本的“黑暗大陆”，同时也是隐匿利润的“乐土”，尤其在中国，物流这块“黑暗大陆”或“乐土”似乎更“黑暗”，也更“肥沃”。这便是近几年各行各业、各个企业都十分重视物流的根本原因。

从竞争战略与竞争手段来看，已有越来越多的企业开始致力于培养自己的核心竞争力，实施差别化战略。虽然价格竞争是企业争取顾客、扩大市场份额、排挤竞争对手，以便最终获得规模经济利益的一种战略安排，而且只要存在降低成本的空间，价格竞争就可以发挥其应有的优势。但是，价格竞争毕竟是有极限的，它不仅要求企业要有良好的成本消化能力，而且在客观上还必须存在降低成本的空间。不仅如此，过度的价格竞争也有损伤企业发展能力的风险，甚至使一个很具成长性的新兴产业或企业过早地夭折。更为重要的是，消费者不一定只对价格感兴趣，当价格降低到一定程度，而成为市场上的“正常价格”后，消费者很可能对小幅降价或“降价游戏”麻木甚至反感。这时，差别化战略对企业来说，可能是更理想的选择。事实也的确如此，随着价格竞争达到一定程度后，价格竞争以外的差别化竞争手段或战略成为了更多企业的现实选择。例如，据美国营销协会的调查，20 世纪 70 年代、80 年代和 90 年代，美国企业对几种营销手段重要性的排序是不同的，其中，对顾客服务重要性的认识逐渐提高（见表 5－15）。

表 5－15　美国企业对营销手段重视程度的变化　　（%）

	20 世纪 70 年代	20 世纪 80 年代	20 世纪 90 年代	变化率	
				20 世纪 80 年代与 20 世纪 70 年代相比	20 世纪 90 年代与 20 世纪 80 年代相比
产品	36	33.3	32.7	－14.9	－1.8
价格	23	29.9	28.8	＋30.4	－3.7
顾客服务	23	22.4	24.9	－2.6	＋11.2
促销	18	14.4	13.6	－22.2	－5.5
合计	100.0	100.0	100.0	—	—

资料来源：［日］阿保荣司：《Logistics》，第 42 页，东京：中央经济社，1992 年版。

企业通常所采取的差别化战略与手段主要有：①产品差别化，如新产品、新包装、新功能、新样式、新材料或新用途等；②市场区隔，如将某种商品或服务提供给特定的市场，而不是全部市场；③品牌差别化，如强调品牌的附加功能，提升品牌的形象，对流通企业来说，也可以开发自有品牌商品；④服务差别化，如向用户提供特色服务、超值服务，特别是物流服务是企业进行差别化竞争的重要战略。在上述各种差别化竞争战略与手段中，服务差别化是最充满变化的，从而也是最具有潜力的竞争战略。特别是 20 世纪 90 年代以来，物流服务差别化已被越来越多的企业视为最佳选择。

5.3.4 速度经济

随着网络技术的兴起,信息传递速度的加快,特别是技术进步的日新月异,加速了产品更新换代的步伐,从而使产品的市场寿命周期飞速缩短。同时,消费者的需求变化也是转瞬即逝的,"喜新厌旧、见异思迁"是当今时代消费需求的基本特点。一个新的市场机会,甚至还没有来得及反应,或者按正常速度还没有将产品投放到市场上,可能就消失或被更新的产品给替代了。因此,在当今社会,一个企业的生存与发展不仅取决于其资源优势如何,更取决于其反应速度如何,从而是速度决定成败的时代。

我们认为,导致速度经济时代到来的主要原因有以下几点:一是技术进步速度加快。其重要标志是世界各国从事科技开发的机构、人员、经费、技术成果交易额、各种专利申请受理量逐年增长,从而加大了世界范围内的技术供给能力,也加快了技术供给与更新的速度。二是信息流通速度加快。以电子计算机技术为基础的现代网络技术的普及与应用,使信息流通异常迅速,流通时间甚至可以近乎为零。显然,信息流通速度的加快与低成本,使人们在瞬间就可以了解所需要的信息,从而加快了新产品、新市场机会、新消费方式等信息的传播,同时也加快了新生产方式、销售方式、流通方式的传播与学习。三是交通工具的发达与普及大大缩短了时间距离,无论是企业还是消费者,其从事经营与消费的空间范围不断扩大,从而增加了人们实际体验新事物的机会。四是国际化进程的加快,使企业与消费者的活动空间已经不仅局限于国内,从而进一步扩大了发现、体验新事物的机会,进而导致新事物在世界范围内的迅速传播与普及。

面对速度经济时代的到来,许多企业采取了相应的变革措施:①由预测生产向订单生产方式转变;②加强库存控制,向"零库存"方向努力;③建立生产、流通快速反应系统。企业只有通过上述变革,才能适应速度经济时代市场需求的特点,进而才能以速度制胜。但是,企业要快速而有效地满足消费者需求,必须以高效、快捷的物流系统与信息系统为支撑。因为无论是订单生产还是"零库存",都取决于企业从市场分析到原材料的采购供应、生产流程、产品销售,直到将商品配送到顾客手中的全过程的速度,从而在根本上取决于物流与信息流通的速度。因此,在速度经济时代,如何构建高效、快捷的物流与信息系统是决定企业竞争成败的关键。

5.3.5 经济全球化

经济全球化的意义是指经济活动,特别是企业经营活动的全球化。从全球化经营活动的内容来看,主要包括商品生产全球化、原材料采购与供应全球化,以及产品销售全球化;从全球化经营活动的企业类型来看,主要包括生产企业与流通企业。流通企业又可进一步分为三种,即专门从事国际贸易的企业、专门从事批发或零售经营业务的企业,以及专门从事物流业务的企业。当然,无论全球化经营活动的内容,还是全球化经营活动的企业类型,实际上并不限于上述几种。但是,上述全球化经营活动的内容及企业类型与物流的相关程度最高。

一般来说,企业的全球化经营是逐步深化的,在全球化经营的初级阶段,主要有两类企业比较活跃,即外贸企业与生产企业。外贸企业往往是全球化经营的先行者,专门从事两国或多国之间的商品进出口业务,其物流活动主要限于进口地与出口地之间的单向或双向物流,其物流业务大多委托专业的航运企业来承担。外贸企业的全球化经营活动贯穿于全球化经营的各个阶段。生产企业在全球化经营的初级阶段,则主要从事本企业产品在国外市场的销售,或通过自设销售网点(办事处或销售公司)来进行,或通过委托专业的外贸公司来进行,其物流业务也只限于出口商品的单向物流,业务结构也比较简单,一般委托专业物流企业来承担。在全球化经营的初级阶段,一般还没有批发或零售企业的介入。

在全球化经营的中级阶段,则主要表现为生产企业在当地直接建立制造工厂,其原材料与零部件大部分在当地市场采购,也有一部分从母国或第三国进口。产品销售也分为两部分,一部分在当地销售,一部分返销母国或第三国市场。在这一阶段,生产企业的物流业务量比第一阶段要大,而且也比较复杂,除组织销售物流外,还要组织供应物流。同时,不论是销售物流还是供应物流,都不限于一个市场,既有当地市场的销售与供应物流,也有母国或第三国市场的销售与供应物流。物流已经对企业生产经营活动产生重大影响,是企业进行经营决策时所必须考虑的一个重要问题。在全球化的中级阶段,一般也没有批发或零售企业的介入。

在全球化经营的高级阶段,主要有两类企业异常活跃,一类是生产企业,一类是批发和零售企业。在这一阶段,生产企业出于竞争与发展战略的需要,已经不满足于在当地生产、当地采购原材料和在当地或母国市场销售商品,而是将原材料的采购范围扩大到全球市场,生产网点也不限于一个或少数几个国家,销售市场也是全球化的。这就要求企业必须从全球范围内供应原材料,在全球范围内组织生产,同时在全球范围内进行产品销售。因此,在这一阶段,跨国生产企业的物流业务量非常巨大,也更加复杂,同时,物流系统对企业经营活动的影响也是决定性的。如何构建全球范围内的物流体系成为各个跨国生产企业的一个战略问题。或者通过整合全球各地的生产、采购、销售网点的物流资源,并从全球化的角度构建自己的物流体系,合理布局物流网络,加强全球范围内的物流管理;或者通过与专业化物流公司或当地其他企业的合作,构建一个协作共享型的全球物流体系。总之,在全球化经营的高级阶段,物流已经成为决定跨国生产全球化经营成败的关键。

与此同时,在全球化经营的高级阶段,许多跨国零售企业开始全面进军国际市场。

从实践来看，无论是发达国家还是发展中国家的市场，都是跨国零售企业进入的选择对象。我们在此将发达国家跨国零售企业的相互进入称为“水平进入”，将发达国家跨国零售企业向发展中国家的进入称为“垂直进入”。无论是“水平进入”，还是“垂直进入”，跨国零售企业所面临的零售市场都是充分竞争的，不仅要面对大量的本土零售企业的竞争，还面临着外来者之间的竞争。虽然有许多因素决定着这些跨国零售企业全球化经营的能否成功，如经营方式、店铺选址、商品组合、市场定位、价格水平、经营规模、经营技术、物流系统、经营文化、人才结构等，但是，物流系统的优劣是决定跨国零售企业全球化经营成功与否的最基本要素。这一结论得到了许多跨国零售企业经营经验的证明。因此，跨国零售企业或是自建全球物流网络，或是谋求与专业物流企业的合作，将大量的物流业务外部化。不过无论采取何种方式，跨国零售企业对物流服务的需求都是十分迫切的。

不仅如此，随着生产企业与零售企业全球化经营的全面展开，一些跨国物流企业也纷纷加入了全球化经营的队伍，这些企业要么以跨国生产企业与跨国零售企业的合作伙伴的身份，与其携手进入海外市场，要么以专业化服务者的身份进入国际市场，向更多的物流服务需求者提供优质的服务，从而谋求自身的发展。这些跨国物流企业的全球化经营无异也对当地市场产生了强烈的冲击，从而改变了物流产业的竞争结构。

5.3.6 生态环境的变化

随着经济的发展，人类面临的环境压力越来越大。生态环境的日益恶化不仅直接影响了人们的生活质量，而且威胁到了人类的生存与发展，尤其是一些发展中国家环境污染更为严重。同样，我国也面临着巨大的环境压力。2003 年、2004 年我国工业污染物排放情况如表 5 - 16 所示。

表 5 - 16 我国工业污染物排放情况

年份	废水排放量（万吨）	废气排放量（亿立方米）	二氧化硫排放量（万吨）	烟尘排放量（万吨）	粉尘排放量（万吨）	固体废弃物产生量（万吨）
2009	2 090 299.79	436 063.85	1 865.94	604.36	523.65	190 673.51
2010	2 118 585.30	519 168.00	1 864.42	603.25	448.67	240 944.00

资料来源：国家统计局：《中国统计年鉴》，北京：中国统计出版社，2010 年版、2011 年版。

生态环境的恶化，不仅向生产制造领域，而且也向消费与流通领域提出了环保要求。为了减少污染，在生产制造领域，要尽量减少生产排泄物、消费剩余物和过量包装；

在物流领域,要提高物流效率,尽量减少交通拥挤、噪声与空气污染;在消费领域,要鼓励消费者科学消费,尽量减少垃圾排放等。

生态环境的变化,对物流产业发展具有多方面的影响,主要来看有以下几点:

第一,物流方式的变革。为了提高物流效率,以缓解商品运输或配送对环境的压力,无论是政府还是企业都将积极地推进物流方式的革新,如推广各种运输工具的组合联运、共同配送等。

第二,物流产业结构的变化。为了更好地满足顾客对多批次、小批量、迅速、方便的物流服务需求,公路物流得到了快速发展,在许多发达国家,公路物流的比重已超过物流业务总量的50%以上。但是,公路物流的发展也对环境产生了巨大压力,从某种意义上讲,在各种物流特别是运输方式中,汽车运输对环境的污染最为严重。正因为如此,从20世纪90年代以后,一些国家便开始着手从政策与技术两个层面推进运输方式的模式转换,在不降低物流服务水平的前提下,尽量减少对汽车运输的依赖度,提高其他对环境压力较小的运输方式的效率。这一趋势必然对物流产业结构产生重大影响。

第三,废弃物物流前景看好。出于环境保护的考虑,世界各国都重视对生产与消费排泄物的回收与利用,从而带动废弃物物流产业的发展。

第四,物流设施与设备的完善与更新。为了从根本上提高物流效率,减少"过剩物流"与"无效物流",进行物流基础设施的科学规划与建设、合理布局,完善功能是重要前提。因此,世界各国特别是一些发达国家都在致力于现有物流基础设施的功能完善,以及新物流设施的规划与建设。这些物流基础设施主要包括车站、港口、机场、仓库或大型多功能物流中心等。除物流基础设施外,还利用新技术、新材料、新工艺积极开发与更新效率更高、污染更少的运输、储存、包装、装卸、流通加工等设备。

第五,包装技术与包装材料的革新。为了减少过量包装,从而减轻物流的体积与重量负荷,减少消费剩余物,包装技术特别是包装材料的革新是非常必要的。因此,环境压力的日益增大,必将促进包装技术与设备特别是包装材料产业的发展。

第六,物流信息技术、设备的发展。信息是物流系统的神经,要提高物流效率,减少物流对环境的压力,除进行物流方式、物流设施与设备的革新外,还需要信息存储、加工、传输等物流信息技术与设备及各种物流信息软件的革新与发展。

5.4 我国物流产业发展的机遇与对策

5.4.1 我国物流产业存在的主要问题

长期以来,由于经济体制、经济发展阶段等原因,使我国对物流的重要性一直没有得到应有的重视，特别是对发展社会化、专业化、集成化的现代物流产业没有引起足够的重视，从而导致全社会的物流效率与物流服务水平偏低，而物流成本却居高不下，进而制约了国民经济的快速、高效发展。因此，加快我国物流产业的发展，提高我国物流的专业化与社会化程度，是提高物流效率、降低物流成本的重要途径。但是，要快速发展我国的物流产业，首先必须解决阻碍我国物流产业发展的各种问题。从目前来看，这些问题主要包括以下几个方面。

5.4.1.1 缺乏现代物流理念

尽管我国从20世纪80年代就引进了物流概念，并在传统的物资流通领域进行过发展物流产业的各种尝试，但是，对物流概念的认识与接受和对物流理论的研究与应用还只限于个别行业或个别部门，远没有得到全社会的普遍共识。进入20世纪90年代中后期，物流研究、物流实践开始升温，物流理念、物流知识也开始大范围传播，重视物流、发展物流产业已成为越来越多的人士、部门的共识。但是，就全社会而言，对物流概念的理解仍是片面的，特别是对现代物流以及物流产业的认识更加片面，即使是物流工作者，也缺乏对现代物流与物流产业的科学理解。

例如，很多人认为物流就是运输与仓储，而没有认识到物流是由运输、仓储、装卸、包装、流通加工与物流信息等要素构成的系统；很多人认为物流是一个成本支出项目，是降低成本的领域，而没有认识到物流不仅是一个成本项目，更是一个收益项目，从而是价值实现、促进销售、增加收益的竞争手段或战略；很多人认为物流只是经营体的“内部事务”，是经营体的“后勤”，而没有认识到物流不仅是“内部事务”与“后勤”，更是经营体的“外部事务”与“先锋”；很多人认为物流产业就是运输业与仓储业，而没有认识到物流产业是一个系统的、综合的、专业化的产业体系；很多人认为加强物流管理就是加强内部物流管理，而没有认识到加强物流管理不仅要加强内部物流管理，更要加强“外协”与“外包”等外部物流管理，等等。这些认识都是缺乏现代物流理念的具体体现，从而是影响我国物流产业发展的思想障碍。

5.4.1.2 物流基础设施薄弱

物流基础设施是进行物流作业的基本条件与物质基础，包括铁路、公路、水空航路、管道、车站、港口、机场、仓库、物流或配送中心，等等。物流基础设施的优劣直接影响到物流的作业效率与作业成本，是发展物流产业的重要基础与环境。

物流基础设施的“瓶颈”制约现象，集中体现在铁路运力偏紧与港口疏运能力不足两个方面。截至2009年底，我国铁路总营业里程居世界第二，而且，我国铁路以占世界约6%的营业里程完成了世界铁路25%的工作量，运输效率居世界第一，但尽管如此，仍然不能满足社会的物流需求。2010年，我国原煤、焦炭、钢铁及有色金属的生产总量高达57亿吨，而这些产品的铁路运输量不到19亿吨，只占30%左右。铁路运输外的其余部分只能通过公路、水路运输解决，既增大了物流费用，也由于运输批量小、速度慢，加剧了运力紧张的局面，同时也造成产品滞压、库存增长的现象。此外，港口疏运能力不足也是一个重要问题。

5.4.1.3 物流工具与设备陈旧、落后

物流工具与设备主要包括运输、仓库、装卸、包装、流通加工及物流信息处理的工具与设备。物流工具与设备也是直接影响物流作业效率与物流服务水平的物质条件，高效、安全、快速的物流工具与设备是进行现代物流作业与管理的前提，也是降低物流作业强度、改善物流作业环境的重要手段。从我国的实际情况来看，铁路机车牵引力小、速度慢；货运卡车的品种与功能单一，载重量小、速度慢；一些功能完善、先进的商用卡车，如低温冷藏货运卡车拥有量很低；设备陈旧的露天仓库多，而具有流通功能的现代化仓库，特别是自动化立体仓库少；装卸搬运工具与设备技术落后、作业效率低；流通加工设备短缺且落后；高效、快速的物流信息处理设备与工具的普及率低。此外，托盘、货架、集装箱、多式联运设备与工具也十分缺乏。

据有关部门的调查，我国大多数物流工具与设备只相当于发达国家20世纪六七十年代的水平。另据中国仓储协会的调查，在被调查的企业中，普通平房仓库占29%、普通楼房仓库占19%、简易仓库占19%，而高层货架仓库占5%、立体仓库占7%、保温仓库占6%、冷藏仓库占5%、冷冻仓库占2%、气调仓库占4%、危险品仓库占4%，即一般仓库的拥有量近70%，而具有多功能的现代化仓库仅为30%；从装卸与搬运工具与设备来看，普通搬运车为53%、手推叉车为11%，电瓶叉车为14%、内燃叉车为12%、输送车为1%、起重设备为9%，也就是说，在搬运作业中效率最低的搬运车的拥有量竟占53%，加上手推车与普通起重设备，低效率的搬运工具高达70%以上①。

之所以会出现这种情况，主要是因为在我国长期以来对物流的“生产性”、重要性的认识程度不够，特别是在计划经济时代“生产第一”思想的支配下，不论是政府还是企业，也不论是生产企业还是流通企业，都缺乏对物流的足够重视：从企业内部来看，认为物流是附属性工作，不需要太多的投入，从而没有必要投入大量的资金用于物流工具与设备的更新、换代；从社会来看，认为物流不是一个独立的产业，也没有必要作为一个产业来发展，物流工具与设备投资也不具有商业价值，从而缺乏投资物流工具与设备的激励机制。

5.4.1.4 “条块分割、各自为政”的物流管理体制

众所周知，自新中国成立以来，我国一直由多个政府部门“分工管理”全社会的物流活动，这些部门都是中央政府（国务院）的有机组成部分，都拥有全国性的物流管辖

---

① 程秀生，李维安，等：《中国物流服务社会化健康发展的对策》，国研网，2002-05-09。

权。这些部门曾经是:铁道部、交通部、民航总局、石油部、对外贸易与经济合作部、商业部、物资部、粮食部、供销合作总社以及邮电部和信息产业部。它们的分工是:铁道部负责全国铁路物流的管理;交通部负责公路物流、水运物流的管理;民航总局负责航空物流的管理;石油部负责管道(石油)物流的管理;对外贸易与经济合作部负责进出口商品物流的管理;物资部负责生产资料物流的管理;商业部负责消费品物流的管理;粮食部负责粮食物流的管理;供销合作总社负责农产品物流的管理;邮电部负责邮政物流(邮政包裹)的管理;信息产业部是新近成立的机构,负责物流信息产业的管理。随着政府机构的改革,商业部与物资部合并,改组为"贸易市场局",归属于商务部,并负责生产资料与消费品的物流管理;粮食部撤销,成立了"国家粮食储备局",专司粮食物流管理;石油部撤销,其管道物流管理职能移交给"中国石油与天然气总公司"。其他机构没有变化,并继续原来的职能。这种条块分割、各自为政的物流管理体制,不仅使我国的物流规划与物流产业政策难以统一,而且也使物流工具、设备及技术标准难以统一,从而严重影响了全社会物流效率的提高,也造成了物流资源的严重浪费,成为发展现代物流产业的重要障碍。

不仅如此,与"条块分割、各自为政"的宏观物流管理体制相对应,我国大多数企业与部门自营物流的意志也十分强烈,即使是现在,仍有很多企业不习惯、不愿意、也不放心将企业的物流业务市场化。现实情况是,不论企业的规模有多大,一般都拥有自己的车队与仓库,规模较大的企业甚至还拥有自己的物流中心或配送中心。例如,我国某家非物流行业的上市公司,自己拥有1 300余辆货运卡车,并在全国主要城市建立了若干仓库或配送中心。该企业虽然在物流方面投资巨大,但其物流效率并不十分理想,库存一年比一年大,物流成本的增加超过了销售收入的增加①。国内外的经验表明,在大多数情况下,自营物流的效率要低于物流市场化的效率。例如,20世纪90年代初期,我国专业化物流企业所拥有的货运卡车仅为非专业化物流企业(主要是生产企业)所拥有的货运卡车的20%,但是,这些专业化物流企业货运卡车的货物实载率却为生产企业的2.8倍②。

显然,企业的自营物流意识越强,对市场化或专业化物流服务需求也就越小,从而越不利于物流产业的发展。

5.4.1.5 物流法规、政策不健全,物流标准化程度低

由于我国重视物流、发展物流产业的时间较短,加之"条块分割、各自为政"的物流管理体制长期存在,从而使我国缺乏统一的物流法规与政策。现有的一些法规与政策

---

① 何明珂:《中国物流业面临的机遇与挑战》,载于《财贸经济》,2001年第5期。

② 刘华,程海峰:《促进我国物流产业发展的政策》,国研网,2002-01-18。

基本是由各部门独立制定的，其目的主要是解决本部门的问题，而不是着眼于全社会物流，解决全社会的物流问题。同时，由于各部门的特点和所处的地位不同，面临的问题也不同，因此，各部门制定的法规与政策，不仅难以协调，甚至还存在矛盾。这些缺乏统一、协调的物流法规与政策，也是制约物流产业健康发展的重要因素。

不仅如此，"条块分割、各自为政"的政府物流管理体制，不仅造成了物流法规、政策的不协调、不统一，而且还直接影响了物流标准化的有效实施。由于没有统一的物流工具与设备标准及物流作业标准，从而大大降低了我国的物流效率。

5.4.1.6　专业化物流企业的规模小、经营与服务水平低

如前所述，我国大多数企业具有强烈的自营物流意识，其原因是多方面的，既有企业的习惯原因，也有企业的沉没成本原因，同时也有专业化物流企业的服务原因，即专业化物流企业的服务水平还难以让物流服务需求者"放心"。从这个意义上讲，专业化物流企业经营管理水平的高低也是直接影响物流服务需求大小，进而影响物流产业发展的重要原因。

从目前来看，我国专业化物流企业的总体规模不大，经营与服务水平还不高。这里所说的规模不大，包括两层含义：一是指专业化物流企业数量不多；二是专业化物流企业的经营规模不大。专业化物流企业数量的多少，不仅影响物流市场的竞争程度，从而为专业化物流企业加强经营管理、提高物流服务水平提供竞争压力与激励，而且也直接影响物流需求者对物流服务需求选择机会与空间的大小，进而影响物流市场规模的大小；专业化物流企业经营规模的大小，将直接影响专业化物流企业提供物流服务的能力与水平，进而影响物流服务需求者对专业化物流企业的依赖程度。

总之，专业化物流企业的规模及其服务水平是决定我国物流产业能否快速发展的重要因素。据中国仓储协会对200家专业化物流企业的调查，能够提供综合性物流服务的专业化物流企业只有5%，绝大多数专业化物流企业还不能提供综合性的物流服务，即使是规模较大的物流类上市公司，也很少能提供综合性的物流服务。不仅如此，我国的专业化物流企业在单据处理准确率、配送及时率与货损率等三项主要物流服务指标上，都较企业（生产企业与流通企业）自营物流低①。这是导致我国多数企业坚持自营物流的重要原因，也是制约我国物流产业发展的关键因素。

5.4.1.7　缺乏专业物流人才

从国外物流发展的经验来看，要发展物流产业，必须有一支庞大的具有现代物流理念，掌握现代物流理论与技能的物流人才队伍。为此，许多发达国家非常重视物流教育与物流人才的培养，形成了较为合理的物流人才教育与培训体系，很多大学都设有物流

---

① 程秀生，李维安，等：《中国物流服务社会化健康发展的对策》，国研网，2002-05-09。

管理专业,即使没有单独设立物流管理专业的大学,也大都开设物流管理方面的课程,部分大学还设置物流方向的研究生课程,形成了一定规模的物流方向研究生教育体系。另外,一些国家的物流行业协会或学会还积极开展物流管理的在职教育与培训,许多国家还要求从事物流职业的人员接受专业培训,取得从业资格。比较而言,我国在物流方面的教育还相对落后,物流人才培养的规模与质量远远满足不了对物流人才的需求。

专业物流人才的不足,不仅影响了我国物流理论与实践问题的研究、物流知识的传播与应用,而且也影响了我国物流管理水平的提升与物流产业的发展。

5.4.2 我国物流产业面临的发展机遇

如前所述,我国发展现代物流产业面临着许多问题与困难。但是,问题与困难往往蕴涵着机遇,而机遇又与风险同在。因此,只有正确认识、分析并把握这些机遇,同时避免盲从与泡沫,才能实现我国物流产业的健康发展。

5.4.2.1 生产与流通方式的变革

20 世纪 90 年代以来,随着消费需求的变化,企业的生产与流通方式也发生了根本性变化。就生产方式而言,传统的预测生产方式已越来越难以满足多样与多变的消费需求,而准时、快速的订单生产方式大为流行。而要实现准时、快速的订单生产,必须以快速、高效的物流系统为前提,即从订单的产生到原材料、零部件及半成品的供应、生产加工与组装,以及将成品送到消费者手中的整个物流过程必须是高效与快速的,唯有如此,才能保证订单生产的顺利进行。因此,订单生产对物流系统提出了更高的要求。但是,由于竞争的日益激烈,使得生产企业依靠自身的有限资源,难以既保证生产系统的快捷与高效,又保证物流系统的快捷与高效,迫使很多生产企业不得不将其物流业务,外包给具有竞争优势的专业化物流企业,进而为那些专业化物流企业提供了市场需求。也就是说,随着生产方式的变革,使原来内部化的物流业务逐渐外部化、市场化,形成了新的物流市场需求。因此,生产方式的变革,催生了新的物流市场需求,也为物流产业的发展提供了新的机遇。

消费需求的变化,不仅促进了生产方式的变化,而且也促进了流通方式的变化。例如,连锁经营的发展与普及,以及电子商务的兴起就是流通方式变革的重要体现。20 世纪 90 年代初,我国开始引进连锁经营,目前连锁经营已经在许多行业中普及,在零售商业领域,连锁经营更是得到了快速增长,其增长率连续多年高达 30%。连锁经营通过“统一采购、统一核算、统一配送”的经营形式实现了规模经济与范围经济。可以预计,我国的连锁经营还有很大的发展空间,连锁经营的规模还将继续扩大。但是,理论与实践证明,决定连锁经营成败的关键因素之一就是高效、快速、低成本的物流系统。

因此,随着连锁经营的不断发展,连锁经营所引致的物流需求也必将不断扩大,从而也为物流产业的发展提供了机遇。

另外,电子商务也是近年兴起的新型流通方式,其发展速度也很快。但是,电子商务只是一种商品所有权转移或商流形式,电子商务本身并不能解决商品的物流问题,也就是说,电子商务本身无法实现完全意义的商品流通。相反,要实现完全意义的商品流通,还必须有一个快速、高效的物流系统。因此,电子商务越发展,所需要的物流系统也越庞大。从这个意义上讲,电子商务的产生与发展,也为物流产业的发展提供了机遇。

5.4.2.2 物流市场潜量巨大

我国全社会物流成本究竟有多大,目前还没有一个统一而精确的结论。"据《第三产业统计年鉴》(2010 年版)中数据,我国 2008 年物流总费用占 GDP 的 18.1%"。有学者认为,我国的物流管理水平与物流产业化程度至少落后美国 20 年,而美国在 20 年前全社会物流成本占 GDP 的比重为 15% 以上①。依此推论,我国目前全社会的物流成本占 GDP 的比重至少为 15%。按此计算,2008 年我国 GDP 为 314 045.4 亿元,那么,2008 年,我国全社会的物流成本则为 56 842.2 亿元。这是一个蕴涵着巨大的物流产业发展机遇的"蛋糕",而且随着我国经济的不断增长,GDP 的规模会越来越大,从而全社会的物流成本也会越来越大,蕴涵物流产业发展机遇的"蛋糕"也会越来越大。

当然,我们不能将全社会的物流成本都算做物流产业的市场潜量,这是因为不论经济如何发展,也不论全社会的物流管理水平与物流产业化程度有多高,物流成本也不会为零,全社会的物流成本不会全部成为物流产业的市场潜量。但是,根据国外的经验,全社会物流成本占 GDP 的比重是不断降低的,如果我国通过物流管理水平与物流产业化程度的提高而使全社会物流成本占 GDP 的比重降低 1 个百分点,那么,按 2008 年的 GDP 水平计算,则意味着每年可以节约 3140.4 亿元的物流支出,或者说可增加 3140.4 亿元的社会财富;如果能降低 5 个百分点,以达到美国当前的水平,则意味着每年可以节约 15 702 亿元的物流支出,或者说可增加 15 702 元的社会财富。这就是说,如果按美国当前的物流成本水平及我国 2008 年的 GDP 规模来估算,我国每年的物流市场潜量则为 15 702 亿元。这预示了一个巨大的、充满诱惑的物流产业的发展机遇。

5.4.2.3 全球化的市场竞争与企业经营战略的转变

随着经济全球化进程的加快,越来越多的企业,特别是跨国公司不仅在全球范围内组织生产与销售,而且还要在全球范围内组织物流。因此,企业所面对的竞争已不限于一个地区或一国之内的竞争,而是全球化的竞争,而且这种竞争不仅包括商品生产与商

---

① 何明珂:《中国物流业面临的机遇与挑战》,载于《财贸经济》,2001 年第 5 期。

品销售的竞争，而且也包括物流服务水平的竞争。这种全球化的竞争不仅促进了生产与销售资源（流通网络）在全球范围内的重新整合与配置，而且还促进了物流资源在全球范围内的重新配置，进而牵动物流产业资本的流动。随着我国市场经济体制的日益完善、经济国际化程度的日益提高，以及巨大市场机会与良好经济增长环境的存在，将会促使越来越多的国际产业资本流入我国。显然，国际产业资本的大量流入，一方面会派生出更大的物流市场需求，另一方面，也会带动更多的国际物流产业资本的直接流入，这些都会成为促进我国物流产业发展的积极因素。

不仅如此，包括物流产业资本在内的国际产业资本向我国的流入，必然会加剧企业之间的竞争，而面对日益激烈的市场竞争，企业不仅要进行生产方式的革新，降低生产成本，缩短生产周期，提高产品质量，而且还要进行流通方式的创新，提高流通能力与速度，降低流通成本，为此，企业会越来越重视物流系统的完善、物流效率的提高与物流成本的降低，以增强企业的竞争能力。从许多跨国公司的实践来看，越来越多的跨国公司已将提高物流服务水平作为重要的市场经营战略，而为了提高物流服务水平，增强物流竞争力，许多跨国公司或将企业的物流资源重新进行整合，以子公司或分公司形式来专业化、系统化地运作物流，或将企业的物流业务外包给专业化的物流公司，特别是后者将成为越来越多的跨国公司的一种战略选择。因此，随着越来越多的跨国公司由过去的多角化经营战略向核心能力经营战略的转移，从而会有越来越来越多的企业将不具备核心能力的物流事业外部化给那些在物流经营领域具备核心能力的专业化公司来经营。显然，跨国公司经营战略的转移，为专业化的物流公司从事物流产业的经营提供了良好的机遇。

5.4.2.4 信息技术的进步

众所周知，信息技术在物流领域的应用越来越广泛，可以毫不夸张地说，没有信息就没有物流，而没有高效、准确、快捷的信息流，也就不可能有高效、准确、快捷的物流。因此，信息技术的不断进步，为物流系统的改善与物流服务水平的提高提供了前提与保障，从而也是发展现代物流产业的重要条件。

信息不仅是物流系统的中枢与神经，而且本身还具有“库存职能”，“信息仓库”可以替代“商品仓库”。例如，在现代生产与流通技术中得到普遍应用的“虚拟库存”技术就是一种用“信息库存”替代“实物库存”的新型生产与流通模式。

自从信息技术与因特网结合后，信息技术的效用得到了放大，生产与流通方式也发生了重要变革。按照虚拟库存的理论，制造商可以变“先生产产品”为“先收集信息”，然后根据这些信息进行有针对性的生产，这样可以实现“零库存”，大大提高生产资本的效率。如许多企业实行的“订单生产”，就是这种理论与技术的应用。同样，分销商也可变“储存商品”为“储存信息”，即流通企业现在不一定先要将商品采购进来放在仓库中储存，而是先搞清楚顾客的需求到底是什么，并了解哪些供应商能够以什么样的价格与供货条件提供哪些商品，同时与供应商建立广泛而密切的合作伙伴关系，当顾客要购买某种商品时，便可立即从大量的供应商中选择最合适的供应商进行采购并组织配送。如果流通企业掌握的信息比较全面而准确，同时与供应商具有良好的合作关系，以及具有快速反应的物流系统，那么这种模式就是“订单采购”模式。显然，在这种模式中，储存信息的“信息仓库”比储存实物的“商品仓库”更重要。

总之，高效、快捷的信息系统是高效、快捷的物流系统得以运行的前提，信息技术的不断进步，为物流系统的改善提供了条件，也为企业特别是专业化物流企业提高物流服务水平、发展物流产业提供了机遇。

5.4.2.5 政府的诱导与扶持

随着物流在国民经济与企业经营中的地位与重要性的日益提高，我国政府对发展物流产业的必要性与紧迫性也日益重视，特别是自 20 世纪 90 年代后期以来，我国政府对发展现代物流产业更加重视。

从中央政府来看，除国家领导人在各种场合反复强调发展我国物流产业的重要性，并要求全社会各界重视物流、发展物流产业外，还制定了大力发展物流产业的有关优惠政策。例如，2009 年 3 月国务院发布的《国务院关于印发物流业调整和和振兴规划的通知》中提到的《物流业调整和振兴规划》，是我国出台的第一个物流业专项规划，也是第一次以国务院名义发布有关物流业的专题文件。2011 年 8 月，为进一步贯彻落实《国务院关于印发物流业调整和振兴规划的通知》，国务院办公厅又发布《国务院办公厅关于促进物流业健康发展政策措施的意见》。

中央政府对发展现代物流产业的重视，还体现在一些具体的投资与建设计划中。近几年，国家发展计划委员会、国家经济贸易委员会，以及铁道部、交通部、信息产业部等行业主管部门还制定了若干全国性物流中心等重要物流节点与物流线路的建设规划与投资计划，从而为物流产业的发展提供了良好的机遇。另外，各地方政府，特别是一些沿海城市也纷纷出台了许多鼓励、扶持现代物流产业发展的政策，成立了物流产业发展的领导机构及其咨询机构，制定了中长期物流产业发展规划，个别城市甚至将物流产业作为本地区的战略产业或支柱产业来扶持与发展。

总之，无论是中央政府还是地方政府，从来没有像今天这样重视物流，也从来没有像今天这样引导与扶持物流产业的发展。显然，政府对物流的积极姿态与政策，对物流产业的投资者或经营者来说，是一个重要的“利好”信息，也是发展物流产业的绝好机遇。

5.4.3 我国物流产业的发展对策

面对我国物流产业发展存在的问题与机遇，本书拟从以下几个方面提出若干对策，以促进我国物流产业的发展。

5.4.3.1 制定物流产业的发展政策

如前所述，尽管我国中央政府在2004年制定了促进我国物流产业发展的纲领性文件，一些部门及地方政府也从本部门或本地区的实际情况出发制定了一些促进物流产业发展的政策。但是，从总体上看，这些文件与政策还不够全面和具体，即缺乏统一性、协调性和可操作性。因此，有必要对现存的各种政策进行梳理，取消一些相互掣肘、彼此矛盾的政策，同时，制定全面、系统且具有可操作性的政策。

国内外的经验表明，即使在市场经济条件下，产业政策对指导与促进产业的健康发展也是有积极作用的。不论是什么性质的产业，其发展速度与水平都程度不同地依赖于政府的产业政策。一般来说，越是具有垄断性的产业，越需要政府产业政策的指导与规制，即使是完全竞争性的产业也需要政府产业政策的指导与规范。我们认为，物流产业属于垄断竞争性产业。或者说在物流产业中，既有不完全竞争产业，也有完全竞争性产业。例如，与铁路、公路、港口、机场、管道等大型物流基础设施相关的产业，就具有高度垄断性，而其他物流产业则基本属于竞争性产业。显然，那些具有垄断性的物流产业发展要高度依赖物流产业政策的指导与规范。但是，即使是竞争性的物流产业，在很大程度上也需要物流产业政策的指导。这是因为，物流产业的一个重要特点是事业内容特别是事业客体的"社会流动性"，所谓社会流动性，是指物流客体，例如，货物及包装物等从生产者到最终消费者要经过多数甚至"无数"的不同部门、不同性质、不同类型的经营主体、运输工具、储存场所。为了提高全程（供应、生产、销售、消费、回收）物流的安全与效率，在客观上就要求不同部门、不同场所的运输工具、装卸与搬运工具、存货工具（货架）、包装规格以及信息传递等统一和标准化，从而要求不同事业主体的物流工具与设备、货物包装规格、信息传递方式等要统一和标准化。显然，只有政府才有资格，也有能力进行这样的统一与标准化，这就是物流标准化政策，包括物流工具与设备的标准化政策及物流作业标准化政策。

应该说明的是，本书所说的政策是广义的，既包括法律、法规，也包括各种条例、通知、意见、指令等；既包括鼓励、扶持与优惠类政策，也包括限制类政策；既包括经济性政策，也包括社会性政策；既包括效率性政策，也包括公平性政策；既包括中短期政策，也包括长期政策；既包括强制性政策，也包括指导性政策等。就我国的物流产业政策而言，我们认为，当务之急是制定有关物流的基本法律与法规，如物流基础设施建设法、物流标准化法、物流信息化促进法、物流环境标准法等，同时，应进一步修改与完善现行的有关促进或扶持物流产业发展的政策，包括培育物流市场主体政策、物流产业投资政策、物流产业竞争政策等。

5.4.3.2 改革宏观物流管理体制

针对我国“条块分割、各自为政”的宏观物流管理体制，我国应考虑对现行的各政府部门的物流管理职能进行适当的整合，减少全社会物流管理的主管部门，逐渐由分散管理向相对集中管理过渡，在机构暂时无法整合的情况下，可以通过转换职能或功能剥离的办法进行过渡。但是，在职能转换过程中，必须坚决执行“转换或剥离”而不是“添加”的原则，否则必然产生新的“政企不分”，还不如不“转换”。

对现行的部分物流主管部门进行功能转换或剥离以后，还应对留存的物流主管部门进行改革，改革的基本目标就是“政企分离”。而且，分离必须彻底，才能保证主管部门的“清白”，也唯有如此，才能保证物流市场主体的“纯洁”。同时，在宏观物流管理体制改革的过渡期，政府应特别注意对物流行业自律组织的培育与扶持，充分发挥物流行业自律组织在协调、管理全社会物流的作用。当然，与政府部门一样，物流行业自律组织也面临“条块分割、各自为政”的问题。例如，目前，我国仅全国性的物流行业自律组织就有：中国物流与采购联合会、中国物流学会、中国市场学会、中国交通运输协会、中国交通企业协会、中国铁道学会、中国公路学会、中国仓储协会、中国物资储运协会、中国船东协会、中国港口协会、中国货代协会、中国船代协会、中国包装协会等。这些行业自律组织也是按行政隶属关系建立的，有的功能交叉、重复甚至矛盾，有的功能单一、片面。显然，现存的物流行业自律组织也有重新进行整合与改组的必要。

当然，除对中央级物流管理体制进行改革外，还要对各地方物流管理体制进行必要的改革。各地方政府应该根据本地区的产业结构、物流特点及现行体制，明确本地区的社会物流的主管部门，制定本地区的物流发展政策，协调本地区的物流矛盾。就目前的情况来看，我国许多地方政府没有明确的物流主管机构，缺乏对区域物流，特别是城市物流的规划与管理。近几年，随着物流的升温，一些地方政府开始成立“物流领导小组”、“物流规划办公室”之类的临时性物流管理部门。但是，对任何地区来说，物流管理都不是一个“临时性”工作，物流产业也不是一个“临时性”产业，因此，用临时机构来代替或“应付”物流热，不是地方政府的明智选择。

5.4.3.3 制定科学的物流发展规划

物流发展规划主要包括两个方面，一是物流网络规划，包括物流基础设施、物流网点、物流线路的规划；二是物流产业发展规划，如物流产业的目标、对策，以及物流产业结构等的规划。不论是物流网络规划，还是物流产业规划，都直接影响着物流产业的发展速度与发展质量。

就物流网络规划而言，首先要对铁路、公路、水上、航空、管道五种运输方式进行总体规划，包括道路、车站、港口、机场以及运输工具与设备的发展建设规划。这些规划传统上就有，但要按物流需求的变化及时加以调整，以满足物流发展的需要；其次是物流网点与物流线路的规划，包括城市物流中心、配送中心、港口、车站、航站、大型仓库等的空间布局与规划；三是对各种货物运输的流向、流速进行规划。

就物流产业发展规划来说，首先要对现有的产业分类体系进行完善，将物流产业纳入国民经济核算体系；其次要对区域以及全国物流产业的发展目标、行业结构、发展政策与措施进行规划；三要制定物流产业的技术标准与服务标准；四是制定物流企业发展规划，包括培育大型物流企业、引进外资物流企业、扶持中小物流企业的发展等。

由于物流不仅与企业的生产经营活动有密切关系，是决定企业经营成败的重要因素，而且还涉及交通、通信、城市建设、环境保护、居民生活等各个方面。因此，在进行物流规划时，不仅要考虑物流本身的效率与合理化问题，还要考虑交通便利、城市建设、环境保护、居民生活等问题，将物流规划与经济发展规划、城市规划、环境保护、商业规划、居住区规划等相结合，只有从全方位、多角度地进行物流规划，才能保证物流规划的科学，从而满足全国或区域经济、社会发展的需要。

5.4.3.4 加大政府与民间物流投资力度

对于具有公共物品性质的物流产业领域，如物流基础设施产业，应该以政府投资为主，并根据国民经济的发展状况及物流需求的变化，逐步加大政府投资力度，同时，应该建立与完善多元化投资体制，鼓励民间资本，包括外国资本向物流产业特别是物流基础设施产业投资。

对于一般竞争性物流产业，则应以民间投资为主。为了鼓励民间资本投资物流产业，应根据不同物流产业的供求状况，制定相应的优惠政策，以吸引民间资本向处于短缺状态的物流产业领域投资。根据以往的经验，政府可以采取灵活的税收政策、财政贴息政策、土地转让优惠政策等，支持民间资本的投资与经营，待产业成熟后，政府便可以停止优惠政策的供给。

为了扩大物流产业的投资，除积极吸引国内民间资本投资外，还应该根据我国入世后的承诺，进一步放宽对外商投资的限制，鼓励外商向物流领域投资，对于那些具有先进物流技术、雄厚资本实力、丰富物流经营管理经验，对我国物流产业的发展具有示范与推动作用的著名跨国物流公司，应特别鼓励其投资。

5.4.3.5 加快物流信息化与标准化的进程

信息化与标准化是现代物流的重要标志，也是实现高效、快捷、高附加值物流的重要保证。同时，信息化与标准化程度不高，也是制约我国物流管理水平的提升及物流产业发展的主要瓶颈。因此，加快物流信息化与标准化建设，提升物流信息化与标准化程度与水平，是促进我国物流产业健康发展的重要途径。

物流信息化建设主要包括两个层次:一是全国或区域物流信息平台的建设;二是企业物流信息管理系统的建设。全国或区域物流信息平台的建设,主要由中央政府或地方政府来完成。为此,各级政府要将物流信息平台的建设纳入全国以及各地区经济信息化建设的重要组成部分,构筑开放、可兼容的高效、安全、适用的物流信息平台,并根据经济与物流发展的需要,不断对这一平台进行调整与完善。企业物流信息管理系统的建设,主要由企业自身来完成。近年来,随着市场竞争的日益激烈,越来越多的企业开始重视物流,并开始建立自身的物流信息系统。但是,从当前的实际情况来看,大多数企业仍处于物流信息化的初级阶段,物流信息系统的功能与作用还没有充分显现。从今后的发展来看,物流信息系统在物流管理乃至整个经营管理中的作用将愈加突出,因此,不论是生产企业、流通企业还是专业化物流企业,要想在激烈的市场竞争中生存与发展,必须在物流信息化方面作出更大的努力,建立一个高效、安全、适应的物流信息系统。

物流标准化主要包括物流工具与设备、货物包装规格、物流信息传输(语言与设备)及物流作业与服务的标准化。在推进物流标准化过程中,政府及行业协会将发挥重要的作用。具体来说,政府的主要职责是制定有关物流标准化的法律与法规,制定物流标准化的促进政策,统一各种公共性强、影响面大的物流标准,并强制执行;物流行业协会的主要职责是制定物流作业与服务标准,积极配合政府推行各种物流标准的实施。当然,企业是物流标准化的最终执行者,也是标准化的受益者,因此,从企业的角度来看,应该树立并强化物流标准化意识,将物流标准化视为提高物流作业效率、提升物流服务水平的重要途径,成为物流标准化的自觉执行者。

5.4.3.6 加强物流人才培养

如前所述,我国面临着较为严重的物流人才短缺问题,从而在一定程度上制约了我国物流产业的发展。因此,加强人才培养不仅是发展我国物流产业的当务之急,也是发展我国物流产业的战略投资。一般来说,人才培养的基本途径主要有两条:一是正规学校的脱产培养,二是企业的在职培养。

从我国的实际情况来看,教育主管部门要加大改革力度,允许各类学校根据对物流人才市场需求的预测,自主设置物流管理专业,培养物流管理人才。总体来说,只要学校有办学自主权,那么,绝大多数学校都能够而且也必须按人才市场的需求来培养人才,因此,正规学校的物流人才培养是可以满足物流人才市场需求的。尽管如此,国家或政府的宏观指导是必要的。例如,就目前来说,政府应该对未来5~10年内的物流人才需求规模与结构进行预测,并制定相应的指导性政策,以指导各类学校按市场需求建立不同层次的人才培养体系,从而避免盲目增设专业、扩大招生,造成人才供给的结构性过剩,浪费有限的教育资源。同时,也不能将物流人才培养,片面地理解为就是培养大学本科或研究生人才。事实上,物流人才也是有结构的,不仅需要高层次的理论型、管理型物流人才,也需要实践型与操作型人才,尤其是后者,需要量更大。因此,我国不仅要发展物流本科教育和研究生教育,更要发展物流高等职业技术教育与物流中专教育。

除正规大学的脱产培养外,企业的在职培养也是非常重要的,甚至更加重要。由于知识更新的速度越来越快,即使在学校学到的知识是最新和最适用的,但学生走出校门后,也常会面临知识陈旧的问题,而且在学校不可能具体学习到每个特定岗位的知识与技能。因此,在职学习或继续教育,对任何行业、企业和个人来说,都是必要而必需的,当然,物流产业也不例外。为此,各类企业特别是物流企业必须建立在职培训制度,定期或不定期地对各类物流人员进行在职培训。

5.4.3.7 深化物流理论研究,促进物流技术与管理方式的创新

与物流实践一样,我国的物流理论研究也起步较晚,研究队伍薄弱,研究水平不高。但是,随着物流产业的不断发展,对物流理论研究的需求也日益增加,特别是对高水平、适用性强的物流理论的研究,需求更加迫切。为了提升我国物流理论研究的整体水平,以满足实践的需要,除研究者自身的科学精神与研究努力外,还需要政府、行业协会、学会、大学、研究机构、企业及社会各界的共同努力。例如,政府应建立专家咨询制度,为各类研究者提供大量的理论、实证研究与政策咨询的机会;行业协会与学会要加强研究者、大学、研究机构的横向联系,建立研究团队,对重大问题进行团队研究;大学与研究机构应该与国内外有关组织建立合作伙伴关系,坚持官、产、学、研相结合的研究体制,不仅要研究基础理论,更要重视与加强应用研究;企业也应树立科学决策的理念,建立自己的咨询组织,与大学、研究机构和研究者建立起良好的研究合作关系。

就研究领域而言,不仅要研究物流体制、物流产业政策、物流规划、物流管理等方面的问题,还要研究物流技术、物流工程与物流运作方式等问题,只有这样,才能促进我国物流技术与物流管理方式的不断创新,带动物流产业的全面发展。

5.4.3.8 发展第三方物流,提高物流专业化水平

第三方物流是专业化物流的典型代表。第三方物流的发展水平,是物流专业化水平高低的重要标志,也是整个物流产业发达程度的重要体现。从目前来看,我国的第三方物流还处于引进与初创阶段,第三方物流的规模很小,市场占有率很低,经营水平也不高,大多数物流企业还不具有真正的第三方物流的特征,没有真正行使第三方物流的职能。

为了加快我国第三方物流的发展,我们认为应采取以下措施[①]:①通过建立现代物流行业规范和市场准入限制等措施,限制小于规模经济的第三方物流企业的进入;②通过鼓励合资、合并、合作、兼并等措施,扩大现有第三方物流企业的规模;③通过修订和完善各种法规和政府行为,打破现有的各种有形和无形的地区、行业与部门限制,促进我国第三方物流企业的跨地区、跨行业的网络化经营;④努力降低非专业化物流时企业(生产与流通企业)退出自营物流时的"退出成本",例如,设法帮助自营物流企业妥善处置现有的物流资产及妥善处理有关人员的就业安排;⑤努力提高第三方物流企业的经营管理水平与服务水平。

5.5 小结

物流产业是指以物流活动或各种物流支援活动为经营内容的盈利性事业。随着物流活动在国民经济中的地位与作用的日益突出,物流产业已经逐渐发展为一个种类繁多、体系庞大的产业门类。

物流产业通常可以按照物流系统的构成要素、主体、客体以及经营方式等进行分类。

物流产业规模包括产值规模、就业规模和物流业务量。

物流产业结构包括物流业务量构成、地区结构、就业结构。

物流产业绩效的分析包括物流产业的劳动效率、物流产业的人均工资。

物流产业的发展环境处于不断的变化之中,这些变化的环境值得关注,主要包括经济服务化;消费需求的变化;市场竞争结构与竞争战略的变化;生态环境的变化;速度经济和经济全球化的趋势。

当前,我国物流产业存在的主要问题有:缺乏现代理念;物流基础设施薄弱;物流工具与设备陈旧、落后;"条块分割、各自为政"的物流管理体制;物流法规、政策不健全,物流标准化程度低;专业化物流企业的规模小、经营与服务水平低;缺乏专业物流人才。

但物流企业面临困难的同时,也面临着许多机遇:生产与流通方式的变革;物流市场潜量巨大;全球化的市场竞争与企业经营战略的转变;信息技术的进步;政府的引导与扶持。

在正确认识面临的困难与机遇的基础上,提出了八项对策:制定物流产业的发展政策;改革宏观物流管理体制;制定科学的物流发展规划;加大政府与民间物流投资力度;加快物流信息化与标准化的进程;加强物流人才培养;深化物流理论研究,促进物流技

① 程秀生,李维安,等:《中国物流服务社会化健康发展的对策》,国研网,2002-05-09。

术与管理方式的创新;发展第三方物流,提高物流专业化水平。

案例分析

中国与日德物流园区发展模式对比研究

中国物流园区的发展速度较快,但也呈现出发展模式定位不合理、建设规模过大且数量过多、规划不准确等问题。这也是造成我国目前物流园区大约60%闲置的重要原因之一。因此,本文通过中外物流园区发展模式中的建设模式和管理模式进行对比研究,探讨出适合中国国情的物流园区建设模式和管理模式,促进我国物流园区的发展。

我国有着货运服务、生产服务、商贸服务和综合服务等各种类型的物流园区,这些物流园区为推进区域经济协调可持续发展有着重要的促进作用。而对于物流园区发展而言,物流园区发展模式的选择是非常重要的。总体而言,我国物流园区在发展模式上主要有物流经济开发区模式、主体企业引导模式、工业地产商模式和综合运作模式。

1. 日德物流园区发展模式分析

日本是最早提出和发展物流园区(又称物流团地)的国家。日本第一个物流园区出现在东京。从1965年到2009年,日本在22个城市,已建立20多个大规模的物流园区,平均占地面积有74公顷。德国联邦政府20世纪80年代的规划是,在全国范围内建造40个物流园区,目前已有33个物流园区建成并已投入使用,其中较著名的有不莱梅物流园区和纽伦堡物流园区。

1965年,物流园区最早出现在日本东京,人们称其为物流基地或物流团地。日本建设物流园区的基本做法是:政府率先制定市政规划,考虑到交通、环境、土地等因素,确定合理的物流园区选址,把位于城市边缘的交通通达性较好的地区作为以后发展物流园区的主要选择地。政府出台一系列的有关建设物流园区的土地政策和优惠政策,把物流园区的建造用地以较低的价格,出售给行业协会或物流开发商,让他们在其会员中进行融资,来建设物流园区。如果资金不足,政府提供给他们一些优惠的税收政策,如长期低息贷款等。为了创造良好的投资环境,政府在物流园区中加快进行基础设施建设,促进该地区的经济增长,物流开发商可以享受到由于地价及房价的增值而带来的回报。

德国在规划建设物流园区方面采取的是"货运村"模式(freight village)。基本做法包括以下几点:第一,联邦政府作整体规划。联邦政府在全面考虑交通干线、交通枢纽的基础上,调查经济布局与物流发展状况,然后

案例分析

进行物流园区的选址和合理布局。第二,州政府、市政府辅助建设。为了让各州建立的物流园区更加合理统一化,德国交通主管部门提供资助或贷款担保给符合规划要求的物流园区。第三,企业化的经营管理。园区管理企业在园区投资者的委托下,主要负责园区的生产购买、基础配套设施的建设和园区建成后的地产出售、租赁、物业管理与信息服务等。第四,进驻园区的企业自主经营。这些企业根据自身的经营需求与物流发展需求,来建设与之相适应的仓库、堆场、中转站和相关的配套辅助设施设备等,并按有关规定,缴纳税款。

目前,德国和其他欧洲国家的物流园区也在发展公私合营(PPP)模式,即公共部门负责提供基础设施(土地、媒介、公路和铁路等),私营企业致力于地上设施的投资和运营(如仓库、服务站)。园区管委会为非营利性的组织,不干涉入驻企业的决策,是园区企业为加强交流合作的中介,并作为企业代表与政府对话,影响政府政策导向。管委会对于园区内的企业进行统一的包装和市场营销,入驻企业以每年的年费进行支持。

2. 中日德物流园区发展模式对比

日本和德国的物流园区运作高效,得益于政府的全国规划。比如,日本政府把全日本的大型物流基地建设的总体规划交给了通产省、运输省等5省主务大臣,由他们制定全日本共同的基本事项,决定建设流通基地的城市。这充分发挥了政府的统筹规划及宏观调控的作用,为物流园区的发展提供良好的政策支持;同时有利于实现以市场为主导的企业化经营,从而实现物流园区的市场化运作;也有利于园区内物流企业发展的优势资源整合,通过企业间的强强联合和优劣势互补,使园区内物流业务在时间、空间上达到最佳状态。

我国政府规划推动建设的物流园区比例占到了85%。其中,通过省级政府审批的占32 %,地市级政府审批的占59 %,区县级政府审批的占9%。尤其地市、区县一级政府审批建设的园区数量占比很高,超过了六成。由于我国不同地区有着不同的发展情况,因而在物流园区的建设模式的选择上也有着较大的差异,主要建设模式有以下几种:政府统一规划,工业地产商为主导;政府指导规划下,企业自行投建和管理;经济开发区模式;物流企业自主开发。

物流园区的管理模式是物流园区要实现发展目标所采取的决策、组织和管理形式,而且是受园区建设目标、投资主体、政府与行业协会的作用以及园区功能这几个因素影响的。

日本物流园区的管理是采用由园区企业组成联合会的方式进行管理,相当于业主委员制,由园区开发建设的物流企业组成业主委员会,进行决策制定及经营管理等。如日本东京的和平岛、葛西、板桥和足立四大流通基地采用的就是这种管理模式。

德国物流园区主要是由公益组织和有限公司这两种方式来进行管理,但后者为主要形式。由物流园区的管理公司来负责主持或组织进行各项工作,以及协调政府、企业、客户间的利益关系,并给地方上带来经济效益。

我国物流园区的管理模式主要包括4种类型,即管理委员会制、经营管理公司制、协会制和房东制。

(1)管理委员会制。政府模仿经济开发区的管理模式,组织建立管理委员会管理物流园区,实行规划与招商引资,提供企业注册登记、工商税务、商业服务和土地的使用等配套服务,并由专业公司负责物业管理。它适合规模较大的物流园区,如北京空港物流基地、宁波保税物流园区。

(2)经营管理公司制。由开发商建立专门的公司管理物流园区,不仅管理园区的开发建设,还为进驻企业提供各种配套服务,它重视经营与服务,如上海外高桥物流园区、浙江传化物流基地、锦州渤海物流园区、北京通州物流基地。

(3)协会制。由物流行业协会负责整个园区的经营管理,组织与协调园区企业开展物流服务,如青岛物流园区。但这种模式在我国并不多见,主要因为我国物流协会定位与体制并不健全。

(4)房东制,也称物业管理公司制。投资商完成物流园区的投资建设后,把土地、仓库、办公楼、信息平台等设施出租给物流公司,投资商自己成为“房东”,并成立物业管理部门或公司,取得租金等收入,而较少参与园区的经营管理,主要进行物业管理。

3. 结论

(1)物流园区可分期开发。如德国的纽伦堡物流园区,就是分期开发的,园区占地3.37平方公里,一期开发2.17平方公里,二期开发1.2平方公里。具体做法是:先开发一部分基础功能的物流园区,经过一段时间的赢利和资金的累积,再开发园区内一些辅助功能方面的建设。这样的分期开发方式缓解了资金的压力。

负责开发的企业也可自行进行规划开发,政府在这个过程中可以提供给企业一些贷款税收方面的优惠,有利于企业对园区的开发建设。

(2)物流园区采用企业化经营管理。如德国的不莱梅物流园区就是由其经济促进公司来管理的,整合市场资源,进行合理配置。我国的物流园区要在市场的引导下,提供有市场需求的物流服务,促使园区内的企业扩大经营规模

案例分析

和业务范围。

(3)整合企业的优势资源。物流园区内的各个企业不是单独不联系的,而是一个统一的整体。如日本物流园区中各个物流企业、货代企业等相关企业,它们的利益都是相联的,企业之间是共同促进的。

资料来源:王叶峰,蒋晴:《中国与日德物流园区发展模式对比研究》,2011 年第 19 期。

复习思考题

1. 如何理解物流产业的概念?
2. 简述物流产业规模、物流产业结构、物流产业绩效的内涵。
3. 分析我国物流产业规模与物流产业结构的现状。
4. 现代消费需求的变化表现在哪些方面?
5. 导致速度经济到来的原因是什么?
6. 生态环境的变化会对物流产业发展带来哪些影响?
7. 分析我国物流产业存在的问题及发展机遇。
8. 试论我国物流产业的发展对策。

6 物流企业与第三方物流

学习目标

- 掌握物流企业的基本分类
- 掌握物流企业的经营目标
- 了解我国物流企业存在的主要问题
- 了解我国物流市场发展的趋势
- 掌握第三方物流的特征
- 了解第三方物流产生的背景
- 了解第三方物流的经营模式和策略
- 了解国内外第三方物流的发展现状
- 了解我国第三方物流的发展趋势

6.1 引言

物流企业是物流市场的主体,是参与商品流通的主要力量。随着我国现代物流产业的不断发展,我国的物流企业队伍正在不断发展壮大,特别是第三方物流企业,有望成为我国物流企业中的主力军。本章分别对物流企业的分类、职能、经营目标与策略、经营现状与趋势等内容加以介绍,并针对第三方物流的定义与特征、产生背景及意义、国内外发展现状及我国第三方物流发展趋势等问题加以论述。

6.2 物流企业概述

6.2.1 物流企业的定义与分类

我国物流发展起步较晚,目前,对于物流企业的定义、分类标准等正处于不断完善的阶段。

由国家质量监督检验检疫总局和国家标准化管理委员会于2005年3月24日批准发布,并于2005年5月1日起实施的《物流企业分类与评估指标》国家标准(GB/T 19680—2005)中,对物流企业的定义作出了说明,即"至少从事运输(含运输代理、货物快递)或仓储一种经营业务,并能按照库户物流需求对运输、储存、装卸、包装、流通加工、配送等基本功能进行组织和管理,具有与自身业务相适应的信息管理系统,实行独立核算、独立承担民事责任的经济组织,非法人物流经济组织可比照适用"。

2007年5月1日起开始实施的中国国家标准(GB/T1835—2006)《物流术语》中对物流企业的概念又作出了新的界定,即"从事物流基本功能范围内的物流业务设计及系统运作,具有与自身业务相适应的信息管理系统,实行独立核算、独立承担民事责任的经济组织"。本书采用此定义对物流企业的内涵进行界定。

中国国家标准(GB/T 19680—2005)《物流企业分类与评估指标》根据物流企业以某项功能为主要特征,并向物流服务其他功能延伸的不同状况这一分类方法,将物流企业划分为运输型、仓储型、综合服务型三种类型,并对每种类型的物流企业的主要功能作出了具体界定。运输型物流企业是以从事货物运输或代理运输服务为主,包含其他物流服务的企业;仓储型物流企业是指主要从事区域性仓储服务,同时也从事其他物流服务活动的企业;综合服务型物流企业主要是指专门为企业客户提供原材料、在产品、产成品一体化物流服务的企业。

在学术界内，对于物流企业还存在以下几种分类方法：

根据作业类别不同，可将物流企业分为运输企业、仓储企业、流通加工企业和配送企业等。

根据所有制形态不同，可将物流企业分为外资或合资物流企业、国有物流企业和民营物流企业。

根据组织管理水平不同，可将物流企业分为传统物流企业和现代物流企业。

根据服务主体不同，可将物流企业分为第一方物流企业、第二方物流企业、第三方物流企业和第四方物流企业。第一方物流企业是指生产企业直营的物流企业；第二方物流企业是指提供仓储、运输等物流服务的企业；第三方物流企业是指借助第二方物流企业资源提供一体化服务的物流企业；第四方物流企业是指提供综合物流解决方案或咨询服务的企业。

6.2.2 物流企业的职能

6.2.2.1 物流企业是社会物流活动的主要承担者

尽管生产企业，包括其他经营组织，肩负着一定的物流职能，但是随着物流专业化和社会化的发展，社会物流活动开始越来越多地被物流企业所承担。并且，随着物流系统化的加强，社会物流资源逐渐被物流企业所掌握并加以有效组织和利用。

6.2.2.2 物流企业是社会商品流通的鼎力支持者

商品实现“惊险的一跃”，物流起着重要的作用，在现代商品流通中，商流与物流的分化越来越明显，越来越多的生产企业开始将物流业务外包给专业化物流服务商，物流企业在社会商品流通中的主导作用越来越明显，并成为一种重要决定力量。

6.2.2.3 物流企业是社会物品储存的主要承担者

生产企业准时制生产以及零库存的实现，需要外部物流系统的支持，物流企业的临时储存及在线运输使得生产企业的“虚拟库存”概念得以生成。于是，商品流通的时间主要被物流企业所“占用”和“把持”，使得物流企业成为“蓄水池”，创造了生产及销售总过程的时间价值。

6.2.2.4 物流企业是社会物流信息的重要管理者

由于物流企业连接产需的特殊地位，这使得物流企业成为汇集双向信息的承接点。因此，对物流信息实施管理，是物流企业的一个重要职能，并且，这一管理能力和水平决定了物流企业自身的服务能力和水平。

6.2.2.5 物流企业是实现物流功能整合的链接者

所谓物流功能整合，是指对各种物流功能性活动进行协调和重组，使其成为一个完整的物流系统，以提高整体效率、实现系统的整体效益。物流企业在整个供应链中具有承上启下的作用,通过物流企业可以将生产企业、流通企业和最终消费者联系起来,实现物流、商流和信息流的统一。此外,物流企业还可以通过专业化的物流服务,整合客户所需的各种物流活动,实现物流的功能的提高、成本的降低和效率的提高。

6.2.3 物流企业的经营目标

通过自身的经营努力获取经济效益是自主经营的企业开展经营活动的主要目标,物流企业也是如此。不过,物流企业这一目标的实现,还要依赖于一系列经营目标的实现。

6.2.3.1 提高快速反应能力,加速商品流转,缩短流通时间

长期以来,我国企业的物流过程占用的时间几乎占整个生产过程的90%,提高物流企业的快速反应能力,对于加速商品流通,缩短流通时间意义重大。特别是现代信息技术的应用提高了物流企业在尽可能短的时间内完成物流作业和尽快交付客户所需货物的能力。

6.2.3.2 降低库存,整合运输,降低物流成本

物流成本不仅仅是客户所关注的,更是物流企业所应关注的。降低成本的途径有很多,如提高作业效率、加强信息管理等,其中最主要的就是与客户协调努力降低库存,采取整合运输规划。运输与库存涉及企业的资产负担和相关的周转速度,是实现物流总成本降低的重要突破点,这势必要求物流企业与厂家来协同完成。

6.2.3.3 关注服务质量,提供增值服务

关注质量就是要寻求持续的质量改进,同时要将物流服务的质量管理纳入到全面质量管理的视野。并且,更为重要的是向客户提供增值性的服务,使厂商能够通过共同努力提高其效率和效益。因此,为客户提供基本服务、零缺陷服务和增值服务等不断升级的服务,是物流企业最重要的经营目标,也是物流企业间持续发展的保障。

6.2.3.4 减少变异,扩大经营规模

变异是指破坏物流系统表现的任何意想不到的事件,可以产生于任何一个物流作业领域,诸如客户收到订货的期望时间被延迟、货物到达客户所在地时发现受损等,这将使物流作业时间遭到破坏,服务质量受到影响。传统的解决变异的办法是建立安全储备存货或使用高成本的溢价运输,现在已经转为提升物流信息化水平以加强对物流活动的控制。因此,减少变异是物流企业的一个基本经营目标。

6.2.4 物流企业的经营策略

目前,我国的物流产业发展迅速,同时竞争也十分激烈,虽然本土物流企业发展参差不齐,但彼此之间以及同外资企业之间的竞争已经变得日趋激烈。就长远发展而言,

我国物流企业要注重以下经营策略的实施：

6.2.4.1 坚持质量创新，实施全面质量管理

就是要在全面质量管理的视角下，重新设计企业的物流系统和服务流程，以满足不同客户的不同期望。这是因为，“零缺陷概念”不仅要体现在产品和服务中，还要体现在物流的全过程中，在诸多方面都有突出表现的产品，一旦交付延迟或损坏，一切都将成为客户不可接受的。也就是说，劣质的物流表现会毁灭产品的质量创新表现，因此，物流过程中的质量，已经成为能否满足客户质量期望的重要影响因素。

6.2.4.2 注重信息化建设，开展网络化经营

信息化对于物流企业的重要性不言而喻，在信息化的基础上，物流企业还要开展网络化的经营，即充分利用“网络理论”进行网络合作。这是因为，面对千变万化的市场环境，传统的竞争理念不再适用，如何选择有力的合作伙伴，构建机动性强、反应速度快的企业网络体系，已成为物流企业一道重要的经营课题。网络是一种相互依赖的关系，网络互动包括交换和适应两个部分：交换的功能在于取得物流企业外部资源、扩大服务范围、促进知识技术进步；而适应的目的则是解决网络中所存在的利益不一致，并隐含着新的网络关系的发展契机。

6.2.4.3 发展、组建物流企业战略联盟

早在20世纪80年代，发展伙伴关系和联盟关系的思想就已经在美国的物流实践中得以运用，使得企业能够从外部寻求物流资源用以提高效率、降低成本。20世纪90年代以后，企业后勤开始向专业化方向发展，出现了第三方物流、第四方物流等，物流联盟开始围绕服务的特定厂商来建立，用以构建有效率的作业系统，联系买方和卖方。由于我国地域空间广阔，加之传统割裂的存在，统一的物流体系还没有形成，因此，发展物流联盟，无论是对企业经营还是对社会物流系统的完善，都有着重大的意义。

6.2.4.4 加快向综合物流代理转型的步伐

在我国的各类物流企业中，真正意义上的第三方物流企业所占比例并不高，大多数传统物流企业正处于发展转型之中。与发达国家相比，我国的第三方物流企业中具备综合物流代理能力的企业很少，这也是我国物流市场上最需要的物流服务商。综合物流代理在物流综合管理经验、人才、技术、理念上均有一定优势，其经营的核心是对综合物流代理业务的协调、组织、控制等管理工作，并且注重业务流程再造和组织创新，以实现对服务企业的所有物流活动进行全权代理。

6.2.4.5 积极融入企业的供应链管理

供应链管理将过去相互分离的功能块（如采购、制造、分销与销售等）看做一个单一的实体，并采用系统的、集成的管理方法来统筹管理整个供应链的各个功能，进行战略决策，从而增强整个供应链的竞争力。这一概念主要是针对生产厂商而言的，由于物

流企业已将触角延伸到所服务客户的整个产品链上，于是一些生产厂家便将自己的物流业务交给第三方物流，而把主要精力集中在产品生产、研制等活动上。这样，第三方物流与客户间便打破了传统的业务关系束缚，从"交易型"的业务关系向更为一体的、长期的"伙伴型"关系发展。

6.2.4.6 加强客户关系管理

物流企业也应该将客户关系管理纳入自身的管理理念和实践中来，物流企业的客户关系与一般的产品交易中发展和维持的客户关系不同，其与客户有着更为紧密的联系，加强物流客户关系管理，对于维持业务关系、延伸服务范围、扩展增值服务有着重要的作用。

6.3 我国物流企业的经营现状与发展趋势

6.3.1 我国物流企业的经营现状

6.3.1.1 物流企业正成为推动我国物流产业发展的主导力量

入世后，国内外交流明显增多，物流产业更是发展迅速，主要表现在两个方面：一方面，我国传统物流企业加紧了改组、转型步伐，工商企业也开始重视物流系统建设，并加快了流程再造步伐，一些生产企业通过流程再造，采用先进的管理信息系统，实现了全部或部分物流业务外包；另一方面，外资跨国零售集团（如百安居、欧倍德等）、国际物流企业（如马士基、联邦快递等）纷纷进入中国市场，沃尔玛、家乐福等全球性企业纷纷在中国建立采购和配送中心，并将中国作为全球重要的采购基地，加大了采购力度。

此外，人们对于现代物流经营理念有了一定认知，各种物流书籍得到了业界人士的欢迎；多数物流企业开始注重科技手段的应用，物流新技术、物流新设备等各类物流展览会得到了企业积极参与；同时，物流教育与培训也获得一定发展，有关物流认证工作已经起步；全国物流标准化工作有了负责组织，相关标准的制定、实施进展顺利；一些城市和地方还纷纷出台了本地的物流发展规划。

可以说，自入世以来，随着国际交流与合作的增加，我国的物流企业无论在观念上还是在行动上都有了很大转变，这一转变直接促进了我国物流产业的实质性进展。

6.3.1.2 我国物流市场正处在加速形成的进程之中

物流市场（logistics market），也叫物流服务市场，是指物流服务供给与物流服务需求两者之间交换关系的总和。从这个定义出发，我国物流市场由提供物流服务的物流企业和具有物流服务需求的各类经济部门、企业和个人构成。就我国目前物流市场发展现状而言，主要有以下几个方面的特征：

（1）从买方和卖方的力量来看，高端的现代物流服务处于卖方市场地位；低端的传统物流服务处于买方市场地位。

（2）从市场主体来看，传统物流企业数量过多，市场竞争激烈，特别是传统仓储、运输企业正面临改组、改造和升级问题；而能够提供综合一体化物流服务和个性化解决方案的第三方物流企业等四方特点企业数量极少，这类企业正面临着难得的发展机遇。

（3）从市场客体来看，由于传统物流企业技术装备落后、物流人才匮乏，所提供的物流服务和劳务满足不了市场需求。

（4）虽然一些工商企业进行了物流外包，但由于上述各种原因，绝大多数工商企业尚无法剥离自办的物流设施，仍以自我服务方式获得本应从市场上获得的物流服务。

（5）在巨大的市场需求牵引和相关政策措施的促进下，我国第三方物流企业正在迅速兴起，我国专业化、社会化的物流服务市场也正在加速形成。

（6）近年来我国现代物流的发展，赋予了物流市场新的内涵，使得物流服务从传统的单一作业服务发展为现代的多种服务方式（如除储运服务外的配送服务、一体化服务、咨询服务及末端物流服务①等），并直接促成了物流产业的发展。

可见，虽然尚存诸多不足，相对于传统物流市场而言，由于市场主体的多元化和服务内容的多层次化，我国物流市场还是取得了很大发展，一个现代意义上的物流市场正在快速形成之中。

6.3.1.3 我国物流企业发展前景看好

在经济全球化的形势下，由于信息技术的迅猛发展以及电子商务浪潮的兴起，企业生产资料的获取及产品营销的范围正在日益扩大。与此相适应，现代物流业更是连续10多年以每年20%～30%的速度在全球迅速发展，被人们称为21世纪的朝阳产业。

中国实行改革开发政策以来，国民经济的发展一直呈现持续稳步增长的良好态势，在世界经济普遍出现长时间萧条的情况下，中国的GDP增长率始终在8%左右，而国际贸易的增长率更是以年平均12%的增速前进。特别是，中国正在发展成为世界制造业的中心。对外贸易和国内零售发展势头良好，制造业和零售业的繁荣，为中国物流企业提供了良好的成长环境。预计在未来10年内，中国物流业务总量将保持在10%的年增长率水平上。

宏观经济环境提供的市场机会，为从事物流服务的企业提供了更加广阔的发展空间。另外，从政策上看，也是利好不断。为推动现代物流发展，国家经贸委等六部、委局联合印发了《关于加快我国现代物流业发展的若干意见》，各地结合本地实际推出了系列发展扶持政

① 一般把直接向消费者开展的物流服务（如净菜配送等）称之为末端物流，随着经济服务化发展，这种服务化的末端物流将越来越多地走进人们的生活。

策。这一积极的政策环境,为今后我国物流企业的发展打下了良好的基础。

6.3.1.4 中外物流企业的优劣势比较

就我国物流企业的发展而言,竞争来自于各个层面,既有内部的因素,也有外部的因素,其中,来自于外资物流企业的挑战最为明显,这些外资物流企业大多是跨国物流服务商,拥有几十年的行业经营和管理经验。因此,对于中外物流企业的竞争优劣势进行比较,有利于我们更好地认识我国物流企业的经营现状,并取长补短,在未来的发展中提高自身的竞争能力。

链 接

中外物流企业竞争优劣势比较

物流企业 / 优劣势	国内大型物流企业	外资物流企业
优势	①拥有原有的网点优势 ②熟悉国内市场情况,具有一定的本土知名度 ③在国内市场上拥有一定数量的客户和市场份额 ④具有一批多年从事物流服务的人才	①全球知名度高,具有较大的先发品牌效应 ②成功经验丰富,拥有大批国际客户群体 ③物流信息管理系统完善,资金和人才优势
劣势	①场站、运输、设备条件单一,管理水平落后 ②计算机信息管理水平严重滞后,物流信息网有待发展 ③整体人员素质不高 ④发展综合物流服务缺乏雄厚的后续资金支持	①不熟悉国内市场,要有一个适应过程和长期的市场培育过程 ②国内尚未形成规模的物流网络 ③国内物流市场环境还没有进入良性状态

国内大型物流企业和外资物流企业,在中国市场上开展经营各具优劣势,国内企业胜在熟悉本土情况和以往业务资源的积累,外资企业则胜在管理技术先进和国际业务资源背景上。相对而言,国内大多数中小物流企业没有明显优势,因此,面对良好的市场机遇,我国中小物流企业要加快发展步伐,不断增强自身的竞争能力。

6.3.2 我国物流企业存在的主要问题

从总体上讲，我国物流企业普遍存在着“小”、“少” 、“弱”、“散”等方面的不足。“小”即经营规模小；“少”即市场份额少，服务功能少，高素质人才少；“弱”即竞争能力和财务能力弱；“散”即普遍存在可利用资源分散、缺乏网络或网络分散、经营秩序混乱等问题。

具体来讲，我国物流企业存在的主要问题表现在以下几个方面：

6.3.2.1 物流企业技术水平低，系统功能不强

表现为物流装备落后，物流作业水平低，过程管理能力不足，物流系统性功能没有完全发挥作用。如在仓储设施方面，具有冷藏、保鲜等功能的仓库较少，大多数是普通平房仓库，现代化自动仓储设施比例较低。在使用的搬运工具中，大多数是功能低下的搬运车、手推叉车和普通起重设备。在运输工具方面，普通车辆占大多数。在物流企业系统功能方面，仓储功能与运输功能缺少协调，长途运输与短途配送缺乏有效衔接，各种运输方式整合不力，能够提供综合代理、“一票到底”和“门到门”物流服务的企业很少。

6.3.2.2 物流企业从业者素质不高，专业人才匮乏

到目前为止，我国还没有形成以物流科技创新和知识型物流人才为核心的物流教育体系，物流企业的从业人员中绝大多数没有受过专业教育和专门的岗位培训。随着现代物流的发展，国内物流人才极度短缺，尤其是随着一些外国公司或合资企业对物流高层管理人员需求的增加，国内人才市场符合要求的物流管理人员，尤其是物流企业经理、物流部门经理、物流策划人才和物流信息系统开发人才等高层次人才变得严重不足。

6.3.2.3 物流服务水平参差不齐，作业效率不高

我国物流企业在服务理念、服务设施、服务规范、服务内容、服务营销、服务质量控制等方面，还有很大差距；尤其是在综合物流服务设计、社会化物流服务、与工商企业供应链衔接、物流绩效考核等方面，缺乏与现代物流系统服务模式相竞争的能力。具体来说，表现在三个方面：一是效率低，受资源分布、流通体制、产业布局和企业生产组织的影响，舍近求远、迂回运输的现象还较为严重；二是速度慢，目前我国铁路货车、公路货车的平均运营时速仅为 50 公里左右，高效运输和装卸方式运用比重较低，使得原材料、半成品及产成品的在库周转时间平均在 3 ~ 6 个月之间；三是损耗大，根据有关资料分析，我国每年因包装造成的损失约 150 亿元，因装卸、运输造成的损失约 500 亿元，保管不善造成的损失在 30 亿元上下。

6.3.2.4 物流企业信息化水平不高

目前国内物流企业中大多数从事传统的运输、仓储、配送等常规的物流服务，投资大多侧重于物流设备改造，即使有的企业应用了相关的“物流管理软件”，离实现整个

物流过程信息化管理目标也很远。总体上说,我国物流企业信息化水平尚处于初级阶段,企业信息化建设发展不平衡,存有“信息孤岛”和“信息鸿沟”现象的企业很多。可以说,物流信息系统建设的落后正在日益成为企业发展的“瓶颈”,而物流信息资源整合能力已经成为需求企业选择物流供应商的主要因素。因此,随着传统的储运功能和硬件设施优势已逐渐让位于基于信息化管理的资源整合能力,加快信息化建设步伐是我国物流企业未来发展的突破点,具备现代物流组织管理和实现内部信息化管理的企业将成为竞争的获胜者。

6.3.3 我国物流企业的变革与发展

6.3.3.1 加快向第三方物流的转型

我国物流企业的一个重要发展趋势就是向第三方物流转型。由前面的分析可知,我国物流市场上能够提供综合一体化物流服务的物流企业还不多,而第三方物流恰恰能够满足这一高端需求。目前国内具备转型条件的物流企业主要有四类:

(1)以运输为基础的物流公司。这些公司的优势主要在于可以利用原有的运输资产,扩展其运输功能,为客户提供更为综合性的服务。

(2)以仓库和配送业务为基础的物流公司。一些传统的公共或合同仓库与配送物流服务供应商,目前已经扩展了其服务范围,他们以传统的业务为基础,逐步介入存货管理、仓储与配送等物流活动。

(3)以货代为基础的物流公司。这些公司一般无资产,非常独立,但优势是与许多物流服务商有密切关系,实践证明,他们具有把不同物流服务项目进行组合,以满足客户需要的能力。

(4)系统剥离而成功转型的物流公司。一些实力雄厚的生产企业,把原有的物流部门剥离成一个利润中心,鼓励他们对外承接物流业务。

可以说,加快推动有条件的物流企业向第三方物流转型,是提高我国物流产业发展层次和物流服务水平的重要途径。

6.3.3.2 推动物流企业向更高的管理水平迈进

如前所述,我国物流企业的管理水平亟待提高,面对各种竞争和挑战,我国物流企业要在提高装备水平的基础上,从以下几个层面着手,推动自身管理水平的提高:

(1)管理人员现代化。现代化的物流管理必须有高素质的管理人员来进行操作,这就要求物流过程中的采购、仓储、供应、配送人员既要有先进的管理思想,又要具有强烈的改革意识、管理意识、市场竞争意识和服务意识。因此,要高度重视员工的培训,对员工进行先进的物流思想、物流管理模式、物流运作程序知识的传授,尽快提高员工的整体素质,达到管理现代化的要求。

(2)管理手段信息化、网络化。现代物流管理区别于传统物流管理的两个最大的特点,就是信息化和网络化。目前大多数物流企业对信息的处理还是表层的,只作为经营决策参考的依据,没有真正把信息纳入物流的整个过程,尚未围绕生产企业的经营和订单来流动。现代物流的发展趋势,就是要把信息纳入物流管理的全过程。管理方法网络化就是要充分运用计算机信息技术,把物流管理纳入现代化信息网络,实现物流管理的快捷、准确、科学、高效运转。

(3)管理组织现代化。即以国外先进物流企业的管理模式为标杆,逐步实现管理组织的科学、合理和高效。目前我国物流企业的管理组织形式大多数是基于功能集中的职能制设置,今后,要加大基于过程一体化和信息一体化的组织变革力度,在信息管理手段的支撑下,逐步向国际先进的物流管理组织模式靠拢。

6.3.3.3 我国物流市场发展趋势

我国今后物流市场的发展,将会呈现出很多热点,这些热点将与我国物流企业的发展密切相关,主要有:①第三方物流企业的快速发展;②生产企业陆续采用物流外包管理模式;③物流基地、物流园区、物流中心、配送中心、自动化立体仓库等设施的建设步伐将进一步加快;④跨国采购与供应集团、国际物流企业将加快在我国的战略布局;⑤我国传统物流企业的改组、改造;⑥物流信息化将受到普遍重视;⑦物流人员的在职培训与资格认证将越来越受到重视;⑧与物流有关的会展、研讨、培训与考察将大量增加。

6.4 第三方物流

6.4.1 第三方物流的定义与特征

6.4.1.1 第三方物流的定义

我国国家标准《物流术语》(GB/T18354—2006)中,是这样定义第三方物流的:“第三方物流是指独立于供需双方,为客户提供专项或全面的物流系统设计或系统运营的物流服务模式。”

为了准确理解第三方物流的概念,我们需要把握以下几点:

首先,定义中的“供需双方”指的是什么?只有在明确供方与需方的前提下,我们才能进一步去研究第三方。第一种理解是指商品买卖的供需双方,这是一种广义的理解;第二种理解是指物流服务的供需双方,这是一种狭义的理解。站在不同的角度,即广义和狭义的角度,我们可以对“第三方”到底指的是什么加以分析。

其次,第三方是相对于谁而言的?根据对“供方与需方”广义的理解,我们可以把卖方即商品提供方称之为第一方,可以把买方即再销售者或消费者称之为第二方,那么介于两者之间的便可以称之为第三方了。根据对“供方与需方”狭义的理解，我们可以把物流服务的需求方称之为第一方，可以把物流能力的提供方称之为第二方，那么介于两者之间的便可以称之为第三方了。

再次，第三方物流指的是什么？在物流运作中，根据运作主体的不同，可将物流的运作模式划分为第一方物流、第二方物流以及第三方物流。第三方物流实际上就是相对于第一方物流和第二方物流而言的。下面我们分别就广义和狭义的理解来说明什么是第三方物流。

在广义的理解下，第一方物流是指由卖方、生产者或供应方组织的物流，这些组织的核心业务是生产或供应商品，为了自身生产或销售业务需要，而进行自身物流网络及设施设备的投资、经营与管理。第二方物流是指由买方或再销售者组织的物流，这些组织的核心业务是采购并销售商品，为了销售业务需要投资建设物流网络、物流设施和设备，并进行具体的物流组织和管理。从这个意义上讲，第三方物流则是指由专业的物流组织提供的物流服务，包括提供商品买卖双方所需要的部分或全部物流服务。

在狭义的理解下，第一方物流指的是物流服务的需求方自行组织的物流；第二方物流指的是运输、仓储、流通加工等基础物流服务的提供者组织的物流；第三方物流则是指系统物流服务的提供者组织的物流，显然，第三方物流整合了部分第二方物流的资源和能力，受第一方委托提供系统物流服务。

广义和狭义的第三方物流的理解，如图 6－1、图 6－2 所示。

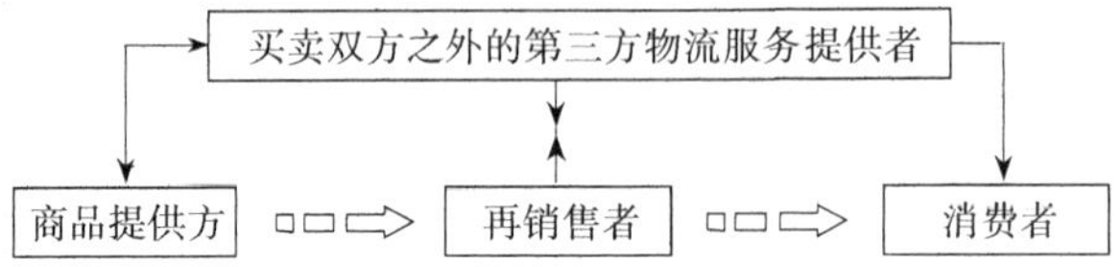

图 6－1　广义的第三方物流

由图可见，广义的第三方物流没有将传统的运输、仓储等物流服务同现代物流服务区别开来，事实上，真正意义上的第三方物流其发展还不到 20 年，它和传统的物流服务是有本质区别的。应该说，广义的理解还是比较宽泛的，但这一宽泛的界定既不符合我国的国情，又不利于我们研究和认识现代物流，并且，买卖方都是相对意义上的，有时一个企业既是买方又是卖方，这又为我们判定这个企业所从事的到底是第一方物流还是

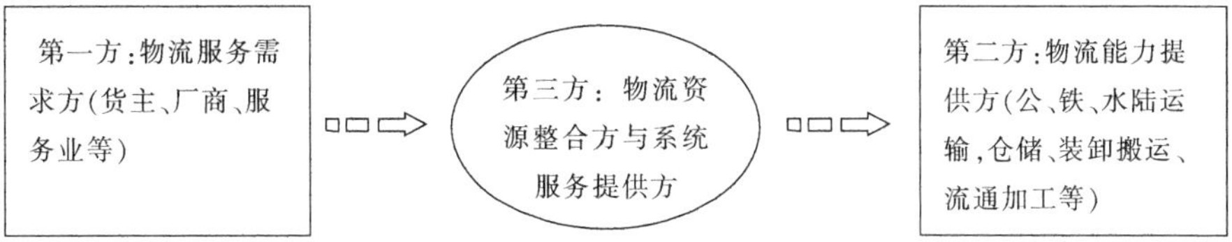

图 6-2 狭义的第三方物流

第二方物流带来了麻烦。

因此,本书主张采用狭义的第三方物流的概念。按照狭义的理解,在 3PL 出现之前,第一方和第二方物流之间的直接服务关系早就存在,而 3PL 的出现,不过是物流复杂性进一步增强后又一次专业化分工的结果①。

6.4.1.2 第三方物流的特征

上面我们仅对第三方物流的概念作出了界定,但要全面了解和把握 3PL,还必须深入了解其特征。总体上讲,第三方物流具有以下特征:

(1)3PL 也叫契约物流(contract logistics)或外包物流(outsourcing logistics),对 3PL 来讲,所有的业务都是通过合同或契约得到的,对厂商来讲,就是通过契约将物流业务外包,并且,3PL 不拥有货物的所有权。

(2)从广义上理解,3PL 是相对于企业自营物流而言的,凡是由社会化的专业物流企业按照货主要求所从事的物流活动,都可以包含在第三方物流范围之内;从狭义上看,第三方物流企业是指那些能够提供现代化、系统化、定制化,以及过程性、连续性、增值性物流服务的物流服务企业。

(3)第三方物流同传统的或其他物流企业的主要区别是,多数 3PL 是建立在信息化基础上的,其向客户提供的是合同导向的一系列个性化的服务。也就是说,3PL 是物流社会化的产物,代表着专业化与一体化的物流服务,是物流服务的一种高级形态,是现代化的物流业务模式。

(4)一般来讲,3PL 为客户提供的是具有长期契约性质的综合物流服务,其最终职能是保证客户物流体系的高效运作和不断优化的供应链管理。所以,3PL 与客户的关

① 依照国标中 3PL 的定义描述,严格地讲,3PL 指的应该是一种业务模式和基于这种模式的服务产品,而采用这种业务模式并提供相应服务产品的企业则是 3PL 企业,在发达国家,只要是以物流命名的公司大多数提供的是 3PL 服务。在不引起歧义的情况下,为了行文的方便,本书有时会以 3PL 代替 3PL 企业。

系往往十分紧密，甚至与客户结成战略同盟，进行战略投资并承担相应的风险。

(5)3PL 的利润来源于"第三利润来源"，即与客户一起在物流领域创造新价值。所以，与客户利益一体化是 3PL 获得利润的基础，并通过增值性服务的提供与客户获得双赢。

6.4.1.3 第三方物流的类型①

就 3PL 本身来讲，很难按照某一单一标准进行分类，如果从 3PL 企业的来源来划分，可以分为以下几类：

(1)由不同类型的传统物流企业转型而来的 3PL。如由运输、仓储企业转型而来的，这些企业依托于原有的客户资源和网络资源及组织运作能力，在市场的牵引或客户的驱动下，不断扩展自己的服务范围，进而为客户提供综合物流服务。

(2)由工商企业分离而来的 3PL。它们由一些大公司的物流组织演变而来，如海尔物流。这些大公司原本是托运人或自行组织物流，为了适应市场，将自身的物流资源分离出来并整合外部资源，向社会提供专业化的物流服务。

(3)由多方合资、合作而成立的 3PL。这些新设的物流企业一经成立便是第三方物流企业，这种企业整合了各方优势和客户资源，向客户提供系统化、增值化的物流服务。

(4)起源于货运代理公司的 3PL。货代企业在原有的信息服务和货运过程协调的基础上，通过实物存储和运输环节的延伸，达到为客户提供综合一体化物流服务的目的。

(5)来自于财务和信息咨询服务公司的 3PL。这些企业原本致力于系统咨询服务，为了给客户增加更多的价值，他们也开始涉入有关电子商务、物流和供应链管理等方面的咨询和设计工作。

(6)来自于港口、码头、铁路的 3PL。这类企业基于终端作业的优势，设立专业化的物流公司，并将业务延伸至运输和配送等环节，进而为客户提供功能一体化的物流服务。

(7)来自于电子商务服务商的 3PL。随着电子商务的兴起，一些电子商务服务商分别推出系统配置、EDI、货物跟踪、信息系统集成、库存管理等与电子商务相关的物流解决方案，从而进入物流增值服务领域。

上述分类只是说明了第三方物流企业的来源，并不能说明企业自身的特征。因此，我们这里借助服务客户数量和服务集成度双维标准，将 3PL 分成四类，如图 6－3 所示。

---

① 郝聚民：《第三方物流》，第 26～35 页，成都：四川人民出版社，2002 年版。

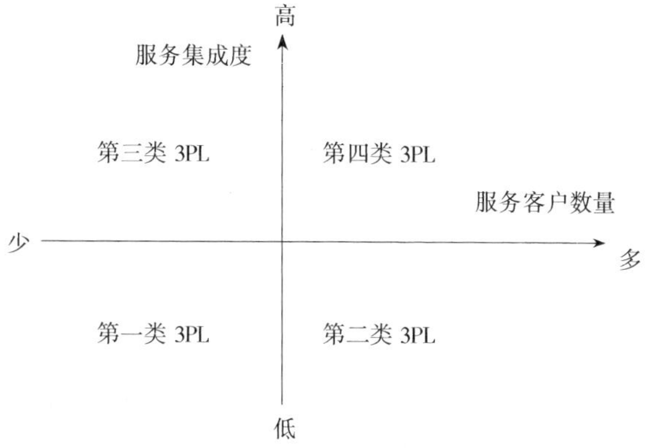

图 6-3　第三方物流类型

第一类 3PL:即针对少数客户提供低集成度的物流服务的 3PL 企业。有两种情况,一种情况是作为 3PL 成长的阶段性而存在的,即由于发展初期企业的服务能力和客户资源有限所导致的;另外一种情况是 3PL 企业将自身的发展定位于这一类型,即以有限的资源和能力满足少数客户特定的物流服务需求,一些中小型的 3PL 企业比较适合这一定位。

第二类 3PL:即同时为较多的客户提供低集成度物流服务的 3PL 企业。这也是目前存在比较多的一种 3PL 企业,从国际物流企业的发展实践来看,这类物流企业有望成为我国未来物流市场上的 3PL 主流模式。

第三类 3PL:即针对较少的客户提供高集成度的物流服务的 3PL 企业。这种 3PL 企业所提供的物流服务个性化很强,介入客户的营运程度也比较深,与客户往往结成战略伙伴关系,甚至进行共同投资。这种 3PL 在西方发达国家市场中很典型,但由于其服务的特殊性,一般很难大规模经营。

第四类 3PL:即同时为较多的客户提供高集成度的物流服务的 3PL 企业。这种 3PL 企业在我国还没有出现,即使是在西方发达国家也很少见,主要原因有三:一是客户对于高集成度的物流服务选择十分慎重,一经选择便具有强烈的排他性;二是个性化本身就与大规模相冲突,因此大规模运作要求 3PL 企业要具有强大的实力;三是高集成度物流服务的需求与供给主体,目前数量还少。

此外,根据资产和管理特征,3PL 又可以分为资产型(拥有物流基础设施,并以此作为自身的核心能力)、管理型(侧重管理、信息和人才要素)和整合型(兼顾设施、信息以及管理人才等所有要素的优化）三种类型。

6.4.2　第三方物流产生的背景与意义

6.4.2.1　第三方物流产生的背景

"第三方物流"是20世纪80年代中期由欧美提出的，在1988年美国物流管理委员会的一项顾客服务调查中，首次提到了"第三方服务提供者"一词。自20世纪80年代开始，一方面是企业"剥离"意识的不断提高；另一方面是物流服务商服务能力的增强，一些厂商开始尝试将部分物流业务委托给专业化的物流服务商，在得到能够降低成本、提高服务的印证后，一些企业甚至开始将全部物流业务外包出去，20世纪90年代以后，欧美一些国家的第三方物流率先快速发展起来。经过近20多年的发展，在西方发达国家已经形成了具有一定规模的产业，企业规模和服务范围也越来越大。目前欧洲使用第三方物流服务的比例约为76%，美国约为58%，有关测算表明，目前全世界3PL企业的业务收入每年正在以15%～20%的速度快速递增。

从世界范围来看，第三方物流的快速兴起，主要有以下几方面的原因①：

（1）企业竞争环境的变化。20世纪90年代以后，由于科学技术的不断进步和经济的不断发展、全球信息网络和全球化市场形成及技术变革的加速，围绕新产品的市场竞争也日趋激烈。技术进步和需求多样化使得产品寿命周期不断缩短，企业面临着缩短交货期、提高产品质量、降低成本和改进服务的压力。所有这些都要求企业要对不断变化的市场作出快速反应，源源不断地开发出满足用户需求的"个性化产品"，去占领市场以赢得竞争的主动权。因此，一方面，企业要强化自己产品的竞争力；另一方面，企业要加快物流的反应速度。对一些企业而言，两个方面是很难兼顾的。

（2）企业对核心竞争力的关注。企业要想在严峻的市场竞争环境下生存发展，必须提高资源配置效率，以赢得竞争优势，而要提高资源配置效率，必须比竞争对手的成本更低、反应速度更快。由于任何企业所拥有的资源都是有限的，不可能在所有的业务领域都获得竞争优势，因而必须将有限的资源集中在核心业务上。于是，构筑企业的核心竞争力成为企业的关注点，表现为一些企业开始根据自身特点，专门从事某一领域、某一专门业务，而将其他非核心竞争力业务委托其他企业完成，物流外包便是其中之一。

（3）企业自营物流存在诸多弊端。企业从事物流活动，需要投入大量的资金来建设物流设施、购买物流设备，这对于缺乏资金的企业，特别是对中小企业来说将是个沉重负担。当一些企业认识到企业的物流不是最好的，而且不是企业核心竞争优势时，对企业自营物流的认识也发生了变化。特别是当企业自营物流面临问题时，自然会对企

① 肖胜萍，等：《现代物流管理》，第353～354页，北京：中国纺织出版社，2002年版。

业物流采取“对外委托”的方式，即将一部分或全部物流活动委托给外部的专业物流企业来完成。于是，基于自身实际、成本以及战略层面的考虑，一些企业便将物流外包出去，这一举措可以有效回避自营物流的诸多问题，如因生产规模过小或生产的季节性等原因引发的物流低效率；大量的物流投资带来的潜在风险；因手段有限而无法组织多式联运；自身的物流系统化程度不高等。

6.4.2.2　第三方物流的意义

从宏观上来讲，第三方物流的产生与发展的最大意义就是推动了物流社会化的发展，并通过信息系统的集成应用，可以将传统的物流功能加以整合，使得现代物流有了更多的发展内涵。从微观上来讲，厂商利用第三方物流服务，获得了优于过去的增值性服务，并强化了竞争能力。具体来说，第三方物流给厂商带来的益处主要表现在以下几方面：

(1)企业获得了增值性的物流服务和能力的支持。3PL 可以为厂商提供一系列的增值服务，具体表现在以下几个方面：一是投入更好的、更新的技术，使得厂商在自己不增加投入的情况下，不断地获取最新的物流技术服务；二是能够更好地挖掘、处理厂商的物流信息，加快厂商的市场反应速度；三是使得厂商扩大市场范围甚至进行全球范围内的采购、生产和销售，具备了物流支撑条件。

(2)委托企业得以大幅度降低物流成本。专业的第三方物流提供者利用规模作业的专业优势和成本优势，通过提高各环节的利用率节省费用，使厂商从中获益。例如，厂商解散自有车队而代之以公共运输服务的主要原因就是为了减少固定费用，若企业自行分配产品，就意味着对营销服务的深入参与，将大大增加费用。只有使用专业服务公司提供的公共服务，才能减少额外开支。此外，第三方物流提供者借助精心策划的物流计划和适时运送等手段，能够最大限度地盘活厂商库存，改善厂商的现金流量。

(3)企业可以将精力集中于主业，进而提高竞争力。采用第三方物流，厂商能够实现资源优化配置，把有限的人力、财力集中于主营业务，进行重点研究、发展基本技术，努力开发新产品参与世界竞争。实践表明，这一点对厂商极具战略意义，对于厂商培育核心能力尤为关键。当然，那些将物流作为自身竞争优势来培育的零售企业不在此列，如美国的沃尔玛。

(4)有利于客户关系管理，树立良好的市场形象。3PL 对客户的贡献不仅仅体现为成本的降低，还体现为厂商物流服务能力的增强，而这一点对于厂商的客户关系管理具有重要意义。在 3PL 的协助下，厂商可以极大地缩短交货期，改进顾客服务，从而树立自己的品牌形象。

6.4.3 第三方物流的经营模式与经营策略

6.4.3.1 第三方物流的经营模式

由于第三方物流产生的时间还不长，因此，还没有形成一个被理论界和实业界所公认的经营模式，一些新的经营模式也在不断地探索和完善之中。不过，我们可以通过对3PL服务模式、收益模式及经营特征的解读，对目前3PL的主导经营模式有一个大致了解。

从服务模式来看，第三方物流所提供的服务内容范围很广泛：它可以简单到只是帮助客户安排一批货物的运输，也可以复杂到设计、实施和运作一个公司的整个分销和物流系统。第三方物流企业与传统运输、仓储企业的最大区别就在于，传统企业所能提供的仅是单一、脱节的物流要素，而第三方物流企业则能够将各个物流要素有机整合起来，提供系统化、系列化的增值服务。一般来讲，3PL向客户所提供的服务可以分为常规服务和增值服务，它们的构成分别是：

(1)常规服务。常规服务就是提供物流的几大基本功能要素，即提供仓储、运输、装卸搬运、包装、配送等服务，创造的是空间、时间以及品种调剂效用。常规服务大多是与完成货物交付有关的服务，主要依靠现代物流设施、设备等硬件来完成，是资产和劳动密集型的服务，具有标准化的特征。

(2)增值服务。第三方物流的增值服务是根据客户的需要，为客户提供超出常规的服务，或者是采用超出常规的服务方法提供服务。创新、超常规、满足客户个性化需要是增值性物流服务的本质特征。增值服务主要是借助完善的信息系统和网络，通过发挥专业物流管理人才的经验和技能来实现的，依托的主要是第三方物流企业的软件基础，因此是技术和知识密集型的服务，创造的是信息效用和风险效用。这样的服务融入了更多的精神劳动，能够创造出新的价值，因而是增值的物流服务。增值服务又可进一步划分为两类：一类是在物流常规服务的基础上延伸出来的相关服务；另一类是更高级的增值服务。

从收益模式来看，目前比较通用的模式有两种：基于成本收费和收取管理费。但是在国外，还有利润共享、基于活动收费以及几种形式的混合。基于成本收费是指基于3PL给客户带来的成本降低程度来收取费用，一般事先契约双方会确定一个标准和原则；收取管理费则是依据提供服务的水平和程度，收取固定的管理费用；利润共享是3PL与客户开展通力合作，努力帮助客户降低成本、提升服务，最终和客户一起分享利润的一种取利模式，这种模式带有一定的捆绑性质；基于活动收费是指按照业务流来收取费用。

应该说，每种收费模式都有各自的特点，在确定收费模式时，应该着眼于长期发展与共同提高。最通用的应该还是收取管理费，越来越多的企业开始意识到，在采取收取管理费方式时，其收入的稳定性是最高的，但是，由于长期经营，3PL会失去持续提高服务水平的原动力；而作为客户，制造商不再从这种合作关系中获益，这种合作关系也失去了建立时的最初意义，也就失去了存在的价值。不论采用何种收入模式，目的都是为了提高3PL与客户之间的整体协作性，从而建立起高效的物流平台。无论这个平台是服务于一个客户还是服务于多个客户，各方之间都不再是简单的供需关系，而应该成为共同发展的合作伙伴关系，将各自的精力集中在最专长的领域，这样才能适应专业化与精细化分工的发展趋势。

从经营特征来看，依据3PL所提供业务的综合程度以及与客户结合的紧密程度，可以将3PL的经营模式分为四种，如图6－4所示。

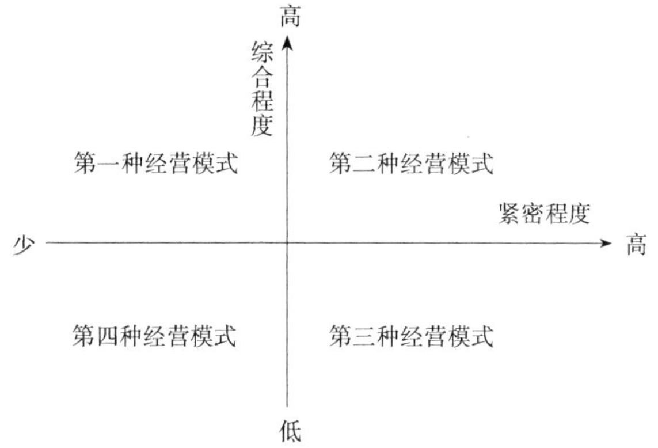

图6－4　四种3PL经营模式

一般来讲，采用第一种经营模式的3PL能够为客户提供较为综合的物流服务，但与客户结合的紧密程度不高，靠“范围经济”获得发展，并最有可能走向综合物流代理，甚至向第二种经营模式转变；采用第二种经营模式的3PL其业务大多发展到了供应链集成层次，拥有较强的专业技术和行业经验，采取这种经营模式的企业处于3PL中的最高层；采用第三种经营模式的大多是一些专业化、规模化的3PL，长期向客户提供有限功能的物流业务外包服务；而采用第四种经营模式的3PL大多刚刚起步，或者是正处于向3PL转型中的传统物流企业。

链 接

第三方物流的增值服务方式

从仓储、运输等常规服务的基础上延伸出来的增值服务主要是将物流的各项基本功能进行延伸，实现各物流环节的有机衔接，提高物流运作的效率与便利性。如仓储的延伸服务有原料质检、库存查询、库存补充及各种形式的流通加工服务等，运输的延伸服务有选择运输方式、运输路线，安排货运计划，为客户选择承运人，确定配载方法，货物运输过程中的监控、跟踪，门到门综合运输、报关、代垫运费、运费谈判、货款回收与结算等。配送服务的延伸有集货、分拣包装、配套装配、条码生成、贴标签、自动补货等。这种增值服务需要有协调和利用其他物流企业资源的能力，以确保企业所承担的货物交付任务能以最合理的方式、尽可能小的成本来完成。

更高级的增值服务是指实现一体化物流和供应链集成的增值服务。如果说第一个层次的增值服务是物流功能的自身延伸，而物流一体化的增值服务则是向客户端延伸的服务，通过参与、介入客户的供应链管理及物流系统来提供服务，这种服务能够帮助客户提高其物流管理水平和控制能力，优化客户自身的物流系统，加快响应速度，为企业提供制造、销售及决策等方面的支持。如库存管理与控制、采购与订单处理、市场调研与预测、产品回收、构建物流信息系统、物流系统的规划与设计、物流系统诊断与优化、物流咨询及教育培训等。这类服务往往是第三方物流企业发挥更大的主动性去挖掘客户的潜在需求而开发出来的，需要更多的专业技能及经验，具有更大的创新性和增值性，是高技术、高素质的服务。这种高层次的增值服务需要建立在双方充分合作信任的基础上。

6.4.3.2 第三方物流的经营策略

不同业务层级和发展定位的第三方物流企业，有着不同的经营策略，一般来讲，作为3PL企业，在经营中应该注意以下策略的贯彻和实施：

(1)以合作双赢为出发点。只有实现“双赢”，才能维系3PL与客户之间的稳固关系。这是因为客户在选择3PL提供商时，是基于降低成本和提高反应速度及服务质量优化等因素来考虑的，如果上述目标不能实现，合作则难以维持。因此，3PL要树立“战略伙伴式”的服务意识，通过积极努力促使客户提升与自身合作的战略层级。

(2)以客户满意为中心。一般来讲，凡是将物流业务外包出去的企业，都会对受托方的服务寄予厚望，因此，3PL企业要以客户的需求为中心，全面加强其所提供服务的质量管理。这就要求3PL的经营理念要从“我能提供什么服务就提供什么服务”转为“客户需要什么服务，我就提供什么服务”。并且，对于服务的评价，往往会通过客户的“客户”反馈回来，因此，3PL的服务客体具有双重性，在制定一些服务政策时，应该注意到这一点。

(3)以信息技术为支撑。随着电子商务的快速发展，对3PL提出了更高的要求，一方面3PL，企业要促进客户的电子商务化发展，为客户的电子商务开展提供有利的物流支撑；另一方面，还要保证自身的信息系统能够和客户的信息系统进行有效连接。从某种程度上讲，未来3PL的竞争，就是基于信息技术应用能力的资源整合竞争。这就要求3PL加强网络资源的建设，通过信息手段有效地整合相关物流资源，为客户提供最大化的增值服务。

(4)以人力资源为核心。现代物流的发展，对从业人员的素质提出了越来越高的要求，而我国恰恰这一行业的从业人员素质较低。企业的竞争，归根结底是人才的竞争，特别是3PL企业，要求大批量的掌握现代物流理念、精通现代信息技术的高层次复合型人才。因此，3PL企业要把人才的集聚和培养放在发展的制高点，实现“知识资本”+“信息能力”+“物流资源”的有机组合。

6.4.4 国内外第三方物流的发展现状、问题与趋势

6.4.4.1 国外第三方物流的发展现状

物流外包在欧洲已经有几个世纪的历史了，现在欧洲的许多著名的第三方物流企业，实际上是起源于中世纪，只不过当时没有提出3PL的概念。这些历史悠久的老服务企业逐渐发展成为今天的诸如辛克、德迅和丹莎等物流服务商，它们现在还在为大多数欧洲大制造商、大零售商和大批发商处理物流业务。后来，一些新的欧洲第三方物流商及以美国为基地的物流商开始加入到原来那些古老的欧洲第三方物流服务行业中去，这些新兴的物流服务商包括Ryder综合物流、BAX全球物流和UPS全球物流等，这些后来者们发现，还存在着许多物流市场的发展空间。

目前，在美国，3PL被认为正处于飞速发展期；在欧洲，尤其在英国，普遍认为3PL有一定的成熟程度。在欧洲，物流外包比在美国发展得更为广泛，欧洲目前使用3PL服务的企业的比例约为76%，九成以上的企业对3PL持肯定态度；美国的使用比例约

为58%，而且其需求仍然在增长。研究表明，欧美有三成的非3PL服务用户正积极考虑使用3PL服务；欧洲62%和美国72%的3PL服务用户认为他们有可能在三年内增加对3PL服务的运用。一些机构对美国3PL市场进行预测后得出的结论是，在未来3～5年中，美国3PL市场将以15%～20%的比例递增。并且，由于经济全球化，3PL在全球范围内将会迅速兴起和发展。

由此可见，全球3PL市场具有很大的发展潜力。推动欧美一些国家3PL快速发展的因素有很多，其中最主要的是一些公司为了更专注于培养自己的核心能力，他们要保存资本实力，于是利用3PL的杠杆作用及其实际经验来减少物流成本，提高物流服务水平。与美国相比，欧洲3PL公司的种类和服务方式有很大区别，其主要原因是欧洲的物流市场差异很大。比如，在法国、荷兰和德国，3PL必须提供复杂的外包服务，重点在于技术和供应链的融合；在地中海地区那些基础设施不那么完善的国家，服务重点在于运输和仓储服务；而东欧国家地区的运输和电信设施比较落后，客户主要利用第三方物流公司提供基本的运输和物流服务。不过，在欧洲比较发达的地区，运作一个配送中心成本极其高昂，管理要求十分苛刻，包括高昂的人力成本、苛捐杂税、繁文缛节及经营限制措施等，其成本要比美国高得多，这也许正是那么多的公司把物流管理和运作外包出去的原因。

案例

美国的第三方物流

美国是全球第三方物流最发达的国家之一。据北美东北大学的一项调查显示，世界财富500强企业中83%与第三方物流企业有业务往来，其中60%拥有多家合作的第三方物流企业；而乔治亚技术研究所与管理顾问及IT咨询公司捷安永对全球1 000家企业的调查结果也表明，在全球物流发展起步最早、实力最强、技术领先的美国，有40%的企业将其物流业务外包给第三方物流企业。

第三方物流在美国的兴起，至今也只有20年的时间。它现在的市场规模约为600亿美元，在美国9 700亿美元的物流市场价值中只占6.8%的份额，但却以每年17%的速度增长，成为美国整个物流产业中发展最快的部门。据研究，美国第三方物流拥有大约每年7 000亿美元的市场潜力，而现在第三方物流的运作空间仅仅达到这个数字的9.3%。这种繁荣景象，首先应归功于产业环境发生的深刻变化：第一是美国政府20世纪80年代初大幅度地放松对物流业的管制；第二是科技的高速发展；第三是经济结构的变化；第四是个性化物流服务的出现；第五是经济全球化的发展。

案例

美国的第三方物流服务特别强调时效性，一经承诺便不能更改。确是不可抗力因素导致货物不能如期抵达的，要事先通过客服及时与顾客沟通并商谈解决的办法。美国的第三方物流的服务品质是要经过量化的，通过详细的数据表现出来，所以制造商愿意与之建立长期合作关系。美国的第三方物流企业还很重视提供物流增值服务。在激烈的市场竞争中要保持优势，只是努力提供现有服务项目是不够的，还要满足日益增长的顾客需求，从包装到储存、从回收到维修不断扩大服务范围。

当然，美国的第三方物流企业也存在着一些问题。在客户看来，不少第三方物流服务商的最大缺陷是透明度不高。凡是托运人所要求的，包括现有能力根本做不到的业务，服务商也统统都包揽下来，结果往往让托运人失望和不满；一些第三方物流商积极扩大经营范围，却不能提供灵活的服务，无论托运人规模、要求和条件如何，一律同一标准对待，显得刻板僵硬；此外，目前只有相对大型的第三方物流公司，拥有可以正常运转和功能齐全的信息技术网络设备。

资料来源：上海海事大学物流研究中心网，www. logistics - smu. net。

6.4.4.2 我国第三方物流的发展现状

我国第三方物流的发展起步于20世纪90年代初，当时大批的跨国公司在大陆投资建厂，随着规模的扩大和市场竞争的加剧，这些企业对综合性外部物流服务的配套要求越来越高。中国传统的物流企业，已经很难满足跨国公司对物流服务的需求，在客观上产生了对具有现代物流服务理念和服务能力的物流企业的需求。在这种背景下，催生了一些3PL企业，如宝供物流等。20世纪90年代中期以后，随着经济的快速发展，跨国公司开始大量进入我国市场，由于市场准入的放松，一些专门为这些跨国公司提供物流服务的3PL公司开始与之结伴而来，如日本的日通物流。由于中国物流基础资源相对过剩，使得这些进入或新成立的3PL企业得以整合相关资源进行虚拟经营。近年来，在市场竞争的压力下，国内一些传统的大型储运企业，如中海、中外运等，也开始了向第三方物流的转型历程。

由于第三方物流是一个新兴事物，在我国发展历程较短，但社会各界都对第三方物流给予了热切关注，不过，由于我国相当多的企业仍然保留着“大而全”、“小而全”的经营组织方式,从原材料采购到产品销售过程中的一系列物流活动,主要依靠企业内部的自我服务来完成。这阻碍了我国3PL的发展,从整体上看,我国的第三方物流仍处于发展的初期。

由于刚刚起步,我国的第三方物流企业多数处于微利水平,只有少数企业赢利水平较高,这与我国的物流业缺少整合、系统性不高的发展现状有关。我国第三方物流企业的区域发展也不均衡,多集中于东南沿海地区,并且近80%的收益来自于长江三角洲和珠江三角洲地区。目前西部地区的物流企业无论是在数量、规模还是在经营管理水平上,都较之东南沿海地区有较大差距。

☞ 链　接

目前我国参与第三方物流市场竞争的企业类型

(1)由传统运输公司或仓储公司演变的区域性物流企业。这些企业一般依托原来的仓储系统和自己拥有的车队,在本地区提供外包性的基本物流业务和部分增值服务,如上海的商业储运公司。

(2)由某一传统领域全国性的国有企业演变成的物流企业。如中外运、中国邮政、中远(Cosco)、中储等,这些企业在各自的行业、领域处于垄断或领先地位,规模都比较大,资金实力较雄厚,近年来均向3PL发展靠拢。

(3)大型外资跨区域物流企业。如宝隆洋行(EAC)、英之杰(Inchape)、海陆、新科安达、马士基、华商、大通等。这些企业在新设备投资(特别是IT方面)、资金实力、人才、观念、经验和管理方法上,都有着较大的优势,往往能够提供较为全面的、跨地区的服务。这类企业主要集中在东部沿海的大城市,而且其服务对象主要是三资企业,个别的企业已渗透到内地。

(4)新兴内资跨区域的物流企业。作为后进入市场者,此类物流企业多是顺应市场需求和物流发展的趋势而建立的,并且很多新兴的物流企业都采取了非资产型的第三方物流代理模式。这类服务商的典型代表是宝供,其服务能力和水平与大型的外资物流服务商相近,但服务地域要广些,不仅仅限于大城市和沿海地区。

总体上讲，我国的3PL市场发展有以下几个方面的特征：①

（1）第三方物流市场发展迅速，且潜力巨大。我国与物流相关的总支出接近2万亿元人民币，物流成本占GDP的比重为20%左右，成本下降空间较大，不过3PL市场份额仅占几个百分点，预计今后几年的年增长率将达到25%，发展潜力很大。

（2）第三方物流供应商功能还比较单一，增值服务薄弱。我国3PL企业仍以运输、仓储等基本物流业务为主，加工、配送、定制服务等增值服务功能处在发展完善阶段，而提供物流系统设计、信息系统设计、库存管理等复杂性的高附加值服务的企业还较少。

（3）第三方物流市场还相当分散，企业规模小。我国物流市场的地域集中度很高，80%的收益都来自长江三角洲和珠江三角洲地区，全国性的市场还没有形成。

（4）第三方物流发展所需要的专业人才匮乏。这是我国物流业普遍存在的一个问题，并且已经成为阻碍3PL进一步发展的因素。

（5）客户对第三方物流需求千差万别，物流外包将是一个渐进的过程。中方客户更多关注于仓储和运输成本的降低，外方客户更多关注于服务的保证及系统的提升。由于双向的原因，我国的物流外包将是一个渐进的过程。

6.4.4.3 我国第三方物流发展面临的主要问题②

（1）认识问题。由于3PL在我国的发展时间较短，人们难免会对其产生一定的认知偏差。对于3PL及其发展，目前主要存在以下几个方面的认识误区：

一是认为所有厂商都需要外包物流给第三方物流。一些人认为3PL既然有那么多的优势，自营物流就没有出路了，应该放弃自营物流和直接使用第二方物流，积极与3PL开展合作。事实上，如果物流活动不复杂，波动性不大，一些企业特别是产品具有独特性的企业（如药品、冷藏品等），由于对设施和设备有着特殊要求，是可以选择自营物流的。有些企业，物流本身就是企业的竞争力体现（如沃尔玛等大型零售企业），也要选择自营物流。而第二方物流服务目前在我国占据着较大的市场份额，对于 些物流活动并不复杂的企业而言，往往自己就能够完成对第二方物流资源的整合利用，并不一定需要外包给3PL。

二是认为我国3PL市场的形成依赖传统物流企业的现代化。如前面有关章节所述，传统物流企业与3PL为代表的现代物流企业有着较大的区别，传统物流以提供标准化服务为特点，现代物流提供的是反映客户需求的个性化和柔性化服务，两者经营运作的出发点完全不同。事实上，3PL的发展还是要依赖一定数量的第二方物流企业的存在的，我国传统的物流企业恰恰具备第二方物流的服务能力。因此，不能把我国3PL

---

① 美智管理顾问公司：《2002中国第三方物流市场调查报告》。

② 郝聚民：《第三方物流》，第45～49页，成都：四川人民出版社，2002年版。

市场的形成与发展完全寄托在传统物流企业身上,传统物流企业的转型或现代化需要一个过程,而客户对3PL服务的需求已经兴起,应该鼓励各种类型的企业向3PL发展。

三是认为我国的3PL市场空间巨大。坚持这种观点的人,所采用的一个简单的推算是:目前我国GDP突破了1万亿美元大关,物流费用占GDP的20%,发达国家是10%,节约空间在1 000亿美元,而这1 000亿美元就是3PL的市场空间。应该说节省空间是1 000亿美元没问题,但问题是一部分节省要归于企业的内部(如库存节省),3PL得不到;再者就是这个节省市场是所有物流企业的,甚至是消费者的。事实上,节省的就是节省的,3PL的市场空间,只是全社会物流开支费用中的一部分。因此,不应该根据节省的空间来计算,而应该根据物流费用占GDP的实际比例以及外包业务中3PL的业务比例来测算。

四是认为3PL是高回报企业,利润前景无限。事实上,3PL企业采用了大量的高科技手段和设备,投入比较大,但物流本身不是高科技,现代物流要求在相对以前降低成本的同时提高服务。因此,没有为客户实现上述增值服务的前提支撑,3PL的业务是很难开展的,即使赢利,也来自于和客户一起创造的"第三利润源泉"。我国在目前整个物流行业还没有规范和整合之前,在3PL没有达到足够的资源整合能力之前,3PL要想获得一般服务行业的平均利润是困难的,更不要说是高回报了。

五是认为发展3PL是传统物流企业的唯一出路。这个观点本身就否定了以提供运输、仓储等单一功能物流服务的传统物流企业存在的必要性,事实上,即使是在发达的欧美国家,专业的运输公司和仓储企业仍然有很大的发展空间。如果大家都去做3PL,除非拥有自己的资源,否则没有第二方物流的支持,3PL去整合谁的资源呢?如果第二方物流的市场都不存在了,3PL的空间在哪里呢?因此,传统物流企业要理性地看待3PL,踏踏实实地做好自己的现有业务,有条件的,可以向3PL发展转变。

(2)客户企业的顾虑。3PL并不是尽善尽美的,由于选择或合作不当,也会给委托企业带来诸多问题。由于我国还没有建立起完整的信用制度,企业在合作关系上还普遍存在着信任问题,因此,一些企业在物流外包和选择合作伙伴中难免会有所顾虑。

第一,担心原有物流资产难以处置。一般来讲,打算将物流外包的生产企业或流通企业,往往在过去的经营中形成了一定的物流能力,物流外包就意味着裁员和资产出售,这些企业一方面对3PL缺乏认识和信息;另一方面又很难处理一些外包后的遗留问题,因此,显得顾虑重重。

第二,担心外包后对物流的控制能力降低。在与3PL合作关系中,3PL通常要介入客户企业的采购、生产、分销、售后服务的各个环节,成为客户企业的物流管理者,客户企业会对物流失去直接的控制力,一旦双方协作出现问题,如3PL企业不能完全理解并按客户企业的要求来完成物流业务,就可能会出现物流失控的现象。

第三，担心外包后客户关系管理遇到风险。在与3PL服务的合作中，3PL会直接接触企业的客户，他们将逐步了解和掌握客户的信息，甚至是潜在的客户信息，这会给企业的客户关系管理带来一定的风险。一是虽然在及时性等服务方面有所加强，但由于减少了与客户的直接接触或沟通，可能会削弱同客户的关系；二是客户资料有被泄密的危险，如果客户资料被泄露，其后果是难以想象的。

第四，担心外包后公司的战略机密被泄露。物流既是公司战略的重要组成部分，又承担着公司战略执行的重任，因此，3PL常对客户企业的公司战略有很深的认识，从采购渠道的调整到市场策略，从经营现状到未来预期，从产品转型到客户服务策略，第三方物流企业都可能得到相关的信息。因此，使用第三方物流服务，大大增加了自己的核心战略被泄露的危险。

第五，担心外包后会遭遇连带性的经营风险。同3PL企业合作，一般是基于比较长期的合作关系，双方一旦合作成功，要解除合作关系往往成本很高。但如果3PL因为自身经营不善，可能直接影响客户企业的经营，特别在合同解除过程中，客户企业要选择新的物流服务商，并建立稳定的合作关系，这往往需要很长一段时间的磨合期。这也是为什么企业在选择3PL服务商时慎之又慎的一个重要原因。

上述各种担心不无道理。作为委托方企业，在选择3PL服务商的过程中，多考虑一些3PL的负面效应是必需的，同时也要对3PL服务商进行全方位的考察。作为3PL服务商，要在长期的服务中树立起信誉至上的原则，特别是对于那些与之进行战略联盟的客户企业，更要在合约、服务、员工约束等方面加以注意，努力减少或降低客户的种种顾虑。

6.4.4.4 我国第三方物流的发展趋势

(1)中外3PL企业将协同发展。一般来讲，国际物流供应商在IT系统、行业以及专业方面的经验丰富，具有一定的优势，国内物流供应商在成本、本地经验与国内网络方面具有一定的优势。因此，国内物流供应商同国际物流供应商之间建立战略联盟具有一定的互补条件，它们之间实施战略联盟，将产生巨大的协同效应。大多数国际物流供应商正在寻找在中国的合作伙伴，以获得迅速进入市场的机会。但至今为止，他们很难找到合适的、对等的本土合作伙伴。这是因为，尽管国内物流供应商非常希望从国际同行那里获得行业运作的知识及其国际网络，但并不愿意让合作方在他们的市场里获得资产所有权和管理权。不仅如此，国内的3PL之间也面临着一些共同的挑战，存在各自的困难，一些3PL企业已经开始尝试合作，以提高彼此的服务能力。

(2)随着物流社会化的发展，国内将有越来越多的工商企业将物流外包出去。我国3PL市场尚处于发展的初期，目前一些3PL供应商主要提供基础性物流服务，能够提供高附加值增值服务的还较少。并且，虽然也认识到了3PL的意义，但由于现实问题重重或者难以寻找到可信任的、具有相应服务能力的供应商，一些工商企业正在驻足观望。同样，由于外资3PL刚刚进入中国市场，难免因不熟悉我国情况或缺少国内网络而裹足不前；而本土的3PL服务商则因为资金有限、缺少信誉积累、增值服务能力不强等原因，被一些企业拒之门外。一般来讲，客户企业将物流外包出去，首先是为了降低物流成本，其次是为了强化核心业务，最后是为了改善与提高物流服务水平与质量；而客户企业在选择3PL企业时，第一，注重行业与运营经验即服务能力；第二，注重品牌声誉；第三，注重网络覆盖率；最后，注重较低的价格。尽管如此，我国经济发展的走势决定了3PL在我国也会快速发展，这是大势所趋。

(3)工商企业实施依托于3PL支持的供应链管理，将是大势所趋。目前在西方一些比较发达的国家，3PL与制造业已经紧密地联系在一起，制造企业只专注于制造优良的产品，而把所有的与供应链有关的后勤事务外包给专业物流公司来做。从原材料的采购计划、仓储计划到运输、清关，原材料配送以至于把制造业的最终产品送到分销商或最终用户手中，最终帮助制造业完成整个供应链(SCM)过程。调查资料显示，我国生产和流通企业物流服务的执行主体，商业企业的74%、工业企业的71%来自供货方，来自第三方的，工业企业为21%，商业企业只有13%。这说明，在我国工商企业中，物流自给自足式服务相当普遍。缺少社会化、专业化的物流支持，制造业企业很难组织起高效的供应链管理。在未来20年内，我国将成为全球制造中心，越来越多的国际著名企业会在我国扎根，对物流增值服务的要求会越来越大，而把制造业的整个供应链部分外包出去，将是最有利的增值方法。

(4)依托于3PL的快速发展，我国企业的竞争力将不断提高。据调查统计，我国企业物流费用平均占商品价格的40%，物流过程占用的时间几乎占整个生产过程的90%，而美国的物流费用平均只占商品价格的10%～20%，最高为32%，英国平均为14.8%，最高为25%。从以上数据可以看出，国内企业的物流管理水平较之国外企业差距很大。虽然，要缩短中外物流的差距还有很长的路要走，但是，我们已经看到中国本土的物流企业开始发力，如海尔物流等。随着我国以3PL为代表的现代物流产业的不断发展，我国工商企业依托物流的改进必将释放出巨大的能量，并将其转化为不断提升的竞争能力。

6.5 小结

物流企业是指从事物流基本功能范围内的物流业务设计及系统运作，具有与自身业务相适应的信息管理系统，实行独立核算、独立承担民事责任的经济组织。

根据物流企业以某项功能为主要特征，并向物流服务其他功能延伸的不同状况这一分类方法，可以将物流企业划分为运输型、仓储型、综合服务型三种类型；物流企业是物流市场的主体，是参与商品流通的主要力量。

根据不同的标准，可以对物流企业进行分类增加根据作业类别不同，物流企业可分为运输企业、仓储企业、流通加工企业、配送企业等；根据所有制形态不同，物流企业可分为外资或合资物流企业、国有物流企业、民营物流企业；根据组织管理水平不同，物流企业可分为传统物流企业和现代物流企业两种；根据物流服务主体不同，物流企业可分为第一方物流企业、第二方物流企业、第三方物流企业和第四方物流企业。

物流企业是社会物流活动的主要承担者，是社会商品流通的鼎力支持者，是社会物品储存的主要承担者，是社会物流信息的重要管理者是实现物流功能整合的链接者。物流企业的经营目标主要有提高快速反应能力，加速商品流转，缩短流通时间；降低库存，整合运输，降低物流成本；关注服务质量，提供增值服务；减少变异，扩大经营规模。

目前，我国的物流产业发展迅速，物流市场正处在加速形成的进程之中。我国物流企业存在的问题主要有：物流企业技术水平低，系统功能不强；从业者素质不高，专业人才匮乏；服务水平参差不齐，作业效率不高；企业信息化水平整体上程度不高。

就长远发展而言，我国物流企业要注重以下经营策略的实施：坚持质量创新，实施全面质量管理；注重信息化建设，开展网络化经营；发展、组建物流企业战略联盟；加快向综合物流代理转型的步伐；积极融入到企业的供应链管理；加强客户关系管理等。

第三方物流有广义和狭义之分，从广义来看，第一方物流是指由卖方组织的物流；第二方物流是指由买方组织的物流；第三方物流则是指由买卖之外的第三方即社会化物流组织提供的物流服务。从狭义来看，第一方物流是指由物流服务的需求方自行组织的物流；第二方物流是指由运输、仓储、流通加工等基础物流服务提供者组织的物流；第三方物流则是指系统物流服务商组织的物流。

“第三方物流”是20世纪80年代中期在欧美等发达国家发展起来的，经过20多年的发展，在西方发达国家已经形成了具有一定规模的产业，企业规模和服务范围越来越大。从宏观上来讲，第三方物流出现的最大意义就是推动了物流社会化的发展，使得现代物流有了更多的发展内涵。从微观上来讲，厂商利用第三方物流服务，获得了优于过去的增值性服务，从而强化了竞争能力。

我国的第三方物流，起步于20世纪90年代初，由于刚刚开始发展，第三方物流企业多数处于微利水平，区域发展也不均衡，多集中于东南沿海地区。不过，我国第三方物流市场极具潜力，目前存在信息化建设、人才等发展瓶颈，这些问题一旦解决，我国3PL企业势必会获得快速发展。

案例分析

储运、物流到供应链:宝供物流的三级跳

提起中国的第三方物流企业,业内许多人士会提及宝供物流,摩根士丹利给宝供物流所下的评语是"中国最具价值的第三方物流企业";同样,麦肯锡对宝供也有类似的评价。宝供物流缘何这样引人注目呢?主要原因就是,其在遵循现代物流发展理念的前提下经过成功运作,使自己在短短不到10年的时间内,就完成了从储运、物流到供应链服务的三级跳,一跃成为国内领先的现代化物流企业集团。在近年来中国物流发展热潮的推动下,宝供物流的发展历程和经验无疑成了国内传统物流企业发展转型的参照样板。

宝供物流的总裁刘武先生把宝供物流企业集团的发展大致分为三个阶段:1994年到1997年,宝供从一家传统储运企业转变为提供一体化物流服务的专业公司;1997年到2000年,宝供逐步发展成为一家较为成熟的第三方物流企业;2000年至今,则是宝供向提供供应链一体化物流服务转型的阶段。

一级跳阶段:

宝洁对宝供的发展起到了非常重要的作用。正是在与宝洁这样一个国际性大公司的合作中,宝供学到了不少有用的东西,为宝供物流以后的发展打下了良好的基础。宝供与宝洁的合作始于1994年。当时,刘武在广州承包经营了一家铁路货物转运站,而刚刚进入中国市场的宝洁公司正在为产品不能及时、快速地运送到各地而犯难,经人介绍,宝洁找到了刘武。与宝洁合作的第一笔业务,是4个集装箱的货物运输,宝洁公司的要求非常苛刻,不仅要准时送达,而且还有许多附加要求。这些在现在看来再正常不过的事情在当时却被看做是天方夜谭,宝洁此前也曾与多家储运企业有过接触,但都没能谈成。为了完成这笔业务,刘武亲自对货物进行全程跟踪,在这单业务结束后,刘武主动给宝洁写了一份报告,对整个过程中各环节可能遇到的问题及解决办法都详细地作出了说明。虽然这笔业务刘武基本上没赚到钱,但却赢得了宝洁的信任。此后,刘武注册成立了宝供储运公司,而宝洁也加大了与宝供的合作力度,到1996年,宝供成了宝洁铁路运输的总代理。

宝洁对于宝供发展的重要性是不言而喻的,在很长的一段时间里,来自宝洁的业务都占据了宝供的绝大部分。作为较早来到中国的跨国公司,宝洁是一家系统和理念都很先进的企业,事实上,宝洁公司把供应商和服务商的能力和水平看成是自己的一部分,虽然要求是十分"苛刻"的,但却能逼着你不断进步。可以说,与宝洁公司的合作,让宝供储运公司获益匪浅,并直接推

动了宝供向现代物流企业的发展。随着宝供公司业务的不断规范和扩大,宝供逐步走出了过去“宝洁公司储运部”的影子,其服务的客户也开始越来越多,如飞利浦、TCL等几十家国内外著名企业,甚至宝洁公司的竞争对手联合利华也将物流业务交给宝供打理。

二级跳阶段:

随着业务的不断扩大,为了打破当时分块经营、多头负责的模式,宝供开始在全国铺建业务网络,刘武将这一网络分为“天网”和“地网”。“地网”的建设是指在全区域中心城市建立分公司,并以此为依托铺设全国网络。早在1997年,宝供就在全国同类企业中率先实施了基于Internet/Intranet的物流信息管理系统。凭借这一系统,宝供实现了对全国范围内物流运作信息实时动态的跟踪管理。此后,宝供又累计投入1 000多万元对这套系统进行了完善和升级,通过这个系统实现与客户的电子数据交换,并为客户提供诸如报表、运作咨询等个性化的物流信息服务,于是,宝供与客户之间的业务变得更为便捷和富有效率了。

案例分析

1999年,在多方努力和争取下,宝供储运有限公司更名为宝供物流企业集团,成为国内第一家注册的物流企业。至此,在当时国内工商部门的“字典”里还没有“物流”这个词时,宝供物流已经基本上完成了向第三方物流企业的转变,并在内部建立起了相对比较完善的业务运作管理体系(SOP)和质量保证体系(GMP)。

三级跳阶段:

在完成向第三方物流的转变后,宝供物流开始向提供增值化的供应链一体化物流服务方向努力,并将物流基地的建设作为提高供应链服务能力的重要突破点。宝供积极规划在全国15个经济发达城市投资建设大型现代化的物流基地。按照规划,这15个基地将主要分布在东南沿海地区,同时兼顾华中、西南和西北地区。苏州宝供物流基地一期工程已于2002年11月投入运营,广州宝供物流基地第一期工程也于2003年6月正式投入运营,合肥宝供基地于2003年8月投入运作,上海宝供物流基地已于2004年3月28日举行了奠基仪式,此外,在其他地方的基地建设也在启动。建成后的物流基地是现代化的储存、运输、分拨、配送、多种运输交叉作业的中心,也是加工增值服务中心、商品展示中心、贸易集散中心、金融结算中心、信息枢纽及发布中心,还是国内采购集团的采购中心、国内外著名品牌在不同区域的分销中心,同时它还提供一关三检、物流科研培训服务和全球供应链一体化的服务。

在近10多年的发展历程中，最让宝供胆战心惊的是2001年。这年8月，中远集团的全资子公司中国远洋物流有限公司正式挂牌后，一批国有超大型物流企业纷纷成立，中海物流、中邮物流、中铁现代物流、中国物流等一批国有物流企业相继宣告成立。这些国有物流企业因各有优势资源，不可小视。同年，国际知名物流企业也相继进入中国市场。EXEL公司在北京开发区启动星网物流项目；马士基物流设立更多分支机构，美集物流在汽车物流领域与内资企业开展合作，TNT也进入中国市场等。

如何应对激烈的市场竞争，宝供开始重新审视自身的处境。

当时，宝供仍以整合社会优势资源为经营理念，在全国拥有6大分公司，46个办事处。但这个网络主要是通过整合社会资源形成的，如果想渗透到企业供应链的环节中去，建立自己的超大型物流基地就显得越来越必要。

向供应链方向转型，意味着宝供的主要业务变成了两个方面：一是与需要服务的企业一起制定合理的供应链解决方案，这不仅涉及产品的物流，还包括要将销售、生产、采购各个环节的物流业务作综合性规划；二是通过物流服务来确保这个方案的实施。宝供以前主要靠整合各种社会资源提供物流服务，今后则主要通过实施供应链解决方案、为客户提供增值服务来获得利润。

刘武认为，优化供应链，减少流通环节和作业过程，实现基于高度信息化基础上的物流管理，必须有很强的整合能力。没有自己的基地，而只是租用储存式仓库甚至“农民仓”，很难实现供应链一体化管理。所以宝供必须建设物流基地，以集商流、物流、信息流、资金流于一体，提供最优化的物流解决方案，让基地成为各种最先进的交换方式的中枢。

在电子商务迅速发展的大环境下，宝供也在积极完善供应链一体化的服务来适应电子商务发展的要求。2007年下半年，宝供开始与李宁公司合作。合作之初，李宁尚未开展电子商务，但很快就进入了。自此，李宁电商的仓储业务也一并交由宝供负责，所有订单从上海配送中心统一发往全国各地。2008年10月底，宝供为李宁公司分销和零售业务提供的服装仓储配送管理系统解决方案和相关服务，使李宁上海配送中心（DC）的订单拣配时间从2008年11月的100小时减少至2009年6月的17.5小时，日发运能力达到了效率峰值25万件。这不仅提升了李宁公司物流配送的效率和准确度，还满足了李宁公司上海配送中心的业务增长需求。

电子商务要求李宁打造一个能够快速响应客户需求的供应链。上海李宁电子商务有限公司总经理林砺说：“首先要实现B2B和B2C的无缝对接，线上

案例分析

订单可以通过线下渠道配送,上下渠道可以随需应变、实时更新。”为此,宝供以其仓库管理系统(WMS)为基础,进行了个性化的客户业务需求改造,实现了与李宁EDI(电子数据交换)的成功对接,并通过WMS进行电子商务业务管理。这次合作成功开启了宝供的电子商务之路,“不仅适应了客户的电商发展需求,还使得宝供的物流运作竞争力上了一个新台阶”,宝供信息系统部信息总监顾小昱说。2009年,宝供赢得了美国玫琳凯公司华南物流中心的合同。

目前,宝供正在为全球500强中的50多家大型跨国企业及国内一批大型制造业企业提供供应链一体化的专业物流服务,覆盖日用消费品、家电、软件和电子通信、食品和饮料、石油和汽车零配件、医药、连锁、电力和工程机械八大主流行业。联合利华、红牛、安利、飞利浦、三星、索尼、百威等外资公司以及中石油、TCL、吉利、李宁、蓝月亮等国内行业领先企业均与宝供保持着良好的业务合作关系。随着专业化程度的提升,近两年宝供还增加了危险品行业的物流配送。

2010年,宝供营业额约24亿元,比2009年实现了双位数增长。为了持续发展,宝供将在其第三方物流信息系统的基础上,集合RFID等新技术应用,实现技术创新与企业经营发展战略的同步进行。

经过10多年的发展,宝供已从供应链上的被动接受者变成规则制定的主动参与者,并积极争霸“链主”地位。2010年11月12~13日,宝供举办的“物流技术与管理发展高级研讨会”如期举行,这是宝供连续举办的第14届物流研讨会,联合利华、中石油、李宁、玫琳凯、安利、淘宝、京东商城等知名企业均有参加。

资料来源:编者根据有关资料整理。

复习思考题

1. 物流企业具有哪些职能?
2. 面对竞争,我国物流企业应采取哪些经营策略?
3. 目前我国物流市场有哪些发展特征?
4. 谈谈你对广义和狭义的第三方物流的理解。
5. 第三方物流的产生意义有哪些?
6. 我国第三方物流的发展存在哪些问题?

7 区域物流与城市物流

学习目标

- 掌握区域物流的定义与特点
- 了解区域物流的体系分类
- 了解我国区域物流的结构特征
- 掌握区域物流规划的原则与内容
- 掌握区域物流发展的对策
- 掌握城市物流的定义与城市物流的特殊性
- 掌握城市物流系统的构成
- 掌握城市物流规划的层次

7.1 引言

区域物流、城市物流的发展对于促进区域经济、城市经济的繁荣起着至关重要的作用。本章系统阐述了区域物流体系分类、区域物流规划原则与规划内容、城市物流系统构成及规划层次等方面内容。

7.2 区域物流

7.2.1 区域物流与区域经济、社会发展

7.2.1.1 区域物流的概念

区域物流是指发生在某一个行政区域或两个以上区域联合体内的物流。这里所说的行政区域是指不包括国家的所有具有地方或区域自治权的行政区域。例如,按我国行政区域的划分原则,行政区域包括省、直辖市、自治区、市、县(市辖区)、乡(镇)、村等。从这个意义上讲,区域物流则包括省域物流、城市物流、县区物流、乡村物流或农村物流等。区域联合体是指具有自然经济(物流)联系或人为经济(物流)联系的若干行政区域的集合。其中,自然经济联系是指因地理位置、产业分工或传统习惯而形成的具有互补或双赢性质的经济关系;人为经济联系是指通过人或组织的作为而形成的具有互补或双赢性质的经济关系。一般来说,自然经济联系是基础,人为经济联系往往是在自然经济联系的基础上产生的。

从现实来看,区域联合体主要包括两大类:一类是一国之内的区域联合体,一类是跨越国境的区域联合体。就前者而言,例如,我国在传统上就有东北(辽宁、吉林、黑龙江)、华北(北京、天津、河北、山西、内蒙古)、华东(上海、江苏、浙江、安徽、福建、江西、山东)、华南(河南、湖北、湖南、广东、广西、海南)、西北(陕西、甘肃、青海、宁夏、新疆)、西南(四川、重庆、贵州、云南、西藏)等6大区域联合体。但近年来,又出现了若干新的区域联合体,如珠江三角洲、长江三角洲、环渤海经济圈、大西北经济区、东部沿海经济带、长江经济带、黄河经济带以及“大北京”、“大杭州”等。与此相对应,就自然产生了东北物流、华北物流和珠江三角洲物流、长江三角洲物流、东部沿海物流,以及大西北物流、大北京物流等区域物流的概念。

就后者来说,如北美自由贸易区、东北亚或环黄海经济圈等,都是该类区域联合体的代表。这类联合体的主要特点有两个:一是联合体的成员是多国的;二是联合体的成

员只是某个国家的部分行政区域。例如，东北亚经济圈的主要成员来自中国、日本与韩国。从现阶段来看，该经济圈的主要成员为：中国的天津、大连、青岛和烟台，日本的福冈、北九州和下关，韩国的釜山、仁川与蔚山。由于这种跨国区域联合体的存在，因此，也就自然产生了跨国性区域物流的概念，如东北亚物流。当然，跨国区域物流的概念具有双重属性，既可以划归为区域物流，也可以划归为国际物流。

7.2.1.2 区域物流的特点

根据区域物流的概念，我们认为，区域物流主要有以下特点：

(1)主体多元化。由于区域物流中的“区域”是一个或大或小的行政区域及其联合体，而行政区域首先是一个地理区域，在这个地理区域内，往往有数量庞大的微观物流组织，包括企业或其他事业单位，这些企业或事业单位都是该区域的物流经营主体，包括专业化与非专业化的物流经营单位，它们之间存在着竞争与协作的关系，从而形成复杂的物流市场竞争结构。不仅如此，在区域物流中的“区域”是两个以上行政联合体的情况下，区域物流的行政管理主体也是多元的，从而存在着物流行政管理主体之间的竞争与协作关系，如围绕区域物流行政管理权的竞争等。这说明，区域物流不仅存在着物流经营主体之间的竞争与协作关系，还存在着物流行政管理主体之间的竞争与协作关系。

(2)区域边界的多变性。随着经济资源、产业结构、物流技术、信息技术等的变化，区域物流中的“区域”成员及区域边界也会发生相应的变化。就一个行政区域而言，上述环境的变化，将导致该区域的经济规模与结构发生变化，或是扩大(区域经济的繁荣)或是缩小(区域经济的衰退)，从而导致该区域的物流规模与结构发生变化，进而导致该区域的成员或区域边界发生变化。当区域经济繁荣时，该区域的物流规模会相应扩大，区域物流的辐射范围即区域边界也会相应扩大；相反，当区域经济衰退时，该区域的物流规模及其辐射范围就会缩小，甚至被整合到其他区域，如一些资源枯竭型城市。对一个具有多个行政区域的区域物流而言，上述物流环境的变化，将会大大改变原有区域的成员构成，或是新成员的加入或是原有成员的退出，从而导致区域边界的扩大、重组、缩小甚至消失。这就是说，区域物流的区域边界是经常变化的，缺乏稳定性。

(3)组织与管理难度大、成本高。不论是一个行政区域内的物流，还是多个行政区域内的物流，由于既存在数量庞大的物流经营主体又存在多个物流行政管理主体，因此，要组织与管理区域物流，其难度很大、成本也很高。这要求区域物流的组织与管理者，必须探讨科学的管理体制与管理方法，不仅要有效率观念，更要有效益观念。特别是对于包含多个行政区域的区域物流组织与管理者来说，在组织或加盟区域物流之前，就要充分考虑区域物流的组织与协调成本及其分担形式，不能盲目扩大区域物流的加盟成员与区域边界。

7.2.1.3　区域物流体系

由于区域物流的区域概念是多重的，因此，也就存在不同层次或不同类型的区域物流。我们认为，区域物流主要有以下几种：

(1)跨国区域物流。跨国区域物流是指跨越国境的若干行政区域内的物流，它是区域物流中层次最高、规模最大、范围最广、管理难度最大的区域物流。跨国区域物流的组织与管理涉及很多难题，如区域成员的国际贸易政策(关税)、经济体制、商业习惯、文化传统、商品的腹地延伸、物流设施的共享、物流设备与工具的通用性、物流信息的标准化等。同时，跨国区域物流的组织与管理主体及其相关者更加复杂，包括复数国家的中央政府、复数国家的多层次的地方政府(省、市等)、物流用户(工商企业)、物流事业者(物流基础设施拥有者、专业化物流业务经营者)等。因此，要组织好跨国区域物流，必须建立一个全新的跨国区域物流管理体制，协调各种关系，解决上述难题。这样，才能发挥跨国区域物流在促进跨国区域经济发展中的作用。

尽管如此，我们认为，跨国区域物流是经济全球化的重要体现，也是世界物流发展的必然趋势。这是因为随着世界各国贸易与投资壁垒的逐渐降低甚至消亡，不同国家的各个地区，特别是在地理上相邻或经济上具有较大互补与双赢关系的地区，将越来越倾向于构筑一个超越国家界线的经济区域。也就是说，在经济全球化的背景下，经济生活中的国家概念将日益淡薄，世界经济将由以国家为单位的经济逐渐转变为以跨国区域为单位的经济。显然，作为经济活动重要组成部分的物流，也必将由以国家为单位的国家物流时代逐渐进入以跨国区域为单位的跨国区域物流时代。

(2)大区物流。大区物流是指由一国之内的若干行政区域所组成的区域联合体的物流。例如，前面提到的“东北物流”、“华北物流”、“东部沿海物流”、“长江三角洲物流”、“珠江三角洲物流”等，都属于大区物流的概念。大区物流包括的区域边界较大，区域成员较多，往往包含若干个省区。大区物流之所以能够形成是因为大区内的区域成员在产业结构、地理位置、产业分工、物流资源等方面具有较为明显的互补关系，因此，通过组织大区物流，加强大区成员之间的物流协作，可以获得更大的物流绩效。当然，有些大区物流是因历史与传统而形成的，也有的是人为形成的。例如，大区成员的主观意志、中央政府的经济政策使得某些区域成员具有了“命运共同体”关系，如西部大开发政策，诱发了“大西北”的概念；支持东北老工业基地的政策，则使东北三省有了共同语言，也强化了他们的联系，等等。由于大区物流的区域边界较大、涉及的物流事业与物流主体，特别是物流行政管理主体较多，因此，大区物流的组织与管理往往难度很大。

(3)省域物流。省域物流是指在一个省、自治区或直辖市范围内的物流。例如，“辽宁物流”、“北京物流”、“天津物流”、“山东物流”等。省域物流的区域边界是一个省、一个自治区或一个直辖市,但往往包括若干个省辖市、县、区、乡、村等行政区域,而且在一个省域范围内,也有可能出现由该省域内的若干个市县区所组成的中小区域物流。与大区物流相比,省域物流的组织与管理相对比较容易,即使是省域内存在若干层次的区域物流,由于在行政上都隶属于一个省,政策比较统一,因此,也比较容易协调。当然,省域物流包含了城市物流与农村物流。

(4)城市物流。城市物流是指一个城市内的物流。由于城市集聚了大量的工商企业、市政机构、文化教育机构、居民、道路、公共设施等,从而是一个区域的经济、政治、文化与生活中心,也是商品流通的集散地,因此,也是一个区域的物流中心。随着城市规模的扩大、产业密度与人口密度的提高,城市物流规模与密度也会越来越大,从而使城市物流的组织与管理也显得越来越重要,也越来越复杂。同时,随着城市的发展,城市物流规模的扩大,城市物流的外部不经济也越来越明显,如交通拥挤、噪声、环境污染、人流障碍、交通事故、居住成本高昂、居住环境恶化等。

由于城市是一个人流、商流、信息流、物流密集的区域,因此,城市物流所产生的上述外部不经济也就更加集中与突出,从而使城市物流成为各种区域物流中问题最集中、最突出的区域物流。对城市物流进行专门研究,探索与改进城市物流的组织与管理模式,提高城市物流绩效,降低或减少城市物流的外部不经济,是世界各国物流理论界与实业界所普遍关心与重视的课题。

(5)农村物流。农村物流是与城市物流相对应的概念,是指城市以外的物流,或者说是以农村为活动基地的物流。本来,在城市物流与农村物流之间还有一个郊区物流的概念。但是,从国内外的物流实践来看,郊区物流大多归属于城市物流范畴,这是因为,从各国城市物流的现状与发展趋势来看,城市物流网点,特别是城市物流中心具有向郊区转移的倾向,从这个意义上讲,城市物流本身就是以郊区为中心的,因此,郊区物流本身就是城市物流的组成部分。

那么,农村物流的边界究竟如何界定呢? 关键是要界定农村的边界。在本书中,我们将农村界定为村、乡镇两级,至于县城(县政府所在的城市镇),我们将其界定为城市。因此,本书所指的农村物流也就是指以乡镇和村为活动基地的物流。显然,农村物流与农村的产业结构有直接关系。如果有的农村(乡镇或村)以农牧渔业为主,那么,该地区的农村物流就以农牧水产品物流为主;如果有的农村以乡镇工业为主,那么,该地区的农村物流就以乡镇工业产品及其原材料物流为主,等等。另外,农村物流的主体、网点、客体以及组织与管理等,也都与城市物流有许多不同之处,因此,农村物流也是值得我们重视的物流领域。

7.2.1.4 区域物流的地位与作用

区域物流是区域经济的重要组成部分,区域物流组织与管理水平如何,不仅影响区域经济的运行质量，而且还直接影响区域交通、城市建设、环境保护、居民生活等各个领域。因此，区域物流是促进区域经济与社会协调发展的重要力量，具有重要地位与作用，从而也是各级政府部门、企业事业单位及广大居民所普遍关注的经济与社会问题。

(1)区域物流与区域经济发展。从区域经济发展实践来看，区域物流与区域经济的发展存在高度正相关关系，即区域物流规模越大、区域物流组织与管理水平越高、区域物流产业越发达，区域经济总量也就越大，区域经济效益水平也就越高；反之亦然。换句话说，区域经济总量越大、区域内商品进出量也就越大，从而必然导致物流量也越大，进而要求该区域的物流能力（物流基础设施、物流网点、物流规划、物流技术、物流经营管理等）与之相适应。否则，就无法支撑该区域经济的正常运转。不仅如此，区域经济规模越大、区域物流规模也就越大，从而区域物流所蕴涵的效益空间与外部不经济也就越大，因此，区域物流对区域经济发展的影响程度也就越大，其相对重要性也就越高。例如，大城市的物流量要远远大于小城市的物流量；大城市物流所蕴涵的效益空间与外部不经济也要远远大于小城市；大城市物流对大城市的经济发展的重要性，也要远远大于小城市物流对小城市经济发展的重要性。从这个意义上讲，区域规模越大，区域物流在区域经济发展中的地位也就越重要。

(2)区域物流与区域交通。由于物流的重要构成要素是运输，因此，区域物流与区域交通具有十分密切的关系，从一定意义上讲，区域物流的核心问题也就是区域交通问题，区域交通运输能力与管理水平是区域物流能力与区域物流效率的决定性因素，因此，要发展区域物流，首先要发展区域交通，如合理布局区域交通网络，适时更新交通工具与设备，改革交通运输管理体制与经营方式，提高交通工具与设备的使用效率，缓解交通拥挤，减少交通事故等。另一方面，区域物流的发展也对区域交通形成了巨大压力，提出了更高要求，带来了许多新问题。因此，要解决区域交通问题，实现区域交通的合理化，还必须谋求区域物流的合理化。可见，区域物流与区域交通是共生共存的，没有区域交通的合理化，也就没有区域物流的合理化，同样，没有区域物流的合理化，也不会有区域交通的合理化。这就要求，区域行政管理组织必须从区域物流的角度来考虑区域交通问题，并从区域交通的角度来考虑区域物流问题，将区域交通规划与区域物流规划相结合。唯有如此，才能较好地解决区域物流与区域交通问题，促进区域物流与区域交通的共同发展。

(3)区域物流与城市建设。区域物流不仅对区域经济与交通产生重大影响，而且对区域经济、政治、生活的集聚地——城市也会产生重大影响。由于城市是各种组织、设施、人员、交易的集中地，从而也必然是一个物流集聚地。而物流又直接涉及诸如物流路线（铁路、公路、桥梁、隧道、管道、航空与水运路线等）、物流设施与网点（车站、港口、机场、仓库、配送中心、物流中心、流通加工中心等）的布局与建设问题。同时，这些物流路线、物流设施与网点往往都集中在城市或与城市相连接，从而使物流问题成为城市建设与发展中的一个非常重要，也是非常难以解决的问题。但是，城市建设与发展又时刻离不开物流的支撑，没有发达的物流，城市建设与发展也就无从谈起。这就要求城市管理者，既要大力发展物流，又要注意解决因物流发展而引致的各种问题，将物流规划，特别是物流路线、物流设施与物流网点的规划纳入城市规划之中，并按提高物流效率与完善城市功能相结合的原则进行综合规划与建设。

(4)区域物流与区域环境。物流对经济与社会的发展，不仅具有极大的正效应，而且也具有非常大的负效应，即物流的外部不经济，如交通拥挤、交通事故、噪声、大气与水污染、生活空间缩小、居住成本提高等，特别是环境污染是物流所产生的最重要的负效应。在国民经济各部门中，物流部门是重要的大气污染源。不仅如此，物流基础设施与物流网点的增加，会进一步挤压人类的生活空间，造成居住成本提高，同时也破坏了各种人文景观。此外，物流工具与设备的更新、废弃增大了垃圾排放量，物流作业场所及物流工具所产生的噪声也恶化了人类的居住与生活环境，降低了生活质量。因此，要保护环境，提高环境质量与可持续发展的能力，物流领域具有重大潜力，从而也会作出巨大贡献。随着环境压力的日益加大，向物流要环境，向物流要发展，将成为越来越重要的区域发展战略。

(5)区域物流与区域就业。物流产业既是资本与技术密集的行业，也是劳动密集的行业。从国民经济的就业构成来看，物流产业不仅是第三产业中吸纳就业人口较多的行业，也是所有产业中吸纳就业人口较多的行业，是重要的就业机器。而对我国来说，增加就业机会，扩大就业规模不仅具有经济意义，而且具有更重要的社会意义。因此，发展区域物流，提高物流领域的就业规模，应成为各地政府与社会各界长期努力的事业。但是，由于我国各地区物流专业化、市场化与产业化的程度还不高，物流服务与物流事业内容也十分有限，从而能提供的就业机会也十分有限。因此，要努力促进区域物流的专业化分工，丰富区域物流的服务与事业内容，提高区域物流的专业化与市场化水平，加快区域物流的产业化进程，这样，才能充分发挥物流领域的就业潜力，扩大物流领域的就业量，进而提高整个区域乃至全国的就业水平。

(6)区域物流与生活质量。生活质量体现在许多方面，如收入、居住空间、生态环境、文化教育、健康休闲、生活便利等。上述这些方面都与物流有着直接或间接的关系。例如，物流越发展并且物流产业化的程度越高，提供的就业机会也就越多，从而为物流从业者提供的收入也就越多，同时，由于物流产业的发展及物流效率的提高，也会导致其他产业效率的提高，进而导致其他产业的效益与收入水平的提高；再比如，物流网络(物流线路、物流设施与网点)的合理布局、物流作业效率的提高，不仅可以节约人类的居住空间，改善人们的居住环境，而且可以减少交通拥挤、交通事故、污染与噪声等。

更为重要的是，物流的发展可以大大提高人们的生活便利。例如，及时、准确、安全、快速、高效的配送系统极大地方便了人们对商品与服务的需求，特别是在信息技术的支持下，人们足不出户就可以及时购买并实际获得所需要的商品。再比如，随着门对门快递运输事业、搬家事业的发展与普及，也极大方便了人们邮购商品、礼品赠送、居家迁徙等日常生活。可见，物流事业的发展与生活质量的提高具有极为密切的关系，也是衡量生活质量高低的重要标志。从这个意义上讲，发展区域物流不仅是发展区域经济的重要手段，也是提高区域居民生活质量的重要途径。

7.2.1.5 我国区域物流的发展①

我国地域辽阔，各地区的自然地理条件相差很大，加上历史传统、民族习惯、资源禀赋、产业结构、人口结构等原因，各地区的物流规模与结构有很大差别。认识、分析我国区域物流的结构特征及发展情况，对制定区域物流发展规划与政策，促进区域物流的健康发展具有重要意义。2005 年，区域经济发展问题已经上升到国家经济发展的战略层次。党的十六届五中全会明确提出了在未来的 5 年中，我国将以促进区域协调发展为核心战略，逐步形成合理的区域发展格局，健全区域协调互动机制，促进城镇化健康发展。回顾 2005 年区域物流的发展，在充分体现物流与区域经济发展相结合的基础上，区域物流发展的宏观与微观经济价值不断显现。

（1）区域战略格局对物流整体发展产生的影响。中央提出的区域经济发展新战略，首次将东、中、西部和东北地区作为一个整体，完整地阐述了四大区域的战略布局，完成了全国区域经济的宏观布局，具有很强的与各区域经济发展特征相联系的一体性。其对物流发展格局的影响在于，物流系统要支持四大区域的建设和发展，必须在完善区域之间的通道化物流网络系统以及区域内部的物流基础设施系统的基础上，形成区域网络化物流服务格局，以便不断降低区域间及区域内部的经济要素流动的物流成本，提高物流活动效率，加快区域经济的发展。2005 年国家启动的重大交通基础设施项目的建设，如北煤南运通道建设、铁路客运专线建设、东西和南北干线高速公路连通、沿海港口大型矿石与原油等码头建设，均体现了这种区域物流的发展态势，并将长期影响我国整体物流基础设施布局和服务组织的发展。特别是“9 + 2”泛珠江三角洲跨区域经济合作机制的启动，体现了区域经济一体化发展的战略要求。2005 年在“9 + 2”范围内制定的综合交通运输发展规划的实施，将更进一步地推进物流整体发展格局的形成。

（2）不同区域的发展定位对物流服务功能产生的影响。四大区域的发展定位，不是仅停留在概念的明确上，而是还根据各自的条件和潜力提出了定位要求。西部地区要增强自我发展能力，东北地区要在改革开放中实现振兴，中部地区要在发挥承东启西和

① 李红斌：《我国区域物流发展格局正在发生改变》，载于《西部时报》，2006 - 02 - 22。

产业发展优势中崛起，东部地区要增强国际竞争力和可持续发展能力。对于西部物流而言，提升区域经济发展能力的基础是与中部、东部联系的运输通道的建设以及西部内部完善的物流基础网络系统的建设，2005 年这方面的建设成就较为突出；对于东北地区来说，以大连为中心的东北亚航运中心的建设加快，在运输通道和物流园区、物流中心等建设的支持下，物流服务功能不断改善，为深化改革和开放市场奠定物流服务基础创造了条件；2005 年，中部地区更加重视运输枢纽和物流园区、物流中心的建设，努力提高物流组织与辐射能力，再配合一些区域性物流服务企业的引进和发展，物流服务系统正在构建承东启西的基础桥梁；东部沿海发达的出口加工工业发展水平的提高，促进了港口向大型化发展以及以港口为依托的外贸物流组织服务的创新，突出表现在保税物流园区在东部沿海地区的建设和快速发展，为提高国际竞争力和实现可持续发展奠定了物流服务基础。

(3) 区域发展重点的不同使得物流发展重点发生变化。首先，西部地区针对其资源丰富，而生态环境脆弱、基础设施建设滞后、产业发展不足的问题，充分发挥资源优势和大力发展特色产业。在此背景下，物流的发展重点就是资源开发物流环境建设，提高资源的辐射半径，并为高效率开发资源提供物流成本与效率保障。其次，东北地区发展现代农业的条件较好，装备制造业也有较好的基础，物流的发展重点就是建立农产品生产、流通所需要的物流配送系统以及支持装备工业发展的物流基础设施布局环境与服务系统的建设。再次，中部地区的产业重点是粮食主产区建设、具有比较优势的能源和制造业、流通组织服务。为此，物流的重点就是农业生产资料和农产品的配送服务系统，就是专业化的物流管理与服务的发展以及支撑大流通产业发展的区域物流网络系统的建设。最后，对于东部地区，经济发展的任务就是保持既有产业的发展能力和拓展国内市场，发展国际物流和进行辐射国内的物流系统建设成为其重要任务。

围绕上述各个区域的物流发展重点，2005 年区域物流发展的显著特点是各区域都在重点领域取得了较大的发展，无论是基础设施建设，还是服务的发展创新、物流服务体系的建设，均取得了较大成绩。

(4) 城镇化健康发展使物流系统发展向高效率推进。城镇化是我国现代化进程中的必经阶段，以“坚持大中小城市和小城镇协调发展，提高城镇综合承载能力，按照循序渐进、节约土地、集约发展、合理布局”为城镇化发展战略，促进城镇建设从粗放型向集约型转变，加强城市群内部的分工协作和优势互补，更好地发挥城市群的集聚和扩散效应及其对全国经济社会发展的辐射带动作用，就必须提高城市物流效率。2005 年，城市群交通运输系统建设与发展思路的确立，对城市物流系统向高效率方向发展创造了条件。首先，以中心城市为依托的 1 ~ 3 小时的交通圈的建设，加快了城市群交通的一体化步伐，大大提升了城市物流效率；其次，城际轨道交通系统建设的启动，为快速物流的发展创造了空间;再次,城市间运输通道建设进入实施阶段,为城市间物流组织分工创造了布局条件。

(5)区域政策导向更贴近支持区域经济发展的转变。国家新的区域经济发展战略实施的政策思路是继续向中西部地区倾斜,在经济政策、资金投入、产业发展等方面加大对中西部地区的支持,而且强调了保持东部地区发展是支持区域协调发展的重要基础。按照这种政策导向,我国区域物流的发展将逐步摆脱过去盲目的“跟风”发展模式,将根据区域经济发展的需要,在基础设施建设和服务系统的建设上,沿着上述四个方面有序地进行,物流发展与区域经济发展的方向将更加贴近。2005 年,我国四大区域物流发展特点上的差异,也证明了这种发展态势在逐步确立。

7.2.2 区域物流规划

7.2.2.1 区域物流规划的概念与层次

区域物流规划就是在正确认识区域物流规模、结构与特点的基础上,根据区域经济与社会发展目标,对一定时期内(一般为中长期)区域物流发展的目标、区域物流资源的建设、区域物流发展战略与对策等进行的系统设计。制订区域物流发展规划,是实现区域物流健康、快速发展的第一步,而且是无法跨越的一步。

区域物流规划一般包括区域物流总体规划、城市物流规划和物流园区规划三个层次。其中,区域物流总体规划是指对一个行政区域或若干行政区域联合体的物流发展所进行的总体规划,区域物流总体规划是最基本、最高层次的区域物流规划,也是其他区域物流规划的基础;城市物流规划是指在区域物流总体规划的基础上,对一个城市的物流发展所进行的规划,是从属于区域物流总体规划的第二层次的区域物流规划;物流园区规划是指在区域物流总体规划、城市物流规划的基础上,对某个物流园区的物流发展所进行的规划。所谓物流园区是指物流设施、物流网点、物流企业、物流业务等高度集中的空间区域,也叫物流产业园区或物流产业区。一个城市,特别是一个大城市往往存在若干个各具特色的物流园区。因此,物流园区规划从属于城市物流规划,是城市物流规划的重要组成部分。

7.2.2.2 区域物流规划的原则

要制定科学的区域物流发展规划,必须坚持以下原则:

(1)系统性原则。系统性原则是指在进行区域物流规划时,必须对区域物流规划中的各种因素进行系统思考、系统设计。这是因为,区域物流首先是一个由各种物流构成要素(运输、储存、装卸、包装、流通加工、物流信息等)构成的物流系统,而物流系统的各个构成要素之间不仅是相互制约、相互促进的,而且也是相互矛盾的,存在着大量的“二律背反”现象,因此,物流本身的系统性特点,就要求在进行区域物流规划时,必须对区域物流的各种(物流)构成要素进行系统思考、系统设计。

其次,区域物流还是一个区域经济、社会系统的构成要素,是区域经济、社会系统的子系统。由于区域物流子系统与区域经济社会系统之间,既存在着相互制约、相互促进的关系,也存在着相互矛盾的关系,因此,要求在进行区域物流规划时,必须将区域物流规划置于区域经济与社会发展规划之中,同时,必须系统地思考区域物流规划与其他区域经济与社会发展规划的相互关系。

另外,区域物流规划,特别是跨越若干行政区域的区域物流规划,往往涉及若干个行政区域与行政管理主体,以及大量的物流事业主体的管理职能、业务开展与经济利益,因此,在进行区域物流规划时,必须全面、系统地考虑各地区、各部门的职能分工、管理权限与既得利益,以减少区域物流规划的实施障碍。

(2)战略性原则。战略性原则是指在进行区域物流规划时,必须对区域物流规划中的各种要素进行长期的、战略性的思考与设计。战略性原则也叫长期性原则或前瞻性原则。在进行区域物流规划时之所以要坚持战略性原则,是由"规划"的性质决定的,也就是说,"规划"不是短期的、具体的工作计划或业务计划,而是长期的、全局性的发展"蓝图"。同样,区域物流规划也不是短期的、具体的区域物流工作计划,而是长期的、全局性的区域物流发展计划,即区域物流规划主要不是解决短期的局部问题,而是要解决长期的全局性问题。

区域物流规划的战略性原则主要体现在三个方面:一是在进行区域物流规划时,对规划要素的评价、取舍要有战略视角,即从长期发展的角度进行评价并决定取舍,如对区域物流基础设施与重要物流网点的空间布局、功能结构、作业能力、建设标准等,就要从长期的角度进行评价与决策;二是在进行区域物流规划时,对规划要素要有全局意识,而且是中长期的全局意识,即要考虑规划要素的长期的、全局的效果。同时,战略性原则还要求在进行区域物流规划时,要充分考虑到各种环境因素可能发生的变化,从而使区域物流规划具有一定的柔软性,以适应环境的变化或者减少适应与调整成本。

(3)科学性原则。科学性原则是指在进行区域物流规划时,必须对各种规划要素进行科学的调查、分析、定位,并利用科学的方法与程序进行规划。区域物流规划的科学性原则主要体现在三个方面:首先,对规划要素的现状与问题进行科学的调查,包括对规划要素的现状、比较优势、现存问题、竞争对手的现状与战略等要进行科学的调查。只有全面、客观地了解区域物流的现状与问题,才能有针对性地进行规划,这也是科学规划的基础;其次,对规划要素的现状与问题要进行科学的分析。科学调查是科学分析的基础,但调查替代不了分析,只有对调查的资料、数据等各种信息进行科学的数据处理与分析,才能得出科学的问题结论。最后,要有科学的规划方法与程序。总之，只有做到科学调查、科学分析，并采用科学的方法与程序，才能保证区域物流规划的科学性。

(4)可行性原则。可行性原则是指在进行区域物流规划时,必须使各种规划要素的定位、目标、措施适合本地区的实际情况,具有可操作性。区域物流规划虽然是着眼于中长期的,但是也不能脱离国情或区情,规划要素的定位与目标必须具有可实现性,即经过一定的努力可以达到或实现这些定位或目标,否则,就会使区域物流规划变成“纸上谈兵”的空想,没有任何意义。

为了保证区域物流规划具有可行性,在进行区域物流规划时,要注意以下几个问题:首先,规划要素的定位、目标、措施,要与国内外可比区域的总体物流发展水平相适应,即区域物流规划的“前瞻性”、“发展性” 和 “先进性”；其次，规划要素的定位、目标与措施要与本区域经济与社会发展的总体水平相适应，例如，虽然对有些区域来说，物流具有优先发展或超速增长的可能性与必要性，但是也不能超越该区域经济与社会发展的整体承受能力。这不仅因为一个区域的物流规模与物流需求，在根本上要决定于该区域的经济规模，而且还因为区域物流规模与物流需求的扩张，往往会对区域经济与社会发展产生很大的外部不经济性。最后，区域物流规划要素的定位、目标与措施，还要考虑到区域内一些弱势地区或部门的“落后性”与“跟随能力”，特别是较大区域的物流规划更应该如此。这种情况类似于经济学中的“木桶理论”所揭示的现象，即区域经济或区域物流的总体发展速度或发展水平，并非主要取决于该区域中的先进者（盛水木桶的长板），而取决于该区域中的落后者（盛水木桶的短板）。因此，区域物流规划要素的定位、目标与措施不能超越弱势地区或部门的实现可能性。

7.2.2.3　区域物流规划的内容

区域物流规划的内容主要包括区域物流发展的战略定位、区域物流发展的目标、区域物流发展的措施。

(1)区域物流发展的战略定位。区域物流发展的战略定位主要包括两个层次,一是区域物流在区域、全国、跨国区域乃至全球物流中的战略定位;二是区域物流在该区域经济与社会发展中的战略定位。

就第一层次的战略定位而言,显然有三个层次:一是在国内某一区域中的战略定位,即在国内某一区域中,该区域物流应该处于何种地位;二是在全国的战略定位,即在全国范围内,该区域物流应该处于何种地位;三是在跨国区域或全球物流中的战略定位,即在跨国区域或全球物流中处于何种地位。显然,有些区域物流可能以区域物流中心为自己的战略定位,有些区域物流则以全国性物流中心为自己的战略定位,还有的区域物流则可能以跨国区域甚至全球物流中心为自己的战略定位。究竟如何进行战略定位，要根据区域物流及国内其他区域物流、全国物流，以及跨国区域物流甚至全球物流的历史、现状、发展趋势、比较优势来确定，既要进行定性分析，也要进行定量分析。同时，该层次的战略定位包括物流规模的战略定位与物流方式的战略定位，即在规划期间内要实现多大的物流规模及其占有率，以及在铁路、公路、水上（海运与内河）、航空、管道及各种组合型物流方式中，以哪种物流方式为本区域的核心物流方式等。

就第二层次的战略定位而言，则主要根据本区域物流，以及本区域经济、社会发展的历史、现状、发展趋势来确定本区域物流发展，特别是确定物流产业发展在本区域经济、社会发展中的地位，即确定本区域的物流产业是一般性产业还是支柱产业或战略产业。同样，在确定区域物流发展在区域经济、社会发展的战略定位时，特别是确定物流产业是否为本区域的支柱或战略产业时，不仅要进行定性分析，也要进行定量分析，从而保证战略定位的准确性和科学性。

（2）区域物流发展的目标。区域物流发展目标是区域物流发展战略定位的体现，也是区域物流发展的具体方向，因此，区域物流发展目标的制定必须全面、系统，并符合区域物流发展的战略定位。应该指出的是，区域物流发展的目标不仅体现在一系列的数量指标上，而且要体现在质量指标上，如在规划物流基础设施、物流网点时，不仅涉及物流基础设施、物流网点的数量问题，还涉及它们的功能设计与空间布局问题，因此，还需要一些功能性指标或区位指标。

从区域物流发展的目标属性与作用来看，区域物流发展目标主要包括资源类目标与产出类目标。资源类目标包括：区域物流基础设施发展目标、物流网点发展目标、物流设备与工具发展目标、物流信息化发展目标、物流科技发展目标、物流人才培养目标等。产出类目标主要包括：物流量目标、物流产值目标、物流就业目标、物流成本目标、物流产业化目标、物流环境目标等。

（3）区域物流发展的措施。区域物流发展的措施大体可分为三类：一是强制性措施；二是诱导性措施；三是服务性措施。

所谓强制性措施是指各微观物流主体必须执行的措施，这类措施主要是各种法律；诱导性措施，也叫激励性措施，主要是指促进或激励微观物流主体为实现区域物流发展目标而进行积极努力的各种经济政策；服务性措施是指区域物流管理当局为实现区域物流发展目标，而向区域内微观物流主体提供的各种服务与支持。由于区域物流发展目标的性质与特点的不同，各种措施的适用目标及其有效性也不同，这就要求不同的发展目标采取不同的措施。

总体来说，对具有正外部性效果的目标或涉及区域物流发展全局的发展目标，或容易增加执行主体成本的发展目标，则要更多地依赖强制性措施。例如，对区域物流发展目标,诸如区域物流基础设施发展目标、大型物流网点的空间布局目标、物流标准化目标、物流环境目标等,必须采取强制性措施,否则,这些发展目标就无法实现,或很难达到预期的实现率。为此,就要制定相应的适合区情的地方性法规,如物流基础设施建设法、大型物流网点布局法、物流标准化法及物流环境法等。

而对一些与个别物流主体的努力程度高度相关的区域物流发展目标,则可以采取诱导性措施。例如,在区域物流发展目标中,诸如区域物流设备与工具发展目标、物流信息化发展目标、物流科技发展目标、物流人才培养目标中的大多数子目标,以及大多数产业类发展目标,如物流量目标、物流产值目标、物流就业目标、物流成本目标等,应更多地依赖诱导性措施。为此,应该制定各种鼓励或奖励政策,诱导微观主体为实现上述发展目标积极的努力。

另外,对一些具有正外部性效果的发展目标,或个别物流主体想为而不能为的一些发展目标,除采取强制性措施外,还应更多地依赖服务性措施,如区域政府直接投资建设关键性的物流基础设施、物流信息平台;区域政府向微观物流主体提供物流领域的科技、金融、信息、人才培养与中介等各种咨询与服务。

7.2.2.4 区域物流规划的程序与方法

区域物流规划的程序大致有以下几个步骤:

(1)组建区域物流规划小组或委员会。这是进行区域物流规划的第一步。区域物流规划小组既可以由区域自组织而成,也可以委托外部专业机构形成。不论是自组织还是委托外部专业机构,规划小组的成员必须包括各方面的专家及实际工作者,在规划人员中至少要有交通、城市规划、物流或流通、金融(财务)等方面的专家与实际工作者。

(2)收集基础资料,并进行必要的实地调查。基础资料包括区域及其相关区域(全国或有关国家与地区)经济与社会发展的统计资料、城市规划资料,以及物流及其相关方面的统计资料。同时,要对区域内大型物流基础设施、物流网点、典型企业(生产企业、流通企业与专业化物流企业)进行实地调查,以获得第一手资料。

(3)数据处理与分析。使用必要的统计分析方法与数据处理方法,对各种数据进行分类、统计与分析,从而得出初步的数据结论。

(4)通过动态分析与横向比较进行区域物流发展的战略定位。通过对数据的动态分析可以发现各种规划要素的变动趋势,据此预测未来的走向;横向比较即将各种规划要素的数据与可比区域的相关数据进行比较。根据动态分析与横向比较的结果,确定区域物流发展的战略定位,并具体化。

(5)制定各种发展目标。根据战略定位及前述的数据分析结果,制定具体的区域物流发展目标,包括目标实现的阶段或时期期限。

(6)提出措施。根据区域物流发展目标,提出相应的实现目标的各种措施,措施与目标最好一一对应。

(7)整理、归纳规划内容,形成规划草案。规划草案要做到概念准确、结构严谨、言简意赅、图文并茂、论据充分、结论科学。

(8)召开各种形式的研讨会,征求各方面的意见。规划草案必须广泛听取各方面的意见,特别是对于较大的区域物流发展规划,更要反复征求意见,以使规划更加完善、科学。

(9)完成区域规划方案。在充分听取并借鉴各方面的意见的基础上,对规划草案进行最终调整与修改,完成规划方案或报告。

为了使区域物流发展规划更加科学,除按上述原则、内容、程序进行规划外,还必须使用科学的、适用的规划方法。在区域物流规划中,常用的方法主要有:统计分析法、线性规划法、图上作业法、表上作业法、重心选址法等。

7.2.3 区域物流发展对策

为了促进区域物流的发展,区域物流组织与管理者必须针对各地区的经济资源、经济结构与经济、社会发展目标,以及区域物流的特点与比较优势,制定切实可行的区域物流发展对策。由于各地区的经济资源、经济结构、发展水平不同,从而各地区的物流规模、物流结构、物流资源的比较优势也不同,因此,各地区的物流发展对策也会有一定的差别。但是,本书无法对各种类型的区域物流发展对策进行个别研究,而只能从总体上探讨一些通用的或原则性的区域物流发展对策。

7.2.3.1 明确区域物流在区域经济、社会发展中的战略地位

从一定意义上讲,区域物流的发展是区域经济与社会发展的前提,没有区域物流的高效与可持续发展,就没有区域经济与社会的高效与可持续发展,区域物流的发展对一个区域的经济与社会发展来说,越来越具有战略意义,即区域物流问题不仅是区域经济与社会发展的阶段性或应急性手段,而且是长期的发展战略。为此,对区域物流的组织与管理者来说,首先必须明确区域物流在区域经济与社会发展中的战略地位,从战略视角来考虑区域物流的发展问题,并将物流产业作为区域经济中的战略产业来培养,这样,才能引起社会各界对区域物流问题的普遍重视,解决区域物流发展的观念制约问题。

7.2.3.2 建立并完善区域物流管理体制

区域物流管理体制,大体包括三个层次的问题:一是管理主体;二是管理范围或内容;三是管理手段。

就管理主体而言,要明确区域物流管理主体的资格与条件,即明确哪些组织与机构

可以作为区域物流的管理主体，哪些组织与机构不能作为区域物流的管理主体。具体来说，区域物流的管理主体，必须具有法定的行政管理权或公认的受托管理权，也就是说具有区域物流管理主体资格的组织或机构，或者是政府部门，或者是行业协会，而不能是企业组织。但是，由于具有行政管理权的政府部门很多，因此，为了避免“政出多门，各自为政”，提高区域物流管理效率，必须指定一个或尽可能少的与物流高度相关的部门为区域物流的管理主体。可供选择的作为区域物流管理主体的政府部门主要有交通部门、贸易部门、国土与城市规划部门，至于具体指定哪个部门为区域物流的管理主体，应根据各地的历史传统、政府机构设置及其职能分工情况来确定。当然，也可以重新组建一个诸如“区域物流管理与发展委员会”之类的新机构，并赋予该机构区域物流管理权。除政府机构外，物流行业协会也是一个重要的区域物流管理的补充力量。这是因为，物流行业协会虽然不具有法定的行政管理权，但是，由于它是由微观物流主体自愿结成的代表微观物流主体利益、协调微观物流主体利益矛盾的行业自律组织，因此，该组织也具有受微观物流主体委托的公共管理权。从国外的经验来看，物流行业协会在区域物流或社会物流的组织与管理中发挥了很大作用，也很有效率，是区域或社会物流管理的重要力量。因此，各地区除明确具有行政管理权的政府部门作为区域物流管理主体外，还要支持物流行业协会的发展，充分发挥物流行业协会在区域物流管理中的作用。

从管理范围与内容来看，要明确哪些应该管理，以及应该管理到什么程度，哪些不应该管理等。从区域物流的角度来看，诸如区域物流的发展规划、区域物流基础设施及大型物流网点的建设与布局、区域物流设施、设备与工具的标准化、区域物流信息平台的建设与信息标准化、区域物流的环境标准、区域物流技术的开发与应用推广、区域物流发展的法规与政策等，都是区域物流管理的应有内容，至于微观物流主体的物流运作、物流经营问题，则不属于区域物流管理的管理范围。

从管理手段来看，可供区域物流管理主体进行区域物流管理的手段主要有经济手段、法律手段与行政手段。就经济手段而言，主要通过各种经济政策，如土地征用、税收优惠、财政贴息及公共投资等来激励或约束微观物流主体的物流行为，以促进区域物流的健康发展；就法律手段而言，主要是通过地方性法规或条例等来规范微观物流主体的物流行为，以符合区域物流发展目标的要求；就行政手段而言，主要是通过各种行政性措施，如通过罚款、信息（批评或表扬性信息）发布、限制经营范围或取消经营资格等来规范微观物流主体的行为。不过随着市场经济体制的不断成熟与完善，行政手段在区域物流管理中的地位与作用将日益削弱。

7.2.3.3 制定科学的区域物流发展规划

区域物流管理当局应从长期的、全局的角度对区域物流发展作出科学的规划。区域物流发展规划大体包括下列内容:①物流基础设施发展规划,如铁路、公路、海运或内河航线与航道、车站、港口、机场等的规划。规划的内容包括投资规模、作业能力、功能结构、技术水平、空间布局等;②大型物流网点的规划,如大型物流中心、仓库、配送中心、流通加工中心等的数量、空间布局、作业能力、技术水平、功能结构等;③主要物流设备、工具的开发与引进规划,如运输工具(机车、车辆、货运卡车、船舶等)、装卸搬运工具、包装工具、存储工具的开发与引进等;④物流标准化与信息化规划,如物流标准化的制定与推广措施、信息技术与手段的普及与应用、区域物流信息平台的建设与更新等;⑤物流效率规划,如区域物流成本目标与措施;⑥物流环境规划,如物流环境标准与保证措施等。

应该强调的是,区域物流发展规划是区域经济与社会发展规划的重要组成部分,因此,在进行区域物流发展规划时,必须与其他规划,特别是城市发展规划相结合。

7.2.3.4 完善区域物流的投融资体制

区域物流的发展不仅需要大量的、功能完善的物流基础设施、物流网点、物流设备与工具,而且还需要准确、安全、快速而高效的物流信息系统,而上述物流资源的建设往往需要大量的资金。区域物流管理当局要解决区域物流发展所需要的大量资金,必须建立与完善区域物流的投融资体制。为此,区域物流管理当局要协调当地政府做好以下几个方面的工作:①建立区域物流领域的公共投资保障机制,制订公共投资计划,使区内物流领域的公共投资规模与区内整体公共投资规模同步增长,以保证区域经济发展,特别是区域物流发展对物流领域公共投资的需求;②制定有关政策,鼓励并吸引民间投资主体向物流领域,特别是向物流基础设施领域投资,为此,可以考虑建立区域物流基础设施的多元投资及其相应的利益分享机制;③完善外商投资体制,改善投资环境,扩大外商向区域物流领域投资的范围,积极吸引外国资本向区域物流领域投资;④培育区域金融市场,发展民间金融机构,鼓励国有与民间金融机构向物流领域融资,同时制定相应的政策,促进境外金融机构向区域物流领域的融资;⑤发展多种金融工具与融资手段,丰富金融品种,创造物流领域融资的新方式;⑥借鉴国外经验,促进区域物流设施、设备、工具等租赁事业的发展,提高区域物流资源的使用效率。

7.2.3.5 加强区域物流基础设施与物流信息平台的建设

在区域物流的各种资源中,物流基础设施与物流信息平台,对区域物流整体水平的提升具有决定性作用。因此,加强区域物流基础设施与物流信息平台的建设,是解决区域物流发展瓶颈的关键,也是区域物流投资的重中之重。但是,物流基础设施与物流信息平台又具有公共物品的性质,而且需要大量的投资。对微观物流主体来说,不仅缺乏向物流基础设施与物流信息平台投资的动力,而且也很难具备单独投资的能力。这样,就要求区域物流管理当局要成为区域物流基础设施与物流信息平台的主要投资者、建设者与组织者,要求其不仅要进行直接投资,而且还要组织与动员各种投资主体进行投资,以保证区域物流基础设施与物流信息平台的建设能够满足区域物流发展的需要。

7.2.3.6 提升区域物流设备与工具的技术水平,推进区域物流的标准化

除物流基础设施与物流信息平台外,物流设备、工具的技术水平也在很大程度上影响并制约着物流效率的提高。因此,区域物流管理当局除加强区域物流基础设施与物流平台的建设外,还要在不断提升区域物流设备、工具的技术水平上,作出积极的努力。例如,收集与提供有关物流装备与物流技术的最新信息;举办各种形式的物流装备与技术展览会、交易会;推广先进物流装备与物流技术的应用经验;积极开展物流设备与工具的研究开发活动;制定相应的鼓励政策,促进微观物流主体更新物流设备与工具,提升技术水平等。并且,为了提高区域物流的作业效率,还应该积极推广物流设备与工具的标准化、物流作业标准化和物流服务标准化。

7.2.3.7 促进物流方式的革新,实现区域物流的可持续发展

根据国外的经验,经济越发展,物流需求量越大,对物流服务水平的要求也越高,而随着物流需求量与物流服务水平的提高,物流对环境的负面影响也越来越大,如何减少物流对环境的压力,已成为各国政府的当务之急。例如,从各国物流发展历史来看,公路物流的发展速度相当快,成为各国最主要的物流方式,也是物流服务供给者的绝对主力。但是,在现有的各种物流方式中,公路物流对环境的破坏量最大(如大气污染、交通事故、噪音等),也最严重,从而是各国环境公害的主要制造者。因此,各国政府纷纷从保护环境的角度,开展了“物流模式转换运动”,即由高公害的公路物流为主向铁路、水上等低公害物流为主的转换或通过各种物流方式的有机组合,减少对公路物流的过度依赖。为使这项“运动”能够得以切实开展并取得明显的成效,各国政府还制定了促进“物流模式转换”的相应政策。

显然,各国政府已不满足于“向物流要效率、要效益”,而且还提出了“向物流要环境”的新课题。

我国尽管尚处于“向物流要效率、要效益”的发展阶段,但是,也同样面临着日益严峻的环境压力,“向物流要环境”也是我国不可回避的现实问题。同样,对区域物流来说,也面临着越来越严重的环境压力,从而在发展区域物流的过程中,必须同时考虑区域物流发展对区域环境的影响,在规划与建设区域物流基础设施、物流网点时尽量减少对环境的破坏和充分考虑环保问题(如物流设施、物流中心的垃圾排放、污水处理等),制定适应区域经济与区域物流发展水平的区域环境标准,促进低公害物流方式的创新,积极开发与推广低公害物流设备与工具,以实现区域物流的可持

续发展。

7.2.3.8 培育物流市场主体,促进区域物流市场竞争

物流产业既具有垄断性(如物流基础设施产业),也具有竞争性(如一般性物流服务业),但总体上是一个充满竞争的产业。这是因为,即使是物流基础设施产业,也不具有绝对的垄断性,如铁路、公路、水路、航空等物流方式,事实上也存在着竞争关系,而且随着各种物流方式的革新以及用户对物流服务需求的变化,各种物流基础设施之间的竞争关系也将日益明显。不仅如此,随着物流基础设施投资体制与经营方式的变化,特别是多元化投资体制的形成,物流基础设施投资与经营领域的竞争也愈加活跃。至于一般性物流服务业,则更是一个充分竞争的行业。

市场经济的常识告诉我们,对一个充满竞争的行业来说,要想使这个行业得到根本的繁荣与发展,最基本的制度就是市场制度。当然,物流产业也不例外。因此,对区域物流管理当局来说,要促进区域物流的繁荣与发展,除上述各种措施外,还要在完善物流市场制度上下工夫。为此,区域物流管理当局至少要做好三方面的工作,即培育物流市场主体、制定物流市场竞争规则、规范物流市场竞争行为。具体来说,就是要培育大量的能够独立开展经营、承担经营风险、拥有与支配经营收益的物流事业主体;制定公开、公正、公平的市场交易规则;限制各种不正当、不公平的竞争行为。唯有如此,才能促进区域物流市场的充分竞争,为区域物流的根本繁荣与发展提供市场制度保障。

7.3 城市物流

7.3.1 城市物流与城市物流管理

7.3.1.1 城市物流的概念

城市物流是指发生在城市内的物流。由于城市也是一个空间区域,因此,城市物流也是一种区域物流。有关区域物流的理论与政策,如区域物流在经济、社会发展中的地位与作用、区域物流的规划原则与方法、区域物流发展对策等,一般也适用于城市物流。但是,由于城市是生产、流通、消费的聚集地,从而也是机构、设施、商品、人员、信息等的高度密集区域,因此,城市物流的集中度更高,对城市经济与社会发展的作用更重要,同时,对城市经济与社会发展的负面影响或负面作用也更大。这是我们在区域物流研究中,对城市物流给予特别关注的主要原因。

7.3.1.2 城市物流及其问题的特殊性

城市物流的特殊性主要表现在以下几个方面:

链 接

城市发展与城市物流

从本源上讲，城市与物流是同时出现的，也是同时发展的，二者相互促进、相互影响。有城市，就必然有城市物流，而且城市规模越大、结构越复杂，城市物流的规模也越大、结构也越复杂。随着城市规模的不断扩大和城市功能的日益丰富，不论是物流业务、物流资源，还是物流组织都将以更快的速度、更大的规模向城市集结，从而使城市物流规模与密度快速膨胀。但是，快速膨胀的城市物流对城市经济与社会发展的负面影响（如交通拥挤、环境污染等）也越来越深刻，成为困扰城市管理者的难题。因此，城市物流在很大程度上影响着城市的兴衰发展。

（1）物流密度高。物流密度是指单位面积内所拥有的物流业务、物流设施（物流线路、物流网点等）、物流设备（运输车辆）、物流组织等的数量，所谓高密度是指在相对较小的空间内拥有较大的物流量和较多的物流设施、物流设备、物流组织。与其他区域（郊区或农村，以及城市与城市之间）相比，城市物流作业量、物流设施、物流设备、物流组织相对比较集中，因此，城市的物流密度也比较高，特别是大城市，其物流密度更高。物流密度越高，存在的问题及隐患也就越严重，从而要求城市物流组织与管理就要更科学、更系统、更缜密，组织与管理的难度也就更大。

（2）制约因素多。由于城市既是生产、流通、消费中心，也是政治、经济、文化中心。在有限的城市空间内高密度地分布着各种交通设施（铁路、公路、车站、港口、桥梁）、商业旅游设施、文化体育设施、教育医疗设施、园林绿地、工厂、机关团体、居民住宅等建筑物及生产与生活区域，同时，还有大量的人员流动。从某种意义上讲，这些要素都是城市物流的“障碍物”，例如，物流网点的布局、物流路线的选择、物流作业的开展，都会受到上述“障碍物”的影响与制约。当然，城市流通网点布局与物流作业的开展，也会对上述要素产生各种正面或负面影响。显然，对其他区域物流来说，就不存在像城市物流这样多的“障碍物”或制约因素，其组织与管理难度也就没有城市物流的组织与管理难度大。

（3）以短距离公路物流为主。从理论上讲，城市物流包括城市输入物流、城市输出物流与城市内部物流。城市输入物流是指由城市外部进入城市的物流，城市输出物流是指以城市内部为出发点向城市外部流出的物流。显然,城市输入物流与城市输出物流的具体形式主要是车站物流、港口物流、机场物流及其他物流网点物流。而城市内部物流是指发生在城市内部各物流网点之间、物流网点与用户之间,以及用户与用户之间的同城物流。不论是哪种形式的城市物流,其主要载体或手段都是公路与卡车,因此,城市物流的最大特点就是以公路物流为主,而且是短距离的公路物流。

既然城市物流以公路物流为主,因此,城市物流的最大问题也就是公路物流的外部不经济问题,具体来说,主要有三大问题:一是交通拥挤;二是环境恶化;三是能源高消耗。

7.3.1.3 城市物流管理问题的提出

随着经济与社会的发展,物流在企业经营中的地位与作用日益提高,从而引起了各国企业经营者的高度重视,许多企业通过树立现代物流观念、研究物流理论、改革物流体制、更新物流方式、强化物流系统管理等方式,谋求企业物流的合理化,提高物流效率,降低物流成本,增强竞争力。

但是,企业物流的合理化、企业物流服务水平的提高(如小批量、高频度的物流服务)也产生了一系列的负面影响,如交通拥挤、环境恶化、能源消耗等,尤其是对城市交通、环境的影响更为严重。从某种意义上讲,城市交通状况恶化、空气污染、噪声等公害的一个重要原因就是企业物流的效率化与合理化(当然,企业物流合理化也包括共同化运输等内容,从而对缓解交通拥挤、减少污染也是有贡献的)。从世界范围来看,以改善城市交通与环境为目的的城市物流管理尚处于探索与试验阶段,远没有企业物流管理发达[①]。

由上可知,城市物流也存在着“二律背反”问题,即企业物流的效率化与合理化,与城市交通、环境的改善、节约能源等目标环存在相互矛盾的方面。例如,为了提高物流效率,就要使物流或配送网点相对集中,这样就会扩大汽车运输距离,同时,为了进行准时制配送,就必须开展小批量、高频度的物流,从而促使车辆增加,造成交通拥挤、污染增加。显然,企业物流的效率化与合理化,不能保证理想的城市物流的效率化与合理化(主要以缓解交通拥挤、减少交通事故与环境污染,节约能源为目标),相反,甚至是城市物流效率化与合理化的“障碍”。而随着人类面临的环境压力越来越大,从可持续发展的角度,制定公共政策,加强城市物流管理,实现城市物流的效率化与合理化,越来越成为迫切而现实的问题。

7.3.1.4 城市物流管理的概念

1999 年 7 月,澳大利亚召开了第一届城市物流国际会议。在这次会议上,日本物

---

① [日]谷口荣一,根本敏则:《城市物流管理》,第 5 页,东京:森北出版株式会社,2001 年版。

流专家谷口荣一提出并定义了城市物流管理概念。按照谷口荣一的定义，城市物流管理是指在市场经济体制下，从交通、环境与能源消耗的角度，对城市内民间企业的物流活动进行整体优化的过程①。本书将使用谷口荣一的城市物流管理定义。

上述城市物流管理的定义，主要强调以下几点：①城市物流管理不仅要谋求经济效率的提高，而且还要从交通、环境与能源消耗的角度，从整体上实现物流活动的最优化；②城市物流管理必须在市场经济的框架内进行，也就是说，为实现城市物流的整体最优而进行的公共管制，不能以牺牲或破坏民间企业物流管理的效率化与合理化为前提；③从交通、环境与能源消耗的角度进行城市物流管理，意味着要有各种公共管制。例如，对进入城市特定地区的货运卡车的时间管制或车型管制；对汽车尾气排放与噪音的环境管制；对物流设施、网点的空间布局管制等；④城市物流管理还意味着企业自身也要自觉地考虑企业物流对交通、环境、能源消耗的影响，努力减少货运卡车的使用量。

显然，从交通、环境与能源消耗的视角来看，城市物流管理与企业物流管理是不同的，而且城市物流管理主要是指城市内的物流管理，因此，也不同于城市与城市之间的物流管理。虽然在进行城市物流管理时，也要考虑城市内物流与城市间物流的有效衔接问题，但是，与城市间物流相比，城市内物流所产生的交通、环境与能源消耗问题更为突出。这是将城市内物流作为城市物流管理对象的主要原因。

链　接

城市物流的特征

一、城市化与城市物流

人们在研究美国城市化进程的过程中，发现城市化进程与运输方式存在着极大的相关性。1880 年前的初始阶段，也被称为步行马车时代；1880~1920 年的加速发展阶段，被人们称为有轨电车时代；1920~1950 年的郊区化雏形阶段，被称为汽车时代；1950 年以后的城乡一体化阶段，运输方式进入了超速干道时期。

一般来说，城市是商品集散和加工的中心，物流设施和基础建设齐全，流通人力成本高，消费集中且需求量大，交通与信息发达。城市与周围地区存在不对称性，在这种非对称结构中，城

① ［日］谷口荣一，根本敏则：《城市物流管理》，第 8 页，东京：森北出版株式会社，2001 年版。

链 接

市扮演着“中心地”或“增长极”的作用，以其为核心枢纽将其他地域“极化”成一个商品流通整体。所以在此意义上讲，城市物流中心所辐射的经济区域属于法国经济学家布德维尔(Boudeville)提出的“极化区域”(Polarizable Region)。

城市物流发展的动因是城市化。城市化水平是物流业发展的一个重要条件，反过来物流产业的发展也伴随着城市化，促进城市工业生产、金融、服务等其他产业的协调发展，提高社会分工协作水平，充分满足社会需求。城市的发展可以带动周边地区、中小城市和农村的繁荣发展，从而形成一个有机的商品流通体系。

二、城市物流的特征

(一)城市物流具有密度大、流量多、节点分布广的特征

城市是人们生产和消费的集中地域。城市物流涉及整个城市的政治活动、经济活动以及民族习惯，为城市物流的组织工作带来了繁杂性。城市集中了大量的工业企业、商业企业、服务业和成千上万的消费者。城市物流的客体不断呈现出小批量、多样化的趋势，这使城市物流繁杂性进一步加剧。城市物流关系到城市生产、生活所需生产资料和生活资料的流入和流出方式。如何以更有效的方式将商品供应给每个工厂、机关、学校和家庭?

城市里每个工厂、配送中心、货站、商店、机关、学校都是物流环节上的节点。如果可以将最终用户称为是物流末端节点的话，城市的物流末端节点数量最多，分布最广。末端节点越多，相应需要的相当数量的中转节点也越多。不同层次的物流节点分布在城市的四面八方。城市物流基地、物流园区、物流中心、配送中心的规划是城市物流节点建设的重点，这些大大小小的物流节点与节点之间的联系，构成了城市的物流网络。

不同的城市性质(无论是消费性城市还是工业性城市)决定了不同的城市物流特征。城市物流的繁杂性还表现在城市的建设一般要先于城市物流基础设施的建设，即物流发展的滞后性。随着城市规模的扩张，需要新建或改造物流设施，这给城市物流

链 接

工作带来很大的困难。

(二)公路运输是城市运输的主要方式

公路运输是城市运输的主要方式，当然有些城市由于其特有的地理特征,还涉及水路运输和管道运输等其他运输方式。公路运输的优点是:能保证运输质量,且送达及时。随着城市公路运输网的建设和发展,公路的等级不断提高,汽车的技术性能不断改善,汽车运输的货损货差率不断降低,安全水平不断提高;公路运输灵活方便,送达速度快,有利于保证货物的质量,提高货物运输的时间价值。

(三)配送是城市物流的主要运作方式

城市配送是以城市为配送对象的配送活动的总称。由于城市范围处于公路运输的经济里程,城市配送可直接将物资送达到最终用户,所以城市配送往往和商品经营相结合。由于城市送运距离短,反应能力强,因而从事多品种、少批量、多用户的配送较有优势。

(四)城市物流与实现“零库存”目标

“零库存”是物流追求的理想的运作目标之一。它是以严谨的物流组织,先进的物流手段,实现企业零库存生产和零库存经营的运作模式。城市物流之所以能降低库存,实现“零库存”的主要原因是:

第一,城市物流的运行方式,使第三方物流的供应代替了企业内部的供应工作,企业从而可以在不依靠或减少企业内部安全库存的情况下,保证生产和经营的正常运行。

第二,城市物流可以实现集中库存,从而取代或部分取代各个生产企业和经营企业的库存,这样可以较低的集中库存量取代较高的分散库存量,同时又提高了供应的保证程度,这是企业能够实现“零库存”或降低库存的另一原因。

资料来源:崔介何:《论城市物流体系建设》,载于《开放导报》,2011 年第 5 期。

7.3.2 城市物流系统

城市物流不仅规模大、密度高，而且种类多、结构复杂，因此，也是一个庞大的系统。我们可以从下面几个角度对城市物流系统进行扫描。

7.3.2.1 城市物流的主体系统

从城市物流的主体来看，城市物流主要由货主、物流事业者、消费者及政府四大相关主体构成。

货主是货物的所有者，包括发货货主与收货货主，发货货主也叫发货人，收货货主也叫收货人。货主是物流服务需求者，货主的期望目标是谋求物流成本、速度、安全、货物在途信息等方面的最优化。

物流事业者是物流服务的提供者，即专业化的物流企业。物流事业者为了实现自身利益的最大化，会尽量减少物流成本，但是，为了保证货主对物流及时性的要求，要想降低成本也不是很容易的。

消费者的目标当然是希望达到尽可能低的物价，同时，作为居民的消费者，还希望缓解交通拥挤、减少噪音与大气污染，以及减少生活空间的交通事故。

政府的目标是希望实现地方或全国的社会经济发展、保证就业，同时，也希望缓解辖区内的交通拥挤、改善环境、减少交通事故。

显然，上述四大相关主体各有不同的目标与行为，在城市物流系统中发挥着不同的作用。同时，四大主体的目标与行为又是相互影响、相互制约的，但在某些方面又是相互矛盾的。因此，要实现城市物流系统的整体最优，必须在充分考虑上述四大相关主体的目标与相互关系的基础上，努力促使他们之间的相互合作。应该说明的是，在上述相关主体中，政府应该发挥特殊的作用。政府在城市物流系统中的主要作用是，制定环境标准、交通及土地使用规则，并促使民间企业与个人遵守这些标准与规则。同时，政府在道路等公共物品的开发建设中，也要发挥重要的作用。显然，政府的上述作用也是保证民间企业公平竞争的重要条件。

7.3.2.2 城市物流的要素系统

从城市物流所需要的物质要素来看，城市物流主要由道路、物流设施与网点、物流设备与工具，以及各种物流信息系统构成。

道路是城市物流最基本的物质要素。这里所说的道路主要是指货物通行的道路，即城市内的公路系统。但是，多数城市并没有专门的货车通行道路，而是将货车通行道路与非货车通行道路混用，因此，在进行道路布局与建设时，应充分考虑到货物车辆与非货物车辆的同时并用或分时间段、分工使用的问题。城市道路有很多种类与区段，既有普通路与高速路，也有单行路与双行路；既有直行路与环形路，也有高架路与地下路。

多数城市特别是大城市为了缓解交通拥挤一般都建有环形路、高架路甚至地下路。同时，多数城市还采取单行路，并对货物车辆的通行时间或通行区段进行管制，如货物车辆尽量利用环形路、高架路、地下路，或只允许货物车辆在指定的时间带（通常是夜间）通行的管制等。

物流设施与网点包括车站、港口、仓库、货场、物流或配送中心、停车场等。这些设施也是城市物流所必不可少的物质要素。对城市物流系统来说，最重要的问题是城市物流设施与网点的空间布局问题。因为这些设施与网点的空间布局，不仅直接影响城市物流的效率，而且也直接影响城市的整体交通状况与居民的生活。物流设施与网点既可以由政府投资建设，也可以由民间投资建设，或政府与民间共同投资建设，但是，政府的职责或作用是从城市物流系统整体最优化的角度对上述设施与网点进行规划，制定相应政策让民间主体遵守这个规划。

物流设备与工具主要指运输、储存与装卸设备与工具，具体来说主要包括运输车辆、集装箱与托盘。从城市物流整体最优的角度来看，最重要的问题是限制货物车辆的尾气排放、噪音与振动以及集装箱与托盘的标准化，尤其是低公害货物车辆的开发与使用，应该成为城市物流管理者制定物流设备与工具政策的重点。此外，鼓励微观物流主体共同拥有与使用物流设备与工具，对提高城市物流系统的整体效果也是非常有意义的。

物流信息主要指与城市物流系统运行高度相关的各种信息系统，如道路交通信息系统、自动收费系统、车辆供求与物流供求信息系统、车辆或货物跟踪系统、车辆自动识别系统、卫星定位系统、数字化地图等。显然，城市物流信息系统对城市物流系统整体最优化目标的实现是相当关键的。为此，政府与民间企业要发挥各自的优势，积极开发与应用城市物流信息系统，对具有公共物品性质或开发成本的城市物流信息系统应该主要由政府来承担，并制定相应的经济政策鼓励民间企业参与开发。

7.3.2.3 城市物流的功能系统

从城市物流的功能来看，城市物流系统是由三个功能构成的，即生产功能、生活功能与社会功能。

生产功能是指城市物流对企业经营的贡献，即城市物流可以为城市各类企业的生产经营活动作出重大贡献。无论是制造企业还是流通企业、服务企业，都离不开城市物流系统的支撑，城市物流不仅是企业价值实现、降低成本的重要手段，也是企业提高顾客服务水平、创造价值的竞争战略。

生活功能是指城市物流对消费者购物、生活方面的贡献，即高效率的城市物流可以为消费者的低价、及时购物与消费提供条件，同时，城市物流还可以为消费者提供各种生活上的便利，如搬家物流、消费者与消费者之间的"速递"物流、生活废弃物的回收物流等。

社会功能是指城市物流对全社会的贡献或影响，主要体现在对城市交通、环境、能

链 接

城市物流系统所需要的主要信息

信息类别	交易信息	运输信息	运行信息	交通信息	行政信息
信息内容	订发货信息、结算信息、产品需求信息等	货主信息、货物信息、车辆信息、司机信息、运行信息等	车辆位置信息、运行信息(速度、加速减速、倒车、温度)等	道路混杂信息、管制信息、气象信息等	进出港信息、进出口信息、集装箱信息、通关信息、基础设施管理信息、环境信息、优秀企业信息等

资料来源:[日]谷口荣一,根本敏则:《城市物流管理》,第83页,东京:森北出版株式会社,2001年版。

源消耗等方面的贡献与影响。显然,城市物流系统组织运行得越好,对缓解城市交通拥挤、减少交通事故、减少环境污染、节约能源消耗的贡献就越大,反之,则会加剧交通与环境的恶化,降低整个城市的福利水平。

7.3.2.4 城市物流的运营系统

从城市物流的运营来看,城市物流系统主要由节点物流与路线物流构成。节点物流主要是指铁路与公路车站、内河或海运港口内的物流,以及机场、仓库、物流或配送中心、城市物流园区等的物流。节点物流的重要特点是物流业务量大而集中,同时,各种物流设备与工具也相对集中,因此,对节点物流来说,最大的问题是节点内部的物流作业区的合理划分、物流设备与工具的合理调配、物流业务量的时间分配,以及节点内的物流作业安全问题。可见,节点物流的效率化与安全性,也是城市物流管理中的一个十分重要的领域。

路线物流是相对节点物流而言的,主要是指节点与节点之间的物流、节点与企业用户之间的物流、企业用户与企业用户之间的物流、企业用户与消费者之间的物流,以及消费者之间的物流。与城市内的节点物流相比,城市内的路线物流的作业范围更大,影响也更广泛,因此,谋求路线物流的最优化是城市物流系统管理的重点。

除从节点与路线角度对城市物流系统进行划分外,还可以从企业与消费者的角度,对城市物流系统进行划分,即城市物流系统由企业物流与消费者物流两个子系统构成。企业物流又可进一步划分为生产企业物流、流通企业物流、服务企业物流等。企业性质不同，企业物流的组织方式与运行特点也不同，因此，对不同类型的企业物流分别进行研究、规划，并制定不同的政策也是很必要的。

7.3.2.5 城市物流的政策系统

不管城市物流的现状与发展水平如何，现实的城市物流系统都是在一定的政策作用下而展开的，因此，城市物流系统也是一个政策系统。这里所说的政策主要是指政府制定的各种公共政策，但也包括一部分民间企业政策或措施。从政策内容来看，城市物流政策主要包括三大体系，即基础设施供给政策、管制与诱导性政策及各种经济性政策；从政策的适用领域来看，城市物流政策又可分为土地利用政策、道路政策、物流网点政策、货场与停车场政策、车辆与集装箱政策、货物政策等。

基础设施供给政策主要涉及城市环形道路（主要目标是让大型车辆绕行市内）的建设、疏港道路的建设、货运汽车专用停车场的建设，以及交通信息系统的开发与建设（如卫星测位系统、数字地图等）等方面的政策；管制或诱导性政策主要包括货车通行路线及通行时间的限制政策，如有些国家专门划定了货车通行路线，或者必须达到一定的装载率才允许通行。此外，管制或诱导性政策还包括物流设备、工具的标准化与信息标准化的促进政策等；经济性政策则主要包括税收与补贴政策，例如，实行“道路混杂税”①制度等。

由于城市物流系统是在包括货主、物流事业者、政府与消费者等众多相关主体的共同作用下得以运行的，而且有些影响城市物流系统整体最优的因素或矛盾，是民间货主与物流事业者无法解决的，而必须依靠政府的力量，因此，要实现城市物流系统的整体最优，除民间货主与物流事业者进行积极的努力外，更离不开政府公共政策的支持。

7.3.3 城市物流规划的内容及应注意的问题

城市物流规划一般可分为四个层次，即总体规划、物流路线规划、物流园区规划与物流节点规划。

7.3.3.1 城市物流总体规划

城市物流总体规划是城市物流发展的总目标、总方向，也是其他层次规划的基础；而其他规划是总体规划的细化。城市物流总体规划主要包括下列内容：

（1）城市物流的功能定位。城市物流的功能定位主要包括两个层次：一是城市物流发展在该城市经济社会发展中的定位，即根据城市的经济规模、结构，以及城市物流的历史、现状与发展趋势，对城市物流发展，特别是物流产业的发展作出定位，以明确城

① 对进入市内的车辆征收税金的制度。

☞ 链 接

城市物流管理的主要措施

	基础设施供给措施		管制诱导措施		经济措施	
	交通设施	信息设施	管制	标准化	税收	补贴
土地利用		数字地图、卫星测位系统	物流设施布局管制、诱导		网点税、城市规划税	
道路	环状道路、疏港道路、地下物流系统	道路交通信息系统、自动收费系统	货车通行路线、通行时间的管制		道路混杂税	电子化补贴
物流网点	＊城市物流中心	＊车辆查询系统		电子化网点标准		共用设施补贴
货场与停车场	货车专用停车设施	停车设施预约系统	附设理货场所、理货时间管制		差别化停车费用	路外停车设施补贴
车辆与集装箱	＊电动汽车、附设装卸装置汽车	＊运行管理系统、车辆与配送需求信息系统	尾气排放标准、最低装载率管制、低公害车的作业标准	标准集装箱、标准托盘、标准IC标识	重量税、燃料税、环境税	低公害车补贴、共有车辆补贴
货物		＊货物跟踪系统、订发货管理系统		物流EDI标准、条码标准		共同配送补贴

注：带“＊”部分为民间采取的措施。

资料来源：[日]谷口荣一，根本敏则：《城市物流管理》，第14页，东京：森北出版株式会社，2001年版。

市物流的发展方向与发展重点；二是城市物流在该城市所在区域（省内、省际、全国或跨国区域）的定位，即根据城市物流与周边区域物流的分析比较，确定城市物流的主导形式与发展重点。

（2）城市物流的发展目标。根据城市物流的功能定位与当前的实际情况，确定在规划时期内城市物流的发展目标。城市物流的发展目标主要包括:经济目标,如物流总量、物流产值、物流成本水平等;交通目标,如交通量(车辆总数、货运汽车拥有量及其吨位数、城外进入车辆、年均或日均运行车辆数等)、车辆平均行驶速度、道路混杂度、交通事故率等;环境目标,如废气排放量、噪音控制水平等;节能目标,如能源消耗量、能源消耗水平(如吨公里能源消耗量)、低公害汽车的拥有量等;其他社会目标,如物流就业量及其比重、货车实载率(或空驶率)、营业性货运汽车或其他物流设施的占有率等。

(3)城市物流的发展措施。为了保证规划目标的实现,还必须对政府与民间应采取的各种政策、措施进行规划,其中重点是对政府的政策作出规划,具体包括以下三类政策:一是基础设施供给政策,即促进城市物流基础设施建设的各种政策,如土地利用政策、公路与物流设施、物流网点建设政策、物流设备与工具开发与引进政策、道路交通信息与各种物流信息系统的开发政策等;二是规划或诱导性政策,如对物流设施与网点的空间布局进行管制,对货车通行路线与时间进行管制,对车辆尾气排放进行管制等;三是扶持类或经济性政策,主要税收与补贴两种形式,如对各种有利于实现规划目标的行为给予补贴,或对不利于或有害于规划目标的行为进行课税等。

7.3.3.2 物流路线规划

物流路线规划是指对货车通行路线的规划,也就是对道路交通的规划,具体包括以下几个层次:

(1)城市主干道交通规划。主要包括主干道的长度与数量、主干道通行车辆的种类、流量、通行速度、时间限制、装载率限制等。

(2)环路、高架路、疏港(站)路与地下路的交通规划。内容同(1)。

(3)一般道路交通规划。主要包括物流节点至主要用户区之间的道路交通规划、主要物流节点之间的道路交通规划、主要用户区之间的道路交通规划,等等。

7.3.3.3 物流园区规划

物流园区规划的主要内容包括物流园区的类型、规模、数量与布局,以及园区内的交通规划等。物流园区的类型很多,如进出口型物流园区、全国枢纽型物流园区、区域转运型物流园区、城市配送型物流园区等。物流园区的类型不同,其布局要求也不同。一般来说,进出口型物流园区适合布局在接近港口、机场及陆路口岸的地带,且应与海关的监管通道相连接或相毗邻;全国枢纽型物流园区适合布局在多种运输方式主干线交汇的中转区域地带;区域转运型物流园区适合布局在向外埠转运方便的地带(接近交通枢纽的郊外地带);而城市配送型物流园则适合布局在市内交通相对便利并接近物流发生地或需求地的地带。

在进行物流园区规划时,除根据物流园区的类型、功能与规模来确定物流园区的大致位置（主要考虑的是运输便利）外，还要进一步考虑土地征用、延展可能性、给排水条件、电力供应、通信设施、周边环境（如是否接近工业区、商业区或生活区等）等因素，以保证物流园区选址的科学性。同时，还要对物流园区的运作模式等进行规划。

由于物流园区内的物流设施、物流企业、物流作业相对集中，且具有功能组合与集约化运作的优势，因此，通过物流园区的运作，不仅可以大大提高城市物流系统的效率，而且可以大大减少城市物流系统给整个城市系统所造成的负面影响，从而有利于城市交通与生态环境的改善。据有关专家估计，通过科学规划、建设城市物流园区，大约可以使城市的交通量减少15% ~20%①。

当然，城市物流规模与结构不同，所需要的物流园区类型、规模与数量也不同，因此，每个城市应根据本地的实际情况来确定物流园区的类型、规模、数量与布局，不能盲目模仿其他城市的物流园区规划。

7.3.3.4 物流节点规划

物流节点规划主要是指各种物流中心或配送中心的规划。规划的内容包括物流或配送中心的类型、规模、数量与空间分布等。

根据我国《物流术语》国家标准对配送中心的定义，配送中心是指从事配送业务的物流场所或组织。而所谓配送，是指在经济合理区域范围内，根据用户的要求，对物品进行拣选、加工、包装、分割、组配，并按时将物品送到用户指定的地点。因此，配送中心既是一个场所概念，也是一个组织或企业概念。一般来说，配送中心应具备服务、集货、流通加工、储存、分拣、装卸、送货与信息等多种功能②。显然，从配送及配送中心的定义来看，配送中心从事的是短距离物流业务，因此是城市物流的核心内容。从这个意义上讲，配送中心是城市物流系统中最重要的物流节点，因此，有必要将配送中心的规划纳入城市物流规划之中。

配送中心的类型有很多，既有多功能型配送中心，也有单功能配送中心；既有综合型配送中心，也有专业型配送中心；既有区域型配送中心，也有城市型配送中心③。当然，配送中心的类型不同，其规模与功能也不同，从而要求的选址条件也不同，因此，应根据城市物流总量及其分布情况，对不同类型的配送中心的数量与分布作出规划。

本来在物流节点规划中，还应该包括诸如车站、港口、机场等物流节点的规划，但是，由于这些物流节点大都属于“存量”设施，因此，很难对其进行重新规划（当然不排除重新规划的可能），因此，在物流节点规划中，对这些“存量”物流节点规划的主要内

---

① 陈柳钦：《现代物流园区的科学规划》，物流网，，2002 -08 -29。

② 夏春玉：《流通概论》，第282 ~289 页，北京：中央广播电视大学出版社，2002 年版。

③ 夏春玉：《流通概论》，第288 ~289 页，北京：中央广播电视大学出版社，2002 年版。

容则只限于对其改、扩建或功能完善方面的规划，一般不涉及空间布局上的规划。

7.3.3.5 城市物流规划中应注意的问题

在城市物流规划中应注意的主要问题就是，要将城市物流规划纳入城市规划之中，并与其他方面的城市规划相协调与统一，同时，在进行城市物流规划时，不能进行"多头"规划，即不能有不同版本的规划。否则，不仅降低了规划的权威性，而且也使规划无法实施。

7.3.4 城市物流管理方法

7.3.4.1 关于城市物流管理方法的研究现状

为了实现城市物流系统的整体最优，除进行科学的城市物流规划外，更重要的是研究与制定城市物流管理的政策与措施，并采用各种可行的定量方法对城市物流系统进行整体优化。在制定城市物流管理的政策与措施时，有必要对各种政策与措施的实施效果或影响进行定量分析与研究，以保证所制定的政策与措施更有科学依据与可行性。当然，进行定量分析与研究的有效途径，是对城市物流管理的各种政策与措施进行模型化。但是，由于城市物流管理相关主体的物流活动非常复杂，而且目标与评价标准也很不一致，因此，城市物流管理的模型化是相当困难的。尽管如此，仍有一些研究者对城市物流管理的模型化工作进行了有益的尝试与探索，并取得了一定的研究成果。

例如，有些研究者认为，为了进行城市物流管理的模型化，首先，要对城市物流的各相关主体所开展的物流活动进行模型化，并建立相应的评价标准；其次，对公路网络的卡车交通进行模型化，为此，要将公路交通中的车辆分成两类，一类是载人汽车(包括家用小汽车)，一类是载货卡车，并将各路线终始点的交通量作成网络分析图表。当然，由于城市物流管理模型化涉及供应、生产、流通、销售等多种物流活动，同时，又有多个相关主体，要想将所有要素都包含在模型之中是非常困难的。因此，通常只能将部分要素包含在模型中，从而使模型也具有很大的局限性。不仅如此，在进行模拟分析或求解过程中，为了节约计算时间，不得不进行简化处理，或者只能求近似解。这就要求在根据分析结果制定政策时，必须充分考虑到模型的局限性①。

7.3.4.2 城市物流管理的基本方法

根据现有的研究成果，在进行城市物流管理时，主要可以采取以下几种方法：

(1)实现配车、配送的最优化。配车、配送的最优化是指在往返或巡回配送的情况下，使每台货运汽车的走行路线与走行顺序最优化。配车、配送的最优化不仅可以降低

① [日]谷口荣一，根本敏则：《城市物流管理》，第11页，东京：森北出版株式会社，2001年版。

链　接

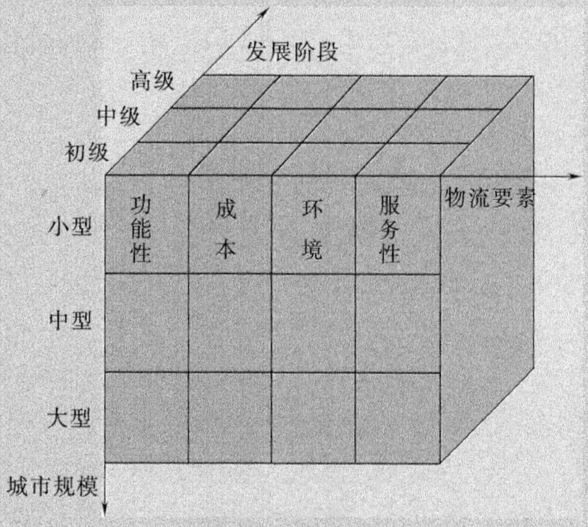

城市物流指标体系

配送成本，而且可以减少二氧化碳等有害气体的排放量，以及车辆的走行时间，从而可以缓解交通拥挤，减少交通事故的发生率。

配车、配送最优化的基本思想是，通常情况下，每台货运汽车往往要在复数用户与配送中心或物流网点之间往返。例如，在进行商品配送时，首先要在配送中心将配送商品装在货运汽车上，然后按一定的顺序将商品送到复数用户指定的地点，再返回配送中心。同样，货运汽车在收集商品（集货）时，也是从配送中心出发，并按一定的顺序前往复数的用户收集商品，然后返回配送中心。

为了求解配车、配送的最优方案，首先要建立一个优化模型，然后将用户的位置、道路状况、所需时间、交通管制等基础数据或信息，以及每日需要配送的不同用户的配送委托信息、指定配送时间（时刻）信息、指定司机信息等输入该模型中。这样就可以求出每台配送车辆的最优配送路线。过去，主要是通过手工方式来求解上述最优方案，因此，即使是优秀的配送计划（调度）人员，也要耗费很多时间，而现在可以通过计算机来求解，从而大大节约了时间与费用，而且可以很方便地输出诸如总配送费用、每台车辆的配送距离累计值、配送时间累计值、装载效率等重要信息。因此，在许多国家，配车、配送计划法均得到了广泛应用。

（2）合理布局与建设公共物流设施。这里所说的公共物流设施是指众多物流事业

链 接

城市物流管理的三种模型

根据现有的研究成果，用于城市物流管理的模型大体有三类，即供给模型、需求模型与冲击模型。

供给模型主要有交通流模型、交通堵塞模型、成本模型等。交通流模型分为宏观模型与微观模型两种，但最近又出现了将二者结合起来的综合交通流模型。堵塞模型是揭示公路交通需求与成果关系的模型，一般用交通量与成本关系来表示。成本模型主要揭示路线、物流设施与网点、卡车之间的关系。运输货物的成本一般由运输成本与设施成本构成，运输成本又包括固定费用与变动费用。固定费用是指与车辆走行时间无关系的费用，主要是车辆的折旧费、税金、保险费、固定人事费等；变动费用是指随车辆走行时间而变化的费用，主要是燃料费、修理费、轮胎费、变动人事费等。同样，物流网点的成本，也包括固定费用与变动费用两部分。

需求模型大体包括两种，一种是以商品流动为主的需求模型，一种是以卡车交通为主的需求模型。两种模型所使用的数据是不同的。在物流领域，存在着各种预测，而需求模型主要是对物流相关者的行为所进行的预测。也就是说，如果能对物流相关者的行为进行预测，那么，便可能根据物流相关者的决策以及物流相关者之间的关系，对物流进行预测。目前所开发的需求模型，主要有计量经济模型、空间价格均衡模型、物流网络均衡模型、车辆调度与配送计划模型等。

冲击模型是对实施城市物流管理政策而可能产生的各种社会经济影响进行预测的模型。这些影响主要包括：①关于二氧化碳等气体排放量、噪音程度、振动程度的变化等方面的环境影响；②关于物流固定费用、运行费用的变化等方面的经济影响；③关于交通拥挤、交通事故的变化等社会影响。冲击模型对预测城市物流管理政策可能产生的影响，具有重要的意义。

者开展城市物流业务所必需且可以共同利用的物流设施，主要包括两类：一类是大型物流中心或配送中心；一类是物流园区。公共物流设施的建设是实现城市物流整体最优的重要条件，同时，也是进行城市物流管理的重要手段。为此，除了利用各种定量分析模型对公共物流设施的规模、布局进行科学决策外，还要制定相应的政策，以促进公共物流设施的建设与应用。

应该说明的是，城市公共物流设施的建设者与所有者并不一定是政府，相反，很多公共物流设施是由民间所有的，特别是在发达国家，民间投资建设的城市公共物流设施更多。不仅如此，城市公共物流设施的布局不仅直接影响物流事业者的物流效率，而且还会影响整个城市的交通、环境及居民生活，因此，政府在城市公共物流设施的布局、建设与运营管理方面应该发挥更重要的作用。

当然，政府在此方面的作用与作为，主要应该体现在制定各种法规与政策方面。例如，日本政府就十分重视公共物流设施的建设。为了提高公路物流的效率，日本运输省1959年又制定了《汽车站法》，并将汽车站划分为两类，一类是客运汽车站，一类是货运汽车站。汽车站的建设与运营要得到运输大臣的许可，但该法律没有涉及汽车站建设的政府援助问题。1966年，日本经济企划厅、通产省、建设省、运输省与农林水产省又共同制定了《关于流通业务市街地整备法》（简称"流市法"）。主要目的是"通过对城市流通业务区域的调整与改进，以完善流通功能，顺畅交通，从而进一步完善与丰富城市功能"。1992年，日本通产省与运输省又共同制定了《中小企业流通业务效率化促进法》（简称"效率化法"），目的是"为适应经济社会等物流环境的变化，通过促进中小企业流通业务效率的提高，以实现中小企业的振兴与发展，进而实现物流的顺畅，促进国民经济的健康发展"。其具体措施是允许合作组织开展以提高流通业务效率为目的的各种事业活动，并在资金方面对共同物流中心的建设与运营给予支持。

从1994年开始，日本建设省还实施了道路一体化型物流网点的建设计划。该类物流网点的布局主要在城市外围高速公路进出口的周边地带，同时，网点内要有高度信息化与机械化的物流中心、批发中心等物流设施，同时还拥有可以提供道路信息的信息中心。

(3)积极开展共同化物流事业。共同化物流是指物流主体之间通过共同利用物流设施、物流工具而进行的合作型物流，具体包括运输或配送共同化、物流网点共同化及物流信息系统的共同化。开展共同化物流事业不仅可以降低物流事业者的物流成本、提高物流效率，而且可以缓解交通，减少污染。因此，它是城市物流管理的重要方法。

在共同化物流事业中，应用最普遍的是配送共同化，也叫共同配送。日本运输省对共同配送的定义是，以实现城市物流合理化为目的，在得到顾客的支持与合作下，由同一个卡车运输业者，使用同一个运输系统来完成一定区域内的复数顾客的定期配送任务，以提高卡车运输的效率①。共同配送将原来的按顾客别、商品别分别进行的市内或区域内的配送作业转变为不区分顾客与商品,而将货物进行集中配送的“货物与配送的集约化”。也就是说,在同一个配送路线上,由同一个配送主体为多个不同的顾客进行配送。共同配送主要有两种类型,一种是顾客型共同配送,一种是配送主体型共同配送。

顾客型共同配送是指以厂商、批发商或零售商等配送需求者为主体实施的共同配送,具体包括发货顾客型共同配送与到货顾客型共同配送。发货顾客型共同配送主要包括与交易方进行的共同配送、与不同行业货主进行的共同配送、与集团内部企业进行的共同配送,以及与同一行业货主进行的共同配送。与交易方进行的共同配送,一般是指集团企业内进行的零部件的共同配送,或者在配送产品时,顺便将原材料运回;与不同行业货主进行的共同配送,是指在配送的回程路线上将不同行业的货物顺便运回,或者与其他企业进行的回程运输;与集团内部企业进行的共同配送,是指各种企业集团、连锁企业之间进行的共同配送;与同一行业货主进行的共同配送,是指通过组建各种协作组织而进行的共同配送。到货顾客型共同配送是指零售商以主要批发商为窗口而进行的由批发商到零售店的共同配送。

配送主体型共同配送是指以配送服务的提供者或者其他从事物流业务的组织为主体而进行的共同配送,具体包括公司主体型共同配送与协作组织型共同配送。公司主体型共同配送,又可分为运输主体型共同配送与合资企业型共同配送。前者是指由运输事业者之间开展的共同配送,后者是指运输业者通过组建合资企业而进行的共同配送。协作组织型共同配送,可分为由运输业协作组织进行的共同配送,以及运输业与批发企业协作组织进行的共同配送。前者是指运输企业之间通过建立协作组织而开展的共同配送,后者是指由运输企业与批发企业的协作组织开展的共同配送。

(4)开发与应用高度化的城市物流信息系统。物流信息系统对物流的作用,本书已多次强调,故不再赘述,尤其对城市物流管理来说,城市物流信息系统的作用更重要。

从国内外的情况来看,城市物流信息系统主要包括道路交通管理系统、全球定位系统、电子数据交换系统、车辆与货物自动识别系统、货物跟踪系统、车辆与配送供求信息系统等。

道路交通管理系统是指为了减少交通事故、改善交通环境、缓解交通拥挤、节约能源消耗,利用现代信息通信技术与控制技术而建成的智能化、信息化的道路交通管理系统。从广义上讲,该系统不仅适用于公路交通管理,也适用于铁路、航运与航空交通管理。该系统包括交通管理系统、交通信息系统、车辆控制系统、货运汽车运行管理系统、公共交通系统、地方交通系统等。

---

① [日]菊池康也:《物流管理论》,第126页,东京:税务经理协会,1997年版。

全球定位系统是利用卫星技术测定车辆位置及交通状况的信息系统，也叫卫星定位系统，采用该系统管理货运汽车的运行极为便利。

电子数据交换系统就是使实现企业之间、企业与政府之间的有关数据可以适时传输的信息系统，该系统对提高物流效率具有十分显著的效果。

车辆与货物识别系统是指利用现代电子技术对路上行驶的车辆与货物进行自动识别的信息系统。利用该系统可以对车辆与货物进行个别化管理，从而有利于提高物流或配送中心的运行效率。

货物跟踪系统是指利用卫星定位技术与移动通信技术，对货物的位置、移动情况进行适时跟踪的信息系统。

车辆与配送供求信息系统是指可以通过网上查询车辆供求与配送供求信息的信息系统。

(5)开发新型城市物流系统。到目前为止，世界各国解决城市物流系统的整体最优方法，基本上还局限于传统物流方式的改进或有机组合上，但是不论如何改进与组合，传统物流方式都会不可避免地产生很多负外部效果，因此，探讨新的城市物流系统，成为世界各国城市物流管理实践者与理论工作者的重要课题。从当前来看，主要有以下一些构想：

构想之一：开发电动（力）货运车。与燃油汽车相比，电动车对环境的污染极低，因此，开发电动货运车是解决环境污染问题的根本途径。目前，电动车的开发在一些发达国家已取得了很大进展，而且正在向商业化与实用化方向迈进。

构想之二：开发城市轨道货运系统。目前轨道客运技术已经成熟，而且得到了普遍应用，但是，轨道货运系统还没有进入实用化阶段。由于轨道货运系统也使用电力动力，而且速度快，因此，轨道货运系统对缓解城市交通拥挤、改善环境也会作出重大贡献。

构想之三：开发地下物流系统。欧洲与日本的一些专家提出，为了有效地利用城市空间，确保交通安全，应该将货运（物流）系统移向地下，而将客运（人流）系统移到地上。而实际情况则恰好相反，即人乘着地铁在黑暗的地下移动，而货物乘着卡车却在明亮的地上移动①。因此，应该对传统的城市客运与货运方式进行彻底的改革。目前日本有关研究部门，正在进行东京地下物流系统的研究开发工作。

(6)制定并执行有效的物流（交通）管制政策。目前各国采取的城市物流（货物交通）管制政策主要有以下几个方面：①发生源政策：主要包括对物流设施与物流网点的选址管制政策、减少流通环节政策等；②手段变更政策：主要包括铁路与船舶使用促进政策、地下物流系统开发政策等；③路线变更政策：主要包括对货运汽车的进城限制政

① ［日］谷口荣一，根本敏则：《城市物流管理》，第118页，东京：森北出版株式会社，2001年版。

策,货运汽车通行路线的限定政策;④时间带变更政策:主要包括对货运汽车进入特定区域的时间带限制政策,路上理货的时间限制政策等;⑤物流车辆的有效利用政策:主要包括共同化配送的促进政策、配车与配送效率化政策、装载率限制政策、车辆与配送需求信息系统的开发应用政策等;⑥综合政策:主要包括成立物流交通协调机构、设立交通混杂税等。

究竟采取什么样的管制政策,要根据城市的规模、道路交通状况、土地利用、产业结构等情况来决定。因此,城市不同,所采取的物流管制政策也可能不同。

7.4 小结

区域物流是指发生在某一个行政区域或两个以上行政区域联合体内的物流。它具有主体多元化、区域边界的多变性和组织与管理难度大、成本高的特点。区域物流体系可分为跨国区域物流、大区物流、省域物流、城市物流和农村物流。

我国区域物流的结构特征存在东西差距与南北差距。

区域物流规划一般包括区域物流总体规划、城市物流规划和物流园区规划等三个层次。

区域物流规划的原则包括系统性原则、战略性原则、科学性原则和可行性原则。

区域物流规划的内容主要包括区域物流发展的战略定位、区域物流发展的目标和区域物流发展的措施。

区域物流发展对策主要有:①明确区域物流在区域经济、社会发展的战略地位;②建立并完善区域物流管理体制;③制定科学的区域物流发展规划;④完善区域物流的投融资体制;⑤加强区域物流基础设施与物流信息平台的建设;⑥提升区域物流设备与工具的技术水平,推进区域物流的标准化;⑦促进物流方式的革新,实现区域物流的可持续发展;⑧培育物流市场主体,促进区域物流市场竞争。

城市物流是指发生在城市内的物流。城市物流的特殊性主要表现在:物流密度高、制约因素多及以短距离公路物流为主。

城市物流系统包括城市物流主体系统、城市物流要素系统、城市物流功能系统、城市物流运营系统和城市物流政策系统。

城市物流规划一般可分为四个层次,即总体规划、物流路线规划、物流园区规划与物流节点规划。

根据现有的研究成果,用于城市物流管理的模型大体有三类,即供给模型、需求模型与冲击模型。

在进行城市物流管理时,主要采取"实现配车、配送的最优化"、"合理布局与建设公共物流设施”、“积极开展共同化物流事业”、“开发与应用高度化的城市物流信息系统”、“开发新型城市物流系统”和“制定并执行有效的物流（交通）管制政策”等方法。

案例分析

区域物流与区域经济的关系探析

1. 区域物流推动区域经济的发展

区域物流作为区域经济“增长极”聚集和扩散机制得以充分发挥的有效载体，对区域经济发展起着重要的推动作用，这主要体现在以下三个方面。

（1）区域物流为区域经济的高效发展奠定了基础。区域物流的发展有助于提高协作效率、降低交易成本，对区域内经济发展及区域间的经济合作有着至关重要的影响。结构稳定、高效运作的物流网络，有利于物流企业之间的交流与合作，减少物流组成要素之间的磨损和交易成本。这主要体现在以下三个方面：

①网状结构拓展了信息的共享面积，减少了在物流作业过程中所发生的信息阻断，提高双方对不确定性环境的认知能力，减少因交易主体的“有限理性”而产生的交易费用；

②供应链企业之间的长期合作将在很大程度上抑制交易双方之间的机会主义行为，这使得交易双方机会主义交易费用有望控制在最低限度；

③网状结构可以放大各要素的功能，减少用户使用网络资源和要素的成本，提高运作收益。

（2）区域物流为区域产业结构调整提供契机。区域物流业对区域产业结构调整的影响是通过其以下四个独特的功能实现的：

①拉动功能通过物流业的有效运作，带动加工业、商贸、运输、仓储业的快速发展；

②集散功能更大范围地为其他产业提供生产资料和生活资料的配送服务；

③整合功能通过对各产业和企业的物流资源进行系统整合，提高资源配置效率；

④服务功能为用户提供多功能、标准化和个性化的服务，促进其他产业的专业化发展。

（3）区域物流为新“增长极”的形成提供了保障。我国物流业的发展还处于起步阶段，但从其迅猛的发展势头可以看出，它将成为区域经济发展的

案例分析

“增长极”，成为区域经济发展的推进型产业。物流业作为连接生产和消费的纽带，系统地整合了运输、仓储等产业的资源，它的发展将会带动其他相关产业的发展，为地区培育新的经济“增长极”，提供良好的市场环境。

2. 区域经济带动区域物流的提升

区域经济发展水平的提高，对区域物流的发展起着至关重要的带动作用，本文从以下三个方面进行论述。

(1) 区域经济一体化进程的加快创造了区域物流的市场空间。随着区域经济一体化进程的不断推进，专业化分工方式使生产和消费分离的趋势不断扩大，社会化分工进一步向纵深发展，带来生产要素的频繁流动，从而对提供商品物资时空位移转换的物流产业产生了巨大的需求。此外，社会分工的进一步深化，不可避免地造成各种资源在全球范围内的重新组合与配置，也为区域物流的发展提供了广阔的市场。综上所述，区域经济的一体化发展导致了区域间经济的协作和贸易的不断增长，从而直接推动了物流产业的跨区域发展。

(2) 区域经济的迅猛发展提升了区域物流的现代化程度。区域经济发展水平的提升，增强了地区自我发展的能力，将更多资金投于物流基础设施的软件环境建设，通过物流公共信息平台的推广和“无车承运人”的引进，提供物流的组织化、现代化程度。

(3) 区域外向型经济的拓展和先进制造模式的诞生，培育了区域物流的发展环境。外向型经济的快速发展直接导致了区域之间对物流供给的巨大需求。因为大规模的空运、海运以及跨境陆路运输是实现区域间经济联系的必要手段，在激烈的竞争条件下，企业对利润和核心竞争的追求，使得物流外包成为必然趋势，为专门提供供应链集成管理的第三方物流企业的蓬勃发展，营造了良好的市场环境。

资料来源：张继文：《区域物流与区域经济的关系探析》，载于《交通标准化》，2011 年第 12 期，118 页。

复习思考题

1. 什么是区域物流？它的主要特点有哪些？
2. 区域物流的体系分类包括哪些内容？

3. 简述我国区域物流的结构特征。
4. 区域物流规划的原则是什么?
5. 区域物流规划的内容包括什么?
6. 试论区域物流发展的对策。
7. 简述城市物流的定义与城市物流的特殊性。
8. 试论城市物流系统的构成。
9. 城市物流规划的层次包括哪些?

8 国际物流与物流产业国际化

学习目标

- 了解国际物流的概念及国际物流发展阶段
- 掌握国际物流的特点
- 了解国际物流的分类
- 了解国际物流的特有业务
- 掌握国际物流的运营方式
- 掌握物流产业国际化的内涵与主要标志
- 掌握物流产业国际化的动因
- 掌握物流产业国际化的方式或途径
- 掌握物流产业国际化的现状与发展趋势

8.1 引言

国际物流是整个物流研究领域的一个子系统,其最大的特点是物流活动可以跨越国界,在不同的国家之间进行。而物流产业国际化包括物流设施国际化、物流技术国际化、物流服务国际化、货物运输国际化、包装国际化和流通加工国际化等多个范畴。本章将对国际物流的基本知识作细致的介绍,并对物流产业国际化的动因、途径及发展趋势等问题进行深入的探讨。

8.2 国际物流的概念与分类

8.2.1 国际物流的概念

国际物流(international logistics)是不同国家(地区)之间的物流,也是国内物流的延伸和进一步扩展。[①]国际物流的实质是按国际分工协作的原则,依照国际惯例,利用国际化的物流网络、物流设施和物流技术,实现货物在国际间的流动与交换,以促进区域经济的发展和资源的优化配置。

国际物流是国际贸易的一个重要组成部分,各国之间的相互贸易最终都要通过国际物流来实现。国际物流的总目标是为国际贸易和跨国经营服务,即选择最佳的方式与路径,以最低的费用和最小的风险,保质、保量、适时地将货物从某国的供方运到另一国的需方。

国际物流的概念虽然最近才提出并得到人们的重视,但国际物流活动随着国际贸易和跨国经营的发展而发展。具体来说,国际物流活动的发展经历了以下几个阶段[②]。

第一阶段:20 世纪 50 年代至 70 年代。这一阶段物流设施和物流技术得到了极大的发展,配送中心的建设速度较快,电子计算机被逐步地运用到物流管理中,出现了立体无人仓库,一些国家建立了本国的物流标准化体系,国际集装箱、国际联运大幅度增加。物流系统的改善促进了国际贸易的发展,物流活动已经超出了一国范围。但在这一阶段,物流国际化的趋势还没有得到人们的重视。

第二阶段:20 世纪 80 年代。随着经济技术的发展和国际经济往来的日益扩大,物流国际化趋势开始成为世界性的共同问题。美国密歇根州立大学教授索克斯认为,进

---

① 刘志学:《现代物流手册》,第 428 页,北京:中国物资出版社,2001 年版。

② 王斌义:《现代物流实务》,第 425 ~427 页,北京:对外经济贸易大学出版社,2003 年版。

入 20 世纪 80 年代,美国经济已经失去了兴旺发展的势头,陷入长期倒退的危机之中。因此,必须强调改善国际性物流管理,降低产品成本,并且要改善服务,扩大销售,在激烈的国际竞争中获得胜利。与此同时,日本正处于成熟的经济发展期,以贸易立国,要实现与其对外贸易相适应的物流国际化,并采取了建立物流信息网络、加强物流全面质量管理等一系列措施,提高国际物流的效率。这一阶段,出现了"精细物流",物流机械化、自动化水平得到显著提高,物流技术突飞猛进,电子数据交换系统得到广泛运用。但这一阶段物流国际化的趋势主要局限在美、日和欧洲一些发达国家。

第三阶段:20 世纪 90 年代至今。这一阶段国际物流的概念和重要性已为各国政府和外贸部门所普遍接受。世界各国广泛开展国际物流理论与实践的探索。网络技术、条码技术及卫星定位系统等在物流领域得到普遍应用,各大物流企业纷纷投巨资于物流信息系统的建设,物流信息化和物流服务水平大幅度提高。物流无国界的理念被广为接受。

8.2.2 国际物流的特点

国际物流是为跨国经营和对外贸易服务的,使各国物流系统相互"接轨",因而与国内物流系统相比,具有如下特点:

8.2.2.1 物流系统范围广

国际物流系统涉及多个国家,系统的地理范围大。这一特点又称为国际物流系统的地理特征。国际物流跨越不同地区和国家,跨越海洋和大陆,运输距离长,运输方式多样,这就需要合理选择运输路线和运输方式,尽量缩短运输距离,缩短货物在途时间,加速货物的周转并降低物流成本。

8.2.2.2 物流运作的复杂性

物流运作的复杂性主要包括国际物流通信系统设置的复杂性、法律法规环境的差异性和区域商业现状的差异性等。例如,不同国家的不同经济和科技发展水平会造成国际物流处于不同科技条件的支撑下,甚至有些地区根本无法应用某些技术而迫使国际物流系统水平的下降;不同国家的不同物流标准,也造成国际间"接轨"的困难,因而使国际物流系统难以建立;不同国家的风俗人文也使国际物流受到很大局限。一个国际物流系统需要在几个不同法律、人文、习俗、语言、科技、设施的环境下运行,无疑会大大增加物流的难度和系统的复杂性,因而在国际间组织好货物从生产到消费的流动,是一项复杂的工作。

8.2.2.3 物流运营的风险性

国际物流不仅是空间的拓展,而且所涉及的内外因素更多,所需时间更长。带来的直接后果是运营的风险性增大。国际物流风险性主要包括政治风险、经济风险以及自然风险。政治风险主要指由于所经过国家的政治体制的变化或政局的动荡，如罢工、战争等原因造成货物可能受到损害或灭失；经济风险又可分为汇率风险和利率风险，主要指从事国际物流必然要发生的资金流动，因而产生汇率风险和利率风险；自然风险则指货物运输过程中，可能因自然因素的不可抗力，如暴雨、海风等原因引起的风险。

8.2.2.4 国际化信息系统建立的困难性

国际化信息系统是国际物流非常重要的支持手段。但由于世界上有些地区物流信息水平较高，有些地区水平较低，出现较多不均衡，因而大大增加了国际物流信息系统建立的难度。当前建立国际物流信息系统的一个较好办法是和各国海关的公共信息系统联机，以及时掌握有关各个港口、机场和联运线路、站场的实际状况，为供应或销售物流决策提供支持。

8.2.2.5 标准化要求较高

要使国际间物流畅通起来，统一标准是非常重要的，可以说，如果没有统一的标准，国际物流水平是无法提高的。目前，美国、欧洲基本实现了物流工具、设施的统一标准，如托盘 1 000mm × 1 200mm 的标准，集装箱的统一规格等。不向统一标准靠拢的国家，必然在转运、换车等许多方面多耗费时间和费用，从而降低其国际竞争能力[①]。因此，较高的标准化要求也是国际物流的一大特点。

8.2.3 国际物流的分类

国际物流按照不同的标准，可以分为不同的类型。

8.2.3.1 按照物流活动参与国家的发达程度

按照物流活动参与国家的发达程度，国际物流可以分为：发达国家与发达国家之间的国际物流；发达国家与发展中国家之间的国际物流；发展中国家与发展中国家之间的国际物流。

8.2.3.2 按照国际物流货物的运载形式

按照国际物流货物的运载形式，国际物流可以分为：以国际远洋运输为主的国际物流；以国际航空运输为主的国际物流；以国际铁路运输为主的国家物流；大陆桥国际物流和国际多式联运物流等。

8.2.3.3 按照国际物流经营方式

按照国际物流经营方式，国际物流可以分为：顾客服务驱动的国际物流；建立综合供应链系统的国际物流；运用库存波动作为缓冲器的国际物流；运用信息技术支撑的国际物流和运用第三方物流形式的国际物流。

---

① 丁立言，等：《国际物流学》，第 3 页，北京：清华大学出版社，2000 年版。

8.3　国际物流业务与运营方式

8.3.1　国际物流的基本业务

国际物流既包括与国内物流相同的运输、保管、包装、装卸、流通加工和信息等基本业务，也包括一些国际物流所特有的业务。

8.3.1.1　与国内物流相同的业务

国际物流与国内物流相同的基本业务活动有运输、保管、包装、装卸、流通加工和信息。

国际物流中的运输活动与国内物流中的运输活动的最大的差异就在于：运输距离长、环节多、手续繁杂、运输方式多样，而且海运是最普遍的运输方式。

国际物流保管活动与国内保管活动相比，增加了办理进出口手续、海港码头装卸转运货物等作业，且所花的时间要更长一些。此外，国际物流保管业务还包含商品从生产厂或供应部门被集中运送到装运港口，然后临时存放一段时间，再装运出口的过程，这是一个集和散的过程，主要是在各国的保税区和保税仓库进行的。因此，国际物流保管业务还涉及各国保税制度和保税仓库建设等方面的问题。

国际物流包装比国内物流包装的要求更高，这是因为国际物流运输距离长、运量大、运输过程中货物堆积存放期长、装卸次数多，因此，在运输过程中货物损坏的可能性更大。目前，集装箱是国际物流常用的包装方式。另外，欧洲许多国家从环境保护角度出发，还对包装材料、包装废弃物等提出了严格的规定。

国际物流装卸中，集装箱得到更广泛的应用，装卸设备达到标准化、大型化，装卸活动实现了机械化、效率化。

国际物流流通加工活动也是一项重要业务。为了适合当地国的标准和满足销售商的要求，国际物流活动需要商品检验、分类、小包装作业、贴商品价格标签等加工活动。

国际物流活动中的信息量和信息来源相对于国内物流活动来说更大、更广。从企业内部来看，企业需要把分布在全球各地的生产、销售、物流等子公司连接起来，建立全球零部件采购信息系统、全球制造销售物流信息系统，还需要与它的全球供应链中的战略合作伙伴建立物流信息系统、实现信息共享。从企业外部来看，许多国家为了促进海外投资、方便全球贸易，建立了综合报关信息系统。这种综合报关系统把与报关有关的货主企业、运输企业、物流服务企业、银行保险企业、商品检验部门、保税仓库、海关等相关部门紧密地联系在一起，大大提高了报关速度和全球物流活动的效率。总之，国际物流活动中的信息系统由于点多、线长、面广的特点，比国内物流信息系统更为复杂。

8.3.1.2 国际物流特有的业务

(1)进出口业务。进出口业务是国际物流特有的业务之一,也是国际贸易的重要组成部分。

☞ 链 接

进出口业务的基本环节

(1)交易前的准备。交易前的准备工作主要有:申请进出口许可证;市场调研与目标市场选择;客户资信调查与选定客户;拟订进出口经营方案等。

(2)交易磋商。交易磋商(business negotiation)是指买卖双方就交易条件进行协商,以求达成一致的具体过程。可以采取口头或书面两种形式,以书面磋商为主。一般包括询盘、发盘、还盘和接受四个环节,其中发盘与接受是不可缺少的两个环节。

(3)签订进出口合同。磋商的最终结果是达成协议,即签订合同。买卖双方通常需要签订正式的书面合同或成立确认书。需要指出的是,国际货物买卖因涉及当事人权利义务关系复杂,合同内容丰富,因此还需要围绕货物买卖合同展开一些辅助性合同,如保险合同、租船运输合同、班轮运输合同等。

(4)合同的履行。合同一经成立,即具有法律的约束力,任何一方不得擅自变更或解除合同。对出口商来说,应一丝不苟地做好备货、报验、催证、审证、租船订舱与投保(在 CIF 或 CIP 条件下),以及装运、制单结汇等一系列工作;对进口商来说,应做好开立信用证、派船接运货物与投保(在 FOB 或 CFR 条件下),审单付汇、报关接货和验收等工作。

(2)商检。商品检验(commodity inspection),就是对卖方交付商品的品质和数量进行鉴定,以确定交货的品质、数量和包装是否与合同的规定相一致。商品检验是国际贸易的一个重要环节,也是国际物流的特有业务之一,对保护买方利益十分重要。世界上大多数主权国家都设有专门的商品检验机构,这些机构从组织的性质上来分,有官方的,有同业公会、协会或民间私人经营的,也有半官方的;从经营的业务范围来分,有综合性的,也有专业性的。检验机构名称也多种多样,如检验检疫机构、公证行、鉴定机构、公证鉴定人等。各国对于商品检验的具体内容，根据商品的不同特性，法律法规规定的不同内容，合同中具体规定或申请委托人的意愿而有所不同。大体上包括商品质量检验、商品数量与重量检验、包装检验、商品运装技术检验、出入境卫生检验、进出口商品残损鉴定等。

（3）报关。报关是指货物在进出境时，由进出口货物的收、发货人或其代理人，按照

☞ 链 接

报关的一般程序

(1)申报。一切进出口货物、运输工具都必须由收、发货人或其代理人在进出境时，持海关规定的单证向海关申报。海关规定，对一般的进出口货物需交验下列单证：进出口货物报关单、进出口货物许可证、提货单、装货单或运单、发票、装箱单、商品检验证明，以及海关认为必要时应交验的贸易合同及其他有关单证等。

(2)接受申报。海关接受申报，并审核递交的单证是否齐全、准确、有效、清楚。

(3)查验。进出境货物、物品、运输工具，除经海关总署特准免验的以外，由海关根据情况进行查验确定实际进出口与单证申报的是否相符，检查有无瞒报、伪报和申报不实等走私违规行为。

(4)征税。进出境货物、物品、运输工具经海关查验以后，除海关特准免税的以外，进出口货物、物品必须缴纳税款或提供担保，委托银行代缴。

(5)放行。海关在放行前，要全面审核手续是否办完、办妥。一切手续完备，情况正常，海关即在单证上签印放行。

(6)后续管理。海关对各类货物包括保税货物、特定减免税货物、暂时出入境货物、转关运输货物等自放行之日起 3 年内进行后续管理，包括查账、稽查、核销、查处补税等。

(7)结关。当出入境运输工具、物品、货物的所有海关手续(包括登记备案、审核报关单证、查验、征税、销案、结案等)全部履行后，方准办理结关手续，解除海关监管。

资料来源：刘志学：《现代物流手册》，第 500 页，北京：中国物资出版社，2001 年版。

海关规定格式填报《进出口货物报关单》,随附海关规定应交验的单证,请求海关办理货物进出口手续①。

(4)保险。国际物流运输货物保险的种类按照其保险标的所用运输工具的种类相应分为四类:海洋运输货物保险、陆上运输货物保险、航空运输货物保险、邮包保险。有时,一批货物的运输全过程使用两种或两种以上的运输工具,这时,往往以货运全过程中最主要的运输工具,来确定投保何种保险种类。

在国际货物买卖过程中,由哪一方负责办理投保,应根据买卖双方商订的价格条件来确定。例如,按 FOB 条件和 CFR 条件成交,保险即应由买方办理;如按 CIF 条件成交,保险就应由卖方办理。

(5)理货。理货(tally)是随着水上运输的出现而产生的,指船方或货主根据运输合同在装运港和卸货港收受和交付货物时,委托港口的理货机构代理完成的在港口对货物进行计数、检查货物残损、指导装舱记载、制作有关单证等工作②。理货业务是国际物流中不可缺少的一项业务,它履行判断货物交接数量和状态的职能,是托运与承运双方履行运输契约、分清货物短缺和毁损责任的重要过程。

8.3.2 国际物流运营方式

国际物流主体活动是国际货物运输,国际物流运营方式主要有以下几类:

8.3.2.1 国际远洋运输

国际远洋运输(international ocean transport)是指使用船舶通过海上航道在不同国家和地区的港口之间运送货物的一种方式。按照运输船舶经营方式不同,国际远洋运输又可分为班轮运输和租船运输。

(1)班轮运输(liner transport)是指船舶在固定的航线上和港口间按事先公布的船期表航行,从事客、货运输业务并按事先公布的费率收取运费。班轮运输的特点是:①"四固定",即航线固定、港口固定、船期固定和费率的相对固定。这是班轮运输的基本特点。②运价内已包括装卸费用。货物由承运人负责配载、装卸,承运人和托运人双方不计算滞期费和速遣费。③承托双方的权利、义务、责任、豁免以船公司签发的提单条款为依据。

(2)租船运输(shipping by chartering)又称不定期船(tramp)运输。它与班轮运输不同,船舶没有预订的船期表、航线和港口,船期、航线及港口均按租船人和船东双方签订的租船合同规定的条款行事。租船运输的特点是:①租船运输没有固定的航线、固定

---

① 丁立言,等:《物流配送》,第 146 页,北京:清华大学出版社,2002 年版。

② 丁立言,等:《物流配送》,第 156 页,北京:清华大学出版社,2002 年版。

的装卸港口和固定的船期，而是由租船人和船东双方洽商租船运输条件，并以租船合同形式加以肯定。②没有固定的运价。租船运价受租船市场供求关系的制约，船多货少时运价低，反之，则高。③租船运输一般是整船承租并以装运货值较低、成交数量较多的大宗货物为主。

☞ 链 接

租船方式

(1)定程租船(voyage charter)。它是以航程为基础的租船方式。在这种租船方式下，船方必须按租船合同规定的航程完成货物运输任务，并负责船舶的经营管理以及船舶在航行中的一切费用开支，租船人按约定支付运费。

(2)定期租船(time charter)，简称期租船。它由船舶出租人将船舶租给租船人使用一定期限，并在规定的期限内由租船人自行调度和经营管理。租金按月(或30天)、每载重吨(DWT)若干金额计算。

(3)光船租船(bareboat charter)。它实际上也是期租船的一种，与一般期租船不同的是，船东不负责提供船员，只是将船交给租方使用，由租方自行配备船员，负责船舶的经营管理和航行等各项事宜，但是，把船交给租船人支配，船东往往心存疑虑。另外由于雇佣和管理船员工作繁重、复杂，租船人对这种方式缺乏兴趣。因此光船租船方式在租船市场上较少采用。

8.3.2.2 国际航空运输

国际货物航空运输(international air transport)主要包括以下几种方式：班机运输、包机运输、集中托运、航空快递。

(1)班机运输(scheduled airline)是指在固定航线上定期航行的航班。班机运输一般有固定的始发站、到达站和经停站。

(2)包机运输(chartered carrier)通常可分为整机包机和部分包机。所谓整机包机是指航空公司或包机代理公司按照合同中双方事先约定的条件和运价将整架飞机租给租机人，从一个或几个航空港装运货物至指定目的地的运输方式。部分包机则是指由几家航空货运代理公司或发货人联合包租一架飞机，或者是由包机公司把一架飞机的舱位分别卖给几家航空货运代理公司的货物运输形式。相对而言,部分包机适合于运送1吨以上但货量不足整机的货物,在这种形式下货物运费较班机运输低,但由于需要等待其他货主备妥货物,因此运送时间要长。

(3)集中托运(consolidation)是指集中托运人把若干批单独发运的货物组成一整批,向航空公司办理托运,采用一份航空总运单集中发运到同一目的站,或者运到某一预定站点,由集中托运人在目的地指定的代理收货,再根据集中托运人签发的航空分运单分拨给各实际收货人的运输方式,它也是航空货物运输中开展最为普遍的一种运输方式,是航空货运代理的主要业务之一。

(4)航空快递是指具有独立法人资格的企业,将进出境的货物或物品从发件人所在地通过自身或代理的网络运达收件人的一种快速运输方式。

8.3.2.3 国际铁路联运

国际铁路货物联运(international railway through goods traffic)是指凡在跨及两个或两个以上国家铁路的货物运输中,使用一份运输票据,在由一国铁路向另一国铁路移交货物和车辆时,不需要收发货人参加,并以连带责任办理货物的全程铁路运输。国际铁路联运的主要特点是:①涉及面广,每运送一批货物都要涉及两个和两个以上国家、国境站;②运输条件高,要求每批货物的运输条件如包装、转载、票据的编制、添附文件及车辆使用都要符合有关国际联运的规章、规定;③办理手续复杂,货物必须在两个或两个以上国家铁路参加运送,在办理国际铁路联运时,其运输票据、货物、车辆及有关单证都必须符合有关规定和一些国家的正当要求;④使用一份铁路联运票据完成货物的跨国运输;⑤运输责任方面采用统一责任制;⑥仅使用铁路一种运输方式。

8.3.2.4 “大陆桥”运输

“大陆桥”运输(land bridge transport)是连接两段海运的陆地运输,主要指国际铁路运输和海洋运输。目前世界上已经有许多条大陆桥。

(1)“西伯利亚大陆桥”即“远东—欧洲大陆桥”,该“大陆桥”全长9 300公里,是从远东地区经过西伯利亚大铁路,一直到达欧洲的“大陆桥”,是当今世界上最长的一条大陆桥运输线。由俄罗斯方面承担总经营人,签发货物过境许可证,签发统一的全程联运提单,承运全部联运责任,以用户委托、承运的接力方式实行联运。

(2)“新亚欧大陆桥”,是第二条在亚欧大陆上的大陆桥,该“大陆桥”的中国和哈萨克斯坦区段于1992年12月1日正式开通。该大陆桥连接太平洋和大西洋两大经济中心带,将给中亚地区的振兴与发展创造新的契机,并已经逐步发展成为我国中西部地区与中亚、中东和欧洲地区之间的新的经济带。新亚欧大陆桥东起我国连云港,西至荷兰鹿特丹港,横跨西亚各国以及波兰、俄罗斯、德国、荷兰等30多个国家和地区,全长10 800公里。新亚欧大陆桥共分为三条运输线,第一条以西伯利亚铁路运输为主,伊朗和欧洲的铁路运输为辅;第二条是经西伯利亚铁路到原苏联的西部港口,到达西北欧的铁路和海洋运输;第三条是从西伯利亚铁路起,经欧洲公路,到达瑞士、德国、法国和意大利的铁路和卡车运输。

(3)北美大陆桥。北美大陆桥包括美国大陆桥与加拿大大陆桥。美国大陆桥运输始于1967年,包括两条线路:一是连接太平洋与大西洋的线路;一是连接太平洋与墨西哥湾的线路。加拿大大陆桥运输始于1979年,与美国大陆桥是平行的,是连接太平洋与大西洋的大陆通道。

"大陆桥"运输可以实现"门到门"的运输方式,由运输业者承担运输全程责任;运输速度快,运输里程缩短;节约运输、保管和装卸费用;保证物流作业质量,满足货主要求。

8.3.2.5 国际多式联运

国际多式联运(international multimodal transport)是一种以实现货物整体运输的最优化效益为目标的联运组织形式。它一般是以集装箱为运输单元,将不同的运输方式有机地组合在一起,构成连续的,综合性的一体化货物运输。通过一次托运、一次计费、一份单证、一次保险,由各运输区段的承运人共同完成货物的全程运输,即将货物的全程运输作为一个完整的单一运输过程来安排。然而,它与传统的单一运输方式又有很大的不同。根据1980年《联合国国际货物多式联运公约》(简称"多式联运公约")以及1997年我国交通部和铁道部共同颁布的《国际集装箱多式联运管理规则》的定义,国际多式联运是指"按照多式联运合同,以至少两种不同的运输方式,由多式联运经营人将货物从一国境内接管货物的地点运至另一国境内指定地点交付的货物运输"。国际多式联运具有责任统一、手续简便、中间环节少、运送迅达、节省费用、安全准确及提早收汇等一系列优点,是实现"门到门"运输的有效途径,因此,成为国际物流的主要运营方式。

8.3.2.6 国际邮包运输

国际邮包运输(international parcel post transport)是指采用邮包进行跨国运输手段的运输方式。具有国际多式联运和"门到门"运输的性质。主要优点是手续简便,费用也不高,缺点是运量有限,只适用于运输量少和体积小的商品,如某些零部件、药品和急需的零星商品。

8.3.2.7 国际复合运输

国际复合运输(international compound transport)是通过海上运输或航空运输连接向内陆最终目的地进行输送,它是国际间通过多种运输方式的组合来输送货物的形式。虽然像国际多式联运、大陆桥等"门到门"运输形式,也是连续使用多种运输方式来完成运输活动的,但是它们只是单一个别运输方式的连接,即通过实现各个运输方式的效

☞ 链　接

开展国际多式联运的条件

(1) 多式联运经营人和托运人之间须订立一份多式联运合同，明确双方之间权利、义务、责任和豁免的合同关系和多式联运性质。

(2)必须是两种或两种以上不同的运输方式的连贯运输。

(3)必须使用全程多式联运单据，并由多式联运经营人负总责任。

(4)必须是全程单一的运费费率。

(5)必须是国际间的货物运输。

资料来源：王斌义：《现代物流实务》，第 541 页，北京：对外经济贸易大学出版社，2003 年版。

率化来追求全体的效率。国际复合运输与其有着本质的差别，它是在流通过程的综合价值链中来追求效率，不仅仅是将各种运输机能有效连接起来，而是旨在追求整体系统的效率化①。在现代化的国际复合运输中，海空复合运输是一种跨越海空障碍的联合运输方式，能有效削减在库费用和运输费用。目前，这种国际间的海空复合运输主要是从亚洲地区到欧洲地区的长距离运输，其比例大约可以占到全部海空运输线路的 80%，面向中南美线路的比例要超过 10%，两类线路总和占全体的 90%②。

8.4　物流产业国际化

8.4.1　物流产业国际化的概念

物流产业国际化，是指物流产业的发展突破一个国家地域的限制，实现不同国家之间的物流服务交流。物流产业国际化是与物流企业的国际化紧密相连的。所以，物流产业的国际化，从严格的意义上说，是物流企业国际化经营的一种直接结果或成就，并且包含了物流设施国际化、物流技术国际化、物流服务国际化、货物运输国际化、包装国

① 宋华，等：《现代物流与供应链管理》，第 192 页，北京：经济管理出版社，2000 年版。

② 宋华，等：《现代物流与供应链管理》，第 197 页，北京：经济管理出版社，2000 年版。

际化和流通加工国际化等范畴。

一般来说物流产业国际化的主要标志是:

(1)物流企业经营国际化。物流企业的经济活动范围不仅局限于国内市场,而且应当有相当大比重的经营活动是面对国外市场或直接在国外进行的,这是物流产业国际化最基本、也是最主要的标志。

(2)物流价值实现过程国际化。物流价值的实现过程已经不是由一个或少数几个国家完成,而是由遍布全球的各国物流企业,包括跨国物流公司等企业群体,以高度专业化分工为基础而共同合作完成。

(3)国内外物流企业的融合化。国内物流企业与国外物流企业在组织、资本和管理活动等方面有相当程度的融合或联合。物流企业的动力与约束机制符合参与国际竞争的要求,其行为方式符合国际市场通行的惯例。

(4)国际范围内贸易壁垒削弱化。国内流通领域实现较大程度的对外开放,使国外物流活动的行为主体能够较自由地到国内进行投资、经营;国内物流行为主体的海外投资障碍也逐渐消失。

(5)市场竞争格局的国际化。整个物流产业的市场结构和主要物流企业间的市场竞争格局不再是以一国或一个地区为界限,而是处于同一个国际化市场上。这种市场结构与竞争格局的跨国传导,意味着产业市场中主要物流企业的市场竞争战略的制定与实施将完全建立在国际化的基础上。

8.4.2 物流产业国际化的原因

8.4.2.1 贸易全球化进程的加快为物流产业国际化奠定了基础

20 世纪 90 年代以来,跨国公司的迅速发展,WTO 的良性运行,国际经济合作的日益密切,商品与生产要素的国际流动的加速,使各国经济依赖性加深,推动了企业之间的商流、物流、信息流的交流与合作。WTO 的《服务贸易总协定》(GATS)的服务部门参考清单中,与物流全球化相关的部门有交通运输服务、销售服务、金融与保险服务等。其中,交通运输服务与物流业最为密切,它包括海运、铁路运输、航空运输、公路运输等货运服务,以及报关、仓储、港口等附属交通运输服务。可以预见,GATS 的达成,必然加速成员国(地区)间物流业的对外开放。

2002 年 1 月发生在北美、欧洲和亚洲的四件大事也对物流产业的国际化进程产生了重大和深远的影响。一是中国成功入世。在中国入世取消关税和市场壁垒的 21 项承诺中,与全球物流运作直接有关的就有关税减让、贸易权、流通领域、交通、货运代理、海上运输和邮递服务等 7 大项。具体的承诺包括工业产品的平均关税到 2004 年降至 8.9%,农业产品的平均关税降至 15%,信息技术产品关税最迟将于 2005 年被取消。

1年内分销权(特定产品除外)的全面放开,外国投资的企业可以分销其在中国生产的产品并提供包括售后服务在内的相关配套服务。进出口贸易权、公路运输和仓储服务市场在3年以后,货运代理和邮递服务市场在4年以后,铁路运输市场在6年后将全面对外国公司开放。此外,在对物流产业国际化至关重要的标准化方面也作出了承诺:5年内我国的强制性标准采用国际标准的比例要达到50%,相当一部分强制性标准要等效采用国外先进标准等。这意味着全球潜力最大的物流服务市场将很快全面对外开放,与国际接轨并进入全球化运作的新时代。事实上,受WTO规则的影响,我国14个保税区已经开始谋求与国际通行的自由贸易区(FTA)规则接轨,甚至在大陆与香港特别行政区之间建立自由贸易区的动议也在正式磋商之中。二是成立30年的东南亚国家联盟(Association of Southeast Asian Nations)开始启动10国自由贸易区(ASEAN Free Trade Area)计划,旨在实现货物和服务、资本和人员的自由流动,目前正在研究接纳中国的方案和考虑澳大利亚和新西兰加入的可能性。众所周知,在1997年金融风暴之前,东盟是全球经济增长最快的地区,ASEAN期望通过建立自由贸易区来恢复以出口为导向的经济和吸引外国投资。三是欧元的流通为在1993年就形成的泛欧物流(Pan-European Logistics)理念的早日实现又消除了一个技术障碍,至少是物流服务的结算成本会降低,而最主要的还是货物和服务贸易的交易成本的降低,这必然进一步推动泛欧物流战略联盟的建立和供应链管理的发展。四是根据美国总统布什2001年12月签署的《美国2002年运输拨款法案》的附件,美国将有条件地对墨西哥卡车承运人开放美国边界,允许他们从2002年1月1日起进入美国公路系统从事运输物流服务。至此,墨美两国由于美国违反北美自由贸易协定(NAFTA)有关条款并设置安全技术障碍不允许墨西哥卡车承运人进入美国道路运输市场而引起的为期2年的争端暂时告一段落①。因此,我们可以这样认为,贸易全球化进程的加快为物流产业国际化创造了直接的条件。

8.4.2.2　物流企业并购浪潮及战略联盟的缔结加速了物流产业国际化进程

进入21世纪,世界范围内各行业企业间的联合与并购的浪潮达到高潮,推动了物流产业的国际化。

一是物流企业并购浪潮高涨。2012年3月19日,UPS正式对外宣布,已与欧洲第二大快递服务公司TNT告竣协议,UPS将以52亿欧元(约合68.5亿美元)收购TNT。有分析认为,UPS在欧洲的市场份额以及中国市场的公路运输短板都将借此得以填补。TNT已经在中国市场开展了多年的业务,其在中国的全资子公司天地华宇拥有公路物流网络,虽然这次收购主要影响欧洲市场,对中国的影响还未显现,但业界认为这次收

① 张婧:《物流全球化和我国对外物流系统优化策略》,载于《财金贸易》,2000年第8期。

购使得国内物流行业的整合箭在弦上。在此之前,2004 年,UPS 公司收购 CNF 公司旗下的 Menlo 公司在超过 175 个国家中的空运和海运代理业务及俄亥俄州的营运中心。同年,UPS 出价 12 亿 5 000 万美元现金收购 Overnite 公司(OVNT),透过此次并购,联合包裹(UPS)将得以拓展其北美地区陆路运输业务。Overnite 公司是一家总部位于 Richmond 的货运商,该公司主要提供较小货物的长途卡车运输和短途服务。Overnite 公司拥有 6 700 辆货运卡车和 2 万 2 000 辆拖车。Overnite 的主要运营公司 Overnite 运输公司在所有 50 个州拥有运营机构,此外该公司还在加拿大、波多黎各、关岛、美国维京群岛和墨西哥都设立了分支机构。而继 UPS 如愿将 TNT 收入囊中后,联邦快递(FedEx)为拓展欧洲业务,也加快了扩张步伐。5 月 10 日,联邦快递将法国快递公司 TATEX 收于麾下,但并未公布收购价格。TATEX 是一家企对企业超重货物快捷运输公司,收购 TATEX 弥补了公司在法国现存业务中的不足,收购后能在该国提供重型运输等额外的特色服务。实际上,近几年来,联邦快递一直在进行收购扩张:2004 年 FedEx 以 24 亿美元收购文件方案和商业服务供应商 Kinkos,全力拓展增值业务;2006 年,FedEx 又收购了英国的 ANC Holdings Ltd;次年又通过收购 Flying Cargo Hungary 进军匈牙利市场;还在德国科隆建设了一个新的中东欧转运中心,并扩大了巴黎的欧洲转运中心;2012 年 4 月,即在收购 TATEX 之前,FedEx 同意收购波兰快递公司 Opek。此外,2005 年,德国邮政完成收购英国最大物流企业——英运物流(Exel),一跃成为全球第一大航空、海运和合约物流公司。

二是物流企业间战略联盟。日本加紧本国和投资国的战略联盟构建。2005 年,日本商船三井与近铁方同意在航空货运、航海货运,以及物流业中建立一个战略联盟。2004 年,日本伊藤忠商社联盟康师傅控股公司结成战略联盟,合作开拓年超过 320 亿美元的中国物流业。至此,伊藤忠在中国物流市场的庞大布局开始显露冰山一角。2009 年,伊藤忠商社与重庆保税港区经营有限公司签下意向协议,共同推进建设国际贸易物流项目,大举进军中国物流市场。

欧美企业同样不甘落后,纷纷采取战略联盟措施。法国邮政的包裹与物流集团公司与美国的联邦快递公司签署了一项战略合作协议,法国邮政的客户根据该协议可享受联邦快递公司的航空网络服务;芬兰邮政于 2000 年初与 DHL 全球快递公司战略结盟,共同推出了一项全新的国际快递服务,使芬兰邮政的顾客受益于 DHL 国际航空快递服务网络。

物流企业的并购重组以及战略联盟的缔结,实现了物流活动的无国界,推动了物流产业向国际化方向发展。

8.4.2.3 电子商务为物流产业国际化提供了引擎

电子商务的产生和发展,进一步加快了物流产业国际化的进程。与传统贸易方式相比，电子商务最大的优势在于其信息传递和交换的快捷性，就网上交易来说，交易伙伴在地球的另一端与在同一城市没有区别，也就是说，电子商务使国际贸易变得更容易，使国际贸易的机会大大增加，这就形成了国际间的电子商务。国际化的电子商务自然需要有国际化的物流来支撑，而且对物流服务的时间性、准确性都提出了更高的要求，物流产业国际化将向一个新的层次发展，并将在全球经济活动中占有越来越重要的地位。

8.4.2.4 区域经济一体化

区域经济一体化弱化了世界各国之间的隔阂，加强区域合作，减少交流障碍，降低了全球物流成本。当今世界正演化为欧洲、北美和环太平洋地区三大贸易区域"三足鼎立"之势。贸易区内各成员相互协作，制定共同的规范与标准，排除贸易障碍，通过降低区内的进口关税、减少海关程序、统一货运单证以及支持公共运输等措施，便利区域内贸易，极大地降低了物流费用。欧盟的运作大大改善了欧洲内部的仓储、配送及物流基础结构和运作模式，使物流费用得到大幅度的降低。北美自由贸易区（NAFTA）则改善了北美的投资与贸易环境，贸易活动十分活跃，为物流服务开拓了广泛的市场空间。亚太经合组织（APEC）要求各成员在相互尊重、彼此平等、互惠互利，协商一致的基础上，推行贸易自由化、投资自由化及经济技术合作。这些都在某种程度上为物流产业国际化进程的加快提供了条件。

8.4.2.5 国际供应链一体化

步入21世纪，随着全球制造、敏捷制造、虚拟制造等先进制造模式的出现和市场竞争环境的快速变化，以动态联盟为特征的新的企业组织形式的出现，使原有的企业生产组织和资源配置方式发生了质的变化。企业的生存必须更多地利用外部资源，供应链一体化已从企业内部的采购获取、制造支持和实物配送，向后延伸到顾客，向前延伸到供应商。越来越多的企业开始着手建立与顾客和供应商长期的合作伙伴关系，通过对供应链的整合以及自愿互利的制度安排，许多企业获得了市场竞争力。在这些合作生产的过程中，大量的物资和信息广泛地在地域间发生转移、储存和交换，因此有必要对企业整个原料、零部件和产成品的供应、储存和销售系统进行总体规划、重组、协调、控制和优化，加快物料的流动，减少库存，加速信息传递，及时了解并有效满足顾客需求。这使物流产业国际化的发展成为当务之急。

8.4.2.6 国际标准化的推行

为促进各国间进行的经济贸易技术交流与合作，人们制定和推行了许多国际通用标准。金融、资讯服务的逐步开放，货币政策及金融法规国际标准化的推行，促进国际贸易业务的发展，间接形成了推动物流产业国际化的动力，最具有代表性的是国际货币市场（IMM）于1997年成立全球电子自动交易系统。产品国际标准化的逐步广泛应用，国际运输法规的放宽，双边贸易协定的弹性化，以及物流的硬件如集装箱、托盘等的性能和尺寸采用国际标准，这些均有效地推动了物流产业国际化的进程。

8.4.2.7　可持续发展的观念深入人心

在全球可持续发展观念日益加强的前提下，物流系统尤其是交通运输系统不得不面临着许多环境问题，如噪声污染和尾气排放等。为了使经济发展全球化与有益于环保的全球物流发展之间达到宏观平衡，人们致力于建设更先进的硬件基础设施以及研发更好的物流营运系统。但是，要使全球高效的物流系统对环境损害达到最小化，需要各公司、各国政府及国际组织在这一领域开展更为广泛的合作，这也促进了物流产业国际化的进程。

8.4.3　物流产业国际化的方式

一般来说，物流产业国际化的方式或途径包含以下几种：

8.4.3.1　国外大的承运人转型与国内承运人的产业扩展

国外大的承运人具备相当完备的物流设施，可以充分利用这种优势向海外拓展物流业务，实现向大规模国际化物流企业的转型。国内承运人可以根据自身的实力、基础设施及技术条件，进行产业的扩展，从事仓储、包装、流通加工等多种物流活动，在达到一定规模的时候考虑将综合物流业务向海外延伸，不仅从事国际间的干线运输业务，而且建立国外的配送终端体系。

8.4.3.2　国外多式联运的延伸

国外多式联运的延伸，将扩大物流国际化范围，拓展物流国际化领域。如日通与日本国际货物铁路公司已进行以日本—中国的海陆多式联运为主的国际多式联运。该公司将利用中国的多式联运、中国国内铁路运输和新亚欧大陆桥，开展往中国周边国家地区的运输服务。

8.4.3.3　国际性的物流中心城市的培育

国际性的物流中心城市可以成为物流产业国际化的基础节点。具体来说，应该选择国内具有优越地理位置、雄厚工业基础、交通运输设施完备、信息灵通等条件的城市，给予重点的政策扶持，通过体制创新、资产重组的手段，尽快形成具有综合实力的大型物流企业，以此带动物流产业的发展，创造现代化的物流运作模式，建设成为辐射全国和世界的物流中心城市。

8.4.3.4　物流技术国际化

物流技术国际化在形式上表现为以下三种：

(1)技术转移。技术转移是发达国家物流企业实现技术国际化的最常用办法，发达国家物流企业通过许可证贸易、技术合作等途径将企业已发展成熟的技术输出到国外企业中，或通过企业集团内部技术流动方式将国内母公司的技术输出到在国外设立的子公司(合资或独资)中,这些都是技术转移的行为。

(2)海外技术开发。随着物流企业国际化进程的发展,企业不仅需要在海外设立销售和生产据点,为了充分利用国外技术开发资源、掌握国际市场的研究开发动态和信息,许多有一定研究开发实力的企业还开始在国外设立研究开发据点。

(3)通过组建技术联盟进行合作研究开发。它以多个物流企业合作开发新技术为特征。采用这种与其他企业共同研究开发的形式可有效地降低技术开发投入负担、分散开发风险,同时可以加快开发速度、实现技术优势互补。

8.4.3.5 资本国际化

这里所说的资本国际化是指物流企业通过在海外市场募集资金,然后向国内关联企业融资或者在海外进行其他投资的行为。这种国际化也有两种形式,一种是通过在海外直接设立金融(投资)子公司来募集资金,一种是通过在海外设立上市公司来募集资金。

8.4.3.6 筹建民间物流商会

民间商会不同于国际商会及各种进出口商会,它与企业利益的相关性更加紧密。民间商会可以采取董事会或理事会形式,由一个行业的骨干企业牵头,众多企业参与,起协调、服务作用,带动整个行业共同开拓国际市场。民间商会这种组织形式,也是企业制度形式的一种创新,对大量需要开拓国际市场的物流企业来说,显得尤为必要。

8.4.3.7 开展跨国物流贸易与物流合作

开展跨国物流贸易与物流合作主要是指通过物流外包或物流代理两种形式,在不同国别的两个或两个以上的物流企业之间开展的物流贸易,或由不同国别的物流企业共同完成重大的国际经济技术项目。跨国物流合作还包括建立国际运输经济带,将国际合作领域拓展到所有边界国家和地区。国际运输经济带已经在亚太地区得到应用。由亚洲开发银行资助的区域物流项目——大湄公河次区域经济合作就是一个很好的例子。这一项目开始于1992年,经过十几年的合作,已经取得了一定的成果,并在2011年提出新十年(2012~2022)战略框架,为其他地区的物流合作提供了可借鉴的经验。

8.4.3.8 进行跨国物流交流

在物流科学、技术、教育、人才培训和管理方面进行广泛的国际交流,积极吸取他国宝贵经验,寻求适应目标国物流运作的最佳机制。

8.4.4 物流产业国际化的现状与趋势

8.4.4.1 物流产业国际化现状

自20世纪90年代以来,许多实力雄厚的跨国物流企业、运输企业纷纷拓展海外物流业务,而一些大规模的制造企业和零售企业也纷纷在海外建立物流配送基地,开展跨国物流业务,特别是注重在劳动力比较低廉的亚洲地区建立物流基地。但是从全球范围来看,物流产业国际化发展还处于起步阶段,对于发展中国家来说,物流产业国际化才刚刚开始萌芽。

在亚洲,虽然东盟自由贸易区计划已开始启动,但贸易自由化还处于起步和试点阶段,由于东盟成员国之间在政治、经济,文化和语言等方面的巨大差异,再加上地理分布的原因,要真正实现运输和物流运作各环节间的平滑过渡并不容易。在中国,普遍的信用缺失问题将是影响物流企业国际化运作最根本的障碍。

在欧洲,道路交通拥堵、各国运输政策的不一致,百姓对本国产品传统偏好强烈,以及难于创建一个能够同时适用多种语言的信息系统等因素,都对那些打算开展海外业务的物流企业提出了严重的挑战。所以迄今为止,还没有一个国际物流服务供应商在欧洲可以独立全程操作。虽然可以提供"一站式"服务,但实际上都要通过分包的办法来实施,由此造成物流运作效率的损失和成本的增加。

在北美,根据1993年墨、美、加签署的《北美自由贸易协定》(NAFTA),墨西哥卡车承运人应该在2000年1月1日就被允许进入美国运营,但当时的克林顿政府迫于劳工组织和汽车安全团体的压力,并未如期对墨西哥卡车承运人开放边界。随后,这一物流市场开放的问题转变成有关统一北美三国卡车运输安全技术标准的争论,而实际上是用技术和环保壁垒代替了市场准入壁垒。此间,墨西哥卡车承运人只能在墨美边界以北约32公里的范围内向美国承运人交货。美国《2002财年运输拨款法案(371-11号)》的附件规定,墨西哥的卡车承运人必须通过限定的口岸进入美国领土,必须在过境之前接受美国边检人员严格的现场检查,包括对司机驾照、车辆状况和卡车公司的背景等的检查,以确保进入美国的墨西哥卡车承运人符合美国的安全和环保标准。NAFTA专家James Giermanski博士认为,这些条款其实具有一定歧视性,构成了对墨西哥主权的侵犯。另一方面,由于美国运输部为该法案的实施要配备相应的检测人员、设备和设施以及制定有关的过境程序规则等,所以实际上墨西哥的卡车承运人何时能够真正自由地在美国公路上运营还是个未知数①。

在中南美洲,虽然2001年4月,美国重新启动建立美洲自由贸易区(FTAA)的谈判,要求在北美、中美和南美34国取消所有关税和贸易壁垒。但有专家认为,由于该地区实际的政治经济结构、物流运作规程、地理环境以及基础设施条件等都存在巨大差异,因此,即便把NAFTA的模式套用到FTAA,对从事国际化运输和物流运作的人来说,哪怕是仅对汽车和电子产品装配业进行管理单证、存货跟踪和原产地认证等,其实际操作的可能性都是值得怀疑的。

在非洲,虽然2000年7月非洲联盟宣告成立,但全球49个最贫穷国家中有34个在

---

① 王佐:《经济全球化将带来物流全球化》,载于《国际商报》,2002-03-09。

非洲。要建立真正的非洲统一大市场绝非易事。物流运作的国际化既是经济全球化的必然要求,也是物流企业实现国际化客户服务的必要条件。但要真正实现物流国际化运作,还要经历艰难的历程,还有待政府部门、物流企业、学术理论界和相关组织的共同努力。

8.4.4.2　物流产业国际化的制约因素

综观世界各国的现状,我们认为还有许多因素制约着物流产业国际化的进程,这些制约因素概括起来主要有以下方面:

(1)国家本位主义的影响。国家本位主义只追求本国利益最大化,缺乏全球战略眼光;只考虑"单赢"结果,不考虑"多赢"结果,从而助长了贸易保护主义盛行,市场信号失真、信息扭曲。企业缺乏国际市场意识。国家本位主义限制各国间的合作成为物流产业国际化发展的障碍。

(2)市场和竞争的壁垒。虽然世界经济全球化已是大势所趋,但是各国为保护本国利益,还保留了许多设置在产业市场的进入障碍。如欧洲的区域性规定,任何经营组织在进入该区域市场以前,必须具备市场配销体系。各国的产业具体的操作规则不同,如进口通关相关文件因各国政府的不同需求有不同的文件格式:银行、保险公司、承运人等作业上的不同,以及货款收付时间和运输时间的差异,也是物流产业国际化发展的障碍。

(3)财经障碍。财经障碍主要源于预测的困难以及金融体系结构的差异性。国际化经营环境中,经营预测不仅包括对国内外市场需求的估计、竞争条件的分析及季节性预测,还要考虑汇率、关税及政府政策等复杂因素,加剧了国际贸易的预测困难。不同国家具有不同的经贸中介体系,包括银行、保险、法律咨询以及运输系统等,使得物流企业的国际化经营不得不适应不同成熟度的体系结构,这同样加重了物流国际化运作的复杂性。例如,在美国,银行、保险业的发展已属成熟阶段,而在发展中国家可能还处在初始期,像东欧某些国家一项付款业务即使在同一个城市,从接受到处理完成可能要花2~3周时间,在如此漫长的处理时间内,通货膨胀可能已经有5%的变化了①。

财经及金融体系结构的不确定性加剧了物流国际运作的难度,为此,经营者不得不采取增加存货、加长运输提前期及增加财务资源的方式来应对各种风险,导致国际化的物流业务运作成本增加。

(4)配送渠道壁垒。配送渠道壁垒中,很常见的一个就是基础结构标准化方面的差异。基础结构标准化方面的差异是指运输和材料装卸搬运设备、仓库设施和港口设施以及通信系统等的差异。尽管近年来集装箱标准化的程度有了显著提高,但在全球运输设备方面,如运输工具的尺度、能力、重量和轨道规格等依然存在很大差异,当它们未被标准化时,物流国际化运作的费用和时间成本势必会增加。

---

① 梁善军:《透视全球物流》,载于《物流技术》,2002年第10期,第38~39页。

(5)体制差异障碍。不同的国家或地区的经济、政治、法律体制、文化体系都存在很大的差异,即使对某些相同的事务也会有不同的理解。每个国家都有与本国的经济、政治、法律、文化相适应的独特的物流系统和特殊的流通网络。物流产业国际化的发展必然涉及如何有序和有效地控制资源在不同国家之间的配置流通,调整物流运作机制使之能够适应东道国的经济、政治、法律、文化等的发展水平,如何处理好物流国际化运作系统与某特定国家的物流系统的关系等等,这些都是国际化物流产业向前发展的关键问题。

8.4.4.3 物流产业国际化的发展趋势

物流产业国际化是现代物流产业发展的一大特征,必将展现出迅猛的发展势头与理想的前景。具体来看,物流产业国际化的发展趋势表现在以下方面:

(1)国际化的物流产业将呈现业态多元化的趋势。这里我们借用零售商业对“业态”的诠释来理解这一问题,在零售领域中,有所谓业种和业态之分,简单来看,业种主要是指经营范围,业态主要是指经营方式。因此,将零售业态的概念向物流领域延伸,可引出“物流业态”这一概念。我们认为物流业态可理解为物流领域交易方式和组织形态的总和。各种经营类型和业态的共存与充分发展是现代物流规范化的重要标志。在经济发达国家,随着电子商务、网络技术以及物流全球化的迅速发展,广义的区域物流与企业物流通过上、下游的延伸与拓展,呈现相互融合的趋势。这一趋势促使物流企业模式即物流产业经营类型与业态向着多样化和细分化发展。根据对全球前100名专业物流公司经营模式的分析,我们可将国外物流产业经营类型与业态粗略归结为以下三类:一是由交通运输、邮电业发展起来的物流企业,如UPS、FedEx等。二是由零售业、批发商发展起来的物流企业,如沃尔玛;三是由大型制造企业物流部门发展起来的物流企业。随着物流产业国际化发展的逐步成熟,市场份额的控制壁垒将随之产生并不断强化,在优胜劣汰中保留下来的物流企业将控制行业的部分市场份额,并形成稳定的业务渠道,而新加入的物流企业则必须开辟新的市场空间,这也会在一定程度上加速物流业态多元化的发展。因此,能够预见的是,未来国际化的物流产业中物流业态将呈现多元化的趋势。

(2)服务优质化与综合化趋势。物流本身就是直接面向顾客的一项服务性很强的工作,物流服务质量以及服务的可信程度,直接影响着物流产业国际化的效果。

跨国物流企业的服务面对不同的地域国家,由于各国政治、经济、金融、法律等环境的差异,必然对物流服务提出多样化、复杂化、严格化的要求。面对激烈的国际市场竞争环境和瞬息万变的国际市场需求,为不同的目标国客户提供日益完善的增值服务,满足客户日益复杂的个性化需求将成为跨国物流企业生存和发展的关键。跨国物流企业的服务范围将不仅限于一项或一系列分散的外协物流功能,而是更加注重客户物流体系的整体运作效率与效益。物流企业与客户的关系将越来越多地体现为一种风险共担的战略同盟关系，而不仅仅是现阶段的一般意义上的买卖关系或服务关系。随着物流产业国际化进程的加快，国际公认的服务标准体系将逐渐形成并不断趋于规范，这为物流企业海外业务的开展提供了便利条件，能否提供优质化的服务将成为物流企业海外业务成功与否的关键因素。

(3)物流运作信息化与智能化趋势。随着物流产业国际化程度的提高，物流运作的信息化与智能化程度也将进一步的提高。物流信息化表现为物流信息的商品化，物流信息搜集的数据库化和代码化，物流信息处理的电子化和计算机化，物流信息传递的标准化和适时化，物流信息储存的数字化等，各种技术与观念在未来的物流中将会得到普遍采用。信息化是一切的基础，没有物流的信息化，任何先进的技术装备都不可能用于物流领域，电子商务信息技术及计算机技术在物流中的应用，将会彻底改变世界物流的面貌。智能化是信息化的一种高层次应用，物流作业过程涉及大量的运筹和决策，如库存水平的确定，运输路径的选择，自动导向车的运行轨迹和作业控制，自动分拣机的运行，物流配送中心经营管理的决策支持等，这些问题都需要借助于大量的智能知识才能解决。在亚太地区国家的跨国物流发展过程中，已经出现了 ITS (Intelligent Transport Systems)智能化运输系统，这正是物流运作智能化的一种高级表现形式。智能化运输系统运用 GPS(全球定位系统)、网络技术、现代通讯技术、三维条形码技术和红外线感应系统等新型信息技术，将运输管理过程与网络财务支持系统、电子商务融为一体。虽然这一智能化运输系统仍处于发展阶段，但许多具有局部功能的应用软件已经被应用到物流服务过程中或正处于调试阶段。

(4)物流服务人员的专业化。国际化的物流产业对物流从业人员提出了更高的要求。未来国际化物流企业的高级管理人员是一种高级专业化管理人才，不仅需要懂得经济学、管理学、统计学、计算机、心理学、国际贸易等基本知识，更要具备较高的综合性素质，而且还必须对目标国政治、经济、文化、法律有一定程度的了解。而具体岗位服务人员都必须是具备适应某一岗位需要的专业性人才。跨国物流企业的物流全过程是跨国购、销、储、运等经济和技术管理活动，中间还伴随着进出口贸易、物流信息管理、合同管理、营销管理、流通加工、设备管理和财务管理以及内部运行管理等业务管理活动。具体岗位的服务人员不仅熟悉经营活动的诸要素(人、财、物、技术、信息、设备、交易产权等)，而且具备较强的业务操作能力。

(5)国际运输企业经营联合化趋势。国际运输企业是物流产业国际化经营的主体之一。国际运输企业的联合化经营将成为一种趋势。国际航运市场上大型国际海运企业的联营、海运企业与国外货主的合作日益增多。国际海运企业通过联营可以瓜分市场、分享规模经济效益、减少竞争的损耗、避免风险、共用资源、互补优势。这是因为，一是这种联营以运力交换市场，增加市场份额，扩大服务网络的覆盖范围，宜于满足众多跨国公司的国际化运输需求;二是它以独立性换取资源,降低投资和经营成本,提高设备利用率,获得较高的运价,共享集装箱、码头、车船等设施,有效提高组织、调度等管理效率,提高运输服务质量,为跨国公司带来了实际利益①。可以断言,在随着物流产业国际化程度的提高,国际运输企业经营联合化的趋势将日益显著。

(6)环保化趋势。绿色物流是现代物流产业的发展趋势之一,这里我们提到的是物流产业国际化过程中的环保问题。在物流产业国际化过程中,专业化物流企业及相关物流活动主体将越来越重视物流活动对环境的影响。这必将在全球范围内营造出一个良好的绿色物流环境,使国际化的物流产业向环保方向发展。

8.5 小结

国际物流是不同国家(地区)之间的物流,具有以下特点:物流系统的范围广、物流运作的复杂性、物流运营的风险性、国际化信息系统建立的困难性和标准化要求较高等。

国际物流既包含与国内物流相同的的运输、保管、包装、装卸、流通加工和信息等基本业务,还包括一些国际物流所特有的业务,如进出口业务、商检、报关、保险、理货等。

国际物流运营方式包括国际远洋运输、国际航空运输、国际铁路联运、"大陆桥"运输、国际多式联运、国际邮包运输和国际复合运输等。

物流产业的国际化是物流企业国际化经营的一种直接结果或成就,主要标志包括物流企业经营国际化、物流价值实现过程国际化、国内外物流企业的融合化、贸易壁垒削弱化、市场竞争格局的国际化。

物流产业国际化的原因包括:贸易全球化;物流企业并购浪潮及战略联盟的缔结;电子商务发展;区域经济一体化;国际供应链一体化;国际标准化的推行;可持续发展的观念深入人心。

物流产业国际化的方式或途径包含:国外大的承运人转型与国内承运人的产业扩展;国外多式联运的延伸;国际性的物流中心城市的培育;物流技术国际化;资本国际化;筹建民间物流商会;开展跨国物流贸易与物流合作;进行跨国物流交流。

物流产业国际化的制约因素包括:国家本位主义的影响;市场和竞争的壁垒;财经障碍;配送渠道壁垒;体制差异障碍。

物流产业国际化的发展趋势表现在以下方面:国际化的物流产业将呈现业态多元化的趋势;服务优质化与综合化趋势;物流运作信息化与智能化趋势;物流服务人员的专业化;国际运输企业经营联合化趋势;环保化趋势。

---

① 丁立言,等:《国际物流学》,第205页,北京:清华大学出版社,2000年版。

外资进入中国物流业呈现的五大特点

案例分析

自我国入世以来,外资进入中国物流业的步伐在不断加快,目前外资进入中国物流业主要呈现出以下五大特点。

第一,约1 200亿美元的货物空运进出口市场,成为2005年国际航空货运市场的竞争焦点。跨国公司纷纷加快进入中国的步伐。美国运输部提议4家目前已向美国至中国航线提供货运服务的承运公司每周新增货运航班。这些公司是联邦快递公司、西北航空公司、Polar Air Cargo、联合包裹运送服务公司。这些航空公司的新增货运航线于2006年3月25日开通。

第二,先入者优势明显。于1984年进入中国的英运物流有限公司,已度过在中国的第21个年头。该公司已从早期的货代企业发展成为拥有空运、海运、陆运、合同物流等业务的综合物流企业。2004年英运的业务量增长了60%以上。另外一家巨头公司——中外运敦豪,到2004年年底,已拥有56家分公司,覆盖全中国300多个城市,在中国的业务保持了50%的增长率。

第三,客户细分与服务深化。美国总统轮船物流服务公司在深圳盐田港附近设立物流中心,为客户提供包括货源地(出口)管理、国际货运管理、目的地(进口)管理、国内货运管理和配送中心管理一体化的供应链服务模式,以响应客户对控制、灵活性和单点接触的需求。2003年10月中旬,美国联邦快递旗下的中美合资大田国际物流公司,首期投资1 500万美元兴建昆山市目前规模最大的国际商务和物流服务中心。其所提供的专业化服务,使昆山市内外企业的进出口通关不再需要转道上海办理繁杂的手续,设在昆山的保税仓库和海关、商检部门的入驻服务,将保证企业原料进口和商品出口实现一次性通关。

第四,独资趋向抬头。根据《外商投资国际货运代理业管理办法》的规定,从2004年开始,外资快递公司在华成立合资企业,最高可以75%的股份控股,而到2005年,外资快递公司可在华设立独资分公司。2004年,联邦快递宣布在上海成立中国业务分区总部,统筹中国区所有业务的发展。联邦快递的高层表示,这样的一个机构"能够应对各种挑战,统筹中国区各种业务的发展,同时把握联邦快递在中国长远的发展方向"。与此同时,据称联邦快递的竞争对手,美国联合包裹运送服务公司(UPS)将于2007年在上海建立航空转运中心,成为首家在中国建立转运中心的美国公司。2004年12月,UPS与中外运公司达成一项协议,在2005年年底之前,UPS获得在中国

案例分析

23个区域内的国际快递业务的直接控制权。根据这个协议,UPS将向中外运公司支付1亿美元。TNT公司在2004年与中外运合作的15年期限终止后,单方面宣布将不再与中外运合作;接着,宣布中国总部落户上海,并计划在未来几年内增资2亿欧元。TNT目前在中国营业额达到25亿欧元,拥有25个分支机构,服务范围覆盖500个城市。TNT公司计划在北京空港物流基地圈地3万多平方米,投资5 000万元兴建空港物流基地,将它建成为中国最大的综合快运中心。

第五,外资在某些行业物流中处于领先甚至垄断地位。无论是快递行业物流、零售业物流还是餐饮业物流,外资的物流能力都十分强大。比如,肯德基的母公司百胜餐饮集团就把亚洲最大的物流配销中心建在北京。它占地达15 500平方米,将为北京、天津和其他华北地区的250多家肯德基连锁餐厅提供物流配送的支持。

资料来源:荆林波:《关于外资进入中国物流产业的状况分析》,载于《中国物流学术前沿报告(2005—2006)》,第80~82页,北京:中国物资出版社,2005年版。

复习思考题

1. 国际物流的概念是什么?国际物流发展经历了哪几个阶段?
2. 国际物流的特点是什么?
3. 国际物流与国内物流相比,有哪些特有业务?
4. 国际物流的运营方式包括哪些?
5. 物流产业国际化的内涵是什么?主要标志是什么?
6. 物流产业国际化的动因是什么?
7. 物流产业国际化的方式或途径包括哪些?
8. 制约物流产业国际化的因素是什么?
9. 物流产业国际化的发展趋势包括哪些?

9 物流政策

学习目标

- 掌握物流政策的定义、性质和功能
- 掌握物流政策的主体和目标
- 了解物流政策体系的分类
- 了解国外物流政策的历史演进和几种重要的物流政策
- 了解国外物流政策的发展趋势
- 掌握我国物流政策的主体和主要内容
- 了解我国现行物流政策存在的主要问题
- 了解我国物流政策体系构建的基本思路

9.1 引言

为了实现全社会经济的高效运行和健康发展,国家必须制定相应的方针或原则,对全社会的经济活动进行一定程度的干预。物流政策正是国家和政府在物流产业领域进行宏观控制的体现。本章重点介绍物流政策的定义、性质、功能,对物流政策的主体目标和体系分类进行概括性分析。为了对我国物流政策体系的构建提供借鉴性的经验,本章将介绍国外物流政策的历史演进、几种典型的物流政策,以及国外物流政策的发展趋势,在此基础上,提出构建我国物流政策体系的一些基本思路。

9.2 物流政策概述

9.2.1 物流政策的定义、性质与功能

9.2.1.1 物流政策的定义

所谓政策,一般是指为实现某种特定目的而制定的方针或原则。根据政策制定主体的不同,可将政策划分为两类:一类是国家或政府部门制定的公共政策;一类是私人部门或民间企业制定的私人政策或企业政策。但是,本书所说的政策是指由国家或政府部门制定的公共政策。公共政策又可分为经济政策、社会政策、文化政策、卫生福利政策等。而经济政策则包括生产政策、流通政策、消费政策和分配政策等①。显然,我们将要讨论的物流政策是一种经济政策,从而也是一种公共政策。

就经济政策而言,一般认为有两层含义:一是指国家经济发展的基本方针或原则;一是指国家或政府干预社会经济活动的各种措施。按此理解,物流政策就是指国家或政府为实现全社会物流的高效运行与健康发展而制定的方针或原则,以及政府对全社会物流活动的干预行为。具体包括有关物流的法律、法规、规划、计划和措施(对策),以及政府对全社会物流活动的直接指导等。

9.2.1.2 物流政策的性质

根据物流政策的定义,可将物流政策的性质作如下概括:

(1)物流政策是社会公共机构对全社会物流活动的一种公开介入和干预,因此,是

① 夏春玉:《流通概论》,第300页,北京:中央广播电视大学出版社,2002年版。

一种公共政策而非私人政策或企业政策，具有公共物品的性质。

（2）物流政策体现的是社会公共机构的价值判断或意志。因此，社会经济体制不同、文化背景不同、经济社会发展阶段不同、商业习惯不同，甚至社会公共机构的产生方式不同，社会公共机构的价值判断也不同，从而也就会有不同的物流政策。从这个意义上讲，物流政策又具有时空上的差异性。

（3）物流政策内含着自动变迁的机制，或者说具有动态可变性。既然物流政策体现的是社会公共机构的意志，而不是宏观物流主体或物流事业者的意志，那么，就意味着现实的物流政策有可能与某个具体的宏观物流主体的意志及其行为发生冲突，而这种冲突乃是物流政策变迁的重要诱因。

（4）物流政策的适用领域或对象是全社会的物流活动，因此，既有针对专业化物流事业者的物流政策，也有针对生产企业、流通企业、消费者等非专业化物流主体的物流政策；既有法律、法规等强制性物流政策，也有奖励、补贴等诱导性物流政策；既有规制或限制类物流政策，也有鼓励与扶持类物流政策。这就是说，物流政策也是一个自成体系的系统，具有系统性。

9.2.1.3 物流政策的功能

物流政策的基本功能可以概括为两个方面，一是减少或降低物流的外部不经济；二是扶持与促进物流事业的发展。

（1）减少物流的外部不经济。我们知道，在市场经济条件下，全社会物流活动的根本推动力量来自于众多的微观物流主体。这些微观物流主体主要包括货主、物流事业者、消费者三大类。

货主，即货物的所有者，包括发货货主与收货货主，发货货主也叫发货人，收货货主也叫收货人。货主既是物流活动的发动者，也是物流服务的需求者，包括生产企业、流通企业、各种非营利组织、消费者等。货主的期望目标是谋求物流活动的准确、及时、快速、安全与低成本。

物流事业者是物流服务的提供者，即专业化的物流企业，包括各类运输企业、仓库企业，以及第三方物流企业等。物流事业者为了实现自身利益的最大化，也必须满足物流服务需求者的准确、及时、快速、安全与低成本的物流服务需求，从而要开展高效、快速，且尽可能低成本的物流活动。

消费者往往有三个层次的物流需求目标：一是作为商品购买者的消费者，希望通过效率化的物流而降低购物成本（低价格）；二是作为直接物流服务需求者的消费者，希望得到准确、及时、快速、安全与低成本物流服务；三是作为居民或生活者的消费者，希望交通畅通、安全、安静、空气清洁，等等。

显然，上述微观物流主体的目标与行为既有一致性，也有不一致性，甚至是矛盾的，例如，消费者的生活环境目标（畅通与安全的交通、安静与清洁的居住环境）与货主、物流事业者的物流效率化目标就是矛盾的。也就是说，货主、物流事业者要实现效率化的物流，就不得不增加物流设施、设备与工具，而且还要开展“小批量、多频度”的物流，从而就会造成交通拥挤，产生噪音、污染、事故，同时，也会挤压消费者的居住空间、增加居住成本、恶化生活环境。显然，微观物流主体的效率化物流会产生很大的外部不经济，即交通拥挤、交通事故、噪音、空气污染等。

随着经济与社会的不断发展，物流规模不断扩大，物流服务水平也不断提高，从而物流的外部不经济性也越来越明显、越来越严重，成为制约人类社会全面进步与可持续发展的重要课题。但是，各个微观物流主体是很难解决效率化物流所产生的外部不经济问题的，而必须依靠公共机构的力量，通过制定并实施各种物流政策，在不牺牲微观物流主体物流效率的前提下，尽量减少物流的外部不经济。

(2)扶持与促进物流事业的发展。从国内外的经验来看，物流政策不仅担负着减少“外部不经济”的职能，而且还担负着扶持与促进全社会物流事业健康发展的职能。这是因为，全社会物流效率的提高、物流事业的发展，不仅需要微观物流主体对微观物流的有效组织与管理，而且还需要全社会的共同努力。也就是说，微观物流效率的提高，除取决于微观物流主体自身的投入与有效经营外，还在很大程度上取决于物流基础设施是否充足与完善。这些物流基础设施不仅具有公共物品的性质或具有显著的外部经济效果，同时还需要大量的投资，是个别微观物流主体不愿意而且也无力进行投资建设的。因此，国家或政府部门应该成为全社会物流基础设施投资与建设的主要主体，并从制度或政策上保证物流基础设施的建设，能够满足全社会有效开展物流活动的需要。尽管如此，仅靠政府的投资还是无法满足全社会对物流基础设施的需要，因此，还应该制定其他方面的政策，以促进民间组织投资、建设物流基础设施。有关物流基础设施投资建设政策，是各国物流政策的重要内容。显然，这种物流政策的主要功能是为了扶持与促进物流事业的发展。

不仅如此，为了促进微观物流效率的提高，进而促进整个社会物流事业的发展，还需要合理布局物流基础设施与物流网点、积极推行物流设备与工具的标准化，建立高效、畅通、便捷的公共物流信息系统等。显然，有关物流基础设施与物流网点的布局规划政策、有关物流设备与工具的标准化政策、有关公共物流信息系统的开发与应用政策，也具有扶持与促进物流事业发展的功能。

9.2.2 物流政策的主体与目标

9.2.2.1 物流政策主体

物流政策主体是指物流政策的制定者与实施者，即代表社会公共利益的社会公共机构。作为物流政策主体的社会公共机构主要由三部分构成，即立法、司法与行政机构。

(1)立法机构。根据物流政策的定义，有关物流的法律、法规也属于物流政策的范畴，因此，作为物流法律、法规制定者的立法机构也是重要的物流政策主体。当然，立法机构的具体形式因国家政治制度和国情的不同而不同。在西方，立法机构是议会；在我国，立法机构是全国人民代表大会及其常务委员会，以及地方各级人民代表大会及其常务委员会。但是，不论立法机构的具体形式如何，都改变不了它是国家或地方最高权力机关的属性。因此，立法机构不仅是物流政策的主体，而且是最有权威性的物流政策主体。之所以说立法机构是最有权威性的物流政策主体，是因为立法机构所制定的政策(法律)要比其他政策主体所制定的政策具有更大的适用范围与调整强度。

(2)司法机构。立法机构制定的有关物流的法律、法规，旨在为全社会物流活动的相关主体规定了是非标准、行为限制与行为方向，从而事先向人们宣布哪些活动或事业是可以行为的，行为到什么程度；哪些行为是不可以行为的，以及一旦行为要受到何种制裁等。但是，这些标准与限制毕竟还是“纸上”的和观念上的，而要保证物流活动主体能够按照“纸上”的规定去行为，还必须有一个专门的机构按“纸上”的规定去执行。这个具体执行“纸上”规定的机构就是司法机构。在我国，司法机构是公安、检察院与法院系统，以及其他具有部分执法权的行政部门，如工商行政管理、物价管理、环境保护机构等。

(3)行政机构。除立法与司法机构外，作为行政机构的政府，特别是中央政府也是重要的物流政策主体。政府机构虽然没有立法权，但是政府有权制定并颁布有关物流的行政命令(条例、通知等)、行政指导。这些行政命令、行政指导也是对全社会物流活动的公开介入和干预，从而也是物流政策的重要内容。事实上，从各国的物流政策实践来看，政府甚至是最重要、最具体的物流政策主体。不仅很多具体的物流政策要由政府制定并实施，而且即使是一些很基本、很重要的有关物流的法律，也往往要由政府来“立案”。从这个意义上讲，政府甚至具有实际的“立法权”。但是，政府制定的物流政策，特别是一些具体的针对某些领域、某些问题的物流政策，必须符合由立法机构通过的法律，而且政府本身也必须接受并服从司法机构的司法。从这个角度来看，政府又同私人部门同处一个层次。这说明政府具有三重属性：一是物流政策的制定者；二是物流政策的执行者；三是物流政策的适用对象。当然，这里所说的政府，既包括中央政府及其所属部门，也包括地方政府及其所属部门。

9.2.2.2 物流政策的目标

如前所述，物流政策是立法、司法及行政机构对全社会物流活动的公开介入和干预。虽然不同的政策主体所制定或实施的政策范围、适用对象、调整强度不同，然而，各

链 接

物流政策主体的关系

(1)立法机构是最高层次的物流政策主体,其制定的物流政策(主要是法律、法规)具有最广泛的适用范围与最大的调整强度。

(2)司法机构是物流政策的执行机构,而不是物流政策的制定者,是保证物流政策得以实施并发挥作用的"中立"机构。

(3)行政机构既是物流政策的制定者、执行者,也是物流政策的适用与被调整的对象。作为物流政策的制定者,甚至拥有实际的"立法权";作为物流政策的执行者,具有监督、制裁私人部门及其行为的"司法权";作为物流政策的适用与被调整对象,又必须接受物流政策的调整,与私人部门同处一个层次。显然,对一个现实的政府来说,最重要的是时刻铭记自己的多重属性,适时变换自己的角色。惟有如此,才能充分发挥政府的作用。

个物流政策主体所制定的物流政策都是为了实现一定的目标,也就是说,每种物流政策都有自己的目标,即物流政策目标。物流政策目标主要包括两个层次:一是物流政策的一般目标;二是物流政策的特定目标。

(1)物流政策的一般目标。由于物流活动是经济活动的重要组成部分,物流政策也是经济政策的组成部分,因此,物流政策的一般目标,也就是经济政策的基本目标。关于经济政策的基本目标,经济学家有各种各样的解释;各国的经济政策目标也因具体国情的不同而不同,而且,即使是同一国家,不同的历史时期、不同的发展阶段,其具体的政策目标也会不同。但是,从总体上看,经济政策的基本目标可以概括为四个方面,即经济发展、经济稳定、经济公平(公正)和经济自由。

经济发展是指以经济效率的不断提高为前提的经济、社会的全面进步。经济发展意味着就业机会与收入的增加、生活质量或国民福利的提高,以及经济结构的改善等。显然,经济发展并不完全等同于经济效率的提高。但是,经济效率的提高却是经济发展的前提。经济效率一般是投入与产出之比。所谓投入,是指人、财、物、信息等各种资源的投入;所谓产出,是指商品或服务的产出。如果投入一定,则产出越多,经济效率就越高;反之,则越低;或者产出一定,而投入越少,则经济效率越高;反之,则越低。由于资源是稀缺的,因此,不断提高经济效率是人类社会的永恒主题,也是经济政策和物流政策的首要目标。就物流政策而言，其效率目标主要体现在两个方面：一是物流活动本身的效率；二是物流本身效率的提高要有利于其他经济活动效率的提高。这就要求所制定的物流政策不仅要有利于物流效率的提高，而且要有利于整个经济社会效率的提高。

经济稳定也是经济政策与物流政策的基本目标。所谓经济稳定通常是指经济能够长期地、无剧烈波动地增长或发展。为了实现经济稳定，经济政策目标应该力求避免物价、收入、投入产出等经济指标的激烈波动，从而使物价、就业、生产经营能够持续稳定地发展。对物流政策来说，其稳定目标主要体现在物流基础设施的增加、物流产业的发展与整个经济、社会发展水平相适应，既要避免成为整个经济、社会发展的"瓶颈"，也要避免"过热"与"过快"。同时，实现物流与整个经济、社会的可持续发展也是重要的物流政策目标。

经济公正或公平包括两层含义：一是指公平交易，即经济主体之间以平等的地位与权利从事各种交易活动，没有歧视现象；二是公平分配，即社会成员之间的收入分配差距应该尽量缩小。只有公平交易，才能保证经济主体之间的机会均等，从而有利于公平竞争，促进经济发展与社会进步；同时，只有尽量缩小收入分配的差距，才能最大可能地提高整个社会的福利水平，缓解社会矛盾，避免破坏性的冲突或动荡。因此，实现经济公正，也是经济政策和物流政策的重要目标。

经济自由是指经济主体从事经济活动的自由。经济自由是经济活力的重要体现，而经济活力又是经济发展、社会进步的动力源泉。没有经济活力，也就没有创新精神与创新能力，从而也就没有经济发展。不仅如此，经济自由本身也是人类的一种需求，因此，自由度的高低也是社会进步的一个重要标志。但是，这里所说的自由是指不损害社会整体利益的自由，而不是绝对的自由。经济政策和物流政策要以经济自由为目标，则意味着不仅要承认经济主体从事经济活动的自由，而且还要保证经济主体从事经济活动的自由，并对限制、破坏经济活动自由的各种组织及其行为加以约束。

既然物流政策是经济政策的组成部分，因此，经济政策的目标应该是物流政策目标的基础或前提，或者说物流政策目标必须同经济政策的目标相统一，而不能违背经济政策的基本目标。但是，物流毕竟不能完全等同于整个经济活动，并具有不同于其他经济活动的特点与功能，因而，为规制或促进物流活动的物流政策，也就必然有自己的特定目标。

(2)物流政策的特定目标。随着经济发展和市场竞争的日益激烈，特别是经济全球化进程的加快、消费需求的变化，以及环境压力的日益增大，使得物流在企业经营与经济、社会发展中的地位越来越重要，因此，物流效率与物流服务水平的高低不仅直接影响企业的经营效率与竞争能力，而且也直接影响国民经济的发展水平及其竞争力。显然，如何提高整个社会的物流效率与物流服务水平是物流政策的最基本目标。但是，物流不仅是一个经济问题，具有直接的经济贡献，而且也涉及就业、收入分配、劳动条件、居民生活、人才培养与教育等社会问题，具有社会贡献。因此，如何提高物流的社会贡献也是物流政策的重要目标。不仅如此，物流事业的发展还会产生很大的外部不经济，因此，如何减少物流的外部不经济也是物流政策目标的重要内容。

由此可见，物流政策的特定目标主要包括三大类，即经济或效率类目标、社会类目标与环境类目标。

经济或效率类目标是最基本的物流政策目标，具体包括：加强物流基础设施建设，合理布局物流网络；建立与完善公共物流信息系统；制定与推广物流设备与工具的标准化；改革物流管理体制；开发与引进物流技术等。

社会类目标主要包括：促进专业化物流事业的发展；增加物流领域的就业机会；改善物流作业条件；建立物流人才培育与教育体系等。

环境类目标主要包括：开发与应用低公害物流工具；制定物流环境标准；促进复合运输、共同配送事业的发展；加强公路物流管理等。

9.2.3 物流政策体系与分类

如上所述，不仅物流政策主体是多元的，而且物流政策目标也是多元的，从而决定了物流政策不是单一的，而是多元的政策体系。根据前面的论述，可将体系化的物流政策进行如下分类：

9.2.3.1 按物流政策主体分类

按物流政策的主体不同，可将物流政策划分为立法机构制定的政策和行政机构制定的政策。前者可称为"法律类物流政策"，后者可称为"行政类物流政策"。

(1)法律类物流政策。法律类物流政策包括两个层次：一是针对整个经济社会的，从而也适用于物流领域的"法律类政策"，如《反垄断法》、《反不正当竞争法》、《价格法》、《公司法》等各种经济法律；二是针对物流领域的"法律类政策"，如《道路运输法》、《港口法》、《航运法》、《民用航空事业法》等。显然，"法律类政策"具有强制性和稳定性，并可通过司法机构的执法对全社会的物流活动进行强制性调整。不仅如此，由于"法律类政策"是在广泛吸收各方面意见的基础上，并通过一系列严格而有规则的立法程序而制定的，因此，更具有公正性、普遍性和权威性。

(2)行政类物流政策。行政类物流政策是指由政府及其所属部门制定的政策，包括有关物流的各种条例、命令、指示、指导或劝告等。对民间物流组织来说，行政类物流政策有些是强制性的，有些则是非强制性的。条例、命令、指示属于强制性行政类物流政策，指导或劝告则属于非强制性行政类物流政策。

☞ 链 接

行政类物流政策的特点

与法律类政策相比，行政类政策具有如下特点：第一，政策制定程序比较简单，制定成本较低；第二，政策出台比较及时，因此，适合于处理物流领域的新矛盾、新问题；第三，具有较大的机动性与灵活性，特别是非强制性的指导或劝告类政策尤其如此，从而可根据具体情况随时调整政策的方向与强度。当然，行政类政策可以分为中央或国家级行政类政策和地方级行政类政策。显然，中央或国家级行政类政策是中央政府及其直属部门制定的政策；地方级行政类政策是地方政府及其直属部门制定的政策。中央级行政类政策适用于全国，地方级行政类政策只适用于地方。

9.2.3.2 按物流政策适用对象分类

按物流政策的适用对象不同，可将物流政策划分为货主物流政策、物流事业者物流政策和消费者物流政策。

(1)货主物流政策。货主是指物流流动的发动者或物流服务的需求者，主要包括生产企业、流通企业，以及其他各类非营利组织。货主物流政策就是针对货主而制定的物流政策，如针对货主的物流网点政策、物流标准化政策、物流信息化政策等。

(2)物流事业者物流政策。物流事业者是指从事专业化物流服务的企业，是物流服务需求的主要提供者，包括运输企业、仓储企业、储运代理企业，以及第三方物流企业等。物流事业者物流政策就是针对这些专业化物流企业而制定的政策，如车辆管理政策、交通安全政策、仓储管理政策、储运代理政策等。

(3)消费者物流政策。消费者物流政策是指针对消费者而制定的物流政策，具体包括两个方面：一是从保护消费者权益的角度而制定的政策，如消费者权益保护政策等；二是从规制消费者物流行为的角度而制定的政策，如生活废弃物的排放、回收与利用政策。

由于货主、物流事业者及消费者在物流活动中处于不同的地位，其物流活动的特点、物流运作模式也不同，从而对社会的影响也不同，因此，针对不同物流主体制定不同的物流政策是十分必要的。但是，上述物流主体的物流活动也存在很多共性问题，因此，有些物流政策是适用于所有物流主体的，从而无法分清究竟属于哪类政策。例如，很多货主不仅接受专业化物流企业提供的物流服务，同时也自营物流业务甚至还向外部提供物流服务，因此，有关专业化物流事业者的物流政策，也适用于一部分货主企业。从这个意义上讲，我们还可以从专业化物流主体与非专业化物流主体的角度，对物流政策进行分类。

应该说明的是，以上分类是以“人”为适用对象进行的分类，实际上还可以以“物”为适用对象对物流政策进行分类。以“物”为适用对象进行分类，可以将物流政策划分为土地利用政策、道路政策、物流网点政策、车辆政策、货物政策等。例如，土地利用政策是指针对物流领域的土地利用问题而制定的有关政策（或扶持或限制），如物流用地征用政策、物流设施的布局管制政策等；道路政策是针对物流道路建设与管理而制定的政策，如疏港（站）路、环形路、高架路，以及地下物流通道的开发与建设政策等；车辆政策是针对车辆而制定的政策，如尾气排放标准、装载率管制等。

9.2.3.3　按物流政策功能分类

按物流政策功能不同，可将物流政策划分为减少物流“外部不经济”的政策与促进物流事业发展的政策。前者多属限制类政策，后者多属扶持类政策。

（1）减少物流外部不经济政策。这类政策的主要功能是为了减少物流的外部不经济，具体包括交通管制政策、物流设施与网点建设、布局政策、物流环境政策、物流节能政策等。

（2）促进物流事业发展政策。这类政策的主要功能是为了扶持或促进物流事业的发展，主要包括物流基础设施建设与布局政策、物流信息化政策、物流标准化政策、促进专业化物流企业发展政策、促进中小物流企业发展政策、共同化物流事业推进政策、物流人才培养与教育政策、物流设备与工具开发促进政策等。

当然，按物流政策功能不同，也可将物流政策划分为经济或效率类政策、社会类政策与环境类政策。

9.3　国外物流政策

前面说过，为了促进物流事业的健康发展，最大限度地减少物流所产生的外部不经济，各国都无一例外地对物流活动进行了公开介入或干预，这种公开介入或干预的主要形式就是制定并实施各种物流政策。因此，研究各国物流政策的现状与变迁，对深入理解物流政策理论及其作用机理，进一步改革与完善物流政策，提高物流政策的政策效果等，都具有十分重要的意义，尤其对我国来说，研究、借鉴国外物流政策则更具有现实意义。

本书将从以下几个方面对国外物流政策作一初步研究。

9.3.1 国外物流政策的变迁

9.3.1.1 国外物流政策的产生

我们知道,虽然物流概念最早产生于20世纪初的美国,但是,即使是美国,也直到20世纪50年代,才真正开始重视物流问题。从理论研究来看,自1952年美国著名管理学家德鲁克提出著名的“物流是经济领域的黑暗大陆”主张之后,物流才引起理论界的高度重视,并吸引了众多研究者从事物流理论的研究;从实践来看,也是从20世纪50年代以后,随着第二次世界大战期间美国“军事后勤”理论在企业界的借鉴、应用,才逐渐引起工商企业对现代物流问题的关注。而随着物流理论研究的不断深入,特别是企业物流实践的不断发展,人们发现,制约企业物流效率的因素越来越多,而且很多问题不是企业自身能够解决的,特别是微观物流效率与宏观物流效率,以及物流与整个社会经济之间的“二律背反”现象越来越多,也越来越严重。

人们认识到,要想提高微观效率,特别是要想解决微观物流与宏观物流,以及物流与整个经济、社会发展的“二律背反”问题,社会公共机构有必要对物流活动进行公开介入与干预,即制定并实施必要的物流政策。因此,国外物流政策是随着物流理论研究的不断深入与物流实践的不断发展而产生的。由此可见,没有对物流理论的研究,没有对物流问题的重视,没有物流实践特别是没有企业物流实践的发展,就不会产生或发现只有社会公共机构的公开介入才能解决的物流问题,从而也就不会产生物流政策。从这个意义上讲,国外的物流政策大多起源于20世纪50年代,初步形成于20世纪60年代。

9.3.1.2 20世纪50年代至60年代的物流政策

在20世纪60年代以前,各国的物流政策主要以运输政策为主。这是因为,在20世纪60年代以前,最大的物流问题是如何提高运输与保管能力,以满足经济高速增长所产生的运输需求。从国外的情况来看,20世纪60年代以后,随着生产规模与流通规模的迅速扩大,进一步加剧了物流基础设施供给不足的矛盾,因此,加快公路、港口、流通中心等设施的建设,是这一时期国外物流政策的主要课题。从运输方面来看,从60年代后期开始大力推行集约化(单元化)运输、联合一体化运输、综合货站的普及与应用;从物流设施方面来看,则积极进行流通团地(园区)与流通仓库的建设。

9.3.1.3 20世纪70年代至80年代的物流政策

20世纪70年代以后,尽管一些国家在大规模、复合型的流通团地建设上取得了较大的进展,特别是郊外物流设施的大型化也日益明显,但是,只要不能实现共同化或协同化运作,这些大型化的物流设施仍无法发挥其规模经济效果,同时,即使物流设施内部的功能实现了综合化，但如果不能实现功能上的相互协调，那么，也无法提高物流效率，进而也无法对交通量的减少作出实质性贡献。由于郊外物流设施没有解决城市内的主要物流问题，因此，一些国家的政府又开始转变认识，即认为调整、完善城市内部的小规模物流设施，也许是解决城市内物流问题的有效途径。于是，政策重点又开始转向加强适合区域特点的共同配送中心、共同流通中心、存货设施、公共汽车站、批发中心等市内物流设施的建设。

20世纪80年代以后，一些国家还制定了加强内外贸物流设施建设与调整的政策，其主要措施是从资金与税制上对上述设施的建设与完善给予支持。同时，为了缓解日益严重的环境压力，积极推进并支持企业之间开展共同化物流，并积极向低公害物流方式转换。例如，1986年，为了促进物流网点内货物流通设施的建设与改进，鼓励民间企业建设物流设施，日本政府制定了《关于发挥民间企业的活力，促进特定物流设施建设的临时措施法》（简称"民活法"），同时，为了促进民间企业或组织积极进行城市开发与建设，还制定了《促进民间城市开发特别措施法》（简称"民市法"）。

9.3.1.4 20世纪90年代以后的物流政策

进入20世纪90年代以后，随着经济全球化的发展，物流在各国经济发展中的战略地位日趋显著，一些国家甚至将物流问题作为国家战略问题来看待，而为了使物流事业得到更好的发展，为提高国家竞争力作出更大的贡献，一方面，必须对传统的不适合经济全球化发展要求的物流政策进行改革；另一方面，必须针对经济与物流发展的新趋势，制定一些新的物流政策。例如，1990年，日本政府制定了旨在促进新物流事业体系化的《货物运输代理事业法》及《货物运输事业法》（简称"物流二法"）；1992年，日本政府又制定了《关于促进进口及对外投资事业临时措施法》（简称"进口促进法"），根据该法设立了将港口、机场及其周边进口设施与进口活动相对集中的进口促进区，显然，这项政策是针对扩大进口的需要，提高地方经济活力，在经济全球化背景下实现进口货物顺畅流通而制定的。根据该项法律，日本政府通过日本开发银行的低息贷款、允许地方政府发行债券等方式对进口促进区的建设提供了政策支持。在此基础上，日本政府又于1997年4月，制定了一项综合型物流政策，即《新综合物流政策大纲》（简称"大纲"）。该大纲是以1996年日本内阁制定的"经济结构改革与创新行动计划"为基础，针对物流领域如何适应经济全球化的需要，开发新的事业领域，提高服务水平，加强环境保护而制定的综合物流政策。

《1997年大纲》制定后，每4年修订一次，相关部门以大纲为核心，统一策划实施物流政策。为加强高效率物流基础设施建设，同时解决日益严重的环境保护与循环型社会构建问题，2001年7月，日本政府出台新的《综合物流施策大纲》（2001～2005年）。此后，2005年11月，日本政府又推出新的《综合物流施策大纲》（2005～2009年），其中就环境保护问题制定了具体的物流业发展的环境政策,以加快绿色物流的发展。随着企业供应链的全球化,日本政府认识到降低以亚洲为中心的分散型企业网点间的运输成本以及在维持高安全水平的同时实现物流的高效化的重要性,2009 年 7 月新出台的《综合物流施策大纲》(2009 ~ 2013 年),综合性地提出改善日本与亚洲各国物流项目合作以及对日本报关制度进行持续性评价的措施。

9.3.2 国外物流政策简介

由以上可知,随着时间的推移,国外的物流政策不断发生变化,不仅政策内容不断丰富,而且政策重点也不断转移。但是,不论是现行的物流政策,还是历史上曾经存在的物流政策,或已经进行改革的物流政策,对我国来说,都有很大的参考与借鉴价值,同时,也是我们进行政策研究的基本任务。但是,由于国外物流政策范围极为广泛,内容也十分庞杂,我们无法对每一个国家以及每一个国家的每种物流政策都一一进行介绍、研究,而只能选择一些具有代表性的或具有特色的物流政策进行简单介绍。

9.3.2.1 物流基础设施政策

物流基础设施是开展现代物流所必须具备的基础条件,物流基础设施主要包括铁路、公路、内河航道、港口、车站(铁路与公路)、机场等。为了保证物流基础设施建设能够适应不断增长与变化的物流需求,各国政府制定了一系列规范与促进物流基础设施建设与布局的政策。这类政策总体上包括两大类,一类是有关物流基础设施建设与布局的法律,另一类是有关鼓励物流基础设施投资、建设的经济性政策。就前者而言,主要包括《铁路运输法》、《航空运输法》、《公路运输法》、《管道运输法》、《水上运输法》以及《铁路法》、《公路法》、《航空法》、《港口法》等。这些法律的主要目的是对上述物流基础设施的投资、建设、布局、使用、管理、维护等进行规范,以保证物流基础设施的数量不断增加、功能不断完善、布局日趋合理、使用效率不断提高。就后者而言,则主要由有关物流基础设施的多元化投资体制以及具体的投资鼓励政策构成,如补贴或奖励政策等,其目的是吸引并鼓励民间进行物流基础设施投资。

从政策内容来看,各国物流基础设施政策主要涉及以下问题:实现铁路、公路、港口、机场、物流网点的有机结合,以满足用户的物流需求;加强公路、铁路建设,消除或缓解交通上的瓶颈制约;加快国际中心港口、机场的建设。具体来说,就是要解决城市公路交通的拥挤与混乱;建设高标准的全国性干线公路网、地方公路网,并形成网络;建设与主要物流网点相连接的各种疏港(站)道路;提高主要铁路干线的货物运输能力;建设适应国际海上集装箱港(站)、综合性国际港站开展水、陆、空一体化运输的物流中心等。

9.3.2.2 物流网点政策

物流网点是除物流基础设施以外的所有物流节点,也就是指物流作业的空间场所,具体包括物流中心、仓库、配送中心、流通加工中心等。由于物流网点的规模、功能与布局不仅直接决定物流效率,而且还直接影响交通、居民生活与环境等,因此,物流网点的建设与布局也是国外物流政策所关注的重点问题。

从国外的实际情况来看,这项政策所调整的重点对象是物流网点的空间布局,但政策形式有所不同。有些国家是根据《城市规划法》、《土地开发与利用法》来对物流网点的空间布局进行规范,即要求物流网点的选址必须按照城市规划的要求进行;但是,也有些国家专门制定了有关物流网点建设与布局的法律,例如,日本就有《汽车站法》(1959 年)[①]。该法对汽车站,包括客运与货运车站的空间布局进行法律规范。由于货运汽车站实际上就是货运物流中心,因此,日本的《汽车站法》实际上也就是有关物流网点布局的法律。另外,日本还有《关于流通业务市街地建设调整的法律》(简称"流市法",1966 年)。该法律的主要目的是为了解决城市中心部的交通混乱,缓解日益增长的物流需求与物流设施供给不足的矛盾,提高城市中心部的物流效率,而将城市中心部的流通中心等物流设施逐渐向市中心外部、交通便利的地区转移。按该法第 5 条的规定,物流设施主要有以下几种:①汽车站、铁路货运站及其他存放、中转货物的设施;②批发市场(有形批发市场);③仓库、露天存货场及贮木场;④临时库房或存货场;⑤公路运输企业、仓库企业或批发企业的事务所及店铺;⑥汽车修理工厂、加油站等[②]。该法的基本精神是,要求在充分考虑与主干道路、铁路及港口的位置关系的基础上,将上述物流设施尽量建设在城市周边地区的物流路线的交叉点上,其目的主要是通过将主要物流发源地的物流设施向城市周边地区转移,推动各种物流设施的协同运作,以减少物流量,从而缓解城市的交通混乱,降低物流成本、提高物流效率;同时,随着物流设施向郊外的转移与布局,可以促进物流设施规模的扩大及功能的进一步完善。

9.3.2.3 公路物流政策

由于各国的公路物流在各国各种物流方式中占有重要地位(见表 9-1),而且公路物流的外部经济性(见表 9-2)也是各种物流方式中最突出的,因此,各国针对公路物流所制定的物流政策,也是物流政策的重点内容。

---

① [日]谷口荣一,根本敏则:《城市物流管理》,第 44 页,东京:森北出版株式会社,2001 年版。

② [日]盐见英治,斋藤实:《现代物流系统论》,第 222 ~ 223 页,东京:中央经济社,1998 年版。

表 9－1　不同物流方式货物周转量市场占有率的国际比较

	公路物流	铁路物流	航运物流	航空物流	管道物流	合计*
英国(2008 年)	67.0	8.0	20.0	0.0	4.0	99.0
日本(2009 年)	63.9	4.0	31.9	0.2	0.0	100.0
德国(2008 年)	63.6	21.2	12.0	2.9	0.2	99.9
中国(2010 年)	30.6	19.5	48.3	0.1	1.5	100.0

注：* 存在一定的统计误差。

数据来源：《英国统计年鉴》(2010 年版)，《日本统计年鉴》(2012 年版)，《德国统计年鉴》(2008 年版)，《中国统计年鉴》(2011 年版)。

由《英国统计年鉴》(2010 年版)、《日本统计年鉴》(2012 年版)、《德国统计年鉴》(2008 年版)的统计数据可知，这三国公路物流承担的货物周转量都超过了 60%，在各种物流方式中占比最高，从中可以很明显地看出公路物流的重要地位。

表 9－2　不同物流方式的能源消耗、效率与污染情况

	吨公里二氧化碳排放量(克)	吨公里能源消耗量(千卡)	人均年物流量(万吨公里)	一次可能运输量(吨)
公路物流(卡车)	370	1 041	24.6	5～10
铁路物流	24	120	192.5	500～800
航运物流	35	120	312.6	3 000～8 000

资料来源：[日]国领英雄：《现代物流概论》，第 200 页，东京：成山堂书店，2002 年版。

从公路物流政策的性质来看，多数国家的公路物流政策都属于"法律类政策"，甚至属于物流方面的基本法律。例如，日本有关公路物流的两个法律——《货物汽车运输事业法》和《货物运输代理事业法》，简称为"物流二法"，就是其规范公路物流事业的两个基本法律①。

本来，各国都有《公路运输法》，从而也是公路物流的重要政策之一，但是《公路运输法》的适用对象是包括货运汽车、公交汽车、家用小汽车及出租车等所有公路运输车辆。由于货运与客运存在很大差别，特别是货物运输对物流乃至整个经济与社会发展具有特殊的作用与影响，因此，各国对货运与客运是"区别对待"的，并分别进行立法。显然，《货物汽车运输事业法》就是专门针对货物运输制定的法律，其适用对象是货运

① [日]中田信哉：《物流事典》，第 110 页，东京：日本实业出版社，1996 年版。

汽车。从各国《货物汽车运输事业法》的基本内容来看，主要包括运输公司的设立条件、营业范围、经营方式、货运价格、货运安全等。从发展趋势来看，许多国家对货物运输事业的一些经济或经营性规制是逐步放宽的，但是对货运安全的规制不仅没有放宽，而且还有逐渐加强的倾向。

除《货物汽车运输事业法》外，各国为了发展货运代理事业，还制定了《货物运输代理事业法》。该项法律的主要目的是对货物运输的代理事业或货运代理市场进行规范，但是，调整范围不仅限于公路货运代理，还包括其他形式的货运代理，如铁路、航运与航空货运代理。显然，这项法律对规范货运代理市场的竞争秩序、繁荣货运代理事业、提高全社会物流资源的利用效率是很有意义的。

9.3.2.4 物流效率化政策

提高物流效率是各国物流政策关心的主题，这项政策的内容十分丰富，主要包括三大政策领域：一是物流信息化政策；二是物流标准化政策；三是共同化物流政策。

(1)物流信息化政策。物流信息是物流系统的中枢，特别是在需求多变、产品更新快速、生产周期缩短的速度经济时代，物流信息系统是否准确、快速、高效是能否构建快速反应式现代物流系统的关键，从一定意义上讲，现代物流“玩”的就是高效、快速、智能化的物流信息系统。因此，如何推进物流信息化进程，提高物流信息化水平，是各国政府与企业普遍关心的问题。但是，物流信息化建设包括两层含义：一是微观物流主体内部的信息化建设，如企业内部物流信息系统的建立、应用与维护；二是微观物流主体之间的信息化建设，如货主与货主之间、货主与专业化物流企业之间，以及专业化物流企业之间的信息化建设。特别是后者，不仅重要而且难度较大，远非个别微观组织可以解决的问题，需要政府出面制定若干标准与规则，并进行推广，这样才能实现不同微观主体信息系统的兼容与共享，提高物流信息传递与使用效率。这就是各国制定物流信息化政策的重要动因。

与物流信息化建设问题相对应，各国的物流信息化政策也包括两个层次：一是有关促进微观物流主体进行物流信息化建设的政策；二是有关物流信息标准化与公共物流信息系统开发建设方面的政策。前者主要涉及政府如何向民间企业提供有关物流信息化建设的技术、信息、人才培训等方面的服务，以及对先进企业物流信息化建设经验的推广，鼓励民间企业积极开发更先进、高效的信息系统等方面的内容；而后者包括的内容更多，是各国物流信息化政策的重点。这类政策主要关注或要解决的问题是：统一各种商业票据和商品条码、制定物流信息标准、开发各种信息读取装置；开发道路交通管理系统、卫星定位系统、电子数据交换系统、车辆与货物自动识别系统、货物跟踪系统、车辆与配送供求信息系统等。

(2)物流标准化政策。物流标准化也是与物流效率直接相关的问题，特别是物流设备与工具的标准化，是提高全社会物流效率的前提。各国的物流标准化政策主要涉及运输与装卸设备标准化、包装标准化、物流交易或服务标准化、物流信息标准化、物流成本标准化。

运输与装卸设备与工具标准化的重点是车辆、集装箱、托盘及各种搬运工具的标准化；包装标准化的重点是货物运输包装标准化，即货物运输包装形状与使用的包装材料要标准化；物流交易或服务标准化主要指各种交易票据及主要服务内容的标准化，它的直接好处是有利于提高物流信息的处理速度与准确性；物流信息标准化主要是指信息的传输标准；物流成本标准化主要是指物流成本分类标准与物流成本核算方法。

各国对上述各项标准化一般都采用法律形式来强制推行，其具体的政策形式是各种标准化法法律，以及相应的实施措施。

(3)共同化物流政策。共同化物流也就是协同化或合作化物流，是指通过两个以上物流主体或物流方式的共同合作而进行的物流。其具体形式有两种，一种是人的共同化，一种是物的共同化。人的共同化主要是指共同化配送、共同利用物流设备与工具；物的共同化主要指多种物流方式的有机组合，如铁路、航运与公路的复合运输等。各国都制定了促进共同化物流的相关政策。不过，这项政策多以诱导与鼓励性的行政或经济性政策为主，而很少有强制性的法律。

例如，日本自20世纪90年代以来就制定并推行了"运输方式转换"政策。所谓"运输方式转换"，就是将长途、大宗货物的运输由以卡车运输为主逐渐向铁路、水上运输，以及卡车与铁路、航运的复合运输方式转换。特别是复合运输，由于可以将卡车的机动性、便利性特点与铁路、水运的大宗、经济性特点有机结合、优势互补，从而可以实现高效、快速、低成本与低污染运输，因此，更是得到了特别的重视①。

9.3.2.5 物流环境政策

随着物流规模的扩大、物流事业的发展，特别是公路物流的发展，交通拥挤、大气污染、噪音与振动也越来越严重，成为物流的最重要的外部不经济，因此，针对改善交通拥挤、环境恶化而制定的政策也成为各国物流政策的重中之重。物流环境政策大体分为三类：一类是"发生源政策"；一类是"交通量政策"；一类是"交通流政策"②。

发生源政策主要是针对污染发生源而制定的物流环境政策，包括货运汽车尾气排放的限制政策、货运汽车车型的限制政策、货运汽车噪音与振动限制政策、低公害汽车的开发与应用政策等；交通量政策主要是针对货运车辆走行距离与走行次数而制定的

---

① [日]菊池康也：《物流管理论》，第116～123页，东京：税务经理协会，1997年版。

② [日]盐见英治，斋藤实：《现代物流系统论》，第125页，东京：中央经济社，1998年版。

链　接

各国促进运输方式转换的政策与措施

为了推进运输方式的转换，许多国家制定了一些新的鼓励政策与改革措施：

(1)税制上的优惠。对大型铁路用集装箱、铁路卡车一体化运输设备的生产与应用给予税收政策上的优惠。

(2)开展运输方式转换的试验项目，总结经验，积极推广。

(3)放宽对束缚运输方式转换的有关规制。

(4)鼓励中小卡车运输企业进行联合运输，开发以卡车运输业为主的协作运输系统。

(5)加强运输方式转换的宣传，增强社会各界对推广运输方式转换的意识。

(6)促进铁路与航运部门进一步提高服务水平、降低成本，提高对顾客的吸引力。

(7)加强车站、港口的规划与建设，完善站、港的物流功能。

(8)积极开发大功率货物牵引机车、集装箱货船、滚装货船、汽车专用船等运输设备，增加集装箱列车的编组车辆，增加水运航线，提高铁路与水运的运输能力。

(9)促进卡车运输、铁路、水运行业及运输用户的战略合作。

物流环境政策，包括合理化使用货运汽车政策、促进低公害物流方式的使用政策、共同化物流政策、物流网点的布局规划政策等；交通流政策主要是针对货运车辆的走行路线或方式而制定的环境政策，主要包括环形路、高架路、地下路等的建设政策、公路与铁路交叉点的设计与管理政策、交通管制系统的智能化、信息化与效率化政策、路面停车政策等。

显然，从政策内容来看，大部分交通量与交通流政策不是专门的环境政策，而属于其他领域或目的的物流政策。因此，本书所说的物流环境政策主要是指发生源政策和部分交通量与交通流政策，具体包括上述的货运汽车尾气排放的限制政策、货运汽车车型的限制政策、货运汽车噪音与振动限制政策、低公害汽车的开发与应用政策、低公害物流方式使用政策、路面停车政策等。其中，货运汽车尾气排放限制政策是针对所有地区与车型的，一般由各国的《环境保护法》或《大气污染防止法》来调整，而货运汽车车型的限制政策只适用于特定区域，如大城市等，一些国家对进入大城市及其特定区域的货运车型往往有很严格的限制。另外，这里所说的低公害汽车主要是指电动车，目前一些发达国家在电动车的开发上已取得了相当的进展，但还没有进入实用化阶段，为了加快电动车的开发与应用，一些国家出于环境保护的角度制定了这项政策。低公害物流方式使用政策，主要包括两项内容，一是鼓励、促进由铁路与航运物流代替公路物流，或者鼓励使用铁路、航运与公路的复合物流方式，以尽量减少公路物流；二是鼓励利用营业性货运汽车，而尽量减少自有货运汽车的拥有量与使用量。

从各国的实际情况来看，上述物流环境政策多数属于限制类政策，但也有一些属于扶持与促进类政策。同时，一些国家的物流环境政策不仅很严格，而且很具体，也很有特色。

9.3.2.6 中小企业物流政策

无论是发达国家，还是发展中国家，中小企业不仅数量巨大，而且对经济与社会发展具有不可替代的作用。这是各国关心、扶持中小企业健康发展的直接原因。为了促进中小企业的健康发展，世界各国都制定了许多扶持与支援中小企业发展的政策，其中也包括以提高中小企业物流效率为直接目标的政策。中小企业物流政策的重点内容主要有两项：一项是允许并鼓励中小企业成立“物流合作社”组织；二是在资金上直接支援中小企业的“共同利用型”物流中心的建设与运营。例如，日本于 1992 年就制定了《中小企业流通业务效率化促进法》，该法对上述两项政策内容作出了明确而具体规定①。

9.3.3 国外物流政策的发展趋势

进入 20 世纪 90 年代，特别是 21 世纪以来，经济全球化的进程进一步加快，物流全球化、智能化的趋势也愈加明显，尤其是全球范围内的环境压力越来越大，这就要求各国必须调整传统的着眼于国内物流、而且以效率优先为原则的政策思路，而将有利于全球化、智能化、环保型物流的实现作为物流政策的制定原则与出发点，从而使各国的物流政策发生了很大变化，显现出以下发展趋势：

9.3.3.1 经济性管制放宽，社会性管制趋严

为了适应世界经济信息化、网络化、服务化及市场全球化的需要，各国政府都不同程度地进入了“放宽管制”的时代。传统的自由度较高的市场经济国家（如美国与英国）自不必说，即使是自由度相对较低的市场经济国家（如日本与法国），也开始对传统

① ［日］谷口荣一，根本敏则：《城市物流管理》，第 45 页，东京：森北出版株式会社，2001 年版。

的“管制”项目进行调整，或降低管制程度，或缩小管制范围，或取消管制等。不仅如此，一些处于发展或改革过程中的市场经济国家（如中国、东南亚新兴工业国家或地区等），也随着国内经济体制改革的不断深化、全球化市场竞争的日益激烈，或根据加入WTO的承诺，而大大放宽了传统的“管制”项目。因此，从总体上说，放宽管制是世界潮流，是全球性的。

那么，“放宽管制”中的“管制”究竟是什么呢？或者说，世界性的放宽管制，究竟要放宽哪些管制？是不是对所有的管制都放宽了呢？根据各国的实践，我们的回答是：所谓放宽管制，主要是放宽经济性管制，而不是社会性管制。而所谓经济性管制，主要包括两类，一类是针对商品或服务要达到一定的品质而进行的质的管制，一类是针对商品、服务的供给者（企业）数量和商品、服务的供给量而进行的量的管制。前者主要是指商品或服务的价格、质量管制，后者主要是指新企业的进入及其供给量的管制，尤其是新企业市场进入的管制是该种管制的重点。就物流领域的经济性管制而言，就是对各类物流事业者（企业）的市场进入进行管制，以及对各类物流事业者的价格、收费水平、服务标准等进行管制。

经济性管制不仅妨碍国内市场的竞争，而且也妨碍国际市场竞争特别是国内市场的国际竞争，从而不利于提高用户或消费者的福利，也不符合经济全球化的要求，因此，各国的经济政策与物流政策都倾向于放宽或取消各种经济性管制。从物流领域来看，美国、英国等国家在20世纪90年代就对物流政策进行了大幅度调整，基本取消了经济性管制，从而促进了物流市场的竞争，降低了物流成本与物流服务价格，也提高了物流服务水平，因此，20世纪90年代以来，美国全社会物流成本的降低（见表9－3）与“放宽管制”的物流政策是分不开的（但进入21世纪以来，美国物流成本又开始有所回升）。

表9－3　美国物流成本占GDP的比重

年　份	仓储费用（%）	运输费用（%）	物流管理费用（%）	合计（%）
1996	3.9	6.0	0.3	10.2
1999	3.6	6.0	0.3	9.9
2002	2.9	5.5	0.4	8.8
2005	3.1	5.9	0.4	9.4
2007	3.5	6.2	0.4	10.1

数据来源：彭彤丽：《降低我国物流成本的措施探讨——基于中美物流成本的对比分析》，载于《经济地理》，2009年第6期。

日本于20世纪90年代初也开始放宽了物流领域的各种经济性管制。例如，大大放宽了对物流企业的市场进入限制，如将公路货运企业拥有的最低车辆数由原来的10

台降低到现在的5台，因此，新企业的进入原则上是自由的；放宽了物流企业的价格限制，如将公路货运的价格由原来的审批制改为现在的备案制，因此，原则上是可以自由定价的；取消了物流企业的营业区域限制，物流企业可以跨地区开展物流业务等。

与经济性管制不同，社会性管制主要指对企业经营所产生的各种外部不经济的管制，如对生产安全、环境污染等方面的管制。对物流领域而言，其主要的社会性管制就是交通安全、大气污染、噪音、振动及能源消耗。从各国物流政策的发展趋势来看，与放宽经济性管制不同，对物流的社会性管制不仅没有放松，反而更加严格。例如，禁止货运汽车的超载行驶，对违反者不仅要追求车辆拥有者与使用者的责任（主要是罚款），也追究司机的责任；另外，对货运车辆的二氧化碳、氮氧化合物及粉尘排放量的限制标准也越来越严格。同时，对货运车辆的安全性限制也日趋严格，例如，为了提高货运车辆的安全性，美国强化了对路上车辆的安全检查制度，全美各州大约有8 000名路上车辆检查人员，对行驶车辆的刹车、总重量、装载情况、燃料税的缴纳、驾照、健康证明等进行检查，每年大约有50万台的车辆和15万名司机要受到停止营业或驾驶的处分，而且对违反驾驶时间限制让司机进行疲劳驾驶的经营者给予刑事处分①。当然，物流领域的社会性管制，还包括物流设施、网点空间布局的管制，而各国对这方面的管制也是日渐趋于严格的。

9.3.3.2 综合化、系统化

进入90年代后期，各国物流政策的一个重要趋势是综合化、系统化。这不仅因为现代物流本身就是一个包含多种构成要素的大系统，而且还因为现代物流系统也是整个经济、社会这个更大系统的有机组成部分，并对整个经济、社会系统产生越来越重要的影响。因此，要求物流政策也必须是综合的、系统的，不仅要考虑物流本身的效率，还要考虑物流系统对整个经济、社会系统的影响、贡献或外部不经济；不仅要考虑物流基础设施的建设与布局，还要考虑物流网点的网络化；不仅要考虑国内物流的效率，还要考虑国际物流，特别是区域化国际物流的效率；不仅要考虑硬件建设，还要考虑软件建设；不仅要考虑经济效率，还要考虑社会与环境效应，等等。物流政策的综合化与系统化的具体体现就是，各国除了针对个别物流领域或个别物流问题制定了一系列个别化物流政策外，往往还有一个跨部门、跨行业的总括式的物流政策。例如，日本于1997年制定的《新综合物流政策大纲》就属于该类政策的典型代表。

9.3.3.3 重点突出、目标明确、跟踪实施

尽管各国物流政策体系日趋完善，内容也愈加丰富，但是，并非对所有物流问题都给予同等的政策关怀，而是要重点突出，目标明确。从各国物流政策的发展趋势来看，

---

① ［日］谷口荣一，根本敏则：《城市物流管理》，第151页，东京：森北出版株式会社，2001年版。

其重点政策主要体现在以下几个方面：

(1)完善基础设施。不论经济如何发展，物流方式与技术如何变革，铁路、公路、管道、港口、机场、车站等物流基础设施都是开展现代物流的重要基础或前提，因此，加强物流基础设施的建设，仍然是各国物流政策的一个重点内容。其根本原因是，上述这些物流基础设施具有公共物品的性质，因此，不论物流领域的经济性管制如何放宽，相对需求而言，物流基础设施的供给很容易产生不足，这就需要利用社会公共机构与民间的各种力量来扩大物流基础设施的供给能力，从而也需要社会公共机构，特别是政府制定相应的政策，以保证上述目标的实现。

各国有关物流基础设施建设方面的政策，主要涉及三个方面的基本内容，一是从法律上保证政府对物流基础设施的投资建设；二是从经济政策上鼓励民间参与物流基础设施的投资建设；三是从规划上保证物流基础设施空间布局的合理化。当然，由于一些国家的物流基础设施在数量上已比较充实，特别是一些发达国家更是如此，因此，这些国家的物流基础设施政策则更侧重于物流基础设施的结构(尤其是空间结构)调整、功能完善与使用效率的提高。同时，一些国家也将大型物流网点(如物流中心、配送中心、流通加工中心等)，特别是城市中心部的大型物流网点作为物流基础设施政策所考虑的问题。

(2)重视智能化。物流智能化是物流信息化与物流自动化的统一，因此，智能化的前提是信息化与自动化。智能化物流是国外物流发展的重要趋势，在各国的物流政策体系中，有关物流智能化的促进政策占有十分重要的地位。当然，物流智能化的促进政策主要包括物流信息化政策与物流自动化政策。在这些政策中，重点支持与鼓励开发、应用的信息化与自动化技术主要有数据库技术、条形码技术、电子订货系统、电子数据交换系统、供应链管理系统应系统、卫星定位系统、智能交通系统、自动收费系统、自动分拣系统、自动存取系统、货物跟踪系统、数字化地图等。但是，要实现物流的信息化与自动化，还必须对物流工具、物流设备、物流信息等实行标准化，所以有关物流标准化的政策也是各国物流政策的重要内容。

(3)突出环保。随着环境问题的日益突出，各国物流政策的一个重要发展趋势，就是越发重视物流环境政策的制定与实施。各国的物流环境政策有两大趋势：一方面，对造成环境污染的物流设施、设备、工具与物流行为的管制越来越严格，越来越具体；另一方面，对有利于减少环境污染的物流设施、设备、工具的开发、应用加大支持力度。如制定并严格执行货运汽车的尾气、氮氧化合物、粉尘等的排放标准；设置“环保税”，促进低公害物流设备与工具的开发与应用等。

(4)推进全球化。为适应经济全球化的要求，各国非常重视旨在推进物流全球化进程的物流政策，具体包括强化国际物流功能，提高国际物流效率，放宽国际物流资本的进入限制、加强区域物流的国际合作等方面的政策。例如，改善国际干线航路、中央枢纽国际港、国际海运集装箱终端、多功能国际货运终端等物流设施的功能，提高作业效率，实行港口 24 小时开放制，实行通关手续一体化、自动化等，都是该项政策的主要内容。

另外，一些国家的物流政策不仅重点突出，而且目标明确。例如，前面提到的日本《新综合物流政策大纲》中就有许多具体的数字化目标，即到 2005 年城市货运汽车的装载率要达到 50% 以上；高峰期的时速要达到 25 公里/小时；标准化托盘使用率要达到 90%；进出口集装箱陆上运输费用要降低 30%；从汽车专用道路的出入口在 10 分钟之内到达主要机场和港口的比例要达到 90% 以上；在长途杂货运输中，铁路与航运货物的比例要达到 50%；集装箱货物从进港到运出集装箱货场的时间，最多不超过 2 天，等等[①]。

除目标明确外，各国政府对各种物流政策的实施情况还进行适时跟踪，并对政策内容随时进行调整或补充，从而保证了物流政策的贯彻、执行，提高了物流政策的实施成效。

案例

各国的物流环境政策

为了限制二氧化碳的排放量，节约能源消耗，1990 年芬兰、1991 年挪威与瑞典、1992 年荷兰、1993 年丹麦分别设立了“环境税”或“二氧化碳税”。另外，多数国家还对货运汽车的通行路线、通行时间带、车型与载重量、装载率等进行限制。例如，荷兰的阿姆斯特丹市一直实行大型货运汽车进入市区的限制政策，即在市内一般道路上不允许总载重量为 7.5 吨以上的大型货运汽车通行，但是 1998 年该市对这一限制政策进行了调整，即总载重量为 7.5 吨以上的大型货运汽车，满足以下三个条件的，也可以在市内一般道路上通行。这三个条件是：装载率在 80% 以上，车辆总长在 9 米以下，尾气排放量符合规定标准。显然，这一政策是出于提高货运汽车物流效率与减少环境污染的考虑而采用的。再比如，荷兰鹿特丹近郊的高速公路设有大型货车的专用通道，该通道不允许一般载客汽车通行，如有违反，则要进行罚款。显然，这是一种优先货运汽车通行的管制政策。鹿特丹市之所以制定这样的政策，主要是为了提高鹿特丹港的物流畅通，以提高其竞争力 。

资料来源：[日]谷口荣一，根本敏则：《城市物流管理》，第 135 页，东京：森北出版株式会社，2001 年版。

① 靳伟：《日本新综合物流政策大纲》，载于《物流技术与应用》，2002 第 2 期、第 3 期。

9.4 我国物流政策体系的构建

9.4.1 我国现行物流政策的主体

根据我国现行的宏观物流管理体制，对全社会物流活动进行公开介入与干预的社会公共机构很多，具体包括立法机构、司法机构、政府机构（部门）与行业自律组织。

9.4.1.1 立法机构

我国的立法机构主要指全国或地方人民代表大会及其常务委员会，有关物流方面的法律、法规也要由上述立法机构制定或审议、通过。全国人民代表大会及其常务委员会负责全国性的物流立法，地方人民代表大会及其常务委员会负责地方性物流立法。

9.4.1.2 司法机构

我国的司法机构主要指全国或地方的“公、检、法”系统，负责全国或地方的执法工作，包括物流领域的执法工作。但是，在我国，政府部门也具有部分执法或司法职能，例如，属于政府系列的工商行政管理部门、物价管理部门、城市建设与土地管理部门、环境保护部门，以及地方政府成立的“综合执法局”等部门实际上都拥有很大的执法权。当然，这些部门对物流领域也拥有相应的执法权。

9.4.1.3 政府机构

我国的政府机构主要分为两大系列，一是中央政府系列，一是地方政府系列。中央政府系列由国务院所属部门构成；地方政府系列也由各个职能部门构成，但地方政府又分为省（包括直辖市、自治区）、市（地区、省辖市、计划单列城市）、县（区、县级市）、乡（镇）及村民委员会等5个层次。当然，中央政府拥有对地方政府的管辖权，上级政府拥有对下级政府的管辖权。中央政府（国务院）与地方政府的所属部门是根据职能分工原则设立的，往往由很多部门构成。但是，地方政府的各个职能部门除接受同级地方政府的领导（在我国，一般称为“块块管理”）外，还要接受中央政府有关职能部门的领导（一般称为“条条管理”），也就是说，地方政府的各职能部门要接受“双重”领导。

9.4.1.4 行业自律组织

我国的行业自律组织主要是指各类行业协会或学会。行业自律组织虽然是民间机构，但是，由于它不代表个别企业的个别利益，而是代表一个行业内的所有企业的共同利益，因此，它也具有社会公共机构的属性，从而也具有对经济活动的公开介入与干预职能。同时，行业自律组织的“行规”或“准则”具有规范与指导作为加盟者的个别企业行为的职能，从而也具有“政策”性质。目前，我国主要的全国性物流行业自律组织有：中国物流与采购联合会、中国物流学会、中国市场学会、中国交通运输协会、中国交通企

链 接

我国制定物流政策的政府部门

在我国，政府部门是经济活动的主要介入与干预者，不仅通过政府的有关经济政策或行政命令(通知、指示等)来介入与干预经济活动，而且也是各种经济或行政法规的主要"立案人"。因此，政府对经济活动的干预最直接、最广泛、最重要。由于我国各级政府部门的分工比较明确，因此，不是所有政府部门都是物流政策的制定者与执行者。从我国的实际情况来看，作为政府部门的物流政策主体主要包括铁路、交通、民航、海关、外经外贸、经济贸易委员会、发展和改革委员会、环境保护、城市规划与土地管理等部门。

业协会、中国铁道学会、中国公路学会、中国仓储协会、中国物资储运协会、中国船东协会、中国港口协会、中国货代协会、中国船代协会、中国包装协会等。这些行业自律组织也是我国物流政策主体的主要成员之一。

9.4.2 我国现行物流政策的主要内容

从目前来看，我国物流政策的基本形式主要有两类：一类是有关物流的各种法律、法规；一类是有关物流的各种"意见"、"通知"等行政类政策。

9.4.2.1 法律类物流政策

根据对我国现行各种法律、法规的检索，我们发现与物流有关的各种法律、法规、条例、规定、规则非常多，以致我们无法一一列出。这些繁多的法律、法规又可进一步分为两类：一类是适用于各个部门、各个领域的，进而也适用于物流领域的法律、法规；一类是适用于铁路、公路、水路、航空、管道等交通运输领域的法律、法规。在此，我们将与物流相关度最高的主要法律、法规介绍如下：

(1)《中华人民共和国铁路法》(以下简称《铁路法》)。《铁路法》于1990年9月7日在第七届全国人民代表大会常务委员会第15次会议上通过，并于1991年5月1日起施行。该法共6章74条，分别对铁路的概念、铁路工作主管部门及其管理权限、铁路运输企业及其职能、铁路运输营业、铁路建设、铁路安全与保护等进行了法律规范，是我国交通运输方面的主要立法，从而也是我国铁路物流方面的基本法律之一。除《铁路法》以外,与铁路物流相关的法规或规则主要有:《铁路货物运输管理规则》(1991 年颁布,2000 年修订)、《铁路集装箱运输管理规则》(1989 年)。这两个"规则"主要是针对铁路货物运输的法律文件,因此,也是有关铁路物流的代表性政策。

(2)《中华人民共和国公路法》(以下简称《公路法》)。《公路法》于 1997 年 7 月 3 日第八届全国人民代表大会常务委员会第 26 次会议通过,并于 1999 年 1 月 1 日起施行。1999 年 10 月 31 日根据第九届全国人民代表大会常务委员会第十二次会议《关于修改〈中华人民共和国公路法〉的决定》第一次修正通过,2004 年 8 月 28 日又根据第十届全国人民代表大会常务委员会第十一次会议《关于修改〈中华人民共和国公路法〉的决定》第二次修正通过。该法共分 9 章 88 条,分别对我国公路的概念、公路的等级、公路工作主管部门及其管理权限、公路规划、公路建设、公路养护、路政管理、收费公路、监督检查、法律责任等进行了法律规范,是我国公路建设、使用、管理方面的最高法律。显然,《公路法》侧重于对公路的规划、建设、使用与管理进行规范,而涉及公路运输方面的内容并不多。因此,在《公路法》以外还制定了许多有关公路运输方面的法规或规则,其中,与公路物流直接相关的法律规定主要有:《城市道路管理条例》(1996 年)、《道路运输车辆维护管理规定》(1996 年颁布,2001 年修订)、《汽车货物运输规则》(1999 年)、《外商投资道路运输业管理规定》(2001 年颁布,2003 年补充)《中华人民共和国道路交通安全法》(2003 年颁布,2011 年第二次修订)、《中华人民共和国道路交通安全法实施条例》(2004 年)。上述这些条例、办法或规则分别对车辆及车辆的装载与行驶、道路管理、公路货物运输等进行了规范,因此,是我国重要的公路物流政策。

(3)《中华人民共和国水路运输管理条例》(以下简称《水运条例》)。目前,我国还没有水路运输方面的正式法律,现行的《水运条例》是我国最权威的有关水路运输管理的行政法规。该条例于 1987 年 5 月 12 日由国务院发布,并于 1987 年 10 月 1 日起施行,且于 2008 年通过第二次修订。修订后条例共 4 章 33 条,分别对水路运输的概念、水路运输的种类、水路运输事业的主管部门及其权限、水路运输的营运管理等进行了规范。除此之外,与水路运输相关的行政法规还有:《中华人民共和国航道管理条例》(1987 年颁布,2008 年修订)、《中华人民共和国海上交通安全法》(1983 年)、《中华人民共和国内河交通安全管理条例》(2002 年)、《中华人民共和国海港管理暂行条例》(1954 年)、《中华人民共和国河道管理条例》(1988 年)、《中华人民共和国船舶登记条例》(1994 年)、《水路货物滚装运输规则》(1997 年)等。上述这些条例或规则分别对航道的规划、建设、保护、海上与内河交通安全、海港与内河码头的建设与管理、船舶管理等进行了规范,是水路物流方面的主要政策。

(4)《中华人民共和国民用航空法》(以下简称《民航法》)。《民航法》于 1995 年 10 月 30 日第八届全国人民代表大会常务委员会第 16 次会议通过,并于 1996 年 3 月 1 日起施行。该法共有16章214条,分别对民用航空器国籍、民用航空器权利、民用航空器适航[①]管理、航空人员、民用机场、空中航行、公共航空运输企业、公共航空运输等进行了较为详细的规定,是我国民用航空事业的基本法律,但该法很少涉及航空货物运输方面的内容。因此,为了弥补这方面的不足,我国又先后制定并施行了《中国民用航空货物国内运输规则》(1996)、《中国民用航空货物国际运输规则》。这两个"规则"是针对航空货物运输而制定的,因此,是我国航空物流方面的主要政策。

(5)《中华人民共和国海关法》(以下简称《海关法》)。《海关法》于1987年1月22日第六届全国人民代表大会常务委员会第19次会议通过,并于1987年7月1日起施行,后于2000年7月8日第九届全国人民代表大会常务委员会第十六次会议通过《关于修改〈中华人民共和国海关法〉的决定》对《海关法》进行修正。该法共有9章99条,分别对进出境运输工具、进出境货物(法人)、进出境物品(个人)、关税、海关事务担保、海关的权限及其隶属关系、执法监督等进行了详细的规定。《海关法》虽然主要是规范进出口商品"商流"行为的法律,但也直接对进出口商品的"物流"行为产生影响,因此,《海关法》也是有关物流,特别是国际物流方面的政策。

(6)《中华人民共和国海商法》(以下简称《海商法》)。《海商法》于1992年11月7日第七届全国人民代表大会常务委员会第28次会议通过,并于1993年7月1日起施行。该法共有15章278条,分别对船舶、船员、海上货物运输合同、海上旅客运输合同、船舶租用合同、海上拖船合同、船舶碰撞、海难救助、共同海损、海事赔偿责任限制、海上保险合同等进行了法律规范。《海商法》调整的主要内容是海上运输关系、船舶关系,因此,也是有关海运物流方面的重要政策。除《海商法》外,我国还制定并施行了《中华人民共和国国际海运条例实施细则》(2003年)。该实施细则分别对国际船舶代理、国际班轮运输、国际集装箱运输等进行了详细规定,因此,也是有关海运物流方面的重要政策。

除上述法律、法规外,与物流相关并对物流活动具有调整作用的法律、法规还有:《石油天然气管道保护条例》(2001年)、《中华人民共和国土地管理法》(1998年颁布,2004年修订)、《中华人民共和国邮政法》(1986年颁布,2009年修订)、《中华人民共和国城市规划法》(1989年)、《中华人民共和国建筑法》(1997年颁布,2011年修订)、《中华人民共和国环境保护法》(1989年)、《中华人民共和国大气污染防治法》(1995年颁布,2000年修订)、《中华人民共和国水污染防治法》(1996年颁布,2008年修订)、《中华人民共和国固体废物污染环境防治法》(1995年颁布,2004年修订)、《中华人民共和国环境噪声污染防治法》(1996年)、《中华人民共和国海洋环境保护法》(1982年颁布,1999年修订)、《外商投资国际货物运输代理企业管理规定》(2001年)。这些法律、法

① "适航"为民用航空业的术语,即航空器(飞机)的技术与安全性能达到正常飞行的要求,处于可飞行状态。

规分别对管道物流、邮政物流、物流设施与网点的建设与布局、物流设备与工具(特别是车辆与船舶)的环境污染、物流产业的对外开放等进行了法律规范,因此也是间接的法律类物流政策。

9.4.2.2 行政类物流政策

当然,除法律法规外,政府部门有关物流方面的一些"通知"、"意见"也是很重要的物流政策。这些政策往往具有较强的时效性,也很有针对性,对全社会的物流活动具有直接的干预作用。根据我们的检索,近几年我国政府部门针对物流领域而颁布的主要"通知"、"意见"有:交通运输部发布的《交通部关于印发关于促进国际集装箱内支线运输发展的若干意见的通知》(2004 年)、交通运输部发布的《关于加强内河集装箱运输安全管理的通知》(2009 年)、国务院发布的《国务院关于印发物流业调整和振兴规划的通知》(2009 年)、国办发布的《国办转发六部门关于推动农村邮政物流发展的意见》(2009 年)、国家发改委编制的《国家发展改革委关于印发农产品冷链物流发展规划的通知》(2010 年)、国务院办公厅发布的《国务院关于加快长江等内河水运发展的意见》(2011 年)、国务院办公厅发布的《国务院办公厅关于促进物流业健康发展政策措施的意见》(2011 年)、交通运输部发布的《关于促进沿海港口健康持续发展的意见》(2011 年)。

链 接

国务院办公厅关于促进物流业

健康发展政策措施的意见

国办发〔2011〕38 号

各省、自治区、直辖市人民政府,国务院各部委、各直属机构:

为进一步贯彻落实《国务院关于印发物流业调整和振兴规划的通知》(国发〔2009〕8 号)精神,制定和完善相关配套政策措施,促进物流业健康发展,经国务院同意,现提出以下意见:

一、切实减轻物流企业税收负担

根据物流业的产业特点和物流企业一体化、社会化、网络化、规模化发展要求,统筹完善有关税收支持政策。有关部门要抓紧完善物流企业营业税差额纳税试点办法,进一步扩大试点范围,并在总结试点经验、完善相关配套措施的基础上全面推广。要结

链 接

合增值税改革试点，尽快研究解决仓储、配送和货运代理等环节与运输环节营业税税率不统一的问题。研究完善大宗商品仓储设施用地的土地使用税政策，既要促进物流企业集约使用土地，又要满足大宗商品实际物流需要。

二、加大对物流业的土地政策支持力度

仓储设施、配送中心、转运中心以及物流园区等物流基础设施占地面积大、资金投入多、投资回收期长，要在加强和改善管理、切实节约土地的基础上，加大土地政策支持力度。科学制定全国物流园区发展专项规划，提高土地集约利用水平，对纳入规划的物流园区用地给予重点保障。对各地区物流业发展规划确定的重点物流项目用地，应在土地利用总体规划修编时纳入规划统筹安排，涉及农用地转用的，可在土地利用年度计划中优先安排。对政府供应的物流用地，应纳入年度建设用地供应计划，依法采取招标、拍卖或挂牌等方式出让。积极支持利用工业企业旧厂房、仓库和存量土地资源建设物流设施或提供物流服务，涉及原划拨土地使用权转让或租赁的，应按规定办理土地有偿使用手续，经批准可采取协议方式出让。土地出让收入依法实行“收支两条线”管理。

三、促进物流车辆便利通行

进一步降低过路过桥收费，按照规定逐步有序取消政府还贷二级公路收费，减少普通公路收费站点数量，控制收费公路规模，优化收费公路结构。加大对高速公路收费的监管力度，撤并不合理的收费站点，逐步降低偏高的高速公路收费标准，对已出让经营权的繁忙路段，应根据政府财力状况逐步回购经营权。尽快研究修订《收费公路管理条例》，统筹发展以普通公路为主的体现政府普遍服务的非收费公路和以高速公路为主的收费公路。大力推行不停车收费系统，提高车辆通行效率。抓紧修订完善道路大型物件运输管理办法和超限运输车辆行驶公路规定，规范道路交通管理和超限治理行为。按照依法、高效、环保的原则，研究制定城市配送管理办法，确定城市配送车辆的标准环保车型，全面禁止

☞ 链 接

将客运车辆改装为货运车辆，有效解决城市中转配送难、配送货车停靠难等问题，促进符合条件的物流企业加快规模化发展。研究调整挂车交强险征收政策，促进甩挂运输发展。

四、加快物流管理体制改革

加快推进物流管理体制改革，打破物流管理的条块分割。加强依法行政，完善政府监管，强化行业自律。结合制(修)订相关法律、行政法规，在规范管理的前提下适当放宽对物流企业资质的行政许可和审批条件，改进资质审批管理方式。认真清理针对物流企业的资质审批项目，逐步减少行政审批。要破除地区封锁和体制、机制障碍，积极为物流企业设立法人、非法人分支机构提供便利，鼓励物流企业开展跨区域网络化经营。进一步规范交通、公安、环保、质检、消防等方面的审批手续，缩短审批时间，提高审批效率。对于法律未规定或国务院未批准必须由法人机构申请的资质，物流企业总部统一申请获得后，其非法人分支机构可向所在地有关部门备案获得。物流企业总部统一办理工商登记注册和经营审批手续后，其非法人分支机构可持总部出具的文件，直接到所在地工商行政管理机关申请登记注册，免予办理工商登记核转手续。合理规划口岸布局，改善口岸通关管理，提高通关效率，促进国际物流和保税物流发展。加强物流业政策及法规体系建设，从国民经济行业分类、产业统计、工商注册、土地使用及税目设立等方面明确物流业类别，进一步确定物流业的产业地位。尽快完善物流调查统计和信息管理制度。

五、鼓励整合物流设施资源

支持大型优势物流企业通过兼并重组等方式，对分散的物流设施资源进行整合；鼓励中小物流企业加强联盟合作，创新合作方式和服务模式，优化资源配置，提高服务水平，积极推进物流业发展方式转变。目前只为本行业本系统提供服务的仓储和运输设施，要积极创造条件向社会开放，开展社会化物流服务。支持商贸流通企业发展共同配送，降低配送成本，提高配送效率。支持物流企业加强与制造企业合作，全面参与制造企业的供应链管理，或

链　接

与制造企业共同组建第三方物流企业。制造企业剥离物流资产和业务，可根据《财政部国家税务总局关于企业重组业务企业所得税处理若干问题的通知》(财税〔2009〕59号)、《财政部国家税务总局关于企业改制重组若干契税政策的通知》(财税〔2008〕175号)和《财政部关于企业重组有关职工安置费用财务管理问题的通知》(财企〔2009〕117号)等文件规定，享受税收、资产处置、人员安置等相关扶持政策。统筹规划和发展工业园区、经济开发区、海关特殊监管区域、高新技术产业园区等制造业集聚区的物流服务体系，积极引导区内企业将物流业务外包，扩大物流需求，推动区域内物流基础设施和信息平台等共享共用。

六、推进物流技术创新和应用

加强物流新技术的自主研发，重点支持货物跟踪定位、无线射频识别、物流信息平台、智能交通、物流管理软件、移动物流信息服务等关键技术攻关。适时启动物联网在物流领域的应用示范。加快先进物流设备的研制，提高物流装备的现代化水平。加强物流标准的制定和推广，促进物流标准的贯彻实施。鼓励物流企业应用供应链管理技术和信息技术，地方各级人民政府对物流企业的物流信息平台建设要积极给予扶持。推动有关部门、重点制造企业和商贸企业、物流企业不断提高物流信息资源的开发利用水平，促进物流信息的科学采集、安全管理、有效利用、深度开发、有序交换和集成应用。调整完善物流企业申请高新技术企业的认定标准，具备条件的物流企业可以享受高新技术企业的相关政策。推进物流信息资源开放共享，处理好安全与协同的关系，鼓励采取多种方式实现物流信息的互通交换，促进信息流、物流和资金流的协同和联动，提高物流服务效率和经营管理水平。

七、加大对物流业的投入

各级人民政府要加大对物流基础设施投资的扶持力度，对符合条件的重点物流企业的运输、仓储、配送、信息设施和物流园区的基础设施建设给予必要的资金扶持。积极引导银行业金融机构加大对物流企业的信贷支持力度，加快推动适合物流企业特点的

链 接

金融产品和服务方式创新，积极探索抵押或质押等多种贷款担保方式，进一步提高对物流企业的金融服务水平。完善融资机制，进一步拓宽融资渠道，积极支持符合条件的物流企业上市和发行企业债券。

八、优先发展农产品物流业

要把农产品物流业发展放在优先位置，加大政策扶持力度，加快建立畅通高效、安全便利的农产品物流体系，着力解决农产品物流经营规模小、环节多、成本高、损耗大的问题。大力发展"农超对接"、"农校对接"、"农企对接" 等产地到销地的直接配送方式，支持发展农民专业合作组织，加强主产区大型农产品集散中心建设，促进大型连锁超市、学校、酒店、大企业等最终用户与农民专业合作社、生产基地建立长期稳定的产销关系。发挥供销社和邮政等物流体系在农村的网络优势，积极开展"农资下乡"配送和农产品进城配送服务。抓紧开展农产品增值税抵扣政策调整试点，妥善解决农产品进项税抵扣中存在的问题，鼓励大型企业从事农产品物流业，提高农产品物流业的规模效益。加大农产品冷链物流基础设施建设投入，加快建立主要品种和重点地区的冷链物流体系，对开展鲜活农产品业务的冷库用电实行与工业同价。推动农产品包装和标识的标准化，完善农产品质量安全可追溯制度。提高对农产品批发市场和农贸市场(含社区菜市场)公益性的认识，加大政府投入和政策扶持力度。加强农产品批发市场、农贸市场的规划和建设，新建城市居住区要严格按照相关规定，配套建设社区菜市场或相应的商业设施，不得随意改变用途。农产品批发市场用地作为经营性商业用地，应严格按照规划合理布局，土地招拍挂出让前，所在区域有工业用地交易地价的，可以参照市场地价水平、所在区域基准地价和工业用地最低价标准等确定出让底价，土地出让后严禁擅自改变用途从事商业性房地产开发，确需改变用途、性质或者进行转让的，应当符合土地利用总体规划并经依法批准。研究农产品批发市场相关房产税政策，农产品批发市场和农贸市场的用水、用电、用气、用热价格实行与工业

☞ 链 接

同价。规范和降低农产品批发市场、农贸市场的摊位费等相关收费,必要时按法定程序将摊位费纳入地方政府定价目录管理,清理超市向供应商收取的违反国家相关法律法规的通道费。继续严格执行并完善鲜活农产品“绿色通道”政策,进一步加强管理,完善技术手段,提高车辆检测水平和通行效率。进一步落实鲜活农产品配送车辆24小时进城通行和便利停靠政策。提高粮食物流现代化水平,推进粮食储、运、装、卸的“四散化”,加强东北产区散粮收纳和发放设施及南方销区的铁路、港口散粮接卸设施建设,推动东北地区散粮火车入关,加快发展散粮铁水联运。进一步推进棉花质检体制改革,提高棉花包装质量和物流技术装备水平与标准化程度,在全国范围推行棉花的机械快速装卸作业法,组织好新疆棉外运工作。

九、加强组织协调

各地区、各有关部门要充分认识物流业的重要性,加快政府职能转变和管理创新,积极推动物流业又好又快发展。国务院有关部门要按照职能分工,加强对物流业发展的协调指导,抓紧细化政策措施,认真组织贯彻实施,切实规范物流服务,提升物流业经营水平。发展改革委要会同有关部门加强对各项政策措施落实情况的督促检查,及时研究新情况、解决新问题,为物流业进一步健康发展创造良好的政策和体制环境。

国务院办公厅

二〇一一年八月二日

除全国性的物流政策外,我国各级地方政府也依据全国性的有关政策,并结合本地的实际情况制定了一系列的地方性物流政策。地方性物流政策大多与全国性的物流政策相配套、相协调,但也有个别地方政府进行了较大幅度的政策创新。另外,地方性物流政策除体现为有关地方性法规、条例、规定、通知、意见外,还体现在地方政府所制定的物流规划方案中。例如,北京、天津、深圳、广州、上海、厦门、福州、青岛、大连等城市,近几年都先后制定了本地区的物流发展规划或纲要,在这些规划或纲要中制定了许多促进本地区现代物流发展的政策措施。

9.4.3 我国现行物流政策存在的主要问题

由以上可知,我国现行的物流政策基本上可分为两大体系和两个层次。所谓两大体系,即法律类政策与行政类政策;两个层次,即全国性政策与地方性政策。从总体上看,我国现行的物流政策,特别是法律类政策应该说是比较全面的,基本上可以维护目前我国物流领域的基本经济秩序,但还存在以下问题:

9.4.3.1 缺乏市场经济,特别是国际化视野

我国现行的有关物流方面的法律、法规,有很多内容还是从传统计划经济体制环境下延续下来的,对市场经济原则体现或贯彻得不够充分,特别是缺乏对国际化与全球经济一体化背景的考虑,因此,现行的一些法律类物流政策,不仅难以适应市场经济环境下国内物流发展的需要,更难以适应我国加入世贸组织以后物流国际化发展的需要。同时,法律体系本身从技术上也缺乏对实践的具体指导和调整作用,宏观调控能力与微观约束能力尚显不足。例如,我国至今仍然沿用着1954年制定的《中华人民共和国海港管理暂行条例》。

9.4.3.2 缺乏针对物流领域的专门而系统的法律类政策

由上述可知,我国现行的法律类物流政策,大多数是“借用”或“共用”型的,即多数不是专门针对物流领域而制定的,这样就难免对物流系统的各个要素进行“肢解”性规范,而无法对物流系统进行“系统”性规范。由于物流是一个包括多个构成要素的系统,而且这些构成要素之间往往存在复杂的相互制约、相互影响的“二律背反”关系,因此,单独对某个物流要素进行规范,不一定能达到对物流系统进行系统规范的效果。不仅如此,物流系统本身还与整个经济社会系统存在着各种“二律背反”的关系,因此,对物流活动进行规范时,还要考虑其对整个经济与社会系统的影响。

从现行的法律类物流政策来看,其重点是对物流基础设施中的铁路、公路、航路、管道、港口、车站、机场的规划、建设与布局,以及各种物流工具(车辆、船舶等)的交通运输及其所产生的污染等进行规范,即主要是对物流系统构成要素中的“运输”要素进行规范,相反,对其他物流构成要素的规范很少,甚至没有涉及。例如,有关物流标准化、物流信息化、物流效率化方面的立法就是空白。同时,现行的法律类物流政策的制定与执行主体涉及铁道、交通、航空、海关、外贸、国家经贸委、信息产业部、环保等多个政府部门,在客观上为制定系统性的法律类物流政策设置了障碍,难以整合物流各环节和各功能之间的关系,从而不利于整个物流行业的健康发展。

9.4.3.3 个别对物流领域具有直接操作性的法律类政策层次较低,缺乏法律效力

我国对物流领域具有直接操作性的法律类政策,多由各部委、地方政府以“办法”、

"条例"、"通知"、"规定"、"规则"等形式制定并颁布，规范性不强，缺乏法律责任的制约作用，在具体运用中缺乏操作性，难以产生法律效力，多数只适合作为法庭审判的参照性依据，不利于调整各物流主体之间的相互关系，缺乏对物流主体行为的制约作用①。例如，我国至今没有水运、港口及陆路运输方面的正式法律，而只有1987年制定(2008年修订)的《中华人民共和国水路运输管理条例》、1954年制定的《中华人民共和国海港管理暂行条例》、1989年制定的《铁路集装箱运输管理规则》、1991年制定(2000年修订)的《铁路货物运输管理规则》以及1998年制定(2001年修订)的《道路运输车辆维护管理规定》和1999年制定的《汽车货物运输规则》。

9.4.3.4 行政类政策稀缺、不系统，更缺乏操作性

本来，与法律类政策相比，行政类政策的重要特点就是及时性与可操作性。但是，从我国现行的有关物流方面的行政类政策来看，不仅数量与种类十分有限，而且政策内容不全面、不系统，更缺乏操作性。例如，我国目前最权威的行政类物流政策就是2009年3月国务院发布的《国务院关于印发物流业调整和和振兴规划的通知》和2011年8月为进一步贯彻落实《国务院关于印发物流业调整和振兴规划的通知》国务院办公厅发布的《国务院办公厅关于促进物流业健康发展政策措施的意见》，但是这两份文件与外国物流政策相比仍然过于"抽象"。

9.4.4 构建我国物流政策体系的基本思路

为了促进我国物流事业的健康发展，必须针对我国现行物流政策存在的主要问题，并结合我国物流发展的实际情况与国内外现代物流的发展趋势，在充分借鉴国外经验，对现行物流政策进行清理、调整、完善的基础上，构建我国新的综合物流政策体系。

9.4.4.1 构建我国物流政策体系的目标与原则

构建我国物流政策体系的基本目标是：争取在较短的时间内建立起一套目标明确、具体，符合市场经济与经济全球化发展趋势的系统、综合、可操作的物流政策体系，既有法律类政策，也有行政类政策；既有规制类政策，也有促进类政策；既有效率类政策，也有社会与环境类政策；既有全国性政策，也有地方性政策。

为实现上述目标，在构建我国物流政策体系时，必须遵循以下原则或指导思想：

(1)符合市场经济原则。市场经济体制是成熟的、有效的世界性经济体制，也是我国的体制选择，因此，各种政策必须在市场经济的体制背景下制定，各种政策的施行不能破坏市场经济的基本框架与机制原理。无论是对现行物流政策的清理、调整与完善，还是制定新的政策，都必须以是否符合市场经济的原则为衡量与取舍标准。

---

① 陈代芬:《我国物流法规建设中的问题及建议》，载于《中国物流与采购》，2002年第12期。

(2)适应经济全球化原则。经济全球化是进入21世纪以后的大潮流、大趋势，而且进程不断加快。我国的入世，实际上已经意味着我国也不得不接受经济全球化浪潮的洗礼，而经济全球化的背后就是全球物流的一体化，即物流国际化，因此，我国必须按入世的有关承诺，对现行的有违WTO原则与精神的有关物流方面的法律、法规与政策进行清理、改进或撤废，以建立一套符合国际惯例并与国际接轨的物流政策体系。这就要求我国尽量减少"条例"、"规定"、"办法"之类的法律形式，而尽可能增加正式法律。

(3)充分体现现代物流的特点，提高物流政策的系统性与综合调整能力。现代物流的基本特点就是系统性、信息化与标准化。因此，在构建我国物流政策体系时，必须充分体现现代物流的特点，不仅要建立与完善运输环节的各种政策，还要建立与完善诸如仓储、装卸、包装、流通加工、物流信息等其他环节的各种政策，特别是物流信息方面的政策更为重要，也是我国物流政策的薄弱环节。同时，现代物流又是一个高度标准化的系统，因此，还要围绕物流标准化的推进与提高，制定相应的法律、法规与政策。不仅如此，物流的系统性特点还要求在制定物流政策时，既要考虑物流环节的有关政策，更要注意各物流环节有关政策之间的相互协调与相互增进，尤其要避免各种政策之间的相互矛盾。

(4)效率、社会与环境目标相互兼顾，有利于可持续发展。从国内外的经验来看，制定物流政策的基本目标有两个，一个是促进全社会物流效率的提高，一个是最大限度地降低物流对社会发展，特别是对环境的外部不经济性，如交通拥挤、大气污染、噪音、生活空间缩小、居住成本提高等。特别是随着全球环境压力的日益增大，加强环境保护，提高环境质量与经济社会的可持续发展，是世界各国所面临的越来越重要、也越来越紧迫的问题。而物流领域不仅存在着巨大的效率与效益空间，而且也存在着巨大的环境空间，因此，世界各国的物流政策不仅注重全社会物流效率的提高，更重视对环境的保护。各国对具有效率与环境双重正效果的物流政策尤其青睐，如旨在推进共同化物流发展的政策、促进多式联合运输的政策等，就是这类政策的典型代表。因此，我国在构建物流政策体系时，也应该坚持效率、社会与环境目标相兼顾的原则，而且当上述目标存在冲突时，应该优先考虑社会与环境目标。

(5)合理借鉴国内外经验。我国现行的物流政策虽然存在许多问题，但是，仍有许多政策可以作为新政策的起点，况且我国各部门、各地区多年来，特别是近几年制定政策的一些经验与教训，更是制定新政策的宝贵财富，因此，应该尽最大可能地吸收、保留原有的实际可行的政策。同时，我们还要积极学习、参考、借鉴国外物流政策的历史与现状，启发与开阔我们的政策思路与视野，丰富我们的政策内容。

(6)符合国情与区情。由于我国仍属于发展中国家，而且国内各地区之间发展很不平衡，因此，在构建物流政策时，虽然在原则上要符合经济全球化的要求，但是还应该充分考虑到我国的实际情况，充分利用WTO的"缓冲"规则，制定符合我国国情的物流政策。同时，各个地区在制定物流政策时也要充分考虑到本地区的经济发展水平、产业结构、比较优势，制定符合本地实际情况的地方性物流政策，避免盲目移植与照搬。

9.4.4.2 我国物流政策体系的基本框架与政策重点

根据以上原则，并结合我国现行物流政策存在的主要问题，我们认为，我国新物流政策的基本框架如下：

（1）物流基础设施与物流网点政策。物流基础设施与物流网点政策就是有关铁路、公路、航路（包括海运与内河航道与航空航线）、管道，以及大型车站、港口、机场、仓储、物流或配送中心、流通加工中心、物流园区等的规划、布局、建设、使用、维护、营运管理方面的政策。具体的政策形式主要以法律、法规为主，同时，辅之以必要的行政类政策。在我国现行的物流政策中，大部分法律法规类政策，都属于物流基础设施方面的政策，如现有的《铁路法》、《公路法》、《民航法》等，但需要对大部分法律、法规进行调整或修正，同时，还要补充制定《航运法》、《公路运输法》、《铁路运输法》、《港口法》等。由于我国传统上对物流基础设施的投资以国家投资为主，因此，在制定新的物流基础设施政策时，要对完善物流基础设施投融资体制、吸引民间包括外国投资者的投资、实现投资主体多元化方面有所关注，而且在修订或制定法律时，要充分考虑到物流基础设施的功能与布局对周边环境的影响，并通过相应的条款予以体现。

但是，物流网点政策是我国现行物流政策中的一个空白，尤其缺乏法律类政策。因此，完善、补充有关大型物流网点政策应该是构建我国物流政策的一个重点。这方面政策应该以规范大型物流网点的功能类型、空间布局、投资建设、运营方式（社会化或共同使用）为重点内容。为此，在参考国外经验的基础上，可以考虑制定“仓库法”、“车站法”或“大型物流网点建设与布局法”等等，以弥补现行物流政策的不足。

（2）物流设备与工具政策。物流设备与工具主要指运输、仓储、装卸、包装、流通加工、物流信息等设备与工具，如车辆、船舶、集装箱、托盘、货柜与货架、各种装卸设备与工具、包装与流通加工设备与工具、计算机等。物流设备与工具对物流作业效率有直接影响，因此，不断提高物流设备与工具的性能与作业效率，对改善物流作业条件、降低能源消耗、减少环境污染、提高物流效率具有十分重要的意义。因此，从政策上保证或促进物流设备与工具的开发、更新，是各国的通行办法。但是，从我国现行的物流政策来看，这方面亦属空白。因此，应该逐渐建立并完善我国在物流设备与工具方面的有关政策，其政策内容应主要体现在对物流设备与工具标准化的规范与推进，以及对开发、引进先进适用物流设备与工具的组织及其行为给予必要的支持与援助。当然，从国外这方面的政策来看，还包括对低公害物流设备与工具开发、应用的支持政策。

（3）物流效率化政策。就目前来看，直接以提高全社会的物流效率为目标的物流政策还很少，现行的有些政策虽然也与提高全社会物流效率有一定的相关度，但不是很直接，缺乏系统性。因此，这方面的物流政策也是我国现行物流政策的一大缺陷。从理论与国外的实践经验来看，影响全社会物流效率提高的最直接、最突出的因素主要是物流信息化、物流标准化、物流共同化或合作化，以及各种物流方式的有效组合。因此，如何推进全社会物流的信息化、标准化、共同化，以及各种物流方式的合理利用，是各国物流效率化政策的重点。

为此，我国应该考虑制定诸如“物流信息标准”、“物流信息化促进法”、“物流标准”、“物流标准化促进法”、“共同化物流促进法”、“多种物流方式有效利用促进法”等。

“物流信息标准”主要是有关物流信息的各种标准，包括条形码、数据传输方式、各种票据、商业合同款式及各种软件等；“物流信息化促进法”主要内容包括物流信息化的内容与标准，如EDI数据交换系统、电子订货系统、销售时点管理系统、道路交通管理系统、货物跟踪系统、卫星定位系统、自动发货系统、车辆自动识别系统、数字地图等，以及对物流信息系统的开发、应用的鼓励措施。

“物流标准”主要包括物流术语（目前已经存在，但需要进一步完善）标准、物流计量标准、物流成本核算标准、物流信息标准、物流设备与工具标准、物流作业标准、物流服务标准，以及安全标准、环保标准等；“物流标准化促进法”不仅要有推行各类标准的鼓励措施，更应该包括对基础标准的强制执行措施。

“共同化物流”可分为两类，一类是以“人”为基础的共同化，即共同配送；另一类是以“物”为基础的共同化，即共同使用物流设施、物流网点与物流工具。“共同化物流”不仅有利于微观物流主体提高物流效率，更有利于全社会物流效率，特别是社会与环境效应的提高。因此，“共同化物流促进法”，除对共同化物流的类型与方式进行基本界定外，主要应制定鼓励与促进微观物流主体积极开展“共同化物流”的政策措施。

“多种物流方式的有效利用”是指对铁路、公路、航运等各种物流方式的有机组合，充分发挥各种物流方式的优点，以达到整体物流效率的提高，同时，也可以达到减少公路物流利用量与利用率，进而达到减少环境污染的效果。

（4）物流产业化政策。现代物流发展水平高低的重要标志就是物流产业化程度的高低。从国外的经验来看，物流产业化程度越高，整个社会物流的效率也越高，从而不仅可以大量节约资源、降低能源消耗，而且也有利于环境的改善。物流产业化也就是指物流的社会化、专业化，因此，物流产业化程度高低的重要指标就是专业化物流服务或专业化物流企业所提供的物流服务（通过产值指标来体现）市场占有率的高低。根据国际比较，目前我国专业化物流服务的市场占有率远远低于发达国家，这既是我国全社会物流发展水平不高的结果，也是我国全社会物流发展水平不高的原因。因此，针对我国专业化物流发展水平偏低的现状，应该考虑制定促进专业化物流发展的有关政策。这项政策重点应该包括专业化物流企业或经营者的市场准入制度、物流市场的竞争规则、交易程序及业务与服务标准，鼓励物流服务需求者（工商企业）减少自有物流设施与工具的拥有量与使用率（提高专业化物流服务的利用率）；鼓励并支持专业化物流企业的发展等。

（5）物流环境政策。我国虽然不乏环境保护方面的立法，但是针对物流领域制定的环境保护立法及相关的专门政策并不多。而随着我国经济的快速增长，物流量的急速膨胀与物流服务需求水平的日益提高，物流领域所带来的环境压力越来越大，因此，必须针对物流领域的特殊情况，制定相应的环境保护政策。总体来说，物流环境政策可以从两个角度来设计，一个是从管制的角度进行设计，另一个是从促进或支持的角度进行设计。

从管制角度进行设计，主要是制定环境标准，并对违反环境标准，或对环境造成负面影响的组织与行为进行严格的管制。在这方面，我们应该更多地借鉴国外的经验。物流环境管制政策的重点是制定具体的环境标准，并对重点地区（大城市）、重点时间带（交通高峰时刻）、重点环境污染者（货运汽车，特别是大型柴油类货运汽车）进行重点管制。从管制的手段来看，各国的政策更是五花八门、多种多样，例如，一些欧洲国家征收“环境税”或“交通混杂税”，并规定货运汽车的最低装载率（既是为了提高效率，也是为了减少货运汽车的使用量）；美国还实行了严格的路途检查制度等。

从鼓励与促进角度进行设计，主要是制定有关鼓励减少环境污染的物流主体及其行为，包括前面提到的“共同化物流”政策、“多种物流方式的有效利用”政策，也均属于环境政策的范畴。此外，鼓励低公害物流工具与物流方式的开发与应用，也是环境政策的重要内容。

（6）物流国际化政策。为了适应我国的对外开放，特别是国际化进程不断加快的需要，物流无国界已经成为我国的现实问题。物流国际化不仅意味着物流业务领域或范围的国际化，而且也意味着物流主体与物流资本的国际化；不仅意味着我国物流企业与物流资本要走向国际市场，而且也意味着外国物流企业与物流资本进入我国市场。事实上，这两个方面的物流国际化在我国都已经出现，国内物流市场的国际竞争已经展开。当然，客观而论，物流国际化特别是国际物流资本进入我国市场，不仅是国际资本的需要，从一定意义上讲，也有利于促进我国物流业的发展，因此，有关物流国际化的政策也是我国未来物流政策体系中的主要内容之一。其政策重点应是：如何保护进入我国市场的国际物流资本（企业）的合法权益，维护包括国内物流资本与国际物流资本在内的公开竞争的市场秩序；鼓励并支持国内物流资本的联合、重组，提高经营管理水平，以获得与国际物流资本进行公平竞争的“资格”；鼓励并支持国内物流资本与国际物流资本的合作，共同开发国际物流市场；鼓励并支持各地区根据本地区的实际情况，加入跨国性区域物流联合体，积极开展跨国性区域物流合作，提高区域物流的增值能力，促进区域经济与社会的协调发展。

以上是对我国未来一段时期内,物流政策体系基本框架的一个初步构想。这个政策框架不仅涉及很多法律类政策,而且还涉及很多行政类政策。因此,在构建我国的物流政策体系时,需要各级立法机构、政府部门、行业自律组织的通力合作、相互协调,以提高我国物流政策体系的政策水平与实施效果。特别是对于行政类政策,更应该加强各部门的协调与合作,并力求实现政策的系统性、综合性及可操作性,我们希望在不久的将来,能够有一个目标明确而具体、措施有效且可操作的综合、系统的“新物流政策体系”出台并付诸实施。

9.5 小结

物流政策是一种经济政策,也是一种公共政策,是国家或政府为实现全社会物流的高效运行与健康发展而制定的方针或原则,以及政府对全社会物流活动的干预行为。物流政策实际上是社会公共机构对全社会物流活动的一种公开介入和干预,体现的是社会公共机构的价值判断或意志,具有动态可变性并以全社会的物流活动为适用对象。

物流政策的功能是:减少物流的外部不经济;扶持与促进物流事业的发展。

物流政策主体是物流政策的制定者与实施者,即代表社会公共利益的社会公共机构。主要有立法、司法与行政机构。物流政策的目标分为一般目标和特定目标。一般目标也就是物流政策的基本目标,而特定目标则包括三大类,即经济或效率类目标、社会类目标与环境类目标。

物流政策体系是一个多元的政策体系,可按不同的标准对其进行分类。具体有:按物流政策适用对象分类;按物流政策功能分类。

国外的物流政策大多起源于20世纪50年代,初步形成于20世纪60年代。从物流政策形成至今,国外的物流政策在不断地发生变化,不仅内容不断丰富,而且重点也不断转移。具有代表性的物流政策主要有:物流基础设施政策、物流网点政策、公路物流政策、物流效率化政策、物流环境政策和中小企业物流政策。

随着经济全球化进程的加快,物流全球化、智能化的趋势也愈加明显,并逐渐显现出以下发展趋势:经济性管制放宽,社会性管制趋严;综合化、系统化;重点突出、目标明确、跟踪实施等。

我国现行的宏观物流管理体制,对全社会物流活动进行公开介入与干预的社会公共机构很多,具体包括:立法机构、司法机构、政府机构(部门)与行业自律组织。

我国物流政策的基本形式主要有两类:一类是有关物流的各种法律、法规;另一类是有关物流的各种“意见”、“通知”等行政类政策。从总体上看,我国现行的物流政策,特别是法律类政策应该说是比较全面的,但还存在以下问题:缺乏市场经济,特别是国际化视野；缺乏针对物流领域的专门而系统的法律类政策；个别对物流领域具有直接操作性的法律类政策层次较低，缺乏法律效力；行政类政策稀缺、不系统，更缺乏操作性。

构建我国物流政策体系必须遵循以下原则：符合市场经济原则；适应全球经济一体化原则；充分体现现代物流的特点，提高物流政策的系统性与综合调整能力；效率、社会与环境目标相互兼顾，有利于可持续发展；合理借鉴国内外经验；符合国情与区情。

我国新物流政策的基本框架是：物流基础设施与物流网点政策、物流设备与工具政策、物流效率化政策、物流产业化政策、物流环境政策和物流国际化政策。

案例分析

关于日本物流四个《综合物流施策大纲》的研究

一、引言

日本以政府为主导进行市场经济建设、负责物流产业宏观管理的政府部门主要包括国土交通省、经济产业省、内阁府、公正交易委员会、警察厅总务省、外务省、财务省、厚生劳动省、农林水产省、环境省等多个部门，并没有设立专门的机构来对物流业进行统一管理。但日本政府根据现代物流业的特点，以国土交通省和经济产业省为核心，形成了协调一致的物流行政体制，制定了综合、一体化的物流政策，实现了各项管理工作及各个环节的有机结合与有效衔接。其中，国土交通省主要负责运输方式政策设计及计划制定，区域运输、城市配送规划与协调，仓储市场准入及物流基础设施等方面的管理工作；经济产业省主要负责物流产业政策、标准、结构、布局和发展战略等的制定。为加快培育和提升日本物流业的国际竞争力，在政府统一管理下应对跨国公司兼并、收购和战略联盟给相关产业带来的挑战，自1997年开始日本每四年制定一次《综合物流施策大纲》。

二、1997年日本《综合物流施策大纲》

1997年4月4日，经日本内阁会议通过，日本政府首次制定了一个具有重要影响力的《综合物流施策大纲》（以下简称《1997年大纲》）。1996年12月日本政府通过的《经济构造的变革和创造规划》中提出"：物流改革在经济构造中是最为重要的课题之一，到2001年既要达到物流成本的效率化，又要实现不亚于国际水准的物流服务，为此各相关机关要联合起来共同推进物流政策和措施的制定。"《1997年大纲》就是根据这个要求制定出来的。《1997年大纲》把2001年作为实现阶段性目标的时间，以"降低物流成本、提高物流服务水平"为宗旨，制定了日本物流业发展的目标，并从放宽规制、完善基础设施、物流系统升级、政府部门协调促进机制及政府援助等角度出发制定了相应的政策。《1997年大纲》特别提到了各机构、各部门合作的政策推进机制，指出要推动各政府机关、地方团体、物流业者与货主联合起来采取物流现代化措施，共同建立综合交通系统，形成整体效应，并通过竞争促进物流市场活性化。

《1997年大纲》是日本第一部系统的物流政策指引，是日本物流业发展的转折点，是国际化、信息化对物流业发展的必然要求，是日本物流业向现代化、纵深化方向发展的指南，对日本物流业发展具有重要的历史意义。

《1997年大纲》提出了三个具体目标：第一，提供亚洲太平洋地区最便利和最具竞争力的物流服务；第二，以不影响产业竞争力的物流成本提供优质的物流服务；第三，建立能够应对与物流相关的能源问题、环境问题、交通安全问题等的物流系统。

三、2001年日本《综合物流施策大纲》

2001年7月6日，即《1997年大纲》实施四年之后，在检验《1997年大纲》实施效果的基础上，按照2000年12月制定的《经济结构改革与创造行动计划》的要求，经内阁会议决定，日本政府出台了一部新的《综合物流施策大纲》（以下简称《2001年大纲》）。《2001年大纲》延续了《1997年大纲》的计划进度，把2005年作为实现目标的时间，以国土交通省和经济产业省为中心，归纳意见并讨论后，最终制定形成。

《2001年大纲》对《1997年大纲》确定的三个目标进行了全面评价：首先，在提供亚洲太平洋地区最具便利性和竞争力的物流服务方面，成效并不显著，表现为主要国际港口的集装箱吞吐量仍然低位徘徊，尚未实现信息化、一站式的便捷、高效通关，公路、海港、空港等物流基础设施之间的无缝衔接，城市内交通的顺畅，物流体系的标准化、信息化，无效率商业惯例的改善等方面还存在很多问题；其次，在降低物流成本方面，尽管成本有所下降，但与亚洲地区的先进港口相比，与港口使用相关的一系列费用仍然偏高；再次，在构建能源、环境、交通安全友好型物流系统方面，在完善物资运输的硬件和软件设施、促进自营拖拉机用途转换及控制交通事故等方面取得了相当大的成效，但同时又要面对削减大气污染物排放、保护地球环境、构建循环型社会等新的课题。

《2001年大纲》进一步明确了三个具体目标：第一，构建一个高度且整体有效率、面向21世纪、与日本经济社会相适应的新的物流系统；第二，建立一个具有国际竞争力的物流市场；第三，创建一个能够减轻环境负荷的物流体系和循环型社会，所构建的能够减轻环境负荷的物流体系要对循环型社会作出贡献。

四、2005 年日本《综合物流施策大纲》

2005 年 11 月 15 日，即《2001 年大纲》实施四年之后，修订物流政策的提议在内阁会议上被再次提出。在《2001 年大纲》的基础上，日本又出台了一部新的《综合物流施策大纲》（以下简称《2005 年大纲》），实施时间为 2005 ~ 2009 年。

案例分析

《2005 年大纲》在继续强调重视顾客及实现高效率、低成本国内外物流一体化的基础上，着重提出了进一步建设确保国民生活安全安定、环保节能的绿色物流的重大目标，指出要促进企业选择合理的运输方式，以减轻环境负荷。《2005 年大纲》明确了物流业发展的基本方向，即适应经济与社会全面发展的需要，推动物流与其他产业和消费市场共同发展。同时，还提出要缩短物流对生产、流通和消费造成的距离。《2005 年大纲》的立足点是：按照《京都议定书》的要求，制定实施更为有效的环境保护政策，大幅度削减二氧化碳（CO_2）排放量，促使物流企业真正履行社会责任。另外，为提高日本物流业国际竞争力，要不断降低物流成本，促进国际物流与国内物流的一体化，同时还要采取更加严格的措施，保障物流安全，防止恐怖事件对物流业的影响。

《2005 年大纲》还对《2001 年大纲》确定的目标进行了全面评价：首先，企业在克服削减成本压力的同时，在主要的能够产生较高效益并取得核心竞争力的业务上还存在问题；其次，在新型服务模式不断发展的背景下，物流企业所提供的服务需要进一步完善；再次，随着新的经济发展环境与市场需求矛盾的出现，环境保护的压力，公共运输和食品安全的压力，物流业劳动力不足的压力等，需要进一步解决，企业对社会责任还不够重视。

《2005 年大纲》进一步明确了之后日本物流业发展的四个目标：第一，建立低成本、快捷、无缝的国内国际一体化的物流系统；第二，建立绿色与环境融洽的环保型物流系统；第三，建设重视需求方的高效物流体系；第四，建设确保国民生活安全安定的物流体系。

五、2009 年日本《综合物流施策大纲》

随着世界经济一体化与信息化趋势的日益明显，为进一步实现物流的高效化，2009 年 7 月 14 日，日本政府对《综合物流施策大纲》进行了第三次修订，制定了一部最新的《综合物流施政大纲》（以下简称《2009 年大纲》），并把 2013 年作为实现目标的时间。《2009 年大纲》以《2005 年大纲》提出的“一体化地开展国内国际物流，实现高效、环境负荷小的绿色物流，建设确保国民生活安全安定的物流”为基础，把国际物流竞争力合作伙伴会议及亚洲门户战略会议上通

案例分析

过的新近策划、制定的国际物流、贸易手续相关措施也加入到其中。

《2009 年大纲》对《2005 年大纲》提出的物流领域四个目标的完成情况进行了全面总结：首先，在"实现高速、无缝且价格低廉的国内国际一体化物流"方面，在经济全球化的大环境下，日本企业在最适宜的地区开展生产和销售，减少了不必要的库存，在全球范围内进行供应链管理，进一步实现了高速、无缝且价格低廉的物流服务，推动了各项措施的实施；其次，在"实现绿色物流等高效率环保型物流"方面，今后还要从供应链整体出发减少环境负荷；再次，在"实现重视需求方的高效物流系统"方面，在满足消费者多样化需求的同时，有效避免了交通堵塞及环境问题等的发生，并推进了各项措施的实施；最后，在"实现确保国民生活安全安定的物流系统"方面，能在大规模灾害发生时，确保应急物流作用的发挥，但信息安全等方面还存在一些问题，有待进一步解决。

《2009 年大纲》进一步提出了三个具体目标：第一，实现支持全球化供应链的高效物流系统；第二，实现减少环境污染的绿色物流系统；第三，实现安全可靠的物流系统。

资料来源：姜旭：《关于日本物流四个 <综合物流施策大纲> 的研究》，载于《中国流通经济》，2010 年第 9 期，编者加以整理。

复习思考题

1. 物流政策的功能有哪些？
2. 确立物流政策目标时，需要考虑哪些因素？
3. 简述物流政策体系的分类。
4. 从国外物流政策的历史演进看，体现了物流政策发展的哪些特征？
5. 你认为现代物流政策的发展趋势应该包括哪些方面？
6. 如何看待我国现行的物流政策及其存在的问题？
7. 你认为我国的物流政策体系应该如何构建？

10 现代物流发展新趋势

学习目标

- 了解供应链管理的含义及供应链管理产生的动因
- 掌握供应链管理的原则
- 了解供应链管理的方法与程序
- 了解绿色物流的概念与意义
- 掌握绿色物流体系的构成与绿色物流战略的实施要点
- 了解电子商务对物流的影响
- 掌握电子商务条件下物流解决方案的重点考虑因素
- 了解电子物流的类型
- 掌握第四方物流的内涵、特征与贡献
- 掌握第四方物流的运营方式

10.1 引言

随着现代科学技术水平的不断提高以及物流环境的不断变化，物流领域出现了许多新的理念，呈现出一些新的发展势头。这些新的发展趋势表现为：供应链管理、绿色物流、电子化物流以及第四方物流。本章将详细介绍上述四种趋势的产生过程以及具体运作形式等相关问题，从而使学生对现代物流发展新趋势有一个全面的把握。

10.2 供应链管理

10.2.1 供应链管理的产生及其意义

10.2.1.1 供应链管理的含义

供应链管理(supply chain management)的概念源于20世纪80年代初，但其真正快速发展却是在20世纪90年代后期。尽管供应链管理概念产生的时间不长，但是由于国际上一些著名的企业如IBM公司、惠普公司、DELL计算机公司等在供应链实践中取得了巨大的成绩，从而使人们更加坚信，供应链管理是进入21世纪后企业适应全球竞争的一种有效途径，因而，引起了许多学者和企业界人士研究和实践供应链管理的兴趣。

目前，国际上还没有公认的供应链管理的定义，国内外不同学者对此有着不同的看法。著名的供应链专家艾尔拉姆(Ellram)认为，“供应链管理是在从供应商到最终用户的过程中，用于计划和控制物资流动的集成的管理方法”；埃文斯(Evens)认为“供应链管理是通过前馈的信息流和反馈的物料流及信息流，将供应商、制造商、分销商、零售商直到最终用户连成一个整体的管理模式”①；菲利普(Philip)则认为“供应链管理是一种新的管理策略，它把不同企业集成起来以增加整个供应链的效率，注重企业之间的合作”②。美国供应链协会认为“供应链管理包括贯穿于整个渠道来管理供应与需求、原材料与零部件采购、制造与装配、仓储与存货跟踪、订单录入与管理、分销以及向顾客交货。”我国有学者提出供应链管理是对整个供应链系统进行计划、协调、操作、控制和优化的各种活动和过程，其目标是要将顾客所需的正确的产品(right product)能够在正确

---

① 张成海：《供应链管理技术与方法》，第2页，北京：清华大学出版社，2002年版。

② 马士华，等：《供应链管理》，第46页，北京：机械工业出版社，2000年版。

的时间(right time)、按照正确的数量(right quantity)、正确的质量(right quality)和正确的状态(right status)送到正确的地点(right place)———即实现“6R”,并使总成本最小①。2001年,我国发布实施的《物流术语》国家标准对供应链管理的定义为:“利用计算机网络技术全面规划供应链中的商流、物流、信息流、资金流等,并进行计划、组织、协调与控制”。

基于此,我们认为,供应链管理是用系统的观点通过对供应链中的物流、信息流和资金流进行设计、规划、控制与优化,以寻求建立产、供、销企业以及客户间的战略合作伙伴关系,最大限度地减少内耗与浪费,实现供应链整体效率的最优化,并保证供应链成员取得相应的绩效和利益,以此来满足顾客需求的整个管理过程。

10.2.1.2 供应链管理产生的背景

供应链管理近年来在国际上已经成为企业管理中的一个新热点,它是一种管理思维的创新,有效的供应链管理已成为企业赢得竞争优势的重要源泉,然而供应链管理的产生和发展却需要一定的背景和条件。

(1)管理思想的发展、演变诱发了供应链管理理念。自20世纪90年代以后,随着以高科技为主导时代的到来,经济增长的推动因素逐渐由劳动力、资本转变为科技知识,由此导致了人类社会实践的规模和范围越来越大,复杂性也愈加提高。与此同时,各大跨国企业打破了传统分工的界限,管理的指导思想也从着重分工转为集成。这种管理思想的变革,对供应链管理思想的产生起到了积极的促进作用。

(2)企业为降低成本狠下工夫。到目前为止,企业为降低成本在企业内部管理上下了不少工夫,引入了众多科学管理方法,诸如TQC、ERP、精益生产等。然而,对于很多内部管理比较规范的发达国家的大型企业而言,似乎在内部降低成本的潜力已经不是很大。而在供应链的两端,尚有很大的节约成本的潜力②。

(3)面对日益激烈的竞争市场,缩短产品的开发周期与生产周期成为企业提高竞争力的一个重要方面。而全部生产周期的缩短取决于从产品开发周期、采购供应周期、加工制造周期直至流通配送周期全过程的缩短,这就有必要关注整个供应链上物流和信息流的快速流动。

(4)供应链管理产生的动因还来自于核心竞争力理论的发展,任何企业也不能在各个方面都比别人强,因此,企业应该将自己的主要精力集中在最核心的业务上,充分发挥自己的核心优势,而将其他业务外包出去,最大限度地提高企业的获利能力。正是基于这种观念的指导,供应链上下游企业的相互协作变得越来越重要。

---

① 陈国权:《供应链管理》,载于《中国软科学》,1999年第10期,第102页。

② 曹翠珍:《现代物流管理概论》,北京:电子工业出版社,2012年版,第29页。

基于上述原因，企业开始探讨如何致力于跨企业的供应链管理，从而使供应链管理思想和方法获得了快速发展。

最后，供应链管理产生的动因还来自于核心竞争力理论的发展，任何一个企业也不能在各个方面都比别人强，因此企业应该将自己的主要精力集中在最核心的业务上，充分发挥自己的核心优势，而其他业务都可以外包出去，这样才可以最大限度地提高企业的获利能力。正是在这种观念的指导下，供应链上下游企业间的相互协作变得越来越重要。

10.2.1.3　供应链管理的意义

有人预言，21 世纪的市场竞争将不再是企业与企业之间的竞争，而是供应链与供应链之间的竞争，任何一个企业只有与别的企业结成为供应链才有可能取得竞争的主动权。这已不是简单的竞争范围问题，而是一个竞争的层次问题。

供应链管理的应用，把供应商、生产厂家、分销商、零售商等在一条链条上的所有环节都联系起来进行优化，使生产资料以最快的速度，通过生产、分销环节变成增值的产品，到达有消费需求的消费者手中。这不仅降低了成本，减少了社会库存，而且使社会资源得到优化配置，更重要的是通过信息网络、组织网络实现了生产及销售的有效链接以及物流、信息流、资金流的合理流动。具体来看，实施供应链管理的意义主要体现在以下几个方面：

（1）降低物流费用。供应链管理降低物流费用主要是降低库存成本。在传统的业务往来中，供应链上、下游企业之间缺乏交流与合作。供应商不清楚分销商的商品销售情况和销售速度，无法获得分销商订货的准确时间，因此只能凭自己的主观判断来组织生产和准备货源；同样，分销商也不了解供应商的库存情况，不知道供应商能否保证供应，也不知道供应商什么时候能把货物送到，因此，在确定订货数量时，只能依据以往经验性数据和资料。于是为了应付众多的不确定性因素，各企业都倾向于增加自己的库存，结果既占压了资金，又要支付大量的储存费用，对供应链各方都非常不利①。

在有效的供应链管理中，要求对组成供应链的各个环节进行优化。不仅要利用现代科技手段，采用最优流通渠道，使信息快速、准确反馈，而且在供应链联结的各企业之间要实现资源共享，用信息代替库存。这样一来，供应链中每个成员便能及时、清楚地掌握整条渠道中原材料、在制品和制成品的流动情况、在途运输或配送的情况、库存状况、商品销售情况以及顾客需求状况，使渠道风险和不确定性大为降低。基于此，企业就能根据市场需求信息迅速调整生产和配送，而无须大量持有库存，从而减少了社会库存量，避免了库存浪费，也就减少了资金占用，降低了库存成本。

---

① 郭冬乐，宋则：《中国商业理论前沿Ⅱ》，第 245 ~ 246 页，北京：社会科学文献出版社，2001 年版。

(2)降低交易费用。一般而言,上、下游企业之间的关系是建立在每笔交易基础之上的,交易结束则企业之间的关系也就到此为止,下次交易还要重新进行谈判、讨价还价,因此说,重复发生的交易费用既是企业资源的浪费,也是社会财富的浪费。然而,在有效的供应链管理中,上游企业与下游企业建立的是长期稳定的战略伙伴关系,能在一定程度上减少谈判和履约费用,为企业节省资金。

(3)提高物流效率。按照产权经济学家阿尔钦(Alchian)和德姆塞茨(Demsetz)的团队生产 (team production)理论,通过团队生产创造的总产品大于每一参与单位的分产出之和①。同样,供应链管理所产生的整体效益远远大于各个供应链成员单独管理物流所得到的效益之和,从而能实现单个企业无法完成的任务。通过上、下游企业的合作建立快速反应(quick response)系统,实施有效顾客回应 (efficient customer response)、及时配送 (just in time distribution)和持续补货(continuous replenishment)系统,可以大大缩短订货周期,从而使供应链上的各成员能够更加迅捷地对市场和顾客需求作出反应,提高整个供应链物流工作的效率。

(4)提高服务质量,刺激消费需求。现代企业均把消费者奉为上帝,而消费者要求提供消费品的前置时间越短越好。为此,供应链管理通过生产企业内外部及流通企业的整体协作,大大缩短了产品的流通周期,加快了物流配送的速度,并将产品按消费者的需求个性化地生产出来,快速送到消费者手中,更好地满足了顾客的愿望。

供应链有助于物流服务功能系列化。它在传统的储存、运输、流通加工服务的基础上,增加了市场调查与预测、采购及订单处理、配送、物流咨询、物流解决方案的选择与规划、库存控制的策略建议、货款的回收与结算、教育培训等增值服务。而这种快速、高效的服务,必然会塑造企业的良好形象,提高企业的信誉和消费者的满意程度,使产品的市场占有率提高、消费者群大增。

总之,通过实施供应链管理,一方面可以降低成本,另一方面可以创造新的价值,从而大大增强企业的竞争优势。

10.2.2 供应链管理的原则②

10.2.2.1 根据客户服务需求的差异来划分客户群

供应链管理强调企业根据客户的状况和需求,采取有组织的、跨职能的流程开发系列供应链方案,并将面向每个顾客的基本服务与来自系列方案中的、对特定细分群体有

---

① 张军:《现代产权经济学》,上海:上海三联书店,1994 年版。

② 郭冬乐,宋则:《中国商业理论前沿Ⅱ》,第 248 页,北京:社会科学文献出版社,2001 年版。

链 接

供应链管理创造竞争优势

成本优势的获取	价值优势的获取
①降低整个供应链的库存水平； ②减少仓储、配送费用； ③减少在物流设施设备上的投资； ④减少交易成本	①缩短订单周期； ②提高物流作业质量； ③提高送货的及时性与可靠性； ④提供个性化用户服务； ⑤稳定的战略伙伴关系，增加企业间的信任感

较强吸引力的服务结合起来，建立针对细分客户群体的服务体系。企业不应向客户价值不大、勉强有利可图的客户提供更低水平的基本服务。企业虽然有义务按基本服务的承诺为所有顾客服务，但对于超出基本服务的增值服务，是企业的一种额外承诺，可以提高对增值服务的收费。

另外，企业也不能仅仅只考虑顾客需要和偏好，服务体系必须转化为现实的利润。很多企业对可能用来衡量收益率的顾客以及他们自己的成本，缺乏足够的财务了解，不知道所服务的顾客，哪些是最有利可图的，哪些将带来最高的长期收益率，或者哪些是最应该保持的忠诚顾客。因此，企业必须分析细分群体的收益性，以及可供选择的服务体系的成本与利益，来保证合理的投资回报率与最佳的资源配置①。

10.2.2.2　根据客户需求和企业可获利情况，设计企业的后勤网络

企业一般采取整体的方法设计物流网络，可是有些物流网络的设计，满足了所有顾客的平均服务需求，却忽视了顾客需求的差异性；而有些设计能够满足某个顾客群个别的偏好和最苛刻的需求，但没有考虑到并非所有顾客都需要代价高的服务。例如，空运对某些顾客是需要的，但在顾客更关心成本，而对速度要求不高的条件下，提供此项服务就不适宜了。因此，两种方法都不能实现较高的资产利用水平或为特定细分市场提供优良的供应链管理所需的物流服务。

在很多行业，安排特定的分销资产来满足个别的物流需求，是那些实际产品没有很大差别的制造商做到差别化的重要来源。一家造纸公司发现两个客户群存在截然不同的服务需求：大型印刷企业允许较长的提前期，而小型的地方印刷企业则要求在 24 小

① 王焰：《一体化的供应链——战略、设计与管理》，第 84 页，北京：中国物资出版社，2002 年版。

时内供货，于是它建立的是3个大型分销中心和46个紧缺物品快速反应中心来分别满足以上两类客户的不同需求。事实上，这表明了针对特定细分群体服务的关键性意义。如果考虑到与第三方物流提供商的联盟，物流网络可能会变得更为复杂，但是也比传统网络更加灵活，并使企业在库存管理、成本控制方面变得更有效率。因此，在仓库的任务、数量、地点和所有权构成上的基本变革一般来说是必需的。

10.2.2.3 倾听市场的需求声音，统一整个供应链的需求计划

企业应该执行一个跨职能的销售与作业计划流程，在认识到每一职能团队的需要和目标的同时，将最终作业决策的基础建立在总的利润潜力上。

有效的供应链管理提倡作业计划应超越单个企业的界限，并且，能够及早察觉到隐匿在顾客促销、订货模式、补货体系中的需求预兆信号，要能考虑到供货方和承运人的能力、水平与不足。

这种以需求为基础的计划要达到正常运转需花费一定时间。通常，最初的方案可联络供应链中一些销量大、有经验的合作伙伴开展，在方案正式形成一套计划流程和衡量标准时，再扩大到包括其他渠道伙伴，直到有足够多的成员参与进来，促进制造与物流资产利用的改善和成本绩效的提高①。

10.2.2.4 采取时间延迟策略

由于市场需求的剧烈波动，因此距离客户接受最终产品和服务的时间越早，需求预测就越不准确，而企业还不得不维持较大的中间库存。比如，一家洗涤用品公司在实施大批量客户化生产的时候，先在企业内将产品加工结束，然后在零售店铺完成最终的包装。因此，供应链管理的一个目标是针对客户的实际需求作出快速反应。在比较好的供应链管理实例中，有些产品的供应已经做到了“实时（real time）”反应，在一些集成度比较高的供应链系统中，“在线服务（on-line service）”是系统的目标，这样在客户提出需求和供应商满足需求之间的时间延迟就被大大缩短了。

时间延迟的原理是：产品的外观、形状或生产、组装、配送应尽可能推迟到接到顾客订单后再确定。运用时间延迟技术，可实现最大的柔性而降低库存量，使得流通在产品最终价值增值上发挥积极的作用。

为向顾客迅速交货，时间延迟采取在顾客附近使一个产品最后成形的方法，大大提高了供应链效率。最初的工厂可以生产基础样式的产品，运送到顾客附近的店铺，在那里进行最后的“成形”，并根据对每个顾客订单的快速反应来添加。这不仅削减了总存货，同时节约了成本，因为产品基础样式在大量生产时其成本是很低的。此外，高价值的成品只是按照顾客订单生产并立即装运，因而他们处于存货的时间短暂，加上顾客能

---

① 王焰：《一体化的供应链——战略、设计与管理》，第86页，北京：中国物资出版社，2002年版。

够得到更快的回应,更有可能收到订单要求的所有货物。

10.2.2.5 与供应商建立战略联盟

供应链战略联盟是企业为共同利益所形成的联合体,利用各方协作,可以实现任何一方无法实现的目标。因为,如果迫使供应商相互压价,固然可以使企业在价格上获得收益,但相互协作,却可以降低整个供应链的成本。世界著名的大零售商沃尔玛在建立战略联盟方面作得极为出色。沃尔玛长期以来增长率高达25%,很大程度上要归功于它同5 000多家供应商建立了合作伙伴关系,其中包括著名的通用电器公司、可口可乐公司以及宝洁公司等,沃尔玛依靠先进的电子数据交换系统同供应商协调工作①。该系统使供应商能以战略性长期合作的模式同沃尔玛一起工作,降低了它们的生产和物流成本。供应商回过头又将节省成本获得的收益传递给沃尔玛,给沃尔玛优惠的价格折扣,这就真正实现了双方共赢,从而使沃尔玛可以"天天平价"。

10.2.2.6 构建供应链信息技术支撑体系

数据是提高顾客服务的根本。供应链信息系统首先可以捕捉大量的数据,然后对数据进行分析归类整理,最后可以支持众多决策管理层,以数据为基础进行科学的决策分析。

现代远程通讯技术的发展,使企业通过物流信息系统实现全球性的供应链管理成为可能。物流信息系统的职能是将供、产、销各个环节中的信号、数据、消息、情况等通过电子计算机技术,进行系统的信息处理,并配合决策支持技术,对供应链中涉及的各部门,发出协调指令,从而实现供应链管理和决策的高效率和高质量,以及低产品成本的目标。

10.2.2.7 遵从共同的标准和规范

应建立起整个供应链的共同标准和规则,而不应仅仅是局部的个别企业的孤立标准。将这些共同标准和规则应用于原材料、产品、服务、运输单元和位置标识等各个方面。

10.2.3 供应链管理的方法与程序

10.2.3.1 供应链管理的方法

供应链管理在近年发展迅猛,为许多企业所接受,各种各样的供应链管理方法更是层出不穷,其中较为典型的有快速反应系统(Quick Response,QR)和有效顾客回应系统(Efficient Customer Response,ECR),企业资源计划系统(Enterprise Resources Planning,ERP),商品分类管理(Category Management, CM)等等。虽然由于行业的不同,各种供

① J. L. Gattorna & D. W. Walters: Managing the Supply Chain, Macmillan Press, 1996.

☞ 链 接

普通的供需关系与供应链战略联盟的比较

	普通的供需关系	供应链战略联盟
买卖双方的关系	竞争、敌对关系	合作伙伴关系
关系的长短	短期	长期
合同的长短	短期	长期
订货数量	大	小
运输策略	一种商品整车装运	JIM/ECR/QR
质量保证	需要验货	不用验货
同供应商的交流方式	采购单	电子数据交换 EDI
交流的频率	零星	连续
对库存的影响	是企业资产	是企业负债
供应商的数目	很多,越多越好	少数或只有一个
产品设计过程	先设计,再采购	先征询供应商意见,再设计
生产批量	大批量	小批量
配送计划周期	每月	每周或每天
供应商位置	分布很分散	分布尽可能集中
仓库	大型仓库	小型仓库,灵活性高

资料来源:郭冬乐,宋则:《中国商业理论前沿Ⅱ》,第 250 页,北京:社会科学文献出版社,2001 年版。

应链管理方法的侧重点不同,但它们的实施目标都是相同的,即减少供应链的不确定性和风险,从而积极地影响库存水平、生产周期、生产过程,并最终影响对顾客的服务水平,其核心内容是系统优化。常用的供应链管理方法主要有以下几种:

(1)快速反应系统。快速反应系统是指在供应链中,为了实现共同的目标,零售商和制造商建立战略伙伴关系,利用 EDI 等信息技术,进行销售时点的信息交换以及订货补充等其他经营信息的交换,用多频度、小数量配送方式连续补充商品,以实现缩短交货周期,减少库存,提高客户服务水平和企业竞争力的供应链管理方法。QR 系统最早由连锁零售商沃尔玛、凯马特等为主力开始推动,并逐步推广到整个纺织服装行业。美国的纺织服装行业在应用 QR 系统之后,产业结构趋于合理,产品的产销时程由原来的125天锐减至30天，大大缩短了产品在制造、分销、零售等供应链各环节上的运转周期，使整体供应链的运营成本得以大幅降低，并大大提高了企业的竞争力。1986年以后，美国百货公司和连锁业也开始导入QR系统。随着QR系统在零售领域的应用日益广泛和深入，QR系统的功能结构也得到了不断地完善和补充。

QR的成功实施必须具备以下五个条件：①

第一，改变传统的经营方式，革新企业的经营意识和组织。改变传统的经营方式和革新企业经营意识与组织主要表现在以下五个方面：一是企业必须改变只依靠独立的力量来提高经营效率的传统经营意识，要树立通过与供应链各方建立战略合作伙伴关系，树立起利用供应链各成员的资源来提高经营效率的现代经营理念；二是零售商在垂直型QR系统中起主导作用，零售店铺是垂直型QR系统的起始点；三是通过POS数据等销售信息和成本信息的相互公开和交换来提高各个供应链成员企业的运作效率；四是明确垂直型QR系统内各个企业之间的分工协作范围和形式，消除重复作业及无效作业，建立有效的分工协作框架体系；五是通过利用信息技术实现事务作业的无纸化与自动化。

第二，开发和应用现代信息技术。这些现代信息技术包括商品条形码技术、物流条形码技术（SCM）、电子订货系统（EOS）、POS数据读取系统、EDI系统、预先发货清单技术（ASN）、电子资金转账系统（EFT）、买方管理库存（VMI）、持续补货系统（CRP）等。

第三，与供应链上下游成员建立战略伙伴关系。具体内容包括积极寻找和发现战略合作伙伴，并在合作伙伴之间建立分工和协作关系。合作的目标既要削减库存，又要避免缺货现象的发生，还要降低商品风险，避免大幅度降价现象发生，以及减少作业人员和简化事务性作业等。

第四，改变对企业商业信息保密的传统做法。将销售信息、库存信息、生产信息、成本信息等与合作伙伴交流分享，并在此基础上，要求各方在一起发现问题、分析问题和解决问题。

第五，供应方必须缩短生产周期和商品库存。缩短商品的生产周期；进行多品种少批量生产和多频度小数量配送，降低零售商的库存水平，提高为顾客服务的水平；在商品实际需要将要发生时采用JIT生产方式组织生产，减少供应商的库存水平。

（2）有效顾客回应系统。ECR是一个制造商、批发商和零售商等供应链组成的各方相互协调和合作，以更好、更快的服务和更低的成本满足消费者需要为目的的供应链管理系统。其优势在于供应链各方为提高消费者满意这一共同的目标进行合作，分享信息和决策，它是一种把以往处于分散状态的供应链节点有机联系在一起以满足消费

① 宋华，胡左浩：《现代物流与供应链管理》，第81页，北京：经济管理出版社，2000年版。

者需求的工具。

20世纪60年代和70年代，美国日杂百货业的竞争主要是在制造商之间展开的。竞争的重点是品牌、商品、经销渠道、大量的广告及促销，在零售商和制造商的交易关系中制造商处于主导地位。但进入20世纪80年代末90年代初，供应链竞争格局发生了变化，在零售商和制造商的交易关系中，零售商开始逐渐占据主导地位，竞争的重心开始转向流通中心、自有品牌（PB）、供应链效率和POS系统。同时在供应链内部，零售商和制造商之间为了获取供应链主控权，同时为零售自有品牌（PB）和制造商品牌（NB）占据零售店铺货架空间的份额展开着激烈的竞争，这种竞争导致供应链的各个环节间的成本不断转移，供应链整体的成本不断上升，而且很容易牺牲力量较弱一方的利益。

在这期间，新的零售业态如仓储商店、折扣店等又大量涌现，这使得零售商能以相当低的价格销售商品，从而使日杂百货业的竞争更趋激烈。在这种状况下，许多传统超市业者开始寻找对应这种竞争方式的新管理模式与方法。而日杂百货商品等由于技术含量不高，大量无实质性差别的新商品被投放市场，使生产厂家之间的竞争趋同化。生产厂家为了获得销售渠道，通常采用直接或间接的降价方式作为向零售商促销的主要手段，这种方式往往会大量牺牲厂家自身的利益。但这时，如果生产商能与供应链中的零售商结成更为紧密的战略联盟，将不仅有利于零售业的发展，同时也符合生产厂家自身的利益。

另外，从消费者的角度来看，企业过度竞争的结果往往是使消费者的需求被忽视。通常消费者需要的是商品的高质量、新鲜感、优质服务以及在合理价格基础上的多种选择。然而，许多企业往往不是通过努力提高商品质量，提供更好的服务和在合理价格基础上提供多种选择来满足消费者，而是通过大量的诱导型广告和广泛的低品位促销活动来吸引消费者转换品牌，同时通过提供大量非实质性变化的商品供消费者选择。这样，消费者得到的往往是高价、不满意的商品。这种状况，客观上要求企业从消费者的需求出发，提供能满足消费者需求的商品和服务。

在上述背景下，美国食品市场营销协会（Food Marketing Institute，FMI）联合包括Coca-Cola，P&G，Safeway Store等六家企业与流通咨询企业Kurt Salmona Associates一起组成研究小组，对食品业的供应链进行调查、总结、分析，于1993年1月提出了改进该行业供应链管理的详细报告。该报告系统地提出有效消费者回应（ECR）的概念体系，经过美国食品市场营销协会的大力宣传，ECR概念被零售商和制造商所接纳，并被广泛地应用于实践①。

① 张成海：《供应链管理技术与方法》，第133页，北京：清华大学出版社，2002年版。

应用 ECR 时必须遵守五个基本原则：[1]

第一，以较少的成本，不断致力于向食品杂货供应链客户提供更优的产品、更高的质量、更好的分类、更好的库存服务以及更多的便利服务。

第二，ECR 必须由相关的商业带头人启动。该商业带头人应决心通过代表共同利益的商业联盟取代旧式的贸易关系而达到获利的目的。

第三，必须利用准确、适时的信息以支持有效的市场、生产及后勤决策。这些信息将以 EDI 的方式在贸易伙伴间自由流动，它将影响计算机信息为基础的系统信息的有效利用。

第四，产品必须随其不断增值的过程，从生产到包装，直到流动到最终客户的购物篮中，以确保客户能随时获得所需产品。

第五，必须建立共同的成果评价体系。该体系注重整个系统的有效性（即通过降低成本与库存以及更好的资产利用，实现最优价值），清晰地标识出潜在的回报（即增加的总值和利润），促进对回报的公平分享。

一般认为，ECR 包括四大要素，即有效的产品引进（efficient product introductions）、有效的店铺分类组合（efficient store assortment）、有效的促销（efficient promotion）以及有效的补货（efficient replenishment）。

10.2.3.2 实施供应链管理的程序

实施供应链管理的程序，如图 10－1 所示。

（1）分析市场竞争环境，识别市场机会。市场竞争环境分析是为了识别企业所面临的市场特征和市场机会。要完成这一过程，可以根据波特模型提供的原理和方法，通过调查、访问、分析等手段，对供应商、用户、现有竞争者及潜在竞争者进行深入研究，掌握第一手的准确数据、资料。这项工作，一方面，取决于企业经营管理人员的素质和对市场的敏感性；另一方面，企业应该建立一种市场信息采集监控系统，并开发对复杂信息的分析和决策技术。如一些企业建立的顾客服务管理系统，就是掌握顾客需求进一步开拓市场的有力武器。

（2）分析顾客价值。根据著名营销大师科特勒的定义，顾客价值是指顾客从给定产品或服务中所期望得到的所有利益，包括产品价值、服务价值、人员价值和形象价值等。一般说来，发现了市场机会并不意味着真正了解某种产品或服务在顾客心目中的价值。供应链管理的目标在于不断提高顾客价值，因此经理人员必须从顾客价值的角度来定义产品或服务的具体特征，只有不断为顾客提供超值的产品，才能满足顾客的需求，而顾客的需求拉动才是驱动整个供应链运作的源头。

---

① 刘志学：《现代物流手册》，第 356 页，北京：中国物资出版社，2002 年版。

链　接

ECR 四大要素的内容

有效的产品引进	通过采集和分享供应链伙伴间时效性强的更加准确的购买数据，提高新产品的成功率
有效的店铺分类组合	通过有效地利用店铺空间和店内布局，来最大限度地提高商品的盈利能力，如建立空间管理系统，进行有效的商品品种管理等
有效的促销	通过简化分销商和供应商的贸易关系，以提高贸易和促销的系统效率，如可采取消费者广告（优惠券、货架上标明促销）、贸易促销（远期购买、转移购买）等方式
有效的补货	从生产线到收款台，通过 EDI 和以需求为导向的自动连续补货以及计算机辅助订货等技术手段，使补货系统的时间和成本最小化，从而降低商品的售价

资料来源：张成海：《供应链管理技术与方法》，第 133 页，北京：清华大学出版社，2002 年版。

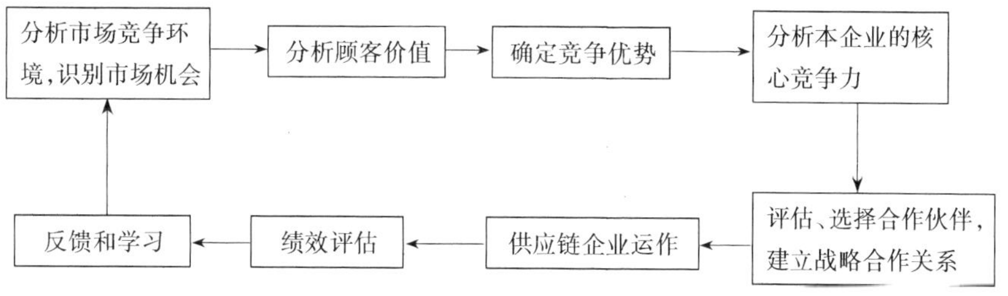

图 10－1　实施供应链管理的程序图

（3）确定竞争战略。从顾客价值出发找到企业产品或服务定位之后，经理人员要确定相应的竞争战略。竞争战略形式的确定可使企业清楚认识到要选择什么样的合作伙伴以及什么样的合作联盟方式。根据波特的竞争理论，企业获得竞争优势有三种基本战略形式：成本领先战略、差别化战略以及目标集中战略。

（4）分析本企业的核心竞争力。供应链管理注重的是企业核心竞争力，企业应把内部的智能和资源集中在有核心竞争优势的业务活动上，将其他的剩余业务外包，移交给在该业务上有核心优势的专业公司，以弥补自身的不足，从而使整个供应链具有竞争优势。在这一过程中，企业要回答这样几个问题：企业的资源或能力是否有价值；资源和能力是否稀有，一般拥有较多的稀有资源的才可以获得暂时竞争优势；这些稀有资源或能力是否易于被复制，竞争对手难以复制的资源和能力，才是企业获得持续竞争优势的关键所在；这些资源或能力是否被企业有效地加以利用。在回答了上述问题的基础上，重建企业的业务流程和组织结构。

(5)评估、选择合作伙伴。供应链的建立过程实际上是合作伙伴的评估、筛选与甄别的过程，选择合适的对象（企业）作为供应链中的合作伙伴，是加强供应链管理的一个最重要的基础，如果企业选择合作伙伴不当，不仅会腐蚀企业的利润，还会使企业失去与其他企业合作的机会，从而无形中抑制了企业竞争力的提高。

(6)供应链企业运作。供应链企业运作的实质是以物流、服务流、信息流、资金流为媒介，实现供应链的不断增值。具体而言，要注重生产计划与控制、库存管理、物流管理与采购、信息技术支撑体系这四个方面的优化与建设。

(7)绩效评估。供应链节点企业必须建立一系列评估指标体系和度量方法。通常反映整个供应链运营绩效的评估指标主要有产销率指标、平均产销绝对偏差指标、产需率指标、供应链总运营成本指标、产品质量指标等。

(8)反馈和学习。信息反馈和学习对供应链节点企业非常重要。相互信任和学习，从失败中汲取教训，通过反馈的信息修正供应链并寻找新的市场机会成为每个节点企业的职责。因此，企业必须建立一定的信息反馈渠道，且逐渐从根本上使企业演变为自觉的学习型组织。

10.3 绿色物流

10.3.1 绿色物流的产生与意义

10.3.1.1 绿色物流的产生

自20世纪70年代以来，就在世界生产力突飞猛进的同时，地球环境也在不断恶化，资源过度消耗，致使人们的生存环境和经济运行受到严峻的挑战。于是由有关国家和人士提出和发起、联合国倡议和引导的一场旨在保护地球环境、保护自然资源的“绿色革命”在生产、流通以及消费领域应运而生，并渐渐风靡全球。各行各业都开始利用“绿色”这一代表生命和环境保护的字眼，从产品的研制、生产、包装、运输、销售、消费到废弃物的回收、再利用的整个生命周期内，都在考虑环境的保护问题。一时间，“绿色浪潮”、“绿色食品”、“绿色标志”、“绿色产业”、“绿色营销”、“绿色消费”等等，各种冠以“绿色”的名词如雨后春笋，目不暇接。在这样的背景下，“绿色物流”作为可持续发展模式在物流行业中的具体表现，开始出现并逐渐成为21世纪物流管理的新方向。

10.3.1.2　绿色物流概念的界定

绿色物流是近些年被提出的一个新课题，目前还没有形成成熟的定义。这里以可持续发展的原则为指导，再根据现代物流的内涵，给出“绿色物流”的概念：绿色物流(green logistics)是指以降低对环境的污染、减少资源消耗为目标，利用先进物流技术规划和实施的运输、储存、包装、装卸、流通加工等绿色物流活动。绿色物流的行为主体主要是专业物流企业，同时也涉及有关生产企业和消费者。

绿色物流的目标不同于一般的物流活动。一般物流活动的最终目标是追求某一主体的经济利益最大化，通过实现物流企业的赢利、满足顾客需求、扩大市场占有率来获取。而绿色物流的目标在上述经济利益目标之外，还追求节约资源、保护环境这一既具有经济属性、又具有社会属性的目标。

绿色物流是一个多层次的概念，它既包括企业的绿色物流活动，又包括社会对绿色物流活动的管理、规范和控制。从绿色物流活动的范围来看，它既包括各个单项的绿色物流作业(如绿色运输、绿色包装、绿色流通加工等)，还包括为实现资源再利用而进行的废弃物循环物流。

(1)绿色物流是经济全球化和可持续发展的必然要求。众所周知，保护地球环境和大自然是世界各国人民义不容辞的责任，但是导致环境遭受污染、资源遭受破坏的行为又涉及人类生产经营和社会消费等诸多方面。而作为生产和消费中介的物流，其对地球环境的影响，仍未受到应有重视。伴随世界大市场和经济全球化的发展，物流的作用日益明显，绿色浪潮惠及的不仅是生产、营销和消费，物流的绿色化也作为可持续发展的必然要求被提到了战略日程上来①。

(2)绿色物流是最大限度降低经营成本的必由之路。有专家分析认为，产品从投产到销出，制造加工时间仅占10%，而几乎90%的时间为储运、装卸、分装、二次加工、信息处理等物流活动。因此，物流专业化无疑为降低成本奠定了基础。但当前物流基本还是高投入──→大物流、低投入──→小物流的运作模式，而绿色物流强调的是低投入──→大物流的方式②。显而易见，绿色物流不仅是一般物流的节约和降低成本，更重视的是绿色化和由此带来的节能、高效、少污染，它在节省生产经营成本方面的意义，可以说是无可估量的。

---

① 罗锾:《建立和发展我国的绿色物流》,载于《物流技术》,2002年第6期,第41页。

② 罗锾:《建立和发展我国的绿色物流》,载于《物流技术》,2002年第6期,第41页。

(3)绿色物流的建立,更有利于全面满足人民不断提高的物质文化需求。作为生产和消费的中介,物流是满足人民物质文化需求的基本环节。而绿色物流则是伴随着人民生活需求的进一步提高,尤其是绿色消费的提出应运而生的。再绿色的生产过程、再好的绿色产品,如果没有绿色物流的支撑,就难以实现其最终价值,绿色消费也就难以进行。同时,不断提高的物质文化生活,意味着生活的电子化、网络化和连锁化,电子商务、网上购物、连锁经营,无不依赖于绿色物流的发展。可以说没有绿色物流,就没有人类休闲自在的生活空间。

(4)绿色物流有利于企业取得新的竞争优势。日益严峻的环境问题和日趋严厉的环保法规,使企业为了持续发展,必须积极解决经济活动中的环境问题,改变危及企业生存和发展的生产方式,建立并完善绿色物流体系,通过绿色物流来追求高于竞争对手的相对竞争优势。哈佛大学 Nazli Choucri 教授深刻阐述了对这一问题的认识:“如果一个企业想要在竞争激烈的全球市场中有效发展,它就不能忽视日益明显的环境信号,继续像过去那样经营……对各个企业来说,接受这一责任并不意味着经济上的损失,因为符合并超过政府和环境组织对某一工业的要求,能使企业减少物料和操作成本,从而增强其竞争力。实际上,良好的环境行为恰似企业发展的马达而不是障碍”。

(5)绿色物流是适应国家法律法规要求的有效措施。随着社会进步和经济的发展,世界上的资源日益紧缺,同时,由于生产所造成的环境污染进一步加剧,为了实现人口、资源与环境相协调的可持续发展,许多国际组织和国家相继制定出台了与环境保护相关的协议、法规与法律体系,例如,《蒙特利尔议定书》(1987 年)、《里约环境和发展宣言》(1992 年)、《工业企业自愿参与生态管理和审核规则》(1993 年)、《贸易与环境协定》(1994 年)、《京都协议书》(1997 年)等;中国制定了《环境保护法》等一系列法律法规。这些法律法规都要求产品的生产商必须对自己所生产的产品造成的污染负相应的责任,并且采取相应的措施,否则将会受到法律的严厉制裁。比如,欧盟规定轮胎生产商每卖出一条新的轮胎必须回收一条旧的轮胎进行处理或再利用。同时,一些国家的法律对一次性电池生产厂商也作出了类似的规定,这就要求生产类似产品的企业必须构建相应的绿色物流体系,以降低企业经营风险,减少违反相关法律的成本①。

10.3.2 绿色物流体系

放眼全球,各国都在尽力把绿色物流的推广作为物流企业发展的重点,并正在逐渐考虑在物流业的绿色化上设置准入壁垒。这将对物流企业在参与全球竞争和现代物流业的发展中提出全新的要求。但是,纵观国内对绿色物流的认识还非常有限。这就要

① 李连成:《绿色物流:现代企业持续发展的必然选择》,载于《商贸经济》,2002 年第 11 期。

求我们在发展物流的同时，从多渠道、全方位的视角来发展绿色物流。

10.3.2.1 绿色交通运输

绿色交通运输是为了降低物流活动中的交通拥挤、污染等带来的损失，促进社会公平、节省建设维护费用，从而发展低污染的、有利于城市环境的多元化交通工具，来完成物流活动的交通运输系统，以及为最大限度地降低交通污染程度而采取的对交通源、交通量、交通流的规制体系。绿色交通运输理念是三方面的结合，即通达有序、安全舒适、低能耗与低污染。绿色交通运输更深层次上的含义是一种协和的交通。

> **链 接**
>
> 协和交通的内容
>
> 协和交通主要包括：
>
> (1)交通与生态的协和(维护生态平衡与环保要求)；
>
> (2)交通与未来的协和(适应于未来物流产业的发展)；
>
> (3)交通与社会的协和(以社会效益最大化为基础)；
>
> (4)交通与资源的协和(以最小的代价或最小的资源维持物流交通的需求)。

绿色交通运输主要表现为减轻交通拥挤、降低环境污染，具体体现在以下几个方面：减少高污染运输车辆的使用；提倡使用清洁干净的燃料和绿色交通工具；控制设备的资源消耗，降低固定资产折旧；控制汽车尾气，制定排气标准；加强交通管制，使道路设计合理化，减少堵塞；降低噪声等等。

在相关政策上，主要表现在交通源规制、交通量规制以及交通流管理三个方面。交通源规制主要是政府应该采取有效措施，从源头上控制物流企业发展所造成的环境污染。例如，治理车辆的废气排放，限制城区货车行驶路线，发挥经济杠杆作用，收取车辆排污费，促进低公害车的普及，等等。限制交通量主要是通过政府指导作用，促进企业选择合适的运输方式，发展共同配送，统筹建立现代化的物流中心，最终通过有限的交通量来提高物流效率。控制交通流是通过道路与铁路的立体交叉发展和建立都市中心环状道路、制定道路停车规则以及实现交通管制系统的现代化等措施，减少交通阻塞，提高配送效率。

10.3.2.2 绿色仓储与保管

仓储与保管是物流活动的一大构成要素，在物流活动中起着重要的作用。绿色仓储与保管是在储存环节为减少储存货物对周围环境的污染及人员的辐射侵蚀，同时，避免储存物品在存储过程中的损耗而采取的科学合理的仓储保管策略体系。

在整个物流仓储与保管过程中要运用最先进的保质保鲜技术,保障存货的数量和质量,在无货损的同时消除污染。尤其要注意对有毒化学品,放射性商品,易燃、易爆商品的泄露和污染防止。一般在储存环节,应加强科学养护,采取现代化的储存保养技术,加强日常的检查与防护措施,使仓库设备和人员尽可能不受或少受侵蚀。

10.3.2.3 绿色装卸搬运

绿色装卸搬运是为尽可能减少装卸搬运环节产生的粉尘烟雾等污染物而采取的现代化的装卸搬运手段及措施。在货物集散场地,尽量减少泄露和损坏,杜绝粉尘、烟雾污染;清洗货车的废水要处理后排出。在货物集散地要采用防尘装置,制定最高容许容度标准;废水应集中收集、处理和排放,加强现场的管理和监督。

10.3.2.4 绿色包装

很少有制造商考虑产品包装对环境的影响到底有多大,多数人甚至认为精美的包装象征着高档的产品。生活垃圾中大部分是包装物的事实,足以说明包装物对我们的环境产生了怎样的影响。绿色包装是绿色物流体系的一个重要组成部分。

绿色包装是指能够循环复用、再生利用或降解腐化,且在产品的整个生命周期中对人体及环境不造成公害的适度包装。简言之,绿色包装是指采用节约资源、保护环境的包装。推行绿色包装的目标,就是要以保存最大限度的自然资源,形成最小数量的废弃物和最低限度的环境污染。

绿色包装的途径主要包括:促进生产部门采用尽量简化的以及由可降解材料制成的包装;商品流通过程中尽量采用可重复使用单元式包装,实现流通部门自身经营活动用包装的减量化,主动地协助生产部门进行包装材料的回收及再利用;对包装废弃物进行分类;积极开发新型包装材料(易降解、易拆卸折叠);节省包装资源,降低包装成本,提高包装效率。

10.3.2.5 绿色流通加工

绿色流通加工是出于环保考虑的无污染的流通加工方式及相关政策措施的总和。绿色流通加工的途径主要分两个方面:一方面,变消费者分散加工为专业集中加工,以规模作业方式提高资源利用效率,以减少环境污染,如餐饮服务业对食品的集中加工,减少家庭分散烹调所造成的能源浪费和空气污染等;另一方面,集中处理消费品加工中产生的边角废料,以减少消费者分散加工所造成的废弃物污染,如流通部门对蔬菜的集中加工,减少了居民分散丢放垃圾的情况,减轻了环境污染。

10.3.2.6 绿色信息搜集和管理

物流不仅是商品空间的转移,也包括相关信息的搜集、整理、储存和利用。绿色信息的搜集和管理是企业实施绿色物流战略的依据。面对大量的绿色商机,企业应从市场需求出发，搜集相关的绿色信息，并结合自身的情况，采取相应的措施，深入研究信息的真实性和可行性。绿色信息的搜集包括：绿色消费信息、绿色科技信息、绿色资源和产品开发信息、绿色法规信息、绿色组织信息、绿色竞争信息、绿色市场规模信息等。绿色物流要求搜集、整理、储存的都是各种绿色信息，并及时运用到物流中，进一步促进物流的绿色化。

10.3.2.7 物流业绿色指标体系

绿色指标体系是衡量物流产业发展过程中环保程度的一整套指标，加快绿色指标体系的研究和制定，有利于物流企业结构的优化，促进物流产业的可持续发展；同时，健全的绿色指标体系可以作为国际贸易活动中与贸易伙伴谈判的筹码。因此，物流管理部门应在环保和技术监督部门配合下，组织建立绿色物流技术指标体系。具体来说，可采取先易后难、先重点突破后全面开花的原则，选择一些有一定基础、技术难度不太大、易于突破的指标，然后再逐步完善和扩展，构筑起符合国际规则的物流绿色屏障。图 10－2 描述了绿色物流指标体系的构成要素。

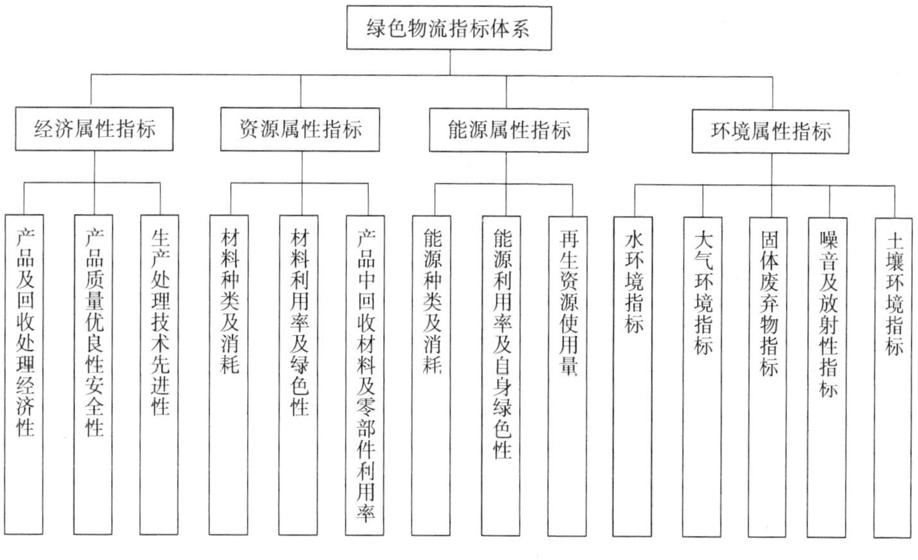

图 10－2　绿色物流的指标体系

10.3.2.8 企业绿色物流管理

所谓“绿色物流管理”，就是将环境保护的观念融入企业物流经营管理之中，它涉及企业供应链管理的各个层次、各个领域、各个方面、各个过程，要求在企业供应链中时刻考虑环保、体现绿色。这一思想可概括为“5R”原则,即①研究(research),将环保纳入企业的决策要素中,重视研究企业的环境对策;②消减(reduce),采用新技术、新工艺,减少或消除有害废弃物的排放;③再开发(reuse),变传统产品为环保产品,积极采取“绿色标志”;④循环(recycle),对废旧产品进行回收处理,循环利用;⑤保护(rescue),积极参与社区内的环境整洁活动,对员工和公众进行绿色宣传,树立绿色企业形象。具体地说,企业实施绿色物流管理,要达到三个主要目标:一是物质资源利用的最大化,通过集约型的科学管理,使企业所需要的各种物质资源最有效、最充分地得到利用,使单位资源的产出达到最大最优;二是废弃物排放的最小化,通过实行以预防为主的措施和全过程控制的环境管理,使生产经营过程中的各种废弃物最大限度地减少;三是适应市场需求的产品绿色化,根据市场需求,开发对环境、对消费者无污染和安全、优质的产品。通过这三个目标的实现,最终使企业发展目标与社会发展目标、环境改善协调同步,走上企业与社会都能可持续发展的双赢之路。

10.3.2.9　绿色物流的政策

在物流活动中造成资源浪费、环境污染的厂家和个人,并不承担或仅承担其成本的很小一部分,而这种消极行为的所有或部分受害者并不仅是这些行为的履行者。为了解决这种负外部经济效应,需要政府在整个社会层面对物流领域进行干预。从这种意义上说,绿色物流事业既包括厂商和个人行为,又包括政府行为。标签政府环保物流政策的实施工具包括:通过立法和制定行政规则,将节约资源、保护环境的物流要求制度化,动用舆论工具进行环境伦理、绿色观念、绿色意识的大众宣传,利用税收及收费手段对物流活动污染制造行为予以限制和惩罚,以基金或补贴的形式对节约资源、保护环境的物流行为予以鼓励和资助,利用产业政策直接限制浪费资源和制造污染的物流企业发展,支持绿色产业的发展等。

绿色物流体系的构成可以通过图 10-3 来表示。

10.4　电子化物流

10.4.1　电子商务条件下的物流革新

10.4.1.1　电子商务对物流的影响

按照对电子商务概念的理解,电子商务是商务活动的新形式,通过现代信息技术,实现交易活动的无纸化,以达到高效率、低成本、数字化、网络化和全球化的目的。电子商务的发展使现代物流产业发生信息化、自动化、网络化、智能化和柔性化等实质性的飞跃。具体来看,电子商务对物流的影响表现在以下五个方面:

(1)电子商务使物流需求发生新的变化。借助于互联网,电子商务将整个世界联系在一起。电子商务的推广,加快了世界经济的一体化,因为电子商务的跨时域性和跨区域性,使得物流需求呈现跨国性特征,从而使国际物流在整个商务活动中占有愈来愈举足轻重的地位。

(2)电子商务拓展了物流服务空间。电子商务的发展要求物流企业必须拓展自己的服务空间,提供超越传统物流服务之外的增值性服务。主要包括:第一,便利性服务。如在提供电子商务的物流服务时,推行“一条龙”的门到门服务,提供完备的操作与作业提示、省力化设计或安装、代办业务、24 小时营业、自动订货、传递信息和转账(利用EOS,EDI,EFT)、物流全过程追踪等便利性的服务。第二,加快反应速度的服务。快速反应是物流发展的重要动力之一。一般可以通过两条途径来实现快速反应,一是提高运输基础设施和设备的效率,比如修建高速公路、铁路提速、制定新的交通管理办法、提高汽车本身的行驶速度等,这是一种速度的保障,但在需求方对绝对速度的要求越来越高的情况下,它也变成了一种约束,因此,必须通过其他的办法来提高速度。所以这里又提出了实现快速反应的第二种办法,也是具有重大推广价值的增值性物流服务方案,即通过优化电子商务系统的配送中心、物流中心网络,重新设计适合电子商务的流通渠道,以此来减少物流环节,简化物流过程,提高物流系统的快速反应性能。第三,延伸服务。向上可以延伸到市场调查与预测、采购及订单处理;向下可以延伸到配送、物流咨询、物流方案的选择与规划、库存控制决策建议、货款回收与结算、教育与培训、物流系统设计与规划方案的制作等。

(3)电子商务改变了物流的运作方式。首先,电子商务使物流实现网络的实时控制。传统的物流活动在运作过程中,不管其是以生产为中心,还是以成本或利润为中心,实质都是以商流为中心,从属于商流活动,因此,物流的运作方式是紧紧伴随着商流来运动的。而在电子商务条件下,物流的运作是以信息为中心的,信息不仅决定了物流的运动方向,而且也决定着物流的运作方式。在实际运作过程中,通过网络上的信息传递,可以有效地实现对物流的实施控制,实现物流的合理化。其次,网络对物流的实时控制是以整体物流来进行的。比如,在实施计算机管理的物流中心中,所实施的计算机管理信息系统,大都是以企业自身为中心来管理物流的。因此,在电子商务时代,网络全球化的特点,可使物流在全球范围内实施整体的实时控制。

(4)电子商务将促进物流基础设施的改善和物流技术、物流管理水平的提高。首先,电子商务将促进物流基础设施的改善。电子商务具有高效率和全球性的特点,它要求物流也必须达到高效率和全球性的目标。而物流活动要达到这一目标,最基本的保证就是良好的交通运输网络、便捷的通信网络等基础设施。其次,电子商务将促进物流技术的进步。物流技术包括硬技术和软技术两大方面。物流硬技术是指在组织物流过程中所需的各种材料、机械和设备等；物流软技术是指组织高效率的物流所需的计划、管理、评价等方面的技术和管理方法。物流技术水平的高低是实现物流效率高低的一个重要因素，建立一个适应电子商务运作的高效率的物流系统，对提高物流技术水平具有重要的意义。再次，电子商务有助于物流管理水平的提高。电子商务出现后，物流信息化表现为物流信息的商品化、信息搜集的数据库化、信息处理的电子化、信息传递的标准化和实时化、信息存储的数字化等。随着物流信息化的发展，条形码技术、数据库技术、电子订货系统、电子数据交换、有效的顾客反应等技术，正逐渐在物流领域得到广泛的应用，这将在一定程度上提高物流管理水平。将科学的管理手段和方法应用于物流管理活动中，从而确保物流运作的畅通，实现物流的合理化和高效化。

(5)电子商务对物流人才提出了更高的要求。电子商务不仅要求物流管理人员具有较高的物流管理水平，而且要求物流管理人员要具有较高的电子商务知识，并在实际的运作过程中，能有效地将二者有机地结合在一起。

10.4.1.2　电子物流的产生

随着商品生产的社会化和经济全球化的发展，企业的内部物流和外部物流（社会物流）日益紧密地交织在一起，物流系统也成为一个跨国、跨地区、跨行业、跨部门的社会系统。物流的系统化趋势，要求对纵横交错的物资流、商流、信息流进行综合管理、统一调度，实行一体化的管理，以形成一个高效、通畅、可调控的流通体系，减少流通环节，降低社会库存，使社会资源得到优化配置，从而提高流通效率和效益。在这个过程中，电子计算机和网络通信技术的引入，使信息流的处理和传递呈现高科技、信息化的趋势，信息通过计算机网络实现了快速、准确、便捷的传递，物流系统的各个分散的环节通过网络联系在一起，实现了数据共享和集中控制，剔除了系统中的冗余部分，提高了整个物流系统的运行效率和经济效益。以物资流为载体的商流和信息流通过电子网络传递，加快了物资流的流通，形成了电子物流，它是物流电子化、信息化的表现形式，是现代物流发展的必然趋势①。

那么，什么是电子物流？电子物流（E-logistics）就是支持电子商务的物流和物流的电子化，归根结底要做的就是基于大量复杂的企业间电子化信息互动，实现产品最简单、准确、快捷的物理流动过程。其主要目的就是通过物流组织、交易、服务、管理方式的电子化，使物流商务活动能够方便、快捷地进行，实现快速、安全、可靠、低费用的目的。电子物流的特征表现在以下方面：①以计算机网络技术（如 EDI，INTERNET，GPS，GIS，RF，BAR CODE 等技术）为支撑；②主要以 B2C，B2B 和 B2G 三种电子商务形式为依托；③电子物流属于服务贸易的范畴；④电子物流本身也是电子商务的一种形式，具

---

① 何伟：《略论电子物流与现代运输业的发展》，载于《湖北师范学院学报（自然科学版）》，2000 年 2 期。

备电子商务的全部特征,包括了商流、信息流、资金流、物流";⑤电子物流是传统物流与现代信息技术相结合的产物。

10.4.2 电子商务条件下的物流解决方案

推行电子商务的关键之一是制定和执行一套合理的物流方案。在制定物流方案时,以下因素应该重点考虑①。

10.4.2.1 消费者地区分布

一般商务活动的有形销售网点资源是按销售区域来配置的。每一个销售点负责一个特定区域的市场。但是,这种操作有一定弊端,因为电子商务的客户可能在地理分布上十分分散,要求送货的地点很不集中,而物流网络并没有像因特网那样广的覆盖范围,无法经济合理地组织送货。所以,提供电子商务服务的公司需要像有形店铺销售一样,必须对销售区域进行市场定位。对消费人群集中的地区提供物流承诺,否则是不经济的。还有一种处理办法,就是对不同的销售区域采取差别化的物流服务政策。比如,大城市电子商务普及程度较高,订货可能相对集中,因此适于按不低于有形店铺销售的送货标准组织送货;但对偏远地区的订单则要进行集货,送货期限肯定要比大城市长许多,偏远地区的电子商务消费者享受的服务就要差一些。

10.4.2.2 销售品种

我们认为音乐、歌曲、电影、游戏、图片、图书、计算机软件、电子邮件、新闻、评论、教学节目、医疗咨询、汇款等,可以通过信息传递完成物流过程的商品,最适合采用电子商务销售。因为,不仅商品信息查询、订货、支付等商流、信息流、资金流可以在网上进行,而且物流也可在网上完成,也就是说这些品种可以实现商流、物流、信息流、资金流的完全统一。比如,消费者可以在网上选择流行音乐,点击音乐名称即完成订货和付款,收听音乐的过程其实就是进行物流的过程,音乐听完了,整个音乐的物流过程也就完成了,亚马逊网上书店(http://www.amazon.com)就是从销售这些商品开始的。当然如果消费者除了需要满足视听需求外,还要拥有这些商品的载体本身,如发烧友要珍藏歌星的盒带,或者要满足多次重放功能等,那还是需要完成单独的物流过程,将盒带及其他载体本身送到消费者手中。

为了将某一商品的销售批量累积得更大,推行电子商务就需要筛选商品品种。同时,电子商务也要有一定的销售渠道相配合,不同的商品,进货和销售的渠道可能不同。品种越多,进货渠道及销售渠道就越复杂,组织物流的难度也就越大,成本就会越高,因此,为了考虑在物流环节不增加过多的费用,需要将品种限制在一定的范围之内。

---

① 参见金真,等:《现代物流——新的经济增长点》,第242页,北京:中国物资出版社,2002年版。

10.4.2.3 配送细节

由于电子商务物流方案中的配送环节是完成物流过程并产生成本的重要环节，需要精心设计。一个好的配送方案应该考虑以下内容：库存的可供性（stock availability）、反应速度（responsiveness）、送货频率（frequency of delivery）、送货的可靠性（delivery reliability）、首次报修修复率（first call fix rate）、配送文档的质量（documentation quality）。同时还要设计配套的投诉程序（claim procedure）、提供技术支持（technical support）和订货状况信息（order status information）等。

10.4.2.4 电子商务服务提供者

因特网服务供应商（ISP）、因特网内容服务商（ICP）、传统零售商店、传统批发企业、制造企业等均有条件开展电子商务业务，但他们具有不同的特点，具有不同的组织商流、物流、信息流、资金流的能力。从物流的角度来看，传统零售商、批发商的物流能力要优于纯粹的ISP，ICP和一般的制造商，但从商流、信息流和资金流的角度来看，可能恰好相反，传统零售商、批发商在组织商流、信息流和资金流方面的能力，可能不如ISP，ICP和一般制造商。因此，设计物流方案时，要根据电子商务服务提供商种类的不同，扬长避短，发挥各自的优势，实现供应链集成，共同完成向消费者提供电子商务服务的工作。

10.4.2.5 物流成本与库存控制

由于电子商务物流有多品种、小批量、多批次、短周期的特点，由于很难单独考虑物流的经济规模，因而物流成本较高。再比如，消费者自己到一个商店去购买一个冰箱，商店提供免费送货，而如果一次送货费要花50元，这时商店一般会将顺路的其他消费者购买的商品配装在一个送货车里一次完成送货。再比如，5个冰箱同时送货，即便是免费送货，每个冰箱的送货费用也只有10元。但当采用电子商务时，公司很难这样如愿地将消费者的订货在一个比较短的时间内集中起来并配装在一台送货车里，这样就会造成送货次数的分散、送货批量的降低，直接导致物流成本的增加。这个物流成本只有由单个的消费者负担，而这也是对电子商务这种交易形式的威胁，所以电子商务服务商必须扩大在特定的销售区域内消费者群体的基数。

在库存控制问题上，电子商务经营者也面临挑战，因为经营者难以预测某种商品的未来销量，库存控制历来就是销售管理中最难的课题。解决这一难题的最佳办法就是像戴尔公司那样搞直销，先拿到订单，按照订单组织生产活动，再将货物送达消费者手中。但在直销过程中，消费者始终处于不利地位，因为他要等待，要支付更多的费用，经营者送货上门时一旦需要退货，消费者还将面临难为情的尴尬局面，另外，有的直销可能还要消费者预付货款，如果经营者不给消费者提供特殊的附加价值，消费者就不会去冒这些风险。同时，在采用直销时，对生产环节要求更加严格，许多制造商不具备进行按单生产的条件，因此，并非任何经营者都能成功地采取直销方式来规避库存风险。

世界上大型制造企业和销售企业普遍采用的库存控制技术和方法,还是停留在根据对历史数据、实时数据的分析,依照一定模型来预测未来的需求。有的企业进行长期预测,有的企业只进行短期预测或侧重于对时点数据进行分析。但不同的技术方法会使库存政策有很大的差别,库存对销售的保障程度及库存成本也会各不相同。因此,库存控制是电子商务经营者面临的一个比店铺销售更加复杂的问题。

此外,在设计电子商务的物流方案时,还应该注意规划好运输工具、运输方式及运输整体方案等。

10.4.3 电子化物流的实践与应用

10.4.3.1 垂直交易提供商①

垂直交易提供商是新的侧重于专门市场或行业的虚拟市场组织,通过这些交易枢纽可以优化整个购买过程,取得有效的市场价格。垂直交易提供商特别适用于物流领域,因为物流在管理价格和能力使用上存在着高度的复杂性。就拿物流运输来说,运能的利用无所不在,运价的测算千差万别,发货人和承运人都要花大量的资源来讨价还价。垂直枢纽则提供中心化的市场,使多个发货人和承运人之间能同时进行价格交易,如图 10-4 所示。垂直枢纽逐渐成为供应链的重要一环,物流解决方案正成为任何垂直战略的组成部分。

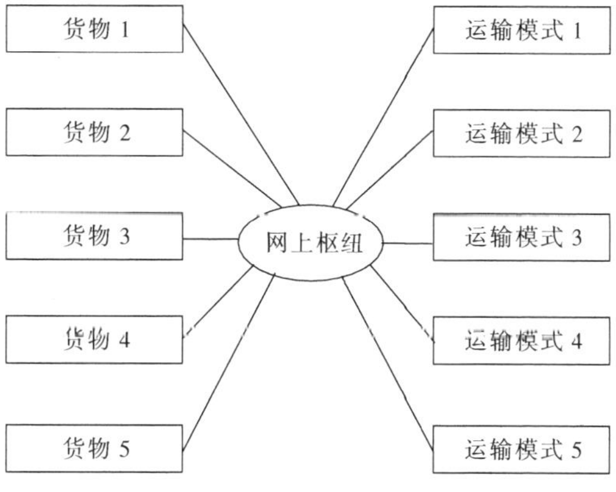

图 10-4 垂直枢纽

① 田学军:《电子商务呼唤电子物流》,天运网。

10.4.3.2 供应链解决方案提供商

供应链解决方案的参与者必须将对实体过程的理解与提供供应链可视性与连接性的最新技术相结合，不同的参与者来源不同，因而具有不同的核心竞争优势与能力。下面我们介绍几类潜在的参与者（见图 10－5）：

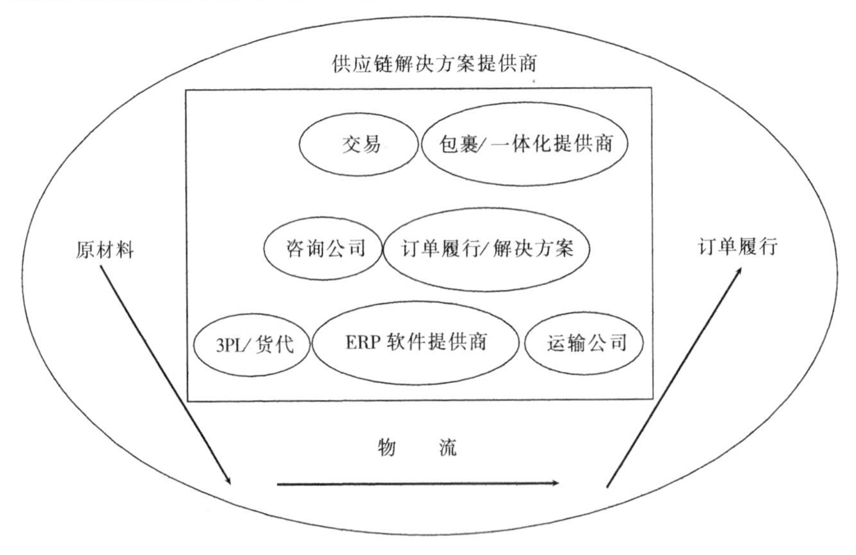

图 10–5　供应链潜在参与者

(1)新兴的交易、订单履行和解决方案提供商：随着网上枢纽继续对供应链内部交易的重新定义和对信息流控制的加强，他们可延伸进行其他的供应链优化服务。此外，基于技术支持的可视性和连接性的解决方案的提供商，可以给供应链带来更大的价值。同时，电子订单履行提供商在传统的公司业务上网时，开始提供在线解决方案。

(2)ERP 软件提供商：虽然 ERP 系统是供应链重要组成部分之一，但传统的提供商并不能满足供应链管理的要求。这些公司要想取得供应链管理的市场份额，必须更加强调其解决方案的一体化与灵活性。

(3)3PL 和货运代理企业：这是目前主要的一体化物流方案提供商，他们拥有货物物理移动和提供供应链可视性系统的丰富经验，他们有机会通过基于因特网的系统来设计、实施和执行供应链管理解决方案。

(4)咨询公司：主要提供战略顾问以及 ERP 接入网络应用等咨询业务。

(5)包裹承运商/一体化提供商：包裹承运商拥有完善的系统和庞大的分拨网络等

明显优势,也是少数拥有国际货运网络和唯一能为消费者送货上门的提供商。

(6)运输公司:少数的运输公司可能成为真正的物流供应链解决方案的提供商。

10.4.3.3 电子订单履行提供商

尽管电子订单履行公司也提供供应链解决方案,但他们往往更关注于新的网上零售商。当客户在网上零售商的网站上“点击”后,电子订单履行公司便开始开展所有的后端业务,以减少网上零售商对基础设施的投入,更加专注其核心业务,提高投资回报率。

电子订单履行提供商还具有技术能力实现实时过程可视化、订单周期自动化,并提供销售支持、呼叫中心、分拨系统、补充计划和退货处理等。电子订单履行提供商运用专业化的技能提供了一整套优化虚拟世界的供应链解决方案。目前,许多电子订单履行提供商将自己描绘成对网上任何产品全面的点到点的解决方案提供商。但随着电子商务活动覆盖领域的不断扩大,电子订单履行提供商将更趋于行业专门化,专注于自己的核心领域,以保持区别于竞争对手的价值。电子订单履行提供商的业务流程,见图 10 - 6。

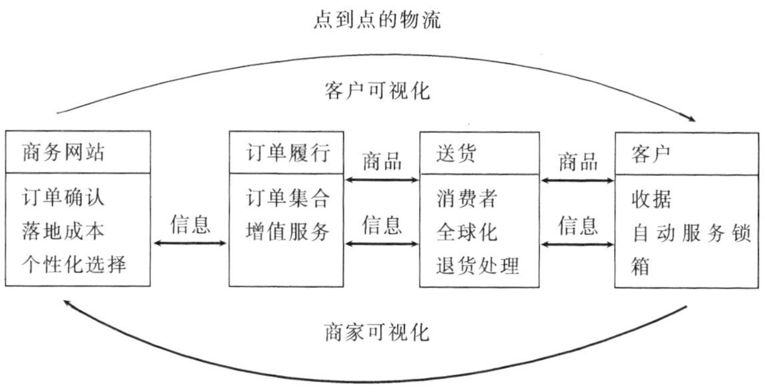

图 10-6 电子订单履行提供商的业务流程

10.4.3.4 集合商

集合商是目前在 B2B 和 B2C 市场兴起的一种新的形式,它通过在网上将目前的服务结合在一起而增加价值,并通过提供与核心业务相关的附加服务而增加收入并留住客户。

如 iship. com 集合 UPS 和 FEDEX 的递送业务,为客户提供“一站式”查询跟踪,并提供与发货相关的其他服务。有的集合商扮演虚拟承运人的角色,他们把众多发货人的货物集合在一起,按与承运人预先商订好的价格收取费用。有的则充当虚拟仓储商,向客户提供全国范围的仓库空间,并以实时库存系统为平台,为客户提供综合性的供应链解决方案。集合商的运作模式如图 10 - 7 所示。

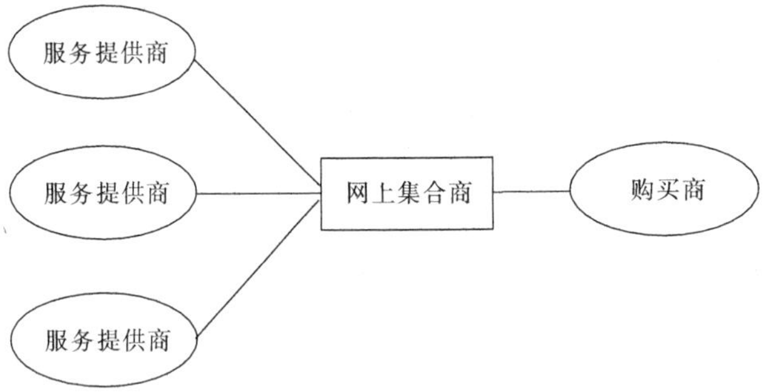

图 10-7 服务集合:一站式服务

10.4.3.5 新的送货到家提供商

物流业面临的一个最紧迫的课题是确定通过什么样的方式送货到家,这是供应链的最后里程,但通常被业界称为最长的里程。只有少数的公司能在送货到家这一市场层面展开竞争,因为,要建立全国大范围的网络,需要大量基础性投入。以美国为例,主要的提供商包括 USPS,UPS,FEDEX 和许多小的送货商,由于只要足够的密度才能产生网络效应,因而业务量是决定性因素。目前 USPS 在业务量上是主要的提供商,但由于其服务水平不如其他的提供商,仍然给许多竞争对手留下足够的市场份额。

10.5 第四方物流

10.5.1 第四方物流的概念与特征

10.5.1.1 第四方物流的概念

随着科技的进步和市场的统一,供应链中很多供应商和大的企业为了满足市场需求,将物流业务外包给第三方物流服务商,以降低存货的成本,提高配送的效率和准确率。但是,由于第三方物流缺乏较综合的、系统性的技能和整合应用技术的局限性以及全球化网络和供应链战略的局部化,使得企业在外包业务时不得不将业务外包给多个单独的第三方物流服务商,增加了供应链的复杂性和管理难度。市场的这些变化给物流和供应链管理提出了更高的期望,这在客观上要求将现代网络技术、电子商务和传统的商业运营模式结合起来,以在供应链中构造一个将供应链的外包行为进行链接的统一主体,而不是像以前的分散无序。从管理的效率和效益来看,对于将物流业务外包的企业来说,为获得整体效益的最大化,他们更愿意与一家公司合作,将业务统一交给能提供综合物流服务和供应链解决方案的企业。由于在供应链中信息管理变得越来越重要,有必要将物流管理活动统一起来,以充分提高信息的利用率和共享机制,提高外包的效率。供应链管理中的这些外包行为的变化,促使很多第三方物流服务商与咨询机构和技术开发商开展协作,以增强竞争能力,由此产生了第四方物流(Fourth Party Logistics,4PL)。

美国埃森哲公司最早提出了第四方物流的概念,并依据其业务进行了定义:第四方物流供应商是一个供应链的集成商,它对公司内部和具有互补性的服务供应商所拥有的不同资源、能力和技术进行整合和管理,提供一整套供应链解决方案。近几年国外已兴起了第四方物流的研究与试验,事实表明,第四方物流的发展可以满足整个物流系统的要求,很大程度地整合了社会资源,减少了货物物流时间,节约了资源,提高了物流效率,也减少了环境污染。图 10 - 8 显示了第四方物流业产生的历程[①]。

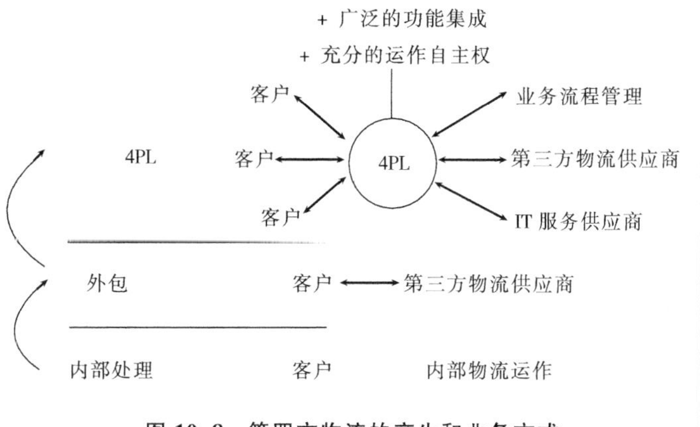

图 10–8　第四方物流的产生和业务方式

事实上,第四方物流的出现是市场整合的结果。过去,客户试图通过优化库存与运

① 徐建新:《供应链管理的新模式——第四方物流》,载于《决策借鉴》,2002 年 2 期。

输、利用地区服务代理商以及第三方物流供应商,来满足自身服务需求的增长。但在今天,客户需要得到更好的服务,比如电子采购、订单处理能力、虚拟库存管理等服务。一些企业经常发现第三方物流供应商缺乏当前所需要的综合技能、集成技术、战略和全球扩展能力。为改变窘境,一些第三方物流提供商正采取步骤,通过与出色的服务提供商联盟,来提高他们的技能。其中最佳形式是和领先的咨询公司、技术提供商结盟。随着联盟与团队关系不断发展壮大,一种新的外包选择开始出现。企业正在向单一的组织外包其整个供应链流程,由它们评估、设计、制定及运作全面的供应链集成方案,这正是第四方物流。

10.5.1.2　第四方物流的特征

(1)第四方物流是一个集成商,集成了管理咨询和第三方物流服务商的能力,利用分包商来控制与管理客户公司的点到点供应链运作流程。

(2)第四方物流提供一整套完善的供应链解决方案,并能够有效地适应用户的多样化和复杂化需求,集中所有资源为用户完美地解决问题,有效地组织并实施供应链解决方案。第四方物流的供应链解决方案共有四个层次,即执行、实施、变革和再造,见图10－9。

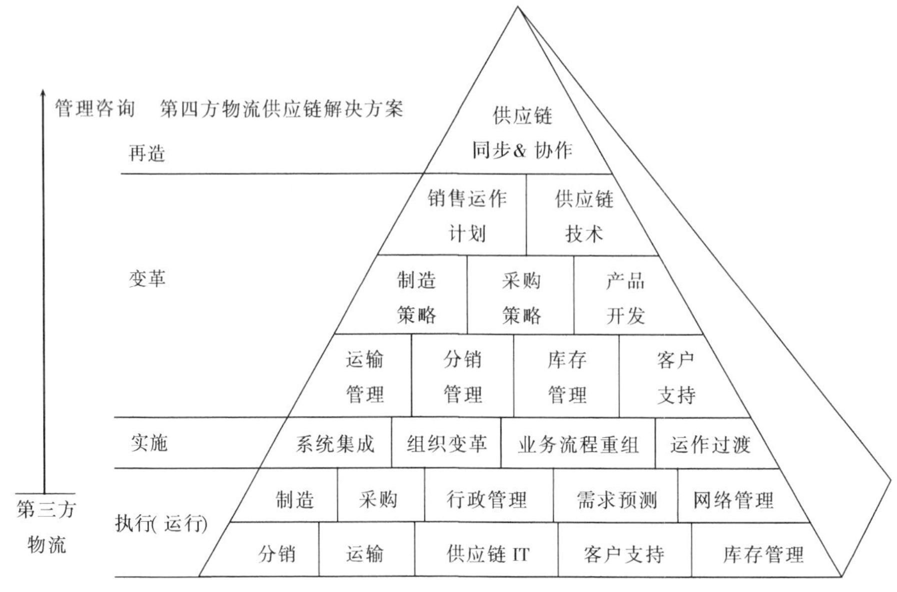

图 10-9　第四方物流供应链解决方案的层次

一是执行——需要承担多个供应链职能和流程的运作。4PL 开始承接多个供应链职能和流程的运作责任。其工作范围远远超越了传统的第三方物流的运输管理和仓库管理的运作，具体包括：制造、采购、库存管理、供应链信息技术、需求预测、网络管理、客户服务管理和行政管理等。

二是实施——进行流程一体化、系统集成和运作交接。一个第四方物流服务商帮助客户实施新的业务方案，包括业务流程优化、客户公司和服务供应商之间的系统集成，以及将业务运作转交给 4PL 的项目运作小组。项目实施过程中应该对组织变革多加小心，因为“人”的因素往往是把业务转给 4PL 管理的成败的关键。

三是变革——通过新技术实现各个供应链职能的加强。变革的努力集中在改善某一具体的供应链职能，包括销售和运作计划、分销管理、采购策略和客户支持。在这一层次上，供应链管理技术对方案的成败变得至关重要。领先和高明的技术，加上战略思维、流程再造和卓越的组织变革管理，共同组成最佳方案，对供应链活动和流程进行整合和改善。

四是再造——供应链过程协作和供应链过程的再设计。第四方物流最高层次的方案就是再造。供应链过程中真正的显著改善，要么是通过各个环节计划和运作的协调一致来实现，要么是通过各个参与方的通力协作来实现。再造过程就是基于传统的供应链管理咨询技巧，使得公司的业务策略和供应链策略协调一致；同时，技术在这一过程中又起到了催化剂的作用，整合和优化了供应链内部和与之交叉的供应链的运作。

(3)第四方物流通过其对整个供应链产生影响的能力来增加价值。4PL 充分利用了一批服务提供商的能力，其中包括3PL、信息技术供应商、合同物流供应商、呼叫中心、电信增值服务商等。总之，4PL 通过提供一个全方位的供应链解决方案来满足今天的公司所面临的广泛而又复杂的需求。

(4)强调技术外包。第四方物流中外包的是无形的技术，而第三方物流中外包的是有形的物流业务。

(5)对人的素质要求高。由于第四方物流公司是提供技术服务的咨询公司，因此，其人员不仅要有丰富的现代管理技术和知识，还需要对环境变化有超强的预见能力及应变能力。

10.5.2 第四方物流的价值贡献

10.5.2.1 通过提升服务水平带来收益的增加

传统的物流解决方案往往过于注重运输成本和仓储成本的最小化，而第四方物流服务提供商更注重强调对客户服务水平的提高，这必将导致整体收益的提高。

10.5.2.2 过程优化提升运作效率

替代传统的物流运作功能方面的缺陷，第四方物流提供商强调过程优化，减少供应链上的不确定因素与非增值环节,不仅为控制和管理特定的物流服务,而且对整个物流过程提出策划方案,并通过电子商务将实现过程集成①,从而带来物流运作效率的提升。

10.5.2.3 节约成本,实现最大范围的社会资源整合

第四方物流可以不受约束地将每一个领域的最佳物流供应商集成起来,为客户提供最佳物流服务,进而形成最优物流方案或供应链管理方案,而且能使所有的物流信息充分共享,解决社会资源充分利用的问题。

10.5.2.4 实现供应链一体化

第四方物流向用户提供更加全面的供应链解决方案,并通过第三方物流企业、信息技术企业和咨询企业的协同化作业来实现,使物流的集成化一跃成为供应链一体化。

10.5.2.5 实现用户企业业务流程再造

第四方物流将改变用户原来的物流业务流程,并通过业务流程再造使用户的物流流程得以优化。

10.5.2.6 优化用户企业组织结构

物流外包的不断扩大以及业务流程的优化,必然给用户企业带来组织结构的变革。

★★★

案例

第四方物流

在美国,Ryder Integrated Logistics、信息技术巨头 IBM 和第四方物流的始作俑者埃森哲公司结为战略联盟,使得 Ryder 拥有了技术和供应链管理方面的特长。

如果没有 4PL 的加盟,拥有这些特长则要花掉 Ryder 公司自身几十年的工夫才能够积聚起来。

在欧洲,埃森哲公司和菲亚特公司的子公司 New Holland 成立了一个合资企业 New Holland Logistics S. P. A.,专门经营服务零配件物流。New Holland 拥有该公司 80% 的股份,埃森哲占 20% 的股份。New Holland 为合资企业投入了 6 个国家的仓库、775 个雇员及资本投资和运作管理能力。埃森哲方面则投入了管理人员、信息技术、运作管理和流程再造的专长。合资企业的零配件管理运作业务涵盖了计划、采购、库存、分销、运输客户支持等多个方面,过去 7 年的总投资回报有 6 700 万美元。同时,它实现了大于 90% 的订单完成准确率。

在英国,埃森哲公司和泰晤士水务有限公司的一个子公司——Connect 2020——也进行了第四方物流的合作。Connect 2020 公司成立的目的是,为供水

① 刘源:《建立我国第四方物流新模式的探讨》,载于《杭州航空管理学院学报》,2001 年第 3 期。

案例

行业提供物流和采购服务。Connect 2020 把它所有的服务外包给 ACTV，这是一家由埃森哲管理和运作的公司。ACTV 的年营业额在 1 500 万美元左右，主要业务包括采购、订单管理、库存管理和分销管理。目前，双方合作的运作成果包括：供应链总成本降低 10%，库存水平降低 40%，未完成订单减少 70%。

资料来源：中国国家企业网，www.Chinabbc.com.cn。

10.5.3 第四方物流的运营方式

第四方物流的运营方式主要有以下三种，第四方物流的协同运作型、第四方物流的方案集成型和第四方物流的行业创新型①。

10.5.3.1 协同运作型

这是第四方物流和第三方物流共同开发市场的一种方式，第四方物流向第三方物流提供一系列服务，包括技术、供应链整合策略、进入市场的能力和项目管理的能力等。第四方物流在第三方物流公司内部工作，第三方物流成为第四方物流思想与策略的具体实施者，以达到为客户服务的目的。运作模式如图 10－10 所示。

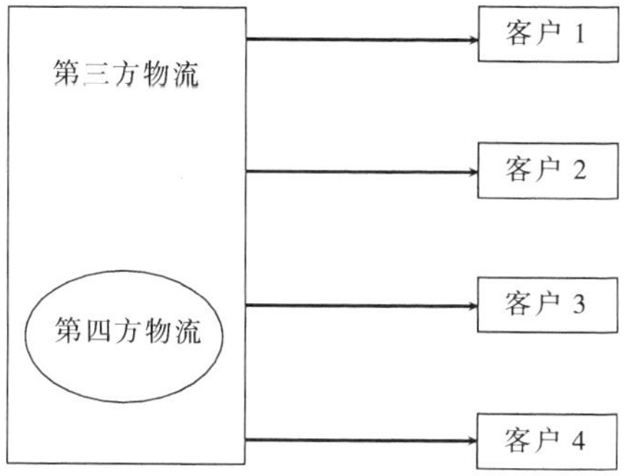

图 10–10 第四方物流的协同运作型

① 徐建新：《供应链管理的新模式——第四方物流》，载于《决策借鉴》，2002 年 2 期。

10.5.3.2　方案集成型

在这种模式中,第四方物流为客户提供整个供应链的运作解决方案。第四方物流对自身以及第三方物流的资源、能力和技术进行综合管理,借助第三方物流为客户提供全面的、集成的供应链解决方案。第三方物流通过第四方物流的方案为客户提供服务,第四方物流作为一个枢纽,可以集成多个服务供应商的能力和客户的能力。运作模式如图 10－11 所示。

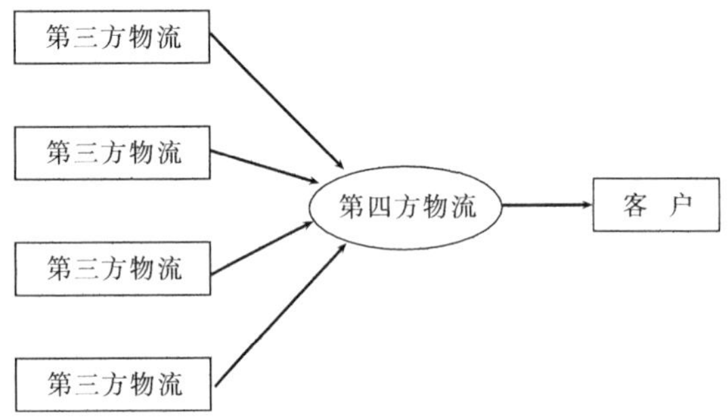

图 10–11　第四方物流的方案集成型

10.5.3.3　行业创新型

在行业创新模式中,第四方物流为多个行业的客户开发和提供供应链解决方案,以整合整个供应链的职能为重点,将第三方物流加以集成整合,向下游的客户提供解决方案。第四方物流会通过卓越的运作策略、技术和供应链运作的具体实施来提高整个行业的效率,其运作模式如图 10－12 所示。

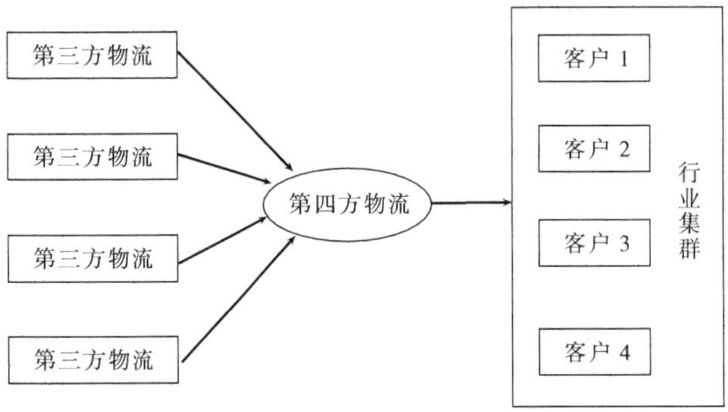

图 10–12　第四方物流的行业创新型

由此可见,第四方物流无论采取哪一种运营方式,都将突破单纯发展第三方物流的局限性,能够做到真正的低成本、高效率、实时运作,实现最大范围的资源整合。事实上,第三方物流缺乏跨越整个供应链运作以及真正整合供应链流程所需的战略专业技术,不太可能提供技术、仓储与运输服务的最佳结合。第四方物流则可以不受约束地将每一个领域的最佳物流提供商组合起来,为客户提供最佳物流服务,进而形成最优的物流方案或供应链管理方案。

链　接

第五方物流横空出世

在第四方物流正被国内物流界广泛理解、接受的时候,第五方物流(Fifth Party Logistics,5PL)的概念又悄然出现在人们面前。第五方物流是指在物流实际运作中提供电子商贸技术去支持整个供应链,并且能够组合各接口的执行成员为企业的供应链协同服务。有人认为它是专门为第一方、第二方、第三方和第四方提供物流信息平台、供应链物流系统优化、供应链集成、供应链资本运作等增值性服务的活动。第五方物流企业应该是专门对物流信息资源进行管理的物流企业，并不实际承担具体的物流运作活动，它是一个系统的提供者、优化者、组合者。所谓系统的提供者,即指第五方物流是以 IT 技术为客户组合供应链上的各个环节,将平台系统放进客户的实际运作中,收集实时资讯,以达到评估、监控、快速回顾运作信息的目的;所谓系统的优化者,就是指第五方物流可以促进物流标准化的实现;所谓系统的组合者,就是指第五方物流是一个用户之间可以寻求多种组合,构成多接口、多用户、跨区域、无时限的物流平台。

第五方物流与第四方物流的最大区别就在于，第四方物流只是一个供应链的集成商,它提供的物流信息系统是在客户已有的物流信息系统基础上的优化、完善,所以更多的是针对一个企业或者一些企业,即是一种架构对一种架构的物流信息系统。同时,第四方物流公司还要参与实际物流运作的完成,不能算是一个完全意义上的软件服务商。但是,第五方物流是一种标准化物流信息系统的提供者,供应链上的任何一个环节,都可以安装这个物流信息系统,而与自己的上下游进行无缝对接。在这个系统平台上的任何信息都是公开的、透明化的,它是一个层面对一个层面的物流信息系统。

10.6 小结

供应链管理概念在20世纪90年代后期迅速发展起来。但目前,国际上还没有公认的供应链管理的定义,国内外不同学者有不同的看法。我们认为,供应链管理是用系统的观点通过对供应链中的物流、信息流和资金流进行设计、规划、控制与优化,以寻求建立供、产、销企业以及客户间的战略合作伙伴关系,最大限度地减少内耗与浪费,实现供应链整体效率的最优化,并保证供应链成员取得相应的绩效和利益,来满足顾客需求的整个管理过程。

实施供应链管理的意义主要体现在以下几个方面:降低物流费用;降低交易费用;提高物流效率;提高服务质量,刺激消费需求。

供应链管理的原则包括:根据客户服务需求的差异来划分客户群;根据客户需求和企业可获利情况,设计企业的后勤网络;倾听市场的需求信息,统一整个供应链的需求计划;采取时间延迟策略;与供应商建立战略联盟;构建供应链信息技术支撑体系;遵从共同的标准和规范。

供应链管理方法包括快速反应系统(Quick Response,QR)、有效顾客回应系统(Efficient Customer Response,ECR)、企业资源计划系统(Enterprise Resources Planning,ERP)和商品分类管理(Category Management, CM)等。其中快速反应系统和有效顾客回应系统是最主要的。

实施供应链管理的程序包括:分析市场竞争环境,识别市场机会;分析顾客价值;确定竞争战略;分析本企业的核心竞争力;评估、选择合作伙伴;供应链企业运作;绩效评价;反馈和学习。

绿色物流是近几年刚被提出的一个新课题,指以降低对环境的污染、减少资源消耗为目标,利用先进物流技术规划和实施的运输、储存、包装、装卸、流通加工等物流活动。

绿色物流体系的构建包括绿色交通运输、绿色仓储与保管、绿色装卸搬运、绿色包装、绿色流通加工、绿色信息搜集和管理、物流业绿色指标体系、企业绿色物流管理、绿色物流政策等几方面内容。

电子商务对物流的影响表现在以下方面:使物流需求发生新的变化;拓展了物流服务空间;改变了物流的运作方式;将促进物流基础设施的改善和物流技术与物流管理水平的提高;对物流人才提出了更高的要求。

电子商务条件下，物流解决方案的重点考虑因素有：电子商务消费者的地区分布、销售的品种、配送细节、电子商务服务提供者和物流成本与库存控制。

电子化物流可分为以下类型：垂直交易提供商/市场创建商、供应链解决方案提供商、电子订单履行提供商、集合商和新的送货到家提供商。

第四方物流供应商是一个供应链的集成商，它对公司内部和具有互补性的服务供应商所拥有的不同资源、能力和技术进行整合和管理，提供一整套供应链解决方案。第四方物流的特征包括：第四方物流是一个集成商；第四方物流提供一整套完善的供应链解决方案；第四方物流通过其对整个供应链产生影响的能力来增加价值；强调技术外包；对人的素质要求高。第四方物流的价值贡献体现在：通过提升服务水平带来收益的增加；过程优化提升运作效率；节约成本，实现最大范围的社会资源整合；实现供应链一体化；实现用户企业业务流程再造；优化用户企业组织结构。

第四方物流的运营方式主要有协同运作型、方案集成型和行业创新型。

案例分析

海尔集团供应链管理案例分析

海尔集团创立于1984年，创业28年来，坚持创业和创新精神创世界名牌，已经从一家濒临倒闭的集体小厂发展成为全球拥有8万多名员工、2011年营业额达1509亿元的全球化集团公司。海尔已连续三年蝉联全球白色家电第一品牌，并被美国《新闻周刊》(Newsweek)网站评为全球十大创新公司。在不同的发展阶段，海尔集团始终注意并抓住顾客的需求，然后通过创新全力满足它。在国际化发展战略阶段之初，他们又敏锐地意识到以最快的速度满足用户的个性化需求成为当前消费者的需求热点。为满足国际化的市场需求，他们意识到必须对企业内部组织流程进行改造，整合企业内外部资源，重新规划内外部供应链，进行供应链管理。

1. 业务流程再造：建立适应供应链管理的业务流程和组织结构

海尔集团在快速扩张的发展过程中，随着企业规模的扩大，组织结构也处在不断调整的过程中，先后经历了直线职能制、事业部制、本部制等三种组织结构。从1998年开始，海尔集团进入国际化战略发展阶段。国际化的发展战略要求其组织结构必须适应国际市场的个性化需求，其组织结构所造就的业务流程必须能够快速整合市场资源和管理资源才能在国际竞争中占有一席之地。为此，海尔集团在整个集团范围内进行了以信息化、扁平化和网络化为目标的业务流程再造。从1999年下半年开始，海尔集团对原来本部

案例分析

职能型组织结构进行了重新设计和改造。当时,集团下设六个产品本部,每个本部根据产品的不同再分设产品事业部,各事业部内分别设有规划、财务、销售、人劳保、设备、法律、科研、检验等职能处室,同时集团下设规划、财务、人力、法律、营销、文化、技术、保卫等八大职能中心,与下属职能处室是行政隶属关系。这种组织结构下,集团是投资决策中心,本部是经营决策中心,事业部是利润中心,分厂是成本中心,班组是质量中心。这是典型的纵向一体化的组织流程。海尔集团为了适应国际化发展的需要,对组织结构进行了战略性调整。第一步,把原来分属于每个事业部的财务、采购、销售业务全部分离出来.重新整合成独立经营的商流推进本部、物流推进本部、资金流推进本部,实行全集团范围内统一营销、统一采购、统一结算,这是海尔的主流程;第二步,把原来的职能管理资源进行内部整合,如人力资源开发、技术质量管理、信息管理、设备管理、法律、保卫等职能管理部门全部从各个事业本部分离出来,形成创新订单支持流程3R(R&D一研发、Hit一人力资源开发、CR-客户管理)和保证订单实施完成的基础支持流程3T(TCM-全面预算、TPM-全面设备管理、TQM-全面质量管理)。3R和3T支持流程是以集团的职能中心为主体,注册成立的独立经营的服务公司,JIT是海尔的支持流程。整合后,集团从全球的用户资源中获取订单;产品本部在3R开发支持流程的支持下通过新产品研发、市场研发及提高服务竞争力,不断地创造新的用户需求,创造新的订单;产品事业部在3T基础支持流程支持下将商流获取的订单和产品本部创造的订单执行实施,在海尔流程再造下的制造从过去的大批量生产变为大批量定制,采用计算机集成制造系统辅助,实现柔性化生产;物流本部利用全球供应链资源搭建全球采购配送网络,实现JIT订单加速流;资金流搭建全面预算系统。通过以上努力,形成直接面对市场、完整的物流、商流等核心流程体系和3R、3T等支持流程体系。

2. 外部供应链的重新整合:构建战略合作伙伴关系

(1)与分供方的战略合作伙伴关系。海尔一年的采购费用约150多亿元,有1.5万个品种,供应商2000多家。建立了以流程为核心的组织模式后,海尔集团实施统一采购。为此,集团重新整合外部供应商资源,以产品不良率、订单响应速度、项目开发参与能力为主要指标进行分供方网络优化,一方面大幅削减不合格供应商,另一方面大量纳入国际化的合格供应商,虽然供应商总量从2336家减少至978家,但国际化供应商的比例上升了20%,以保证集团能在全球范围内采购质优价廉的零部件。在此基础上,重新定位与供应商之间的关系,把双方由供需关系上升到以订单为中心的战略合作伙伴关系,变买卖关系

案例分析

为双赢关系。新近建成的海尔胶州国际工业园和海尔开发区国际工业园，分别位于胶州经济技术开发区和青岛经济技术开发区，各占地1 000亩和960亩。工业园规划的重点是为海尔配套生产各种精密注塑、信息家电模糊控制系统、变频控制器、电子元器件产品、新型工程塑料、环保型新型包装材料等，以此来满足海尔开发区工业园和海尔工业园各种家电和信息产品等开发和生产的需要，为真正实现双赢的原则，海尔集团除实施统一的园区规划外，还将争取到的政府给海尔各工业园税收、土地购买等各方面的优惠政策全部转让给入园分供方，以达到共同发展。同时对于入园企业的产品实施竞争原则下的优先录用。目前已吸引了包括世界上最大的电机生产商爱默生等10余家国际化分供方入驻工业园区。这些企业在海尔周边建厂，不但实现了零部件与原材料采购与配送，也是将最先进的技术带给了海尔，提升了海尔的竞争力，同时也实现了为当地政府的招商引资，繁荣了当地的经济，增加了就业机会。

(2)与社会物流企业的战略合作伙伴关系。海尔集团在整合集团物流资源后，实行统一配送。利用集团的配送货源，整合社会仓储、运输网络资源，建立起覆盖全国的网络配送体系，目前集团已经建立了42个物流配送中心，覆盖全国所有区域，拥有300多万平方米仓储资源，与300多家运输公司建立紧密的合作伙伴关系，可以同时调配16 000多辆运输车。为海尔配送奠定了基础。

(3)与分销商的战略合作伙伴关系。在国内，海尔与经销商、代理商的合作方式主要有店中店和专卖店，而这也是海尔营销渠道中颇具特色的两种形式。海尔集团在全国有影响力的大店、名店内开辟“海尔店中店”，主要是致力于拓展全国市场销售的主渠道。在上海试办获得成功后，海尔集团迅速地将其扩展到北京、广州、济南、武汉等中心城市。目前，在全国40个大中城市的大商厦中建起的海尔店中店、海尔电器园已达100余个，而有些商家自发建起的海尔店中店、电器园数目也非常可观。2000年3月10日，海尔集团电子商务有限公司成立，这是中国家电企业首家全面进军电子商务领域。同年8月-9月，海尔集团在北京、上海等10个城市举行2000年海尔B2B商务合作暨产品研制开发研讨会，由商家设计、海尔制造的全新经营模式正在形成。

在海外，海尔集团利用外商现成的经销渠道，建立起海外营销网络，起到了“借助外力。为我所用”之功效。利用国外经销商网络的最大好处是可以拥有整套的销售网络，特别是国外代理商完善的服务网络。目前海尔已经在31个国家建立了经销网，在海外有40000多个营销网点，这就使海尔的产品可以随时进入世界上任何一个国家，实现了销售的全球化。在整合海外经销商资源

案例分析

时，海尔有三个基本原则：互动、发展、创新。也就是美国的一些好的销售经验可以被欧洲学习，欧洲的好的经验可以被中东采纳。海尔定期召开全球海尔经理人互动会，经常性地将好的销售经验交流、沟通、学习，使海尔对市场反应更加灵活、敏锐、快捷，而它又反过来使海尔更深地契入市场，更快地开辟市场，更多地占有市场。这使海尔在全球的销售额增长的非常快。

3. 搭建供应链管理基础平台

信息共享是供应链管理的基础。为实现集成化供应链管理，海尔集团使用世界一流的ERP软件供应商SAP提供的产品。经过5年的实践开拓，海尔集团完成了连接海内外，贯通采购、设计、生产、销售、财务等企业所有方面的计算机信息化管理系统工程，实现了业务流与信息流、资金流的统一。以此系统为基础，海尔搭建电子商务平台，实现网上招标、网上采购、网上支付。在海尔，每月有90多万个来自海内外的销售订单，需要采购26万余种物料，制成1万多种产品。离开了计算机信息网络，人工难以支撑这个庞大的系统运转。现在，海尔集团每年的采购额超过了1.5亿元，来自900余个供货商。这么巨大的采购额，全部是通过网上招标完成的，公开、公正地向国内外供应商采购。

4. 供应链管理效果显示

供应链管理的实施，使海尔集团通过整合内部的资源获得更优的外部资源。首先是将集团所有的事业部的物资集中采购。通过以ERP为后台的B2B网上采购、网上支付、网上招标，实施客户关系管理，实现了集团内部与外部供应商的信息共享与共同计划、共同开发，所有的供应商均在网上接收订单，并通过网上查询计划与库存，及时补货，实现JIT采购。最大限度地缩短了采购周期，使采购周期由原来的平均10天降低到3天。实现总供应链成本最优。其次是送料JIT。配送整合后，物流部门可根据次日的生产计划利用ERP信息系统进行配料，同时根据看板管理实施4H(即4小时)送料到工位制度，实现J1T送料。一方面使工厂现场整洁明亮，另一方面使库存水平大幅度地降低，库存面积减少了2/3，库存资金减少了一半。第三是配送FIT。在储运方面，统一运输，建立起全国的配送网络，目前已经建立42个配送中心、1 550个海尔专卖店和9 000多个营销点，在中心城市实现8小时配送到位，区域内24小时配送到位，全国4天以内到位。同时，海尔与邮政强强联手，开辟了B2C销售全新的模式。生产部门按照B2C、B28订单的需求完成以后，满足用户个性化需求。这样，以海尔集团为核心企业，与供应商、分销商用户形成的供应链网络，通过实施供应链管理，在缩短提前期，降低库存、加快资金周转、提高响应市场应变

案例分析

能力方面,发挥了巨大的作用。资料显示,通过有效的供应链管理,海尔集团的库存资金降低了67%,仓库面积减少了50%,加上成品配送时间,海尔现在完成客户化定制订单只用10天时间。从而,海尔集团用JIT的流程速度消灭了库存空间.传统意义上的仓库变成了配送中心。海尔集团实现了以非同一般的产品、非同一般的服务、最好的质量和最快的速度满足世界各地消费者的要求。

从海尔集团的实践可以看出,企业内部的信息化管理是企业走向电子商务的前提和基础。通过利用ERP、电子商务套件和CRM等WEB技术而建立的电子商务平台,以B2B、B2C等方式将上下游企业组成整个产业系统的供应链,并且与其他企业、产业的供应链相连接,组成了一个动态的、虚拟的、全球网络化的供应链网络。真正做到了降低企业的采购成本和物流成本,在整个供应链网络的每一个过程实现最合理的增值,并且最重要的是提高企业对市场和最终顾客需求的响应速度,从而提高企业的市场竞争力。

资料来源:万方数据,编者略作调整。

复习思考题

1. 供应链管理的含义是什么?
2. 简述供应链管理产生的动因。
3. 简述供应链管理的原则。
4. 简述供应链管理的程序。
5. 何谓绿色物流?
6. 简述绿色物流战略实施要点。
7. 电子商务会对物流产生哪些影响?
8. 制定电子商务条件下的物流解决方案,重点应考虑哪些因素?
9. 电子物流包括哪些种类?
10. 简述第四方物流的内涵与特征。
11. 第四方物流的价值贡献表现在哪些方面?
12. 第四方物流的运营方式包括哪些?

附录

专业名词英汉对照表

C

City Logistics　**城市物流**

发生在城市内的物流。

Commodity Inspection　**商品检验**

对卖方交付商品的品质和数量进行鉴定,以确定交货的品质、数量和包装是否与合同的规定相一致。

Configuration of Logistics Industry　**物流产业结构**

物流产业内部构成及其比例关系,包括各种物流产业的产值、就业、物流量构成,以及物流产业的地区构成、企业或市场竞争结构等等。

D

Distribution Logistics　**销售物流**

企业将生产的产品由厂内(仓库或物流中心等)到需求者(用户)的物流。

Distribution Processing　**流通加工**

在流通阶段进行的商品的简单加工、组装、再包装等作业活动。

E

E-logistics　**电子物流**

支持电子商务的物流和物流的电子化,它归根结底要做的就是基于大量复杂的企业间电子化信息互动,实现产品最简单、准确、快捷的物理流动过程。

ECR(Efficient Customer Response)　**有效顾客回应系统**

制造商、批发商和零售商等供应链组成的各方相互协调和合作,以更好、更快的服务和更低的成本满足消费者需要为目的的供应链管理系统。

F

Fourth Party Logistics,4PL　第四方物流

供应链的集成商,它对公司内部和具有互补性的服务供应商所拥有的不同资源、能力和技术进行整合和管理,提供一整套供应链解决方案。

G

Green Logistics　绿色物流

以降低对环境的污染、减少资源消耗为目标,利用先进物流技术规划和实施的运输、储存、包装、装卸、流通加工等物流活动。

I

International Compound Transport　国际复合运输

通过海上运输或航空运输连接向内陆最终目的地进行输送。

International Logistics　国际物流

相对国内物流而言的,是不同国家(地区)之间的物流,也是国内物流的延伸和进一步扩展。

International Multimodal Transport　国际多式联运

一种以实现货物整体运输的最优化效益为目标的联运组织形式。

International Ocean Transport　国际远洋运输

使用船舶通过海上航道在不同国家和地区的港口之间运送货物的一种方式。

L

Land bridge　大陆桥

联结两段海运的陆地运输。

Liner Transport　班轮运输

船舶在固定的航线上和港口间按事先公布的船期表航行,从事客、货运输业务并按事先公布的费率收取运费。

Loading and Unloading　装卸

随物品运输和保管而附带发生的作业。

Logistics　现代物流

基于满足顾客需求,以及成本与效益的考虑而进行的涉及生产、销售、消费全过程的物品及其信息的系统流动过程。

Logistics Cost　**物流成本**

物品在空间位移(含静止)过程中所耗费的各种劳动和物化劳动的货币表现。

Logistics Enterprise　**物流企业**

独立于生产领域之外,专门从事与商品流通有关的各种物流经营活动的自主经营、自负盈亏、自我发展、自我约束的具有法人资格的企业。

Logistics Industry　**物流产业**

以物流活动或各种物流支援活动为经营内容的盈利性事业。

Logistics Information Management　**物流信息管理**

对物流作业系统和物流情报系统以及与物流相联系的各种信息进行的有序管理。

Logistics Management　**物流管理**

为以最低的物流成本达到用户所满意的服务水平,对物流活动进行的计划、组织、协调与控制。

Logistics Management Organization　**物流管理组织**

企业中一个以物流管理中枢部门为核心,分工协作地履行物流管理各项职能的组织体系。

Logistics Market　**物流市场**

物流服务供给与物流服务需求两者之间交换关系的总和,也叫物流服务市场。

Logistics Policy　**物流政策**

国家或政府为实现全社会物流的高效运行与健康发展而制定的方针或原则,以及政府对全社会物流活动的干预行为。

Logistics Rationalization Management　**物流合理化管理**

在兼顾成本与服务的前提下,对物流系统的构成要素及其经营活动进行调整改进,使得物流系统不断走向整体优化的动态管理过程。

Logistics Standardization Management　**物流标准化管理**

对物流设施和工程、物流机械和器具、物流工作和服务等物流活动规定统一的标准,并对这些标准加以实施的整个过程。

Logistics System　**物流系统**

在一定的时间和空间里,由所需位移的物资、包装设备、装卸搬运机械、运输工具、仓储设施、人员和通信联系等若干相互制约的动态要素所构成的具有特定功能的有机整体。

Logistics System Analysis　**物流系统分析**

从物流系统的最优出发,在选定系统目标和准则的基础上,利用科学的分析工具和方法,分析构成系统的各级子系统的功能和相互关系,以及系统同环境的相互影响,并对解决问题的各种可行方案进行优化分析和综合评价的过程。

Logistics System Design　物流系统设计

经过系统分析，完成物流系统硬件结构和软件结构体系的构想，形成物流系统组织设计和技术方案的过程。

Logistics System Evaluation　物流系统评价

依据一定的评价标准，对物流系统设计方案在实施之前或之后进行评估分析，用来优选或改进方案，以实现物流系统的发展目标。

Logistics Systematize Management　物流系统化管理

为了实现既定的物流系统目标，提高向消费者或用户供应商品的效率和服务水平，而对物流系统进行计划、组织、指挥、监督和调节的活动。

P

Packaging　包装

在物流过程中保护产品，方便储运，促进销售，按一定技术方法采用容器、材料及辅助物等将物品包封并予以适当的装封标志的工作总称。

Performance of Logistics Industry　物流产业绩效

物流产业的产值、收入、利润等产出与人、财、物等物流资源的投入之比。

Production Logistics　生产物流或厂内物流

企业采购的原材料、零部件，以及企业生产的半成品、成品在企业内部的物流。

Q

Quick Response，QR　快速反应系统

在供应链中，为了实现共同的目标，零售商和制造商建立战略伙伴关系，利用 EDI 等信息技术，进行销售时点的信息交换以及订货补充等其他经营信息的交换，用多频度小数量配送方式连续补充商品，以实现缩短交货周期，减少库存，提高客户服务水平和企业竞争力的供应链管理方法。

R

Rejection Logistics　退货物流

因退货而产生的物流。

Returned Logistics　回收物流

企业在生产经营过程中产生的包装容器或包装材料的物流。

S

Scale of Logistics Industry　物流产业规模

一个国家或地区在一定时期内物流产业的产值、就业人数、资产、企业数,以及所完成的物流量的大小或多少。

Scheduled airline　班机运输

在固定航线上定期航行的航班。

Shipping by Chartering　租船运输

又称不定期船(Tramp)运输:它与班轮运输不同,船舶没有预订的船期表、航线和港口,船期、航线及港口均按租船人和船东双方签订的租船合同规定的条款行事。

Storing　储存

对物品(商品、货物、零部件等)的保存与管理。

Supply Chain Management　供应链管理

用系统的观点通过对供应链中的物流、信息流和资金流进行设计、规划、控制与优化,以寻求建立供、产、销企业以及客户间的战略合作伙伴关系,最大限度地减少内耗与浪费,实现供应链整体效率的最优化并保证供应链成员取得相应的绩效和利益,来满足顾客需求的整个管理过程。

Supply Logistics　供应物流或采购物流

企业采购的原材料、零部件由供应商到厂内的物流。

T

Territorial Logistics　区域物流

发生在某一个行政区域或两个以上行政区域联合体内的物流。

Third-party Logistics,3PL,TPL　第三方物流

供方与需方以外的物流企业提供物流服务的业务模式。

Trade Logistics　行业物流

广义的行业物流是指不同行业的事业主体所开展的物流;狭义的行业物流是指不同行业的事业主体所开展的社会化、专业化物流。

Transportation　运输

利用设备或工具,在不同地域范围内(如两个城市、两个工厂之间),完成以改变人和物的空间位移为目的的物流活动。

W

Waste Material Logistics　废弃物物流

企业在生产经营过程中产生的废弃物的物流。

参 考 文 献

1 丁立言,等.国际物流学[M].北京:清华大学出版社,2000.

2 丁立言,等.物流配送[M].北京:清华大学出版社,2002.

3 刘志学.现代物流手册[M].北京:中国物资出版社,2001.

4 王斌义.现代物流实务[M].北京:对外经济贸易大学出版社,2003.

5 陈利秋,等.物流管理操典.广州:广东经济出版社,2002.

6 马克思.资本论(第二卷)[M].北京:人民出版社,1975.

7 朱道立,等.物流与供应链管理.上海:复旦大学出版社,2001.

8 罗纳德·H.巴罗.企业物流管理——供应链的规划、组织和控制[M].北京:机械工业出版社,2002.

9 宋华,等.现代物流与供应链管理[M].北京:经济管理出版社,2000.

10 裴少峰,等.现代物流技术学[M].广州:中山大学出版社,2001.

11 黄福华.现代物流运作管理精要[M].广州:广东旅游出版社,2002.

12 骆温平.物流与供应链管理.北京:电子工业出版社,2002.

13 魏国辰.物流机械设备的运用与管理[M].北京:中国物资出版社,2002.

14 中田信哉.物流入门[M].中译本.深圳:海天出版社,2001.

15 崔介何,等.浅议流通加工的经济效益[J].物资流通研究,1999(3).

16 崔介何.电子商务与物流[M].北京:中国物资出版社,2002.

17 周全申.现代物流技术与装备实务[M].北京:中国物资出版社,2002.

18 施先亮,等.建设物流信息平台,促进现代物流发展[M].中国物流与采购,2002(13).

19 夏春玉.流通概论[M].北京:中央广播电视大学出版社,2002.

20 张婧.物流全球化和我国对外物流系统优化策略[J].财金贸易,2000(8).

21 王佐.经济全球化将带来物流全球化[N].国际商报,2002-03-09(005).

22 梁善军.透视全球物流[J].物流技术,2002(10).

23 张成海.供应链管理技术与方法[M].北京:清华大学出版社,2002.

24 马士华,等.供应链管理[M].北京:机械工业出版社,2000.

25 陈国权.供应链管理[J].中国软科学,1999(10).

26 马士华,等.供应链管理对传统制造模式的挑战[J].华中理工大学学报(社会科学版),1998(2).

27 郭冬乐,等. 中国商业理论前沿Ⅱ[M]. 北京:社会科学文献出版社,2001 .
28 R. 科斯,A. 阿尔钦,D. 诺斯,等. 财产权利与制度变迁[M]. 上海:上海三联书店,1994.
29 张军. 现代产权经济学[M]. 上海:上海三联书店,1994.
30 王焰. 一体化的供应链——战略、设计与管理[M]. 北京:中国物资出版社,2002 .
31 代小春,等. 企业供应链管理的过程框架[J]. 经济管理・新管理,2001 (6).
32 罗锾. 建立和发展我国的绿色物流[J]. 物流技术,2002 (6).
33 李连成. 绿色物流:现代企业持续发展的必然选择[J]. 商贸经济,2002 (11).
34 王洪刚,等. 绿色供应链管理及实施策略[J]. 天津大学学报(社会科学版),2002 (2).
35 陈柳钦. 环保物流问题研究[J]. 市场营销导刊,2002 (6).
36 何伟. 略论电子物流与现代运输业的发展[J]. 湖北师范学院学报(自然科学版),2000(2).
37 金真,等. 现代物流——新的经济增长点[M]. 北京:中国物资出版社,2002.
38 田学军. 电子商务呼唤电子物流[EB/OL]. http://www.365tt.com.
39 徐建新. 供应链管理的新模式——第四方物流[J]. 决策借鉴,2002 (2).
40 刘源. 建立我国第四方物流新模式的探讨[J]. 杭州航空管理学院学报, 2001 (3).
41 刘伟. 供应链管理[M]. 成都:四川人民出版社,2002 .
42 王之泰. 现代物流学[M]. 北京:中国物资出版社,1995.
43 何明珂. 物流系统论[M]. 北京:高等教育出版社,2004.
44 陈柳钦. 现代物流园区的科学规划[EB/OL]. 物流网,2002-08-29.
45 靳伟. 日本新综合物流政策大纲[J]. 物流技术与应用,2002 (2,3).
46 陈代芬. 我国物流法规建设中的问题及建议[J]. 中国物流与采购,2002 (12).
47 物流术语国家标准,2001 年 8 月 1 日 .
48 国务院发展研究中心. 现代物流发展的国际趋势[EB/OL]. 国研网,2002-09-09.
49 丁俊. 中国物流[M]. 北京:中国物资出版社,2002.
50 金真,等. 现代物流[M]. 北京:中国物资出版社,2002.
51 宋华,等. 现代物流与供应链管理[M]. 北京:经济管理出版社,2000.
52 丁立言,等. 物流基础[M]. 北京:清华大学出版社,2000.
53 丁立言,等. 物流系统工程[M]. 北京:清华大学出版社,2000.
54 李苏剑,等. 企业物流管理理论与案例[M]. 北京:机械工业出版社,2003.
55 唐纳德・J. 鲍尔索克斯,戴维・克劳斯. 物流管理——供应链过程的一体化[M]. 林国龙,等,译. 北京:机械工业出版社,1999.
56 崔介何. 企业物流[M]. 北京:中国物资出版社,2002.

57 郝聚民.第三方物流[M].成都:四川人民出版社,2002.
58 肖胜萍,等.现代物流管理[M].北京:中国纺织出版社,2002.
59 胡怀邦,等.现代物流管理学[M].广州:中山大学出版社,2001.
60 菊池康也.物流管理论[M].东京:税务经理协会,1997.
61 谷口荣一,根本敏则.城市物流管理[M].东京:森北出版株式会社,2001.
62 盐见英治,斋藤实.现代物流系统论[M].东京:中央经济社,1998.
63 中田信哉.物流事典[M].东京:日本实业出版社,1996.
64 国领英雄.现代物流概论[M].东京:成山堂书店,2002.
65 阿保荣司.现代物流[M].东京:中央经济社,1992.
66 菊池康也.最新物流入门[M].东京:税务经理协会,1996.
67 日经流通新闻.流通现代史[M].东京:日本经济新闻社,1993.
68 阿保荣司.Logistics[M].东京:中央经济社,1992.
69 谷本谷一.物流、Logistics 的理论与实态[M].东京:白桃书房,2000.

图书在版编目(CIP)数据

现代物流概论/夏春玉主编. —3 版. —北京:首都经济贸易大学出版社,2013.1
ISBN 978 -7 -5638 -2072 -6

Ⅰ.①现… Ⅱ.①夏… Ⅲ.①物流—概论 Ⅳ.①F252

中国版本图书馆 CIP 数据核字(2012)第 318068 号

现代物流概论(第三版)
夏春玉 主编

出版发行 首都经济贸易大学出版社
地　　址 北京市朝阳区红庙(邮编 100026)
电　　话 (010)65976483 65065761 65071505(传真)
网　　址 http://www.sjmcb.com
E - mail publish @ cueb.edu.cn
经　　销 全国新华书店
照　　排 首都经济贸易大学出版社激光照排服务部
印　　刷 北京九州迅驰传媒文化有限公司
开　　本 787 毫米×980 毫米 1/16
字　　数 426 千字
印　　张 24.25
版　　次 2004 年 1 月第 1 版 2006 年 8 月第 2 版
2013 年 1 月第 3 版 2017 年 1 月总第 10 次印刷
书　　号 ISBN 978 - 7 -5638 -2072 -6/F·1186
定　　价 38.00 元
